Ralf Eisinger

Und konnten beisammen nicht kommen

Aspekte einer verhinderten Wahlverwandtschaft zwischen
Thomas Mann und Richard Strauss

Ralf Eisinger

Und konnten beisammen nicht kommen

Aspekte einer verhinderten Wahlverwandtschaft zwischen Thomas Mann und Richard Strauss

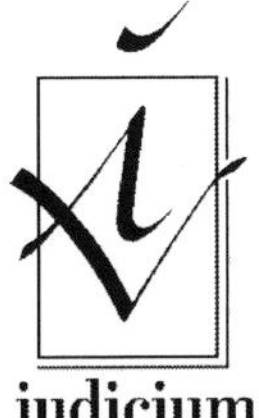

Bildnachweise der Umschlagabbildungen:
Vorderseite: Richard-Strauss-Institut, Garmisch-Partenkirchen.
ETH-Bibliothek Zürich, Thomas-Mann-Archiv, TMA_0186.
Rückseite: Thomas Mann in Nidden, Juli 1930, ETH-Bibliothek Zürich, Thomas-Mann-Archiv, TMA_0067, Photograph: Theodor Hilsdorf, München/ Atelier mit Friedrich Müller.
Richard Strauss im Schnee in der Nähe von Garmisch, 1930er Jahre, Richard-Strauss-Institut, Garmisch-Partenkirchen.

Bibliografische Information der Deutschen Nationalbibliothek

Die Deutsche Nationalbibliothek verzeichnet diese Publikation in der Deutschen Nationalbibliografie; detaillierte bibliografische Daten sind im Internet über http://dnb.d-nb.de abrufbar.

ISBN 978-3-86205-555-5

Umschlaggestaltung: Harald Bauer, Surberg
Druck: Elbe Druckerei Wittenberg GmbH

www.iudicium.de

Inhalt

Einleitung

Schon zu Lebzeiten wurden der Komponist Richard Strauss und der Schriftsteller Thomas Mann als Chronisten einer zu Ende gehenden bürgerlichen Kultur, als vom „Geist der Spätzeitlichkeit" und des „Endzeitlichen"[1] durchdrungene Meister gleichermaßen gefeiert und kritisiert, bejubelt und angefeindet. Beide waren sich früh ihrer Bedeutung bewusst, fühlten sich als Repräsentanten ihrer Zeit und ihrer Kunst. Ihr persönlicher Umgang mit dieser allseitig bestätigten Erkenntnis war durchaus verschieden. Ebenso ihre Lebensart und -einstellung, was sich wohl am deutlichsten – zugleich am tragischsten – in ihrer politischen Haltung in der Zeit des Nationalsozialismus manifestiert. Angesichts der überschaubaren gesellschaftlichen Verhältnisse in München und Berlin überrascht es, dass sich beide kaum begegnet sein sollen. Dabei hat Thomas Mann, trotz aller Skepsis gegenüber dem Charakter von Richard Strauss, dessen Musik durchaus geschätzt, insbesondere die Tondichtungen noch im Exil gerne im Radio oder auf Platte gehört. Überliefert ist eine gemeinsame Einladung bei Bruno Walter am 22. Januar 1918 in München, über die Thomas Mann in einem Brief an die Lübecker Freundin Ida Boy-Ed berichtet. Lapidar heißt es dort: „Wir sind morgen m[it] R. Strauß bei Walter zum Thee".[2] Aber weder Mann noch Strauss noch Walter haben jemals überliefert, worüber man sich dabei unterhalten hat. Die Begegnung erscheint manchen Biographen so gespensterhaft, dass sie ihr tatsächliches Stattfinden sogar infrage stellen. So weit müssen wir nicht gehen. Gleichwohl gibt es keinen Briefwechsel zwischen Strauss und Mann. In dem bedeutenden und für die Nachwelt publizierten Briefwechsel zwischen Strauss und Hofmannsthal, der eine geniale – wenn auch nicht immer krisenfreie – Kooperation zwischen dem Komponisten und seinem Textdichter dokumentiert, die Opernfreunde mit der Zusammenarbeit von Wolfgang Amadeus Mozart und Lorenzo da Ponte vergleichen, wird Thomas Mann nicht einmal erwähnt. Ebenso wenig erwähnt Hofmannsthal den Namen Richard Strauss in seinen Briefen an Thomas Mann, der wiederum in seinem Nachruf auf Hofmannsthal 1929 dessen ELEKTRA preist, ohne einen Hinweis auf deren Vertonung zu geben.[3] Und ganz offensichtlich hat der lebenslange Goethe-Leser Richard Strauss die literarischen Werke von Thomas Mann nicht so geschätzt, wie dieser seine Tondichtungen. „Zeitgenossenschaft ohne Brüderlichkeit" betitelte denn auch der Mann-Forscher Hans Rudolf Vaget seinen Aufsatz, der das Verhältnis der beiden als eine Nicht-Beziehung darstellt, als eine „Intimfeindschaft", hinter der sich eine „verdeckte Verwandtschaft"[4] offenbart. Auch der Literaturwissenschaftler Rüdiger Görner hat in seinem Buch mit dem vielsagenden Titel „Thomas Mann. Der Zauber des Letzten" das Verhältnis der beiden Künstler als eine „verleugnete Wahlverwandtschaft"[5] qualifiziert.

[1] Hans Rudolf Vaget: Richard Strauss oder Zeitgenossenschaft ohne Brüderlichkeit, in: Thomas-Mann-Jahrbuch 3, 1990, S. 50–85. Hier zit. nach: Hans Rudolf Vaget: Seelenzauber. Thomas Mann und die Musik, Frankfurt a.M. 2012, S. 201.

[2] Brief an Ida Boy-Ed vom 21. Januar 1918, in: Thomas Mann: Große kommentierte Frankfurter Ausgabe. Werke, Briefe, Tagebücher, Frankfurt a.M. 2002ff (fortan: GKFA), Bd. 22, S. 219. Dazu: Hans Rudolf Vaget: Seelenzauber, a.a.O., S. 183.

[3] Thomas Mann: In Memoriam Hugo von Hofmannsthal, Neue Freie Presse, Wien, 21. Juli 1929, zit. nach: Michael Mann (Hrsg.): Thomas Mann. Ausgewählte Essays in 3 Bänden, Frankfurt a.M. 1977, Bd. 1, S. 54–57. Bd. 2 und Bd. 3 der Ausgabe wurden 1977 und 1978 von Hermann Kurzke herausgegeben.

[4] Hans Rudolf Vaget: Seelenzauber, a.a.O., S. 169. Von „Brüderlichkeit" und „Schicksalsgemeinschaft" sprach Mann selbst in Bezug auf sein Verhältnis zu Hugo von Hofmannsthal in seinem oben erwähnten Nachruf auf den Dichter. Thomas Mann: In Memoriam, a.a.O., S. 55.

[5] Rüdiger Görner: Thomas Mann. Der Zauber des Letzten, Düsseldorf, Zürich 2005, S. 160.

Akribische Versuche wurden unternommen, um festzustellen, wann eine Begegnung wo hätte stattfinden können, wann man sich räumlich und zeitlich nahe kam. Obwohl Strauss München, wo Thomas Mann seit 1893 wohnte, 1898 endgültig verließ, um als Hofkapellmeister in Berlin zu wirken, blieb er mit dem späteren Erwerb seiner Villa in Garmisch dem Königreich Bayern und damit der unmittelbaren Umgebung Thomas Manns erhalten. In der Tat gab es viele Möglichkeiten zu einer Begegnung. Sie wurden aber kaum zu einem längeren oder intensiveren Gedankenaustausch genutzt; ein photographisches Dokument wurde bis heute nicht gefunden. Dies öffnet das weite Feld der Spekulation. Was hat die beiden „Künstler des Späten" im Persönlichen und in ihrem Werk vereint, was hat sie getrennt? Wie haben sie auf ihr Publikum gewirkt und wie haben sie dieses Wirken kalkuliert? Wie haben sie die Fäden gezogen für den Ruhm zu Lebzeiten und danach? Eine – oder die? – entscheidende Zäsur im Leben und in der Beziehung beider war das Jahr 1933, in dem Richard Strauss den „Protest der Richard-Wagner-Stadt München" gegen den Wagner-Vortrag von Thomas Mann unterzeichnete, mit dem das Exil des Schriftstellers begann. Damit aber erhalten unterschiedliche charakterliche Befindlichkeiten über persönliche Sympathie oder Ablehnung hinausgehend eine politische Dimension, die die Beziehung der gescheiterten „Wahlverwandten" bis zum Ende beider Leben überschatten sollte.

Angesichts einer überwältigenden Fachliteratur insbesondere über Thomas Mann, auch über dessen Verhältnis zur Musik, überrascht es doch, dass seine Beziehung zu Richard Strauss in vielen Belangen nur unzureichende Beachtung gefunden hat, die viele Fragen offen lässt. Nicht alle Spuren, die Richard Strauss im Werk von Thomas Mann hinterließ, wurden aufgespürt oder verfolgt. Schon bald nach dem Ende des Zweiten Weltkrieges wird deutlich, welchen Beitrag beider Werke für die bürgerliche Bewältigung einer traumatischen Zeit leisten bzw. leisten sollen. Darüber hinaus hat es nach dem Tod von Strauss und Mann mehr als ein halbes Jahrhundert gedauert, ehe Literatur- und Musikwissenschaftler die Inszenierungs-, Aufführungs-, und Interpretationsgeschichte von Opern, Liedern und sinfonischen Werken oder die Rezeptionsgeschichte von Romanen, auch unter Berücksichtigung von Markt- und Marketingaspekten, in angemessener Form beachtet haben. Bis heute wird ja gerade Richard Strauss für sein starkes Interesse an der materiellen Grundlage seiner Arbeit als „eigennütziger" Charakter kritisiert. Auch die Einbeziehung von Filmen und Filmdokumenten geschah lange Zeit eher zögerlich.[6] Während sich eine Überfülle an Literatur dem Verhältnis von Thomas Mann zu Richard Wagner und Hans Pfitzner widmet, haben Untersuchungen über sein Verhältnis etwa zur französischen Musik oder zu Gustav Mahler lange auf sich warten lassen.[7] Umfangreichere Forschungen darüber, welche Beziehung Thomas Mann und Richard Strauss zu Giacomo Meyerbeer hatten, oder was Richard Strauss und Dmitri Schostakowitsch (1906–1975), einen Komponisten, den Thomas Mann verblüffenderweise im Dezember 1946 erstmals in seinen Tagebüchern erwähnt, verbindet, stehen ebenfalls noch aus.

---

[6] Dazu: Peter Zander: Thomas Mann im Kino, Berlin 2005.

[7] Dazu: Hans Rudolf Vaget: „Blödsinnig schön!" Französische Musik im Doktor Faustus. Zuerst in: Dirk Heißerer (Hrsg.): Thomas Mann in München. Vortragsreihe Sommer 2004, München 2004, S. 79–106. Hans Rudolf Vaget: Seelenzauber, a.a.O., S. 122–142.

Hans Rudolf Vaget: Die „Maske Mahlers". Thomas Mann und Gustav Mahler im Lichte neuer Quellen, in: Nachrichten zur Mahler-Forschung, hrsg. v. d. Internationalen Gustav Mahler Gesellschaft Wien, Nr. 73, Wien 2019, S. 7–37.

Auch die unterschiedliche Wahrnehmung und Aufnahme der Werke und der Charaktere von Thomas Mann und Richard Strauss in der Zeitspanne zwischen der Nachkriegszeit und dem zu Ende gehenden 20. Jahrhundert – insbesondere mit den die Aufarbeitung des Nationalsozialismus epochal beeinflussenden Ereignissen der Studentenbewegung der 1960er Jahre oder dem „Historikerstreit" Ende der 1980er Jahre – wurde bis in die 1990er Jahre hinein kaum angemessen bedacht. Dem großen Erfolg, den die Tondichtungen und Opern – vor allem die Bühnenwerke bis zur ARABELLA – beim breiten Publikum feierten, stand eine Musikwissenschaft gegenüber, die sich seit dem kritischen Strauss-Essay Theodor W. Adornos zum 100. Geburtstag des Komponisten auf die Analyse seiner Musik konzentrierte. Biographische Arbeiten über Strauss kamen eher von englischer Seite, während sie bei deutschen Musikwissenschaftlern als Gegenstand ihrer Forschung umstritten waren.[8] Dem steht eine Fülle an biographischer Literatur nicht nur über Thomas Mann, sondern über die Familie Mann entgegen, zwei Gesamtausgaben der Werke von Thomas Mann, vielbändige Ausgaben der Tagebücher von Thomas und Klaus Mann, die seit den 1970er und 1980er Jahren intime Einsichten in Person und Werk vermitteln, sowie Briefausgaben, Dokumentensammlungen und Ausstellungskataloge. Darüber hinaus vermitteln die jüngst publizierten Tagebücher von Thomas Manns Schwiegermutter Hedwig Pringsheim weitere vielseitige und vielschichtige Einblicke in die Familiengeschichte ihrer „Manns".[9] Eine großzügige und wohl bedachte Materialsammlung, die über Jahrzehnte, auch mit Hilfe der professionell agierenden und beratenen Familie Mann, zustande kam. Anders als Thomas Mann und die „Manns" waren Richard Strauss und seine Familie darauf bedacht, nicht allzu viel Persönliches zu offenbaren. Die SYMPHONIA DOMESTICA oder die Oper INTERMEZZO spielen mit familiären Motiven; Privates, Intimes gar, offenbaren sie nicht. Ändert sich das mit dem Spätwerk? Nicht wirklich. Schon der Dirigent Fritz Busch, der vielfältig bis zur geplanten Uraufführung der ARABELLA 1933 mit Strauss in Kontakt stand, bezeichnet den Komponisten als „Rätsel".[10]

Noch 2014, die Opernwelt feiert den 150. Geburtstag des Komponisten, stellt der Musikwissenschaftler Laurenz Lütteken fest, dass sich eine „differenzierte Strauss-Forschung [...] erst ab dem späteren 20. Jahrhundert herausgebildet"[11] habe und verweist auf eine immer noch unbefriedigende Situation hinsichtlich einer „kritischen Ausgabe" der Werke oder eines systematisch erfassten Briefwechsels.

Die vorliegende Literatur, sowohl die wissenschaftliche als auch die eher als belletristisch zu qualifizierende, dokumentiert eine gut nachvollziehbare Rezeptionsgeschichte, die Skepsis gegenüber Thomas Mann in der Zeit unmittelbar nach dem Ende des Krieges – die auch mit der Entwicklung zweier deutscher Staaten verbunden war –, ihre Fortdauer in den 1960er Jahren und seine Neubewertung nach der Veröffentlichung der Tagebücher ab Ende der 1970er Jahre, die das Hauptaugenmerk auf Manns Bedeutung nach 1923 legt, mithin auf den sich zur Weimarer Demokratie bekennenden „Nationalautor". Neben der akademischen Forschung spielte der Literaturkritiker Marcel Reich-Ranicki eine kaum zu unterschätzende Rolle in einer ebenso unermüdlichen wie medienwirksamen Präsentation des Autors in Publikationen, Zeitungsartikeln und Fernsehsendungen, die einen Höhepunkt in den

[8] Dazu: Wolfgang Rathert: Strauss und die Musikwissenschaft, in: Walter Werbeck (Hrsg.): Richard Strauss Handbuch, Stuttgart 2014 (fortan: RSHB), S. 531–545.

[9] Cristina Herbst (Hrsg.): Hedwig Pringsheim. Tagebücher 1885–1941, 10 Bde., Göttingen 2013ff.

[10] Fritz Busch: Aus dem Leben eines Musikers, Zürich 1949, Frankfurt a.M. 1982, S. 168.

[11] Laurenz Lütteken: Richard Strauss. Die Opern. Ein musikalischer Werkführer, München 2013, S. 10.

Lobeshymnen auf die Fernsehdokumentation von Heinrich Breloer fand, in der Reich-Ranicki die „Heimkehr" des Exilanten als „nationales Ereignis"[12] feierte.

Im Falle von Richard Strauss führten die emotionalen Befindlichkeiten und Bedürfnisse nach dem Krieg zu einer kaum unterbrochenen Popularität beim Publikum. Verbunden mit der biographischen Konstruktion, die, von Strauss selbst initiiert und von seinen Apologeten gefördert, in ihm einen Meister des „Letzten" und einen „letzten Meister" sah, verzichtete man lange auf eine Beschäftigung mit seinem Verhältnis zum Nationalsozialismus. 1982 veröffentlichte Fred K. Prieberg sein Standardwerk über „Musik im NS-Staat"[13], in dem diese Phase im Leben von Richard Strauss ausführlich behandelt wird. Gerhard Splitt widmet sich fünf Jahre später in „Richard Strauss 1933–1935"[14] Strauss' Wirken als Präsident der Reichsmusikkammer. Die Vorworte der Autoren dokumentieren die wissenschaftlichen und gesellschaftlichen Umstände ihrer Entstehung.[15]

Eine über Fachkreise und historisch Interessierte hinausgehende breite Diskussion haben die Arbeiten lange nicht initiiert. Dies fällt insbesondere im Vergleich mit der Centenarfeier der Bayreuther Festspiele 1976 auf. Hartmut Zelinskys Dokumentation „Richard Wagner. Ein deutsches Thema"[16], eine anfangs ebenfalls fast nur in Fachkreisen Aufsehen erregende Arbeit über die Wirkungsgeschichte Richard Wagners, initiierte spätestens mit der zweiten Auflage ebenso erregte Diskussionen wie Patrice Chereaus „Jahrhundert-RING" oder das Interview, das Hans Jürgen Syberberg im April 1975 mit Winifred Wagner über die Geschichte der Festspiele führte und in bis dato selten erlebter Offenheit die Beziehungen der Siegfried Wagner-Witwe und der von ihr geleiteten Festspiele zum „Dritten Reich" offenbarte.[17]

In der Inszenierungsgeschichte der Werke von Richard Strauss hat es, auch mangels provokanter Inszenierungen, eine so emotionale Diskussion wie im Falle des Chereau-RINGS bis dato kaum gegeben. Den „Skandal" um den geforderten Nackttanz der Prinzessin Salome, der ja erst gegen Ende des 20. Jahrhunderts szenische Umsetzung erfahren hat, dürfen wir an dieser Stelle erst einmal vernachlässigen.

Ein Werk wie DER ROSENKAVALIER überraschte zudem bis weit in die 1970er Jahre hinein damit, dass sich die Regisseure in der Regel auf eine Darstellung der Opernhandlung in der

[12] Marcel Reich-Ranicki: Ein nationales Ereignis, Frankfurter Allgemeine Zeitung, 10. Dezember 2001.

[13] Fred K. Prieberg: Musik im NS-Staat, Frankfurt a.M. 1982. In der Biographie des Autors auf der Umschlagseite wird sein „‚unakademisches'" Studium der Musikwissenschaft explizit erwähnt.

[14] Gerhard Splitt: Richard Strauss 1933-1935. Ästhetik und Musikpolitik zu Beginn der nationalsozialistischen Herrschaft, Pfaffenweiler 1987.

[15] Gerhard Splitt zitiert die an ihn gerichteten Briefe von Alice Strauss und Hans Mayer. Während Alice Strauss in ihrem Brief vom 10. Oktober 1981 den Autor bittet, „sich ein anderes Dissertationsthema auszuwählen", gibt der Strauss durchaus kritisch gegenüberstehende Germanist Hans Mayer den Rat, „dass Sie über Ihrer Forschungstätigkeit in Sachen des Präsidenten einer Reichsmusikkammer nicht vergessen, dass er Richard Strauss geheissen hat". (Gerhard Splitt: Richard Strauss, a.a.O., S. VIII und S. 30.) In einem im 5. Band der Musik-Konzepte veröffentlichten Gespräch hatte Mayer noch bekannt: „Das Verhalten von Strauss im Dritten Reich halte ich für tief unmoralisch." und Strauss „Opportunismus", „Geldgier" und „Egozentrik" vorgeworfen. In: Heinz-Klaus Metzger, Rainer Riehn (Hrsg.): Musik-Konzepte 5, Richard Wagner. Wie antisemitisch darf ein Künstler sein?, München 1978, S. 69.

[16] Hartmut Zelinsky: Richard Wagner. Ein deutsches Thema. Eine Dokumentation zur Wirkungsgeschichte Richard Wagners, München 1976, Wien 1983.

[17] Hans Jürgen Syberbergs fünfstündiger Dokumentarfilm wurde unter dem Titel „Winifred Wagner und die Geschichte des Hauses Wahnfried 1914–1975" erstmals im Juli 1975 in Paris gezeigt. Im Jahr darauf wurde er im Dritten Programm des Bayerischen Rundfunks ausgestrahlt. Dazu: Der Spiegel, 28. Juli 1975, S. 84.

Zeit Maria Theresias oder des Jugendstils beschränkten, damit aber kaum provozierten.[18] Neben der SALOME, die wohl am meisten mit „modernen" Regiekonzepten aufgeführt wurde, standen Werke wie DIE LIEBE DER DANAE oder CAPRICCIO, wenn sie überhaupt aufgeführt wurden, lange Zeit unter dem prägenden Einfluss eher konservativer Regisseure wie dem langjährigen Münchner Generalintendanten und Strauss-„Vertrauten" Rudolf Hartmann. Anders als bei Wagner wurde bei Strauss die Beziehung zum Nationalsozialismus wohl erstmals 1970 in einem Film provokant beachtet, Ken Russels DANCE OF THE SEVEN VEILS, der nach dem Protest der Strauss-Erben bald wieder in der Versenkung verschwand. Eine Geschichte der Inszenierungen und der Rezeption der Opern[19], Strauss´ Bedeutung für die Komponisten der ersten und vor allem der zweiten Hälfte des 20. Jahrhunderts sowie seine Faszination für das englische Publikum und die englischen Komponistenkollegen fanden erst spät eine ausführlichere und in Beziehung zur Kultur- und Sozialgeschichte gesetzte Darstellung; ebenso das Verhältnis oder die „Nicht-Beziehung" zwischen Richard Strauss und Thomas Mann im Spannungsfeld ihrer Werke und ihres persönlichen und gesellschaftlichen Umfeldes. Selbst das im Jubiläumsjahr 2014 erschienene verdienstvolle Strauss-Handbuch füllt aktuell nicht alle Lücken.[20] Dass die „Strauss-Bilder" bis heute immer neue Facetten einer durchaus widersprüchlichen und kontrovers diskutierten Persönlichkeit offenbaren, wird in der Einleitung des Herausgebers deutlich. Einmal mehr vereinen sich die Künstler Thomas Mann und Richard Strauss in ihrer Bedeutung für das 20. Jahrhundert und in der Tatsache, dass die Grundlagen ihres künstlerischen Schaffens im 19. Jahrhundert Wagners – hinsichtlich der Bedeutung von Mozart für Strauss und von Goethe für beide Künstler sogar im 18. Jahrhundert – liegen. Ob sie damit zu einem „Fremdkörper im 20. Jahrhundert"[21] werden, wie das der Strauss-Biograph Laurenz Lütteken für Strauss formuliert, sei dahingestellt. Vielleicht erklärt es indessen das beiden gemeinsame Problem, in einer neuen Zeit anzukommen und diese als die ihre zu akzeptieren.

---

[18] Alfred Rollers Ausstattung der Dresdner Uraufführung galt lange Zeit als vorbildlich. Mit der Unterstützung der Autoren wurden von ihm gefertigte Mappen mit Hinweisen zum Regiekonzept und zur Ausstattung dem Orchestermaterial des Verlages Fürstner beigelegt und zur Grundlage vieler Folgeaufführungen. In den legendären Inszenierungen von Otto Schenk (Wien 1968 und München 1972) prägten sie den Aufführungsstil bis weit in die 1980er Jahre hinein, während Regisseure wie Luchino Visconti (London 1966) oder Götz Friedrich (Stuttgart 1981 und Berlin 1993) die Entstehungszeit des Jugendstils und des Fin de siècle in ihrer Ausstattung berücksichtigten.

[19] Günther Lesnig: Die Aufführungen der Opern von Richard Strauss im 20. Jahrhundert. Daten, Inszenierungen, Besetzungen, 2 Bde., Tutzing 2008 und 2010. Leider werden von den in der Statistik genannten Inszenierungen aus Platzgründen nicht einmal die wichtigsten beschrieben. Erwähnt sei an dieser Stelle die verdienstvolle und für ein Fach- und Laienpublikum Maßstäbe setzende Arbeit der Piper Enzyklopädie des Musiktheaters, die ab 1986 von Carl Dahlhaus und dem Forschungsinstitut für Musiktheater der Universität Bayreuth unter Leitung von Sieghart Döhring herausgegeben wurde. Die ursprünglich auf 8 Bände projektierte Enzyklopädie erschien bis 1997 in 6 Bänden und einem Registerband. Zumindest hier finden wir auch Hinweise auf die Ästhetik herausragender Inszenierungen. Die akademische Beschäftigung mit der Inszenierungsgeschichte erhielt wesentliche Anregungen seit den 1970er Jahren und den in dieser Zeit entstandenen kritischen Wagner-Inszenierungen von Regisseuren wie Ulrich Melchinger, Joachim Herz, Harry Kupfer, Götz Friedrich oder Patrice Chereau. Dazu: Dietrich Mack: Theaterarbeit an Wagners Ring, München 1978. Ausführliche Hinweise auf die Inszenierungsgeschichte der Opern von Richard Wagner finden wir in: Oswald Georg Bauer: Die Geschichte der Bayreuther Festspiele, Band 1: 1850–1950, Band 2: 1951–2000, Berlin, München 2016.

[20] In einem 600-seitigen Buch wird das Thema Strauss und das „Dritte Reich" mit einem lediglich 6-seitigen Beitrag über Strauss als Präsidenten der Reichsmusikkammer kaum angemessen berücksichtigt. Von Ken Russell wird lediglich seine Bonner „Salome"-Inszenierung erwähnt, nicht sein weitaus wichtigerer Beitrag, der Film „Dance of the Seven Veils".

[21] Laurenz Lütteken: Richard Strauss, a.a.O., S. 10.

In den folgenden Ausführungen geht es um das Bild, das Strauss und Mann von sich selbst und vom jeweils anderen hatten, auch um hintergründige und abgründige Familiengeschichten, um das, was sie in ihrer Zeitgenossenschaft vereinte und trennte, um die Bedeutung der „Kunststätte" München als eine Art „geistiger Heimat", um das persönliche Sich-Verfehlen in der Welt und das Sich-Treffen im Werk, um die Spuren, die Richard Strauss' SALOME im ZAUBERBERG, im JOSEPH-Roman und im DOKTOR FAUSTUS und darüber hinaus hinterlassen hat. Dass Richard Strauss nicht nur im Leben von Thomas Mann eine Rolle gespielt hat – eine ganz und gar nicht unbedeutende! – wird ersichtlich, wenn wir uns mit dem Verhältnis beschäftigen, das Manns Schwager, der Dirigent Klaus Pringsheim, zu dem hoch geschätzten und in Japan noch 1934 von ihm gefeierten Komponisten hatte. Auch Klaus Mann hat Richard Strauss in seiner Eigenschaft als Kriegsberichterstatter nach dem Ende des Krieges incognito getroffen und im WENDEPUNKT ein wenig schmeichelhaftes Porträt gezeichnet, das Thomas Mann nie kommentiert hat. Wie bei seiner Schwester Erika scheint seine ablehnende Haltung gegenüber Strauss wesentlich von dem Gedanken beeinflusst zu sein, den Vater als Gallionsfigur des Exils zu bestätigen. Am Ende verblüfft Richard Strauss mit dem Erfolg seiner METAMORPHOSEN und seiner VIER LETZTEN LIEDER und mit internationalen Auftritten in einer Rolle, mit der er schon während des „Dritten Reiches" virtuos lavierend in Erscheinung getreten war, als „bedeutendster Komponist Deutschlands", während Thomas Manns Rückkehr durch sein langes „Draußenbleiben", bald auch durch die Teilung Deutschlands, belastet wurde.

Ausdrücklich und mehrfach bezeichnete Thomas Mann den ihm in vielen Dingen wahlverwandten Richard Strauss als „Sonntagskind", gefiel sich auch selbst in dieser Rolle, die er in der Überzeugung von der repräsentativen Bedeutung seiner eigenen Künstlerpersönlichkeit gerne in fürstliche Dimensionen gesteigert sehen wollte. Der Roman KÖNIGLICHE HOHEIT ist in vielen Belangen ja auch ein Selbstporträt seines Schöpfers. Richard Strauss hat das alles entspannter gesehen. Stoff für künstlerische Umsetzung war sein bürgerliches Leben indessen auch für ihn. Am Ende bringt vielleicht die Volksballade von den beiden „Königskindern", die nicht „beisammen" kommen konnten, ihre Nicht-Beziehung auf den poetischen Punkt, beschreibt die Facette einer Beziehung, der Austausch und persönliche Begegnung trotz Sympathie bedauerlicherweise immer wieder verwehrt blieb.

Eine komplexe Beziehung

Nachkriegspositionen

Am 23. Mai 1947 erscheint auf dem Titelblatt des Nachrichtenmagazins Der Spiegel ein Photo von Thomas Mann. Die Schlagzeile lautet: „‚Die Deutschen sind egoistisch'. Thomas Mann zaudert, sein verlorenes Volk zu besuchen." Der Roman DOKTOR FAUSTUS, in dem der Erzähler Serenus Zeitblom die Lebensgeschichte seines Musikerfreundes Adrian Leverkühn aus der Perspektive des zu Ende gehenden Weltkrieges erzählt, wird im gleichen Jahr erscheinen. Aktuell erläutert der Spiegel-Autor im Innenteil des Magazins noch einmal, warum Thomas Mann seine Rückkehr nach Deutschland skeptisch sieht. Schon zwei Jahre vorher hatte er in einem offenen Brief an Walter von Molo auf die Schwierigkeiten einer Verständigung „zwischen einem, der den Hexensabbat von außen erlebte" und denen, die „mitgetanzt" hatten, verwiesen.[22] Im gleichen Spiegel-Heft erscheint unter dem Titel „Der ‚griechische' Strauß" auch eine Kritik über die deutsche Erstaufführung der METAMORPHOSEN, die im Frühjahr 1947 in einem Konzert des NWDR-Sinfonieorchesters unter der musikalischen Leitung seines Chefdirigenten Hans Schmidt-Isserstedt erfolgt war. Der Rezensent ist der Meinung, dass das Werk „dem Hörer keinerlei Probleme zu lösen" aufgebe und feiert die „überlegene Altersweisheit" eines „griechischen", „spätklassizistischen" Komponisten Richard Strauss. Einzig die Einleitung des Artikels bezieht sich, freilich eher ironisch als kritisch, auf die Gegenwart: „‚Nur für das Ausland – nicht für Deutsche!' Dies Off-limits-Schild hängt seit 1945 vor allen neugeschaffenen Partituren von Richard Strauß. Der 83jährige will seine jüngsten Kompositionen erst nach seinem Tode für Deutschland freigegeben wissen."[23]

Richard Strauss hatte bereits nach der Generalprobe der Oper DIE LIEBE DER DANAE am 16. August 1944 im Rahmen der Salzburger Festspiele – es handelte sich um die letzte Opernaufführung vor der von Joseph Goebbels angeordneten Schließung aller deutschen Theater am 1. September 1944 – verfügt, dass eine Aufführung in Deutschland erst nach dem Kriege erfolgen sollte. Eine ähnliche Verfügung hatte es nach dem Willen des Komponisten bereits nach der Fertigstellung der FRAU OHNE SCHATTEN am Ende des Ersten Weltkrieges gegeben. Auch dieses Werk sollte erst in Friedenszeiten uraufgeführt werden. Nach 1945 jedenfalls erfolgten die Uraufführungen der neu komponierten Werke im Ausland, überwiegend in der Schweiz, wo Strauss zwischen dem 10. Oktober 1945 und dem 10. Mai 1949 wohnte. Die METAMORPHOSEN erlebten ihre Uraufführung am 25. Januar 1946 in Zürich. Das Oboenkonzert wurde dort am 6. Februar 1946 uraufgeführt. Die in der Schweiz komponierten VIER LETZTEN LIEDER wurden postum am 22. Mai 1950 in London erstmals aufgeführt. Auf Einladung von Sir Thomas Beecham dirigierte der vier Jahre zuvor entnazifizierte Wilhelm Furtwängler. Auch das Engagement der Sopranistin Kirsten Flagstad, die zu diesem Zeitpunkt in ihrer Heimat Norwegen wegen ihrer angeblichen NS-Vergangenheit unter Verdacht stand, sollte wohl ein Zeichen setzen. Auf alle Fälle war das Konzert ein bedeutendes kulturelles Ereignis der Nachkriegszeit, das den besonderen Stellenwert von Richard Strauss und seiner Musik in England dokumentiert, wo insbesondere

[22] Thomas Mann: Warum ich nicht nach Deutschland zurückgehe, in: Hermann Kurzke (Hrsg.): Thomas Mann. Ausgewählte Essays in 3 Bänden, Frankfurt a.M. 1977, Bd. 2, S. 281–308, hier: S. 304. (GKFA, Bd. 19.1, S. 72–82)

[23] In: Der Spiegel, Nr. 21, 23. Mai 1947. www.spiegel.de/spiegel/print/index-1947-21.html (30. Mai 2021)

die Tondichtungen von Richard Strauss von Komponisten wie Granville Bantock (1868–1946), Havergal Brian (1876–1972) oder Arnold Bax (1883–1953) als wegweisend erlebt wurden.[24]
Der behutsame Umgang des Spiegel-Kritikers mit dem Komponisten der METAMORPHOSEN fällt auf und deckt sich mit dem gleichzeitig ablaufenden Versuch, dessen Bedeutung und Größe für die Nachwelt zu bestätigen, und zwar unmittelbar nach dem Ende des Krieges und überraschenderweise nicht nur in Deutschland, sondern auch auf internationalem Parkett, wie die Aufführungen in der Schweiz 1946 und das Richard-Strauss-Festival in London im Oktober 1947, acht Monate vor dem Abschluss des in seiner Abwesenheit durchgeführten Spruchkammerverfahrens in Garmisch im Juni 1948, beweisen.
Strauss wird am 10. Mai 1949 aus der Schweiz nach Deutschland zurückkehren. Bereits am 8. Juni wird er zum Ehrenbürger der Stadt Bayreuth ernannt und erhält am 11. Juni den Ehrendoktor der Universität München und die Ehrenbürgerschaft von Garmisch-Partenkirchen. Am Tag zuvor hatte er für den Dokumentarfilm EIN LEBEN FÜR DIE MUSIK das Finale des zweiten Akts des ROSENKAVALIERS dirigiert. Ebenfalls für diesen Film dirigierte er am 13. Juli die Mondscheinmusik aus CAPRICCIO als letztes Dirigat seines Lebens. Der Dirigent Georg Solti, der 1946 von der amerikanischen Militärregierung als Nachfolger des abgesetzten Clemens Krauss und des kurzfristig beschäftigten Hans Knappertsbusch zum Generalmusikdirektor der Bayerischen Staatsoper München ernannt worden war, begleitet im Filmdokument den 85-jährigen Richard Strauss im Münchner Funkhaus ans Dirigentenpult. Am 8. September 1949 stirbt der hoch Geehrte in seiner Garmischer Villa. Auf der Trauerfeier auf dem Münchner Ostfriedhof dirigiert Georg Solti den Trauermarsch aus der „Eroica“ und, in Beachtung des bereits 1938 geäußerten Willen des Meisters, das von Gerda Sommerschuh, Maud Kunitz und Marianne Schech gesungene Schlussterzett aus dem ROSENKAVALIER.

Im Falle von Thomas Mann sah die „Rückkehr“ ganz anders aus. 1947 besuchte er zum ersten Mal das Nachkriegs-Europa, ohne einen Abstecher nach Deutschland zu machen. In 55 Radiosendungen erklärte er DEUTSCHLAND UND DIE DEUTSCHEN den Deutschen, die im Land der Diktatur geblieben waren, was bei nicht wenigen die moralische Entrüstung auslöste, zu der sie vorher nicht in der Lage waren. Erst im Goethe-Jahr 1949, zwei Jahre nach dem Erscheinen des DOKTOR FAUSTUS, kann sich Thomas Mann zu einem Besuch durchringen. In einem Brief an Hans Reisiger schreibt er über seine Skrupel im Vorfeld:

> Noch habe ich nicht zugesagt, aber ich werde es wohl tun müssen, und meine Ruh´ ist hin. Ich sollte es wohl nicht so schwer nehmen, aber ich kann nicht umhin, das Wiedersehen nach diesen 16 Jahren der Entfremdung als ein gespenstisches Abenteuer und als eine rechte Prüfung zu empfinden. Allzu lange war „nach Deutschland gebracht zu werden“, „in die Hände der Deutschen zu fallen“ ein Alptraum! Und was soll ich sagen? Es ist alles so äußerst kompliziert. Kaum kann ich etwas anderes tun, als innere Versuche mit einer Rede anzustellen – und kann es auch wieder nicht, denn es ist da eine Sperre, und das Bewußtsein, wie sehr man sich in all den Jahren auseinandergelebt hat, läßt mich den Ton nicht finden.[25]

[24] Zu verweisen wäre auf Werke wie Granville Bantocks „Hebridean Symphony“ aus dem Jahre 1915 mit ihren Bezügen zur „Alpensinfonie“ oder Havergal Brians Ouvertüre „Doctor Merryheart“ (1911–1912). Auch die instrumentalen Raffinessen seiner Richard Strauss gewidmeten „Gothic Symphony“ (1919–1927) verdanken der von Strauss überarbeiteten und ergänzten „Instrumentationslehre“ von Hector Berlioz vielfältige Anregungen.
[25] Brief an Hans Reisiger vom 19. März 1949, zit. nach: Hans Wysling, Yvonne Schmidlin (Hrsg.): Thomas Mann. Ein Leben in Bildern, Zürich 1994, S. 420.

Am 25. Juli 1949 gab es schließlich den Festakt zum Goethe-Jahr und Thomas Manns festliche Ansprache in der Frankfurter Paulskirche, während seine Teilnahme am Festakt im Nationaltheater Weimar am 1. August im Westen des geteilten Landes auf Kritik stieß. Zur endgültigen Rückkehr nach Europa kam es erst 1952, und es war die Schweiz, in der Thomas Mann fortan leben und seine letzte Ruhe finden wollte. Zum Ehrenbürger seiner Heimatstadt Lübeck wurde er erst am 20. Mai 1955 ernannt, wenige Wochen vor seinem 80. Geburtstag und drei Monate vor seinem Tod.

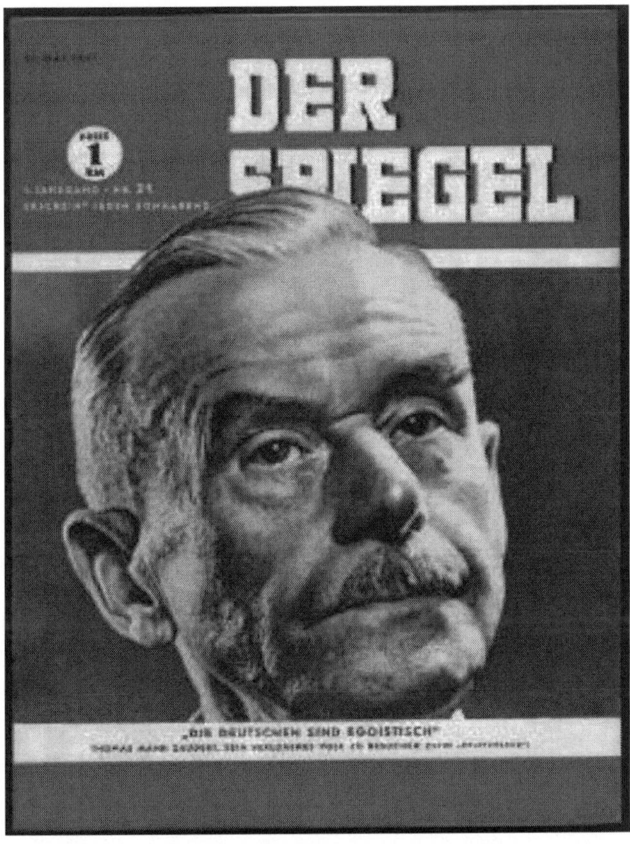

Der Spiegel (21/1947), 23. Mai 1947, „Die Deutschen sind egoistisch". Thomas Mann zaudert, sein verlorenes Volk zu besuchen. Im gleichen Heft erscheint eine Kritik zur deutschen Erstaufführung der „Metamorphosen".

„Der Revolutionär als Sonntagskind“

Angesichts des nahezu reibungslosen Übergangs, der Richard Strauss aus der katastrophalen Endzeit des Krieges in das neue Zeitalter führt, begleitet von alten und neuen Kompositionsaufträgen, amtlich wieder einmal befreit von Einquartierung in seiner Villa, gleichermaßen privilegiert von den alten Machthabern und den neuen alliierten Herren, erscheint Strauss einmal mehr als ein Begünstigter, ein „Sonntagskind“ des Lebens.
Genauso sah ihn Thomas Mann und kam erstmals 1941 in einem Brief an Fritz Kaufmann auf die Formulierung, an der er seine helle Freude hatte.[26] Eingang in die Literatur fand das Bonmot im DOKTOR FAUSTUS, wo der Komponist Adrian Leverkühn anlässlich seines Besuches der von Richard Strauss dirigierten österreichischen Erstaufführung der SALOME in Graz 1906 den Komponisten wie folgt porträtiert:

> „Was für ein begabter Kegelbruder! Der Revolutionär als Sonntagskind, keck und konziliant. Nie waren Avantgardismus und Erfolgssicherheit vertrauter beisammen. Affronts und Dissonanzen genug, – und dann das gutmütige Einlenken, den Spießer versöhnend und ihn bedeutend, daß es so schlimm nicht gemeint war... Aber ein Wurf, ein Wurf.“[27]

Strauss stand zu diesem Zeitpunkt als Hofkapellmeister in Berlin auf einem Höhepunkt seiner Karriere. Nicht nur als Komponist, sondern auch als Dirigent. Nach ersten Konzerten in Moskau (1896), Paris und London (1897)[28] und seiner ersten Amerika-Tournee, die ihn 1904 nach New York, Philadelphia, Pittsburgh, Boston und Chicago geführt hatte, bewährte er sich zunehmend auf internationalem Parkett, wo er auch vor hochbezahlten und publicity-trächtigen Auftritten, wie in einem Konzert im New Yorker Warenhaus Wanamaker, nicht zurückscheute.[29] Wie schon bei der Dresdner Uraufführung 1905 versammelte sich auch in der Grazer Oper zur österreichischen SALOME-Premiere ein illustres Publikum. Gustav Mahler, Alexander Zemlinsky, Arnold Schönberg und Alban Berg reisten an, nachdem Mahlers Versuch, das „anrüchige“ Werk an der Wiener Hofoper herauszubringen, von klerikalen Kreisen verhindert worden war. Ob Adolf Hitler, den Hinweisen von Stefan Zweig

---

[26] Brief an Fritz Kaufmann vom 17. Februar 1941, zit. nach: Thomas Mann: Briefe, hrsg. in 3 Bänden von Erika Mann, Frankfurt a.M. 1961, 1995, Bd. 2, S. 180f.

[27] Thomas Mann: Doktor Faustus. Das Leben des deutschen Tonsetzers Adrian Leverkühn erzählt von seinem Freunde, GKFA, Bd. 10.1, S. 227. Die Grazer Aufführung, von der hier die Rede ist, fand am 16. Mai 1906 statt.

[28] Der englische Kritiker Ernest Newman bezieht sich in seinen „Musical Studies“ auf dieses Konzert und die Aufführung des „Zarathustra“ im Londoner „Crystal Palace“: „[...] old Sir George Grove, in a private letter, expressed what was probably the opinion of most of the people who sat it out: ´What can have happened to drag down music from the high level of beauty, interest, sense, force, grace, coherence and any other good quality, which it rises to in Beethoven and also (not so high) in Mendelssohn, down to the level of ugliness and want of interest that we had in Strauss´s absurd farrago...? *Noise* and *effect* seems to be so much the aim now.´“ und kommentiert die Kritik seines Kollegen: „It was the old story. The man who listens to a new art and is momentarily revolted by it never thinks that the deficiencies may be not in the art but in himself [...].“ Noch 1905 stellt Newman fest: „Two or three years ago Richard Strauss was practically unknown in this country. A few people [...] had bought his complex scores and worried through them as best they could, mostly deriving from them only the impression that Strauss was getting madder and madder every year.“ Ernest Newman: Richard Strauss and the Music of the Future, in: Ders.: Musical Studies, New York 1905, 1969, S. 249f. Zu den frühesten Strauss-Förderern in England zählte Sir Thomas Beecham, der 1910 „Salome“ in Covent Garden erstaufführte.

[29] Finanziell interessante Angebote hatten zuvor bereits Antonín Dvořák (1892) und Enrico Caruso (1903) nach New York geführt. Es folgten 1906 Giacomo Puccini, 1908 Gustav Mahler und Arturo Toscanini. Puccinis „La fanciulla del West“ (UA 10. Dezember 1910, Metropolitan Opera) war geradezu für den amerikanischen Markt konzipiert.

in seinem autobiographischen Lebensrückblick DIE WELT VON GESTERN zufolge, ebenfalls diese Grazer Aufführung erlebte, ist heute eher umstritten, auch wenn sich Hitler offensichtlich Strauss gegenüber damit gebrüstet hat. Filmreif ist der Gedanke durchaus.
Der im Roman beschriebene Karrierehöhepunkt des Komponisten kontrastiert natürlich augenfällig mit dessen durchaus umstrittener Position zur Zeit der Niederschrift des Romans, wo er zwar nicht mehr Präsident der Reichsmusikkammer war, aber immer noch als ein prominentes kulturelles Aushängeschild des NS-Regimes fungierte, missbraucht wurde oder sich missbrauchen ließ.
Thomas Mann jedenfalls wird die einmal gefundene Strauss-Charakterisierung noch öfters gebrauchen. Als „Sonntagskind" sah sich Thomas Mann mit gutem Recht bekanntlich selbst. Der Tag seiner Geburt, der 6. Juni 1875, war schließlich ein Sonntag. Auch Felix Krull wird als „Sonntagskind" eingeführt (GKFA, Bd. 12.1, S. 15). Zudem erscheint die Verbindung einer Person mit der Bezeichnung „Kind" nie abwertend. Der von Mann mit größter Sympathie gezeichnete Joseph wird als „Gunstkind" (GKFA, Bd. 7.1, S. 34) und „Gotteskind" (GKFA, Bd. 7.1, S. 67) bezeichnet, Hans Castorp mit der Milde seines Schöpfers als „Sorgenkind des Lebens" (GKFA, Bd. 5.1, S. 467) betrachtet. Und Katia Mann spricht in ihren UNGESCHRIEBENEN MEMOIREN vom „Wunderkind" Willi (!) Furtwängler.[30] Auch Erika Mann hat ihren Vater als „schwierige[s] Sonntagskind"[31] charakterisiert, ihre Briefe an den Vater gerne als „Kind" unterzeichnet. Der „Revolutionär als Sonntagskind", der schließlich „Avantgardismus" und „Erfolgssicherheit" beim „Spießer" vereint, erscheint da schon etwas kritischer gesehen als einer, der sich durchs Leben laviert, der sich gefällt in der Mimikry, im Rollenspiel, in der Anpassung und dabei mehr als ein Täuscher erscheint denn als „Zauberer". Das war dann auch eher die Rolle von Thomas Mann, die ihm von seinen Kindern angetragen wurde. Ob Strauss als „begabter Kegelbruder" treffend bezeichnet ist? Eine bajuwarische Karikatur war er doch eher nicht.

Noch 1952 schreibt Thomas Mann aus Pacific Palisades an Theodor W. Adorno: „Der Revolutionär als Sonntagskind – es ist doch ein einmaliger Fall und belustigend im besten Sinn. Ich habe immer viel für ihn übrig gehabt. Seine Nonchalance war sympathisch, und er hatte bei seinem enormen Talent viel Liebe und Aufblick."[32]
Ein überraschend versöhnlicher Rückblick auf das Leben eines Mannes, dem persönlich zu begegnen Mann doch eher vermieden hat. Eher hätte man nach den Ereignissen des Jahres 1933 eine distanziertere Haltung erwartet. Als Mann in Pacific Palisades von Strauss' Tod erfährt, schreibt er am 8. September 1949 in sein Tagebuch die ebenso kurze wie respektvolle Notiz: „Meldung vom Tode Richard Strauß'. Mit Ernst aufgenommen." Für den Abend vermerkt Thomas Mann als Musikauswahl Schuberts WINTERREISE, der „schönste und bedeutendste Liedercyklus" (TMTB, 8. September 1949).[33] Eine zufällige Wahl oder doch ein Hinweis auf eine tiefe, durchaus geheimnisvolle Beziehung? Auf alle Fälle ein Verweis auf die Bedeutung des Todes in beider Werk, in TOD UND VERKLÄRUNG, den METAMORPHOSEN

[30] Katia Mann: Meine ungeschriebenen Memoiren, hrsg. v. Elisabeth Plessen u. Michael Mann, Frankfurt a.M. 1974, S. 157.

[31] Vgl. dazu das „Porträt des Vaters" in der Einleitung der Herausgeberin Erika Mann zu ihrem Buch: Thomas Mann. Eine Auslese, Wien 1969. Hier zit. nach: Irmela von der Lühe, Uwe Naumann (Hrsg.): Erika Mann. Mein Vater, der Zauberer, Reinbek bei Hamburg 1996, S. 386.

[32] Brief an Theodor W. Adorno vom 9. Januar 1952. In: Christoph Gödde, Thomas Sprecher (Hrsg.): Thomas Mann / Theodor W. Adorno. Briefwechsel 1943–1955, Frankfurt a.M. 2002, S. 97.

[33] Thomas Mann: Tagebücher, 1918–1921; 1933–1955, Bd. 1–5, hrsg. v. Peter de Mendelssohn; Bd. 6–10, hrsg. v. Inge Jens, Frankfurt a.M. 1977–1955, fortan: TMTB und Datum des jeweiligen Eintrags.

und natürlich in den kurz zuvor vollendeten VIER LETZTEN LIEDERN, im DOKTOR FAUSTUS und im ZAUBERBERG, wo der Held am Ende des Buches auf den Schlachtfeldern des Ersten Weltkrieges mit dem Schubert-Lied „Am Brunnen vor dem Tore" im Sinn und halb auf den Lippen seinem ungewissen Schicksal entgegen eilt. Das Schubert-Lied wird den Lesern von Thomas Mann im dritten Kapitel des DOKTOR FAUSTUS noch einmal begegnen, wo der Chronist der Handlung das Leverkühn´sche Gut mit seinem Lindenbaum im Hof – quasi als imaginären Schauplatz des Liedes – beschreibt. Der aktuelle Aufenthaltsort von Thomas Mann und der Sterbeort des Komponisten im Jahre 1949 dokumentieren noch zum Schluss die Distanz zwischen beiden. Welche Nähe es gab, bedarf einer sensiblen Rekonstruktion von Gemeinsamkeiten, die es trotz vielfältiger Gegensätze gab. Vielleicht erkannte Thomas Mann am Ende in den Verstrickungen und Verwirrungen des Lebens von Richard Strauss auch die eigenen Gefährdungen, die am Wegesrand seines politischen Lebens zu überwinden waren, einen Teil der eigenen Abgründe und Ängste, die nicht zuletzt im DOKTOR FAUSTUS und in DEUTSCHLAND UND DIE DEUTSCHEN zum Thema wurden.

1940 erschien in London ein Buch des deutschen Emigranten Raimund Pretzel (1907–1999) unter dem Pseudonym Sebastian Haffner. Der Publizist bezog sich mit seinem erfundenen Namen auf die deutsche Kulturtradition eines Johann Sebastian Bach und auf Wolfgang Amadeus Mozarts Haffner-Sinfonie. In seinem Buch GERMANY: JEKYLL AND HYDE warnte er vor dem Kriegsgegner Deutschland mit einer mentalitätsgeschichtlichen Analyse des deutschen Wesens, der Dialektik zwischen seinem historisch bedingten Mangel an Realitätssinn und Freiheitswillen einerseits und seiner Kunst- und Musikbegeisterung andererseits. Der englische Titel bezog sich eindeutig auf den bekannten Roman von Robert Louis Stevenson, in dem im Doppelgängermotiv das Problem einer Persönlichkeitsspaltung dargestellt wird, in deren Verlauf sich der gute Doctor Jekyll nicht mehr von seinem bösen Alter ego Mr. Hyde befreien kann. Ein Thema, das Thomas Mann in seinem Essay EIN BRUDER (1939) psychologisch vertieft und als eigenes begreift, indem er in dem „Phänomen" Hitler die „Erscheinungsform des Künstlertums" wiederzuerkennen glaubt.[34] Besser als der Hass sei das „Sich-wieder-Erkennen, die Bereitschaft zur Selbstvereinigung mit dem Hassenswerten [...]".[35] Über die dämonische Identität dieser Bruderschaft erfahren die Leser in DEUTSCHLAND UND DIE DEUTSCHEN sechs Jahre später und nach der Katastrophe, „daß es nicht zwei Deutschland gibt, ein böses und ein gutes, sondern nur eines, dem sein Bestes durch Teufelslist zum Bösen ausschlug".[36] Thomas Mann hat Haffners Buch gleich nach seinem Erscheinen von dem englischen Verleger Fredric Warburg als Geschenk erhalten mit der Bitte, sich bei seinem amerikanischen Verleger für eine Publikation in Amerika einzusetzen. Bereits am 15. Mai 1940 berichtet Mann von seiner „aufmerksam[en]" Lektüre und bezeichnet das Buch als „ausgezeichnet" (TMTB, 15. Mai 1940).[37]

---

[34] Thomas Mann: Ein Bruder, in: Hermann Kurzke (Hrsg.): Thomas Mann. Ausgewählte Essays, a.a.O., Bd. 2, S. 224.

[35] Ebenda, S. 225.

[36] Thomas Mann: Deutschland und die Deutschen, in: Hermann Kurzke (Hrsg.): Thomas Mann. Ausgewählte Essays, a.a.O., Bd. 2, S. 297.

[37] Dazu: Hans Rudolf Vaget: Thomas Mann, der Amerikaner. Leben und Werk im amerikanischen Exil 1938–1952, Frankfurt a.M. 2011, S. 464–470. Schon in seinen Lebenserinnerungen, die vor „Germany. Jekyll and Hyde" fertiggestellt waren aber erst postum erschienen, entwickelt Haffner seine Thesen über den deutschen Charakter: „Deutschland führt als Nation ein Doppelleben, weil fast jeder einzelne Deutsche ein Doppelleben führt." Sebastian Haffner: Geschichte eines Deutschen. Die Erinnerungen 1914–1933, Stuttgart, München 2000, S. 97.

Bezeichnenderweise erschien Haffners virtuose Analyse des deutschen Wesens erst 1996 auch in deutscher Sprache in einer Rückübersetzung von Kurt Baudisch unter dem Titel „Germany: Jekyll & Hyde. 1939 – Deutschland von innen betrachtet", obwohl Haffner 1939 ja bereits „draußen" war. Als Hauptargument gegen Thomas Manns deutschlandkritische Ansichten wurde nach 1945 gerne die Tatsache angeführt, dass auch er das Geschehen in Deutschland von „außen" betrachtet habe, „aus den Logen und Parterreplätzen des Auslands".[38] Ein Vorwurf, den die „innere Emigration" im Grunde genommen allen Exilanten machte, während sie sich selbst als „Widerstandskämpfer" zu heroisieren versuchte. Spielen indessen die mehr von allgemeinen sozialen und philosophischen Erwägungen beeinflussten Ausführungen der beiden Emigranten Haffner und Mann nicht in gefährlicher Weise mit einem Erklärungsmuster, das es den deutschen Überlebenden nach dem Krieg ermöglichte, sich in der Rolle der „Verführten" und der „Opfer" zu sehen? Deutlich erscheint schon hier, welche besondere Rolle die Musik, insbesondere die deutsche Musik, spielt und inwieweit es im Verhältnis zwischen Richard Strauss und Thomas Mann um weitaus mehr geht, als um die zufälligen Befindlichkeiten von Künstlerpersönlichkeiten, die am Ende vielleicht mehr vereinte als trennte.

[38] Frank Thiess: Die innere Emigration, Münchener Zeitung vom 18. August 1945. Der Artikel reagierte auf Walter von Molos offenen Brief an Thomas Mann, in dem er den Schriftsteller am 4. August zur Rückkehr nach Deutschland aufgefordert hatte. In einem Brief an Emil Preetorius findet Mann deutliche Worte gegen die Anmaßungen der selbsternannten Vertreter der „Inneren Emigration": „Diese ganze ‚Innere Emigration' kann mir, offen gestanden, gestohlen werden. Alle haben sie mitgemacht, alle profitiert, alle an den Bestand des Scheusslichen geglaubt, das sie nie wirklich als scheusslich empfunden und verabscheut haben. Und jetzt spielen sie die Helden und Märtyrer, die bei Deutschland blieben und mit ihm litten, während wir aus den bequemen Logen des Auslands etc. Es ist eine beträchtliche Unverschämtheit." Thomas Mann an Emil Preetorius, 14. Januar – 24. Februar 1946, zit. nach: Hermann Kurzke: Thomas Mann. Das Leben als Kunstwerk. Eine Biographie, München 1999, S. 534. Die Briefe von Walter von Molo und von Frank Thiess findet sich als Nachdruck in: Klaus Schröter (Hrsg.): Thomas Mann im Urteil seiner Zeit. Dokumente 1891–1955. Frankfurt a.M. 2000. (= Thomas-Mann-Studien, hrsg. v. Thomas-Mann-Archiv der ETH Zürich, 22. Band), S. 334–338.

„Zeitgemäße" und „unzeitgemäße" Zeitgenossen

Als Zeitgenossen werden in der Regel Menschen bezeichnet, die zur gleichen Zeit leben oder gelebt haben und damit die Möglichkeit zu einem persönlichen Kontakt gehabt haben oder gehabt hätten, unabhängig von der räumlichen Distanz zwischen ihren Lebensorten oder ihrem Alter. Thomas Mann und Richard Strauss dürfen also als Zeitgenossen betrachtet werden. Dass sie einander nur wenige Male und wohl nur kurze Zeit getroffen haben, überrascht angesichts der örtlichen Nähe ihrer Lebensmittelpunkte.

Ein Altersunterschied von elf Jahren kann kaum dagegen gestanden haben. Das ist nicht viel, aber auch nicht so wenig. Gemeinsam mit unterschiedlichen sozialen Prägungen und Haltungen, Identitäten und Überzeugungen kann der Altersunterschied durchaus entscheidend werden, auch wenn er kaum eine Generation ausmacht oder zu einem Verhältnis zwischen einem Lehrer und einem Schüler ausreicht, was bei Mann und Strauss auch metierbedingt eher ausfällt.[39] Als Richard Strauss am 11. Juni 1864 in München geboren wird, besteht noch das Königreich Bayern. Meyerbeer ist gerade am 2. Mai gestorben, Rossini stirbt am 13. November 1868. Richard Strauss, der Meyerbeers Verdienste durchaus beachtet, Rossini indessen eher weniger geschätzt hat, ist da viereinhalb Jahre alt. Selbst als „Zeitgenosse" von Richard Wagner oder Giuseppe Verdi kann er noch bezeichnet werden. Im Januar 1895 schickt er dem Maestro eine GUNTRAM-Partitur als „Zeichen der Verehrung und Bewunderung".[40] Ende Juli 1882 erlebte der Abiturient in Begleitung seines Vaters die Uraufführung des PARSIFAL in Bayreuth. Für den am 6. Juni 1875 geborenen Thomas Mann würden wir eine Zeitgenossenschaft mit den erwähnten Musikern nicht mehr in Anspruch nehmen, zumal Künstler wie Rossini, Meyerbeer oder Verdi bei ihm kaum eine Rolle gespielt haben.[41]

Strauss stirbt vier Jahre nach dem Abwurf der ersten Atombombe. Komponisten wie Bernd Alois Zimmermann, Luigi Nono, Hans Werner Henze oder Helmut Lachenmann sind da 31, 25, 23 und 14 Jahre alt, auf dem Weg zu einem exzeptionellen Nachkriegs-Künstlertum, gleichwohl geprägt durch eine Kindheit und Erziehung in faschistischen Systemen. Wenn sie als Zeitgenossen von Richard Strauss genannt werden, dann als kompletter künstlerischer Gegenentwurf. Gibt es dennoch künstlerische oder musikalisch handwerkliche Verbindungen und Einflüsse? Zeitgenossen von Richard Strauss und natürlich auch von Thomas Mann waren ohne Wenn und Aber der 1906 geborene Dmitri Schostakowitsch und der 1913 geborene Benjamin Britten. Im 2014 erschienenen Richard-Strauss-Handbuch wird Schostakowitsch überhaupt nicht erwähnt, Britten nur einmal im Zusammenhang mit der JAPANISCHEN FESTMUSIK. Dabei fordert doch insbesondere Schostakowitsch mit einem Komponistenleben in einem repressiven System einen Vergleich geradezu heraus. Während Strauss in seinen METAMORPHOSEN seine eigene und die Lebenslage seines Publikums reflektiert, verweigert sich Schostakowitsch in seiner 1944/45 entstandenen und am 3.

---

[39] Bei Arnold Schönberg und Alban Berg war genau dies der Fall. Der gerade elf Jahre ältere Schönberg war der Lehrer Alban Bergs.

[40] Brief an Giuseppe Verdi, München, 18. Januar 1895. Zit. nach: Ernst Krause: Richard Strauss. Dokumente. Aufsätze, Aufzeichnungen, Vorworte, Reden, Briefe, Leipzig 1980, S. 284.

[41] Ein Bildnis Meyerbeers wird im 23. Kapitel des „Doktor Faustus" als ein etwas „unsinniges Dekorationsstück" und ein „Relikt eines verschollenen Enthusiamus" in Adrians möbliertem Zimmer in der Münchner Rambergstraße beschrieben: „[...] Giacomo Meyerbeer am Klavier, eingebungsvoll erhobenen Blicks in die Tasten greifend und umschwebt von den Gestalten seiner Opern [...] Indessen gefiel dem jungen Mieter die Apotheose nicht einmal so übel, und überdies wandte er ihr, wenn er im Korbstuhl an seinem Arbeitstisch [...] saß, den Rücken zu. So ließ er sie an ihrem Ort." (GKFA, Bd. 10.1, S. 285)

November 1945 in Moskau uraufgeführten Neunten Sinfonie den heroischen Ansprüchen Stalins. Die vom Komponisten erwartete Siegeshymne klingt eher wie ein Zirkusmarsch. Benjamin Brittens gleich nach Kriegsende uraufgeführte Oper PETER GRIMES setzt musikalisch und inhaltlich Maßstäbe ganz anderer und eigener Art.
Im Tagebuch von Thomas Mann wird der Name Schostakowitsch am 15. Dezember 1946 mit einer Erwähnung des Konzerts für Klavier, Trompete und Streichorchester in c-Moll erstmalig genannt. Angesichts der Popularität, die der sowjetische Komponist spätestens mit der von Arturo Toscanini geleiteten amerikanischen Erstaufführung seiner Siebten Sinfonie, der „Leningrader Sinfonie", am 19. Juli 1942 in New York erhielt, kann dies nur überraschen. Einen Tag darauf erschien ein Porträt des Komponisten, das ihn in der von der Sowjet-Propaganda gerne benutzten Pose eines freiwilligen Feuerwehrmannes im zivilen Kriegsdienst zeigt, auf der Titelseite des TIME-Magazins, das auch Thomas Mann gekannt haben dürfte.

Von den gemeinsamen musikalischen Zeitgenossen von Strauss und Mann ist für letzteren neben Hans Pfitzner gerade einmal der 1860 geborene Gustav Mahler, in dem Strauss bekanntlich eine der „bedeutendsten und interessantesten Erscheinungen der heutigen Kunstgeschichte"[42] erkannte und förderte, von Bedeutung, wesentlich vermittelt über seinen Schwager, den Dirigenten und Mahler-Schüler Klaus Pringsheim; sicherlich noch der 1862 geborene Claude Debussy sowie Hugo Wolf (1860–1903) und Arnold Schönberg (1874–1951), der für den DOKTOR FAUSTUS wichtig wird. Allesamt Komponisten, denen Mann in den zeitgenössischen Konzertprogrammen begegnen konnte. Aufführungen von Mahlers Sinfonien erlebte Mann mehrfach in München, wo die Vierte Sinfonie im November 1901 und die Achte Sinfonie im September 1910 unter der musikalischen Leitung des Komponisten uraufgeführt wurde, die Sechste und die Siebte kurze Zeit nach ihren Uraufführungen in Essen und in Prag im November 1906 und im Oktober 1908 ebenfalls unter seiner Leitung nachgespielt wurden. Mehrfach hat wohl Klaus Pringsheim seinen Schwager zum Besuch von Proben[43] eingeladen, 1906 vermittelte er seinen Eltern die persönliche Bekanntschaft mit Mahler. 1908 und 1910 besuchte Thomas Mann gemeinsam mit seinen Schwiegereltern Alfred und Hedwig Pringsheim die Premierenfeiern der Münchner Erstaufführung der Siebten und der Uraufführung der Achten Sinfonie, ohne indessen mit dem Komponisten eine längere Konversation zu führen. Ein persönlicher Brief Mahlers an Mann ist erst viel später aufgetaucht.[44] Katia Mann zufolge hat Thomas Mann den Komponisten als einen „großen Mann"[45] geschätzt. Zu einer Herzensangelegenheit scheint ihm seine Musik trotz persönlicher Wertschätzung und der Erkenntnis ihrer Zeit-repräsentanz indessen nicht geworden zu sein. Die Zeitungsberichte, die die Rückkehr des Schwerkranken aus New York nach Wien begleiteten, haben ihn, späteren Bekenntnissen nach, eher unbewusst dazu inspiriert, dem Schriftsteller Gustav Aschenbach im TOD IN VENEDIG die Züge Mahlers zu geben.[46] Am 19. November 1911 erlebte Thomas Mann ein

[42] Willi Schuh (Hrsg.): Richard Strauss. Betrachtungen und Erinnerungen, Zürich 1949, München 1989, S. 114.
[43] Überliefert sind Generalprobenbesuche der Münchner Erstaufführungen der Dritten Sinfonie unter Bernhard Stavenhagen, dem Lehrer von Klaus Pringsheim, 1904 und der Sechsten Sinfonie 1906 unter Gustav Mahler.
[44] In dem wohl einzigen Schreiben von Gustav Mahler an Thomas Mann bedankt sich der Komponist am 6. November 1910 aus New York für die Zusendung des Romans „Königliche Hoheit" und verweist auf seine Bekanntschaft mit Klaus Pringsheim, der ihn mit dem Werk Manns bekannt gemacht habe. Dazu: Rudolf Vaget: Gekreuzte Wege, in: Süddeutsche Zeitung Nr. 10, 24./25. März 2018.
[45] Katia Mann: Meine ungeschriebenen Memoiren, a.a.O., S. 75.
[46] In einem Brief an den Kunsthistoriker Wolfgang Born berichtet Mann am 25. März 1921 über seinen Aufenthalt auf der Insel Brioni im Jahre 1911, wo er die Presseberichte über die Rückreise des todkranken

halbes Jahr nach dem Tod des Komponisten die spektakuläre postume Münchner Uraufführung von DAS LIED VON DER ERDE unter der musikalischen Leitung von Bruno Walter.

Auch Schönberg begegnete Mann eher reserviert. Dies betraf gleichermaßen den Menschen wie seine Musik, die er spannend und inspirierend fand, kaum aber zu seinem abendlichen Vergnügen hörte. Kein Vergleich zu den Hymnen, mit denen er die Musik von Hans Pfitzner, der 1869 in Moskau geboren wurde, bedachte. Strauss hat eine so intensive Beachtung und Analyse nie erfahren. Zeitgenossen wie Edward Elgar (1857–1934), Ottorino Respighi (1879–1936), Ralph Vaughan Williams (1872–1958) oder Carl Nielsen (1865–1931) und Leoš Janáček (1854–1928), auch Paul Hindemith (1895–1963), spielten für Thomas Mann als Musikhörer kaum eine Rolle. Seine musikalische Begeisterung hielt sich bei ihnen, soweit er sie überhaupt kannte oder kennen konnte, durchaus in Grenzen. Der Zeitgenosse Ferruccio Busoni (1866–1924), Komponist einer 1925 in Dresden unter Fritz Busch uraufgeführten DOKTOR FAUST-Oper, wird von Thomas Mann gerade einmal in seinem PALESTRINA-Aufsatz von 1917 mit einem Verweis auf die Kontroverse zwischen ihm und Hans Pfitzner erwähnt. Pfitzner hatte sich 1917 mit seiner Streitschrift FUTURISTENGEFAHR gegen Busonis ENTWURF EINER NEUEN ÄSTHETIK DER TONKUNST gewandt, deren Erstveröffentlichung 1907 in Triest ohne wesentliche Beachtung erfolgt war. Ganz anders als die 1916 im Insel-Verlag in Leipzig erschienene Zweitfassung, die eine in der Vossischen Zeitung ausgetragene Kontroverse mit Pfitzner zur Folge hatte. Durch dessen Versuch, das „Deutsche“ in der Musik zu definieren, führte sie über die ästhetischen Probleme weit hinaus ins Politische und Ideologische. Arnold Schönberg stellt fest, dass er weder in der einen noch in der anderen Streitschrift erwähnt wird und verzichtet auf einen Kommentar. Gustav Mahler hat den intellektuellen Busoni auch als Pianist geschätzt und erstmals 1899 in Wien mit ihm konzertiert. Busoni lebte von 1894 bis 1915, danach wieder ab 1920 bis zu seinem Tod in Berlin. Strauss hat ihn gut gekannt und mehrfach mit ihm konzertiert.[47] Erstaunlicherweise hat der Pianist Busoni Klavierwerke von Strauss, Debussy, Schönberg oder Berg nicht in sein Konzertprogramm aufgenommen. Ob Strauss 1913 in der Berliner Wohnung Busonis am Viktoria-Luise-Platz die Privataufführung von Schönbergs PIERROT LUNAIRE erlebt hat?

In der Diskussion um die Wirkung von Richard Strauss und Gustav Mahler finden sich immer wieder Überlegungen über „zeitgemäße“ und „unzeitgemäße“ Musik und Musiker, die wesentlich von den ästhetischen Ansprüchen Richard Wagners ausgehen, dass Kunstwerke, insbesondere musikalische, über die Zeit ihrer Entstehung hinaus auf zukünftige Bedeutung pochen, praktischerweise also darauf, nicht nur zu Lebzeiten des Komponisten aktuell zu sein und rezipiert zu werden, sondern gerade in der Zukunft das ihnen gemäße Publikum und die entsprechenden Aufführungsformen zu finden hoffen. Bei Wagner gipfeln diese Überlegungen in der Entwicklung der Festspielidee, in der sich die utopischen Dimensionen

---

Komponisten verfolgte. Die empfangenen Eindrücke dürften dazu geführt haben, dass der Held seiner Erzählung Züge Mahlers tragen sollte. Thomas Manns diesbezüglichen Hinweise erschienen im Vorwort zu einer von Born gezeichneten und herausgegebenen Sammlung von Lithographien zum „Tod in Venedig“. Thomas Mann: Vorwort zu einer Bildermappe, GKFA, Bd. 15.1, S. 348–350.

[47] Am 28. Januar 1895 spielt Busoni in der Berliner Philharmonie Liszts A-Dur-Klavierkonzert unter Strauss' Leitung. Ende Februar 1896 gestalten beide das 10. Museumskonzert in Frankfurt a.M. und treffen sich nach dem Konzert mit Max Reger. Im Oktober 1911 dirigiert Strauss ein Konzert im Rahmen der Liszt-Feiern in Heidelberg. Busoni tritt als Solist des A-Dur-Klavierkonzerts in Erscheinung. Darüber hinaus gab es einige gesellschaftliche Treffen und gemeinsame Konzertbesuche. Siehe: Franz Trenner: Richard Strauss. Chronik zu Leben und Werk, hrsg. v. Florian Trenner, Wien 2003.

seines Gesamtkunstwerkes der Zukunft mit dauerhaftem, von der eigenen Familie kontrolliertem und ihr finanziell zugutekommenden Markterfolg vereinen. Ein Anspruch auf Zukunft, der Komponisten wie Gioacchino Rossini oder selbst Meyerbeer noch fremd war. Dieser erhoffte sich in seinem am 8. Dezember 1863 notierten „Täglichem Gebet" bekanntlich, dass seine fünf Pariser Erfolgsopern noch fünfzig Jahre nach seinem Tod „auf dem Repertoire aller Theater der Welt"[48] gespielt werden. Mehr nicht. Die Idee eines Kanons von Meisterwerken, die auf Ewigkeit Bestandteil eines Repertoires werden sollen, entwickelt sich bezeichnenderweise erst in der zweiten Hälfte des 19. Jahrhunderts in dem Moment, wo die ökonomischen und juristischen Gesetze eines sich industrialisierenden Marktes auf die Kunstproduktion übertragen werden. Noch in seinem „künstlerischen Vermächtnis" wird Strauss auf diese neuen Verhältnisse eingehen und sich selbst die ihm nach seinem Verständnis zustehende Position zuweisen. Für die ökonomischen Rechte des Komponisten an seinem Werk hat er sich darüber hinaus ein Leben lang eingesetzt.

Dabei war es Gustav Mahler, der sich in einem Interview im Jahre 1906 als einen „Unzeitgemäßen" präsentierte, den Konkurrenten Richard Strauss indessen als „Zeitgemäßen", der seine Unsterblichkeit zu Lebzeiten genießen müsse.[49] Damit bezog sich Mahler natürlich auf Friedrich Nietzsche und seine UNZEITGEMÄSSEN BETRACHTUNGEN, deren vierte Richard Wagner in Bayreuth gewidmet war. Musikalische Bezüge auf Nietzsche finden sich sowohl bei Mahler als auch bei Strauss. 1896 komponiert der eine seine Dritte Sinfonie, der andere seinen ZARATHUSTRA. Während der Musikphilosoph Theodor W. Adorno die Musik von Richard Strauss 1964 als „scheinhaft"[50] bezeichnet, da sie keinen Bruch zwischen dem Individuum und der Gesellschaft aufzeigt, feiert er Mahler vier Jahre vorher – in beiden Fällen galt es, den 100. Geburtstag der Komponisten zu feiern – als Propheten der Zukunft[51], als Vorherseher der Katastrophen des 20. Jahrhunderts, womit er Mahlers Rezeption in den 1960er Jahren fördert, während er Strauss zu einem Problemfall macht.[52] Es erstaunt den heutigen Leser, dass Adorno in seiner kritischen Studie das Verhältnis des Komponisten zum Nationalsozialismus kaum anspricht. Da ist lediglich die Rede davon, dass sich Strauss mit einem „Soll mehr oder minder allgemeiner Fanfaren fürs Wahre, Schöne und Gute Hitlerscher Kulturpolitik"[53] begnügt habe. Auch der Schluss des Aufsatzes, wo „unauslöschliche Erfahrung im Zerfall"[54] beschworen wird, scheint sich in einer Versöhnung einrichten zu wollen. Für die Gegenwart soll das alles also keine Bedeutung mehr haben?

Bereits im Mai 1934 konstatiert Thomas Mann in seinem Züricher Exil den Bedeutungsverlust von Richard Strauss und verweigert ihm „zeitgemäße" Relevanz.

---

[48] Heinz und Gudrun Becker: Giacomo Meyerbeer. Ein Leben in Briefen, Wilhelmshaven 1893, S. 238.

[49] Dazu: Anette Unger: Gustav Mahler und Richard Strauss oder: Die unsachliche Polarisierung zweier Komponisten, denen die Zukunft gehörte, in: Hanspeter Krellmann (Hrsg.): Wer war Richard Strauss? Neunzehn Antworten, Frankfurt a.M., Leipzig 1999, S. 113–122.

[50] Theodor W. Adorno: Richard Strauss. Zum hundertsten Geburtstag: 11. Juni 1964, in: Theodor W. Adorno. Gesammelte Schriften, hrsg. v. Rolf Tiedemann unter Mitwirkung von Gretel Adorno, Susan Buck-Morss und Klaus Schultz, Bd. 16: Musikalische Schriften I–III, Frankfurt a.M. 1978, S. 605.

[51] Theodor W. Adorno: Mahler. Eine musikalische Physiognomik, Frankfurt a.M. 1960.

[52] Dazu: Anette Unger: Gustav Mahler und Richard Strauss, a.a.O., S. 115. Konsequenterweise führt Adornos These zum Titel der Mahler-Biographie von Kurt Blaukopf, die 1969 unter dem Titel „Gustav Mahler oder Der Zeitgenosse der Zukunft" erschien.

[53] Ebenda, S. 598.

[54] Ebenda, S. 606.

Anlässlich einer festlichen Aufführung der SALOME, die Mann nicht in der Loge des befreundeten Mäzenaten-Ehepaares Reiff[55] besucht, sondern nur am Radio verfolgt – auch eine persönliche Begegnung mit dem Komponisten hat er verweigert – notiert er in seinem Tagebuch:

> Wir hörten aus dem Stadttheater einen Teil der Aufführung der „Salome", der wir in der Reiff'schen Loge mit Strauss hätten beiwohnen sollen. Ich empfand stark die Oberflächlichkeit, Überholtheit und törichte Kälte des Schmißwerkes und seines bürgerlichen Ästhetizismus von vor dem Kriege. Ist nicht dieser Strauss, dies naive Gewächs des Kaiserreichs, viel unzeitgemäßer geworden als ich? Müßte er nicht als Künstler nicht viel unmöglicher im „3. Reiche" sein als ich? Er ist dumm und elend genug ihm seinen Ruhm zur Verfügung zu stellen, und es macht ebenso dumm und elend Gebrauch davon. Der Jude Hofmannsthal schrieb ihm Texte. Jetzt komponiert er ein Libretto des Juden Zweig. (TMTB, 2. Mai 1934)

Nach der ersten Begegnung mit dem Werk hatte Mann doch eher Worte der Begeisterung gefunden. Seine aktuelle Charakterisierung des Komponisten als „naives Gewächs des Kaiserreichs" qualifiziert indessen den „bürgerlichen Ästhetizismus" seiner Musik als einen überholten und unzeitgemäßen, Strauss selbst als Mann des 19. Jahrhunderts. Wie sollen wir den Hinweis verstehen, dass er damit im „Dritten Reich" „unmöglicher" sein sollte als Thomas Mann selbst, der mit seinem Bekenntnis zur Republik und der Arbeit am JOSEPH-Roman seinen Ästhetizismus für überwunden sieht? Drängt sich da nicht der Eindruck auf, dass Thomas Mann Strauss um seine Stellung im „Dritten Reich" beneidet? Einmal mehr wirft eine Nicht-Beziehung ihre Schatten auf ein Verhältnis, das durchaus Gemeinsamkeiten hatte.

Im Vergleich mit seinen Zeit- und Zunftgenossen sollte im Falle von Richard Strauss nicht nur auf sein hohes Alter, sondern auch auf die außergewöhnlich langwährende Dauer seines kompositorischen Schaffens verwiesen werden. Selbst wenn wir auf die Kompositionen des Kindes verzichten, kommen wir numerisch auf eine kreative Kompositionstätigkeit von mehr als siebzig Jahren. Richard Wagner, der in diesem Alter starb, kann auf fünfzig Schaffensjahre zurückblicken, in deren Verlauf der Kreis eines fruchtbaren Schaffens durchaus ausgeschritten erschien. Rechnen wir für den sehr jung verstorbenen aber frühkindlich bereits genialen Mozart ebenso viele Schaffensjahre wie für den 51-jährig verstorbenen Gustav Mahler und beziffern wir sie mit der Zahl 30, ergibt sich ein durchschnittliches Produktivitätsalter von fünfzig Jahren, das wir auch für die später geborenen und ebenfalls über 80 Jahre alt gewordenen Komponisten Carl Orff (1895–1982) und Werner Egk (1901–1983) ansetzen können.
Der 1868 in der Nähe von Paris im 76. Lebensjahr verstorbene Rossini hat sich bekanntlich als 37-Jähriger vielleicht in dem Gefühl oder in der Erkenntnis, ein nicht mehr ganz

---

[55] Der Seidenindustrielle Hermann Reiff (1856–1938) und seine Gattin, die Liszt-Schülerin Lilly Reiff-Sertorius (1886–1958), waren Freunde von Thomas Manns Schwiegereltern. In ihrem gastfreundlichen Haus in Zürich verkehrten die im benachbarten Küsnacht wohnenden Manns ebenso regelmäßig wie viele in Zürich gastierende Künstler. Auch Richard Strauss war häufig zu Gast. Im „Doktor Faustus" werden die Reiffs und ihr Salon im 39. Kapitel namentlich erwähnt. Klaus Mann beklagt in seinem Tagebuch die „politische Ahnungslosigkeit solcher Leute – fast unerträglich". (KMTB, 21. September 1933) Klaus Mann: Tagebücher 1931–1949, hrsg. v. Joachim Heimannsberg, Peter Laemmle und Wilfried F. Schoeller unter Mitarbeit von Frederic Kroll und Roger Perret, 6 Bde., Reinbek bei Hamburg 1995, fortan: KMTB und Datum des jeweiligen Eintrags.

zeitgemäßer Künstler zu sein oder als solcher zu gelten, mit seinem GUILLAUME TELL von der Opernbühne zurückgezogen und sich nur noch sporadisch mit geistlichen Werken und neuen Kompositionen wie seinen PÉCHÉS DE VIEILLESSE in Erinnerung gebracht. Hätte Strauss darin ein Vorbild erkannt, dürfte er heute allein als Komponist von Tondichtungen einen durchaus bedeutenden Rang einnehmen. Giuseppe Verdi hat sich nach 30 dichtgedrängten Schaffensjahren zwar nicht ganz von der Opernbühne verabschiedet wie Rossini, sich aber ebenso wie dieser mit nur wenigen Werken in Erinnerung gebracht, mit SIMON BOCCANEGRA, DON CARLOS, OTELLO und FALSTAFF, die allesamt als Meisterwerke des Musiktheaters bis heute Bestand haben und in den Spielplanstatistiken eine ebenso wichtige Rolle spielen wie in der ästhetischen Diskussion um die Gattung Oper.[56] Viele Kritiker haben Strauss gerade dies gewünscht. Ein kalkulierter Rückzug von der Opernbühne hätte ihn, je nach Zeitpunkt, als Komponist der SALOME, der ELEKTRA, des ROSENKAVALIERS, der FRAU OHNE SCHATTEN oder der ARABELLA auf einem Höhepunkt seines künstlerischen Schaffens gesehen. Das Nachreichen von Ausnahmewerken wie im Falle Verdis wäre dabei ja durchaus möglich gewesen. Strauss aber hat den rechten Zeitpunkt verpasst und sich bald auf einen Anspruch auf Aktualität eingelassen, der ihm, zumindest im Politischen, zum Verhängnis wurde. In der Schaffensdauer seiner Zeitgenossen kann ihm nur Hans Pfitzner an die Seite gestellt werden, der in den letzten Jahren seines Lebens zwar noch produktiv, aber kaum mehr als lebender Komponist wahrgenommen wurde. Über die Vorzüge eines frühen Dichtertodes haben Hugo von Hofmannsthal und Thomas Mann gleichermaßen spekuliert. Thomas Mann hat in seinem Nachruf auf Hofmannsthal dessen Ausspruch zitiert, wonach er mit einem frühen Tod bereits eine „runde Biographie" gehabt hätte und dahingehend erweitert, dass er „ein Gott" gewesen wäre, wenn er „nach den Gedichten und ersten lyrischen Spielen gestorben wäre [...] unendliche Sehnsucht und Hoffnung wäre ihm nachgefolgt, sie hätte ihn, ein Jünglingsbild ewigen Reizes, unter die Sterne versetzt".[57]

Am Ende ihres langen Lebens vereint Strauss und Mann das Erleben vielfältiger politischer Systemwechsel, den Übergang monarchistischer Systeme in Republiken, faschistische Herrschaft und Nachkriegsepochen. Mehr als den Literaten Thomas Mann treffen den Musiker Richard Strauss die damit verbundenen und daraus resultierenden institutionellen und ästhetischen Veränderungen, deren Adaption schwerfällt und den Musiker in Zusammenhänge zwingt, deren ästhetische Bewältigung nicht immer gelingt. War das bei Thomas Mann so ganz anders?

Die Beziehung von Thomas Mann zu vielen Zeitgenossen war selten unproblematischer als die zu Richard Strauss. Bereits das Verhältnis zu seinem Bruder Heinrich (1871–1950) war geprägt von persönlicher, ästhetischer und politischer Rivalität. Im Gegensatz zu Richard Strauss hat er dessen Textdichter Hugo von Hofmannsthal fast jährlich getroffen, oft in Salzburg. In seinem Nachruf spricht er von „Brüderlichkeit" und „Schicksalsverwandtschaft", meint aber von „Freundschaft" nicht sprechen zu dürfen.[58] Die Beziehung zu Gerhart Hauptmann (1862–1946) war von Rivalitäten und Zerwürfnissen gefährdet, auch von eitlen Befindlichkeiten. Hauptmanns Verhältnis zu den Nationalsozialisten wird kaum thematisiert.

---

[56] Wie Richard Strauss hat auch Giuseppe Verdi für Werke wie „Don Carlo" (Paris, 1867), „La forza del destino" (St. Petersburg, 1862) oder „Aida" (Kairo, 1871) Höchstgagen gefordert und erhalten. Auch mit dem Tod des Maestro galt 1901 eine Epoche als beendet.

[57] Thomas Mann: In Memoriam Hugo von Hofmannsthal, in: Michael Mann (Hrsg.), Ausgewählte Essays, a.a.O., Bd. 1, S. 57.

[58] Michael Mann (Hrsg.): Thomas Mann. Ausgewählte Essays, a.a.O., Bd. 1, S. 55 .

Unter vielen Bekannten war wohl nur Bruno Walter (1876–1962) als Freund zu bezeichnen. Zu einem persönlichen „Du“ fanden sie erst spät. Vielfach scheinen Hemmungen die Begegnung mit Künstlern wie Gustav Mahler oder Hans Pfitzner erschwert zu haben. Das Schreiben von Briefen wurde da durchaus als Erleichterung betrachtet, ermöglichte freundschaftliche Bekenntnisse, die im persönlichen Kontakt mit dem Hanseaten sicherlich schwerer zu gestalten waren. Essays über George Bernard Shaw (1856–1950), mit dem es offensichtlich zu keiner persönlichen Begegnung kam, Knut Hamsun (1859–1952) oder Hermann Hesse (1877–1962) dokumentieren literarische Annäherung und Interesse, die im Persönlichen nicht immer oder nur in komplizierten Verhältnissen gelangen, sich oft über Jahre hin entwickeln mussten. Bedeutende literarische Zeitgenossen wie James Joyce (1882–1941) oder Virginia Woolf (1882–1941) werden kaum erwähnt. Fraglich bleibt, ob er sie durch eigene Lektüre gekannt hat. Familiengeschichtliches füllt indessen, weit im Gegensatz zu Richard Strauss, Bände an Quellen- und Sekundärliteratur, die am Ende Thomas Mann zu einem Zeitgenossen machen, der „Zeitgemäßes“ und „Unzeitgemäßes“ in sich vereint und vielleicht gerade dadurch für die Gegenwart von Bedeutung bleibt. Ein Paradox, das ihn durchaus mit dem „Sonntagskind“ verbindet.

Großbürgerliche Kulissen als „geistige Heimat“

Zu weiteren Gemeinsamkeiten zählen sicherlich die bürgerliche Herkunft der beiden Künstler sowie der Drang nach einer großbürgerlichen Lebensform, die in beiden Fällen bald auch zu einer großbürgerlichen Künstlerexistenz führt. Ausdrücklich verweist Thomas Mann im DOKTOR FAUSTUS im 34. Kapitel, das sich der Schilderung der Komposition „Apocalipsis cum figuris“ und des faschistoiden Kridwiß-Kreises in Schwabing widmet, auf die Epoche des bürgerlichen Humanismus als die „geistige Heimat“ (GKFA, Bd. 10.1, S. 512) des Erzählers. Eine Bürgerlichkeit, die Adorno, gerade in Verbindung mit Strauss und München, recht kritisch betrachtet. In seinem Strauss-Essay verweist er auf den „malenden“ Charakter der Strauss´schen Musik, den er mit dem „geistige[n] Milieu“ Münchens als dem Milieu einer „Malerstadt“ in Verbindung bringt.[59]

Ein großbürgerliches Haus, das ebenso als Wohn- und Kunstwerkstätte wie als Kulisse fungierte, war sowohl für Strauss als auch für Mann die Erfüllung ihrer bürgerlichen Künstlerträume. Auf eine äußerliche Repräsentation kam es Strauss dabei vielleicht weniger an als Thomas Mann, der ja auch immer das herrschaftliche Palais seines Schwiegervaters Alfred Pringsheim in der Arcisstraße vor Augen hatte. Auch das prinzregentliche München fühlte sich in baulichen Kulissen wohl, die aristokratische Repräsentation und bürgerliche Gemütlichkeit vereinten, großstädtische Bohème in Schwabing und bäuerliche Lebensart an der Peripherie. Während der geborene Münchner Strauss infolge von Querelen und Eifersüchteleien seine Vaterstadt immer wieder verlässt, metierbedingt nichts außergewöhnliches für einen Dirigenten, und später in Garmisch wohnt, zieht es den Lübecker Kaufmannssohn schon früh in den Süden, wo er ab 1894 nach der testamentarisch verfügten Liquidierung der väterlichen Firma in München eine neue Lebensform sucht – und findet! Ein kaum als ausschweifend zu bezeichnendes Leben, das sich indessen immer wieder durch homoerotische Versuchungen bedroht fühlt, erhält mit der Heirat Katia Pringsheims 1905

[59] Theodor W. Adorno: Richard Strauss, a.a.O., S. 598.

eine „Verfassung"[60], zu der offensichtlich auch das Haus als Zeichen materieller Anerkennung einer künstlerischen Arbeit gehört. Auch dahingehend waren sich Strauss und Mann durchaus ähnlich.

Im gleichen Jahr erlebt die erotisch provokante SALOME, die Richard Strauss selbst in der Tradition der „Orient- und Judenopern"[61] sieht, nach Ablehnung durch die Wiener Hofzensur ihre Uraufführung in Dresden, goutiert von einem internationalen Publikum, das als sittenstrenges dennoch protestieren muss. Immerhin beginnt der Einakter mit einer homoerotischen Szene und endet mit einem Nackttanz, der lange auf seine szenische Realisation warten musste. Mary Garden war wohl die erste Sängerin, die sich in der Tanzszene in der Pariser Aufführung von 1910 nicht doubeln ließ, während Maria Ewing als eine der ersten Darstellerinnen gilt, die in einer Inszenierung in Los Angeles 1986 die Regieanweisungen vollständig erfüllte und sich auf dem Höhepunkt der Ekstase nackt präsentierte.

Strauss macht das Werk zu einem reichen Mann. Von den Tantiemen kauft er sich ein Grundstück in Garmisch und beauftragt den Architekten Emanuel von Seidl (1856–1919) mit dem Bau eines Hauses. Immerhin ist er schon 41 Jahre alt. Thomas Manns erste Familienwohnung, großzügig geschnitten und konservativ möbliert, wird wesentlich vom Schwiegervater finanziert. Seit dem Erscheinen der BUDDENBROOKS 1901 ist Thomas Mann zwar ein bekannter Autor auf Erfolgskurs, aber noch nicht reich, wenigstens im Vergleich zu Richard Strauss.

Thomas Mann wird fast vierzig Jahre in München wohnen, ab Januar 1914 in seinem großen Haus in der Poschingerstraße im Herzogpark, ganz in der Nähe des Hofkapellmeisters Bruno Walter, mit dem ihn bald eine lebenslange Freundschaft verbindet, eine der wenigen, die Thomas Mann überhaupt schloss. Ohne die Ereignisse des Jahres 1933, die Machtergreifung der Nationalsozialisten in Berlin am 30. Januar und den „Protest der Richard-Wagner-Stadt München", wäre Thomas Mann wohl zeit seines Lebens nicht mehr von dort weggezogen oder – etwas kritischer formuliert – von dort weggekommen. Der gebürtige Münchner Lion Feuchtwanger (1884–1958), auch Bruder Heinrich Mann, der lebenslange Konkurrent, die die politischen Verhältnisse schon früh durchschauten, hielten das bekanntlich anders und übersiedelten 1925 bzw. 1928 nach Berlin.

Richard Strauss wirkte dort ab 1908 als Generalmusikdirektor an der Hofoper.[62] Als Hofkapellmeister dirigierte er bereits ab 1898 in Berlin, immerhin in der Nachfolge von Gaspare Spontini und Giacomo Meyerbeer. Strauss steht dabei in einem höfischen Traditionszusammenhang, der selten beachtet wird.[63] Generell erstaunt ja die Tatsache, dass Kaiser Wilhelm II., der Strauss' Musik wenig geschätzt hat, seinen Hofkapellmeister bis zum

---

[60] Thomas Mann schreibt davon in einem Brief an seinen Bruder Heinrich vom 17. Januar 1906. Hans Wysling (Hrsg.): Thomas Mann – Heinrich Mann. Briefwechsel 1900–1945, Frankfurt a.M. 1995, S. 68. (GKFA, Bd. 21, S. 340)

[61] Richard Strauss: Erinnerungen an die ersten Aufführungen meiner Opern. Salome, in: Willi Schuh (Hrsg.): Richard Strauss. Betrachtungen und Erinnerungen, a.a.O., S. 224.

[62] Er verblieb auf dieser Position bis 1912. Bis 1918 blieb er der Hofoper als „ständiger Gastdirigent", bis 1922 als Leiter der Sinfoniekonzerte verbunden. Neben Strauss wirkte in gleicher Position Karl Muck an der Hofoper; von 1892–1908 als Erster Hofkapellmeister und von 1908–1912 als Generalmusikdirektor. Auch Bruno Walter war in der Spielzeit 1900/01 als Kapellmeister an der Berliner Hofoper engagiert.

[63] Bis weit in die Zeit nach dem Zweiten Weltkrieg hat sich der Führungsstil aus der Zeit der Hofopern in den hierarchischen Organisationsformen der Opernhäuser erhalten. In dem repräsentativen Titel „Intendant" oder „Generalintendant" dokumentiert sich dies bis heute. Auch die bis in die Gegenwart bespielten Hoftheater oder die sich kaum veränderten Präsentationsformen von Konzertveranstaltungen sind dafür bezeichnend.

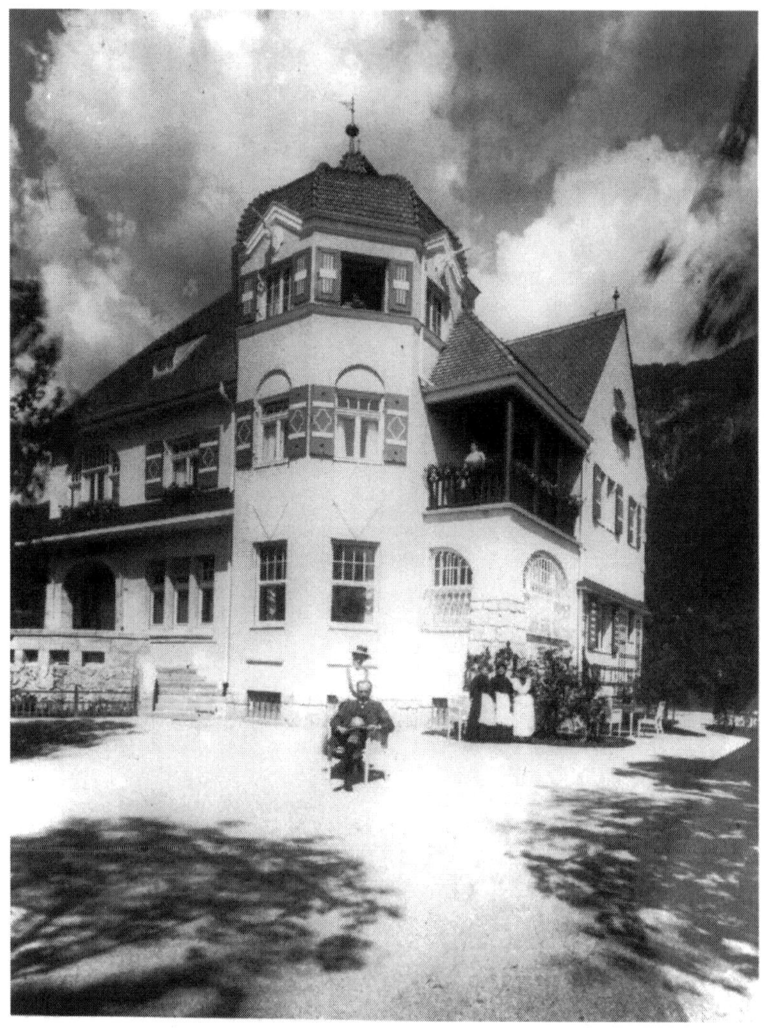

Richard Strauss in großbürgerlicher Pose vor seinem Haus in Garmisch. Im Hintergrund stehen das Dienstpersonal und Frau Pauline auf der Veranda.
Photo: Richard-Strauss-Institut, Garmisch-Partenkirchen

Schluss seiner Regierungszeit gehalten hat. Am 7. November 1918 dirigierte Strauss die vom Kaiser wenig geschätzte SALOME als letzte Aufführung der Hofoper. Adorno hat kritisch angemerkt, Strauss habe den „Typ des Generalmusikdirektors kreiert und aus dem ebenso diktatorialen wie amtlichen Wort den Generaldirektor herausgehört".[64] Strauss zählte freilich bereits vor seiner Ernennung zum „Generalmusikdirektor" als Dirigierschüler von Hans von Bülow zu den bedeutendsten Dirigentenpersönlichkeiten seiner Zeit. Als Dirigent trat er alles andere als „diktatorial" in Erscheinung, überzeugte vielmehr durch eine ruhige und klare Schlagtechnik. Auch Wutausbrüche sind kaum überliefert. Ganz im Gegenteil zu dem bekanntesten antifaschistischen Dirigenten der Zeit: Arturo Toscanini (1867–1957).
Mit dem Ende des Ersten Weltkrieges endet für Strauss der künstlerisch bedeutendste und schaffensreichste Lebensabschnitt. Thomas Mann bezeichnet ihn in einem Tagebucheintrag vom 2. Mai 1934 als „naives Gewächs des Kaiserreichs". Adorno beklagt, dass der „Autor der Salome und der Elektra [...] den Verfall seiner letzten fünfunddreißig Jahre nicht bemerkte"[65] und analysiert ein „greisenhaft infantil[es] [...] Wirkungskalkül".[66]
Wesentliche Werke von Thomas Mann beziehen sich auf seine Wahlheimat oder sind in München und Umgebung angesiedelt.[67] In seiner in München spielenden Erzählung GLADIUS DEI beschreibt Mann im Jahre 1902 ein leuchtendes Isar-Florenz. Die Eröffnungsworte „München leuchtete" werden zur Stadtreklame. Treffend bemerkt der Germanist Hans Mayer: „Das Imperfekt (...) raunt in der Tat ungute Beschwörungen. Man ist auf der Suche nach einer verlorenen Zeit."[68] Von den Romanen bezieht sich insbesondere der zwischen 1943 und 1947 entstandene Zeit-Roman DOKTOR FAUSTUS auf Münchner Lebenswelten und -verhältnisse, die gerade während seiner Entstehung ihre Zerstörung erfuhren.

Richard Strauss rechnet in seinem Frühwerk FEUERSNOT (1901) derb komödiantisch mit den Münchner Spießbürgern ab, die den großen Zauberer Reichhart (Richard Wagner), der im Libretto Ernst von Wolzogens und in der Partitur allgegenwärtig ist, aus ihrer Stadt vertrieben haben und verurteilt die blöde Engstirnigkeit und sexuelle Verklemmtheit seiner Mitbürger und Zeitgenossen in bester Simplicissimus-Manier. Als „Bürgerschreck", in dessen Rolle sich der Komponist des TILL EULENSPIEGEL und der FEUERSNOT eine Zeitlang durchaus wohl fühlte, sah sich der Lübecker Patriziersohn nie. Noch im TONIO KRÖGER (1903), dessen Titelheld in München mit der Malerin Lisaweta Iwanowna über sein Leben zwischen den Welten des Künstlers und des Bürgers diskutiert, kann er sich nicht entscheiden. Der den Bürgern verdächtig erscheinende Tonio wird auf einer Reise in seine nordische Heimat in seiner Vaterstadt fast als Hochstapler von der Polizei verhaftet.
Richard Strauss wird das Bergwelt-Panorama, das sich ihm aus den Fenstern seines Garmischer Hauses darbietet, zu seiner ALPENSINFONIE, uraufgeführt am 28. Oktober 1915 in Berlin, inspirieren. Während eines Spazierganges, der ebenfalls 1915 vor der Tür seines Tölzer Landhauses startet, erlebt Thomas Mann einen Schneesturm, dessen Beschreibung wir, von den Literaturwissenschaftlern vielfältig gedeutet, im ZAUBERBERG wiederfinden.

[64] Theodor W. Adorno: Richard Strauss, a.a.O., S. 566.
[65] Ebenda, S. 603.
[66] Ebenda, S. 606.
[67] Dirk Heißerer hat die für Thomas Mann wichtigen Orte, die meistens mit der Bahn von München oder Bad Tölz aus bequem zu erreichen sind, in einem Buch, das den bezeichnenden Titel „Im Zaubergarten" trägt, aufgelistet. Dirk Heißerer: Im Zaubergarten. Thomas Mann in Bayern, München 2005.
[68] Hans Mayer: „München leuchtete", in: Jürgen Kolbe: Heller Zauber. Thomas Mann in München 1894–1933, Berlin 1987, Niedernhausen/Ts 2001, S. 8f. Der Beitrag ist die Erweiterung eines Vortrages, den Hans Mayer am 20. Oktober 1987 anlässlich der Eröffnung der gleichnamigen Ausstellung in der Münchner Villa Stuck hielt.

Die Bad Tölzer Sommer werden auch in den Erzählungen von Klaus Mann eine Rolle spielen, der dortige Klammerweiher im DOKTOR FAUSTUS wiederkehren. Das Landhaus in Bad Tölz muss die Familie nach dem Ersten Weltkrieg verkaufen. Neben dem Haus in der Poschingerstraße war sein Unterhalt einfach zu teuer, zumal Thomas Mann ebenso wie sein Schwiegervater durch das Zeichnen von Kriegsanleihen erhebliche finanzielle Verluste erlitt. Strauss hatte zwar keine Kriegsanleihen gezeichnet, dafür aber einen Großteil seines in England angelegten Vermögens verloren, das als Feindvermögen eingezogen wurde.

„Ländliche Idyllen" waren nach der Jahrhundertwende weder Bad Tölz noch Garmisch. Seit der Errichtung der Eisenbahnstrecke München – Garmisch im Jahre 1889 war die Berglandschaft dem städtischen Publikum für die Freizeitgestaltung in bequemer Weise zugänglich. Strauss zog 1908 nach Fertigstellung seiner Villa zwar in ein Dorf von wenigen Tausend Einwohnern. Dieses war aber touristisch bereits erschlossen. 1895 komponierte Edward Elgar während einer Sommerfrische seine SONGS FROM THE BAVARIAN HIGHLANDS. Hermann Levi, der frühe Förderer und spätere Kollege von Richard Strauss in München ließ sich von den Architekten Emanuel von Seidl und Adolf von Hildebrand eine Villa im Nachbarort Partenkirchen erbauen, wo er sich ab 1896 niederließ. Cosima Wagner kam freilich erst nach Levis frühem Tod am 13. Mai 1900 zu Besuch und besichtigte im Garten seines Hauses sein Mausoleum, das 1957 „beseitigt" wurde.[69] Nach dem Ersten Weltkrieg entdeckte die Münchner Bohème den mondänen Ort, kamen Erich Kästner, Fritzi Massary, Max Pallenberg, Max Reinhardt und Hugo von Hofmannsthal als Sommerfrischler und Wintersportler. Lion Feuchtwanger siedelte einen Teil der Handlung seines Romans ERFOLG, der den Aufstieg Münchens zur „Hauptstadt der Bewegung" dokumentiert, hier an. Nachdem den Nationalsozialisten am 9. März 1933 auch die „Machtergreifung" im Land Bayern gelungen war, wurden Adolf Hitler, Hermann Göring, Paul von Hindenburg und Franz Ritter von Epp bereits am 30. März des gleichen Jahres zu Ehrenbürgern ernannt.[70]

Die lebenslange Teilhabe an großbürgerlichen Lebensformen war durchaus kostspielig. Bald nach dem Ersten Weltkrieg dürfte die Gefährdung der materiellen und geistigen Werte, insbesondere die der jungen Demokratie, klar in Erscheinung getreten sein. Dies sollte vor allem die Familie von Thomas Mann betreffen. Finanzielle Dinge spielten sowohl für Richard Strauss als auch für Thomas Mann eine bedeutende Rolle. Insbesondere die Tantiemengier von Richard Strauss liefert Stoff für vielfältige Anekdoten. Auch Thomas Mann, der gerne seine Frau in Gelddingen vorzuschicken pflegte, fühlte sich gelegentlich von seinem Verleger um Einkünfte betrogen, kontrollierte Abrechnungen und Provisionen. Bei weitem waren sie damit keine Ausnahme. Berühmte Dirigenten wie Strauss, Hermann Levi oder Gustav Mahler waren Großverdiener und haben insbesondere durch großzügige Gastierurlaube sehr viel Geld verdient. Strauss zudem durch die üppig fließenden Tantiemen seiner weltweiten Erfolge. Einen Großteil seiner späten Einkünfte musste Thomas Mann immer wieder für den Lebensunterhalt seiner Kinder verwenden, die insbesondere in der Zeit des Exils von den elterlichen und großelterlichen Zuwendungen abhängig waren, selten aber bereit waren, auf den vertrauten Lebensstil zu verzichten.

---

[69] Erst 2018 erfuhr die Grabstätte eine würdige Erinnerung und Pflege.

[70] Ihre Ehrenbürgerschaften erloschen eigentlich mit dem Tod, wurden aber am 31. Mai 2017 (!) in einem Verwaltungsakt explizit aberkannt.

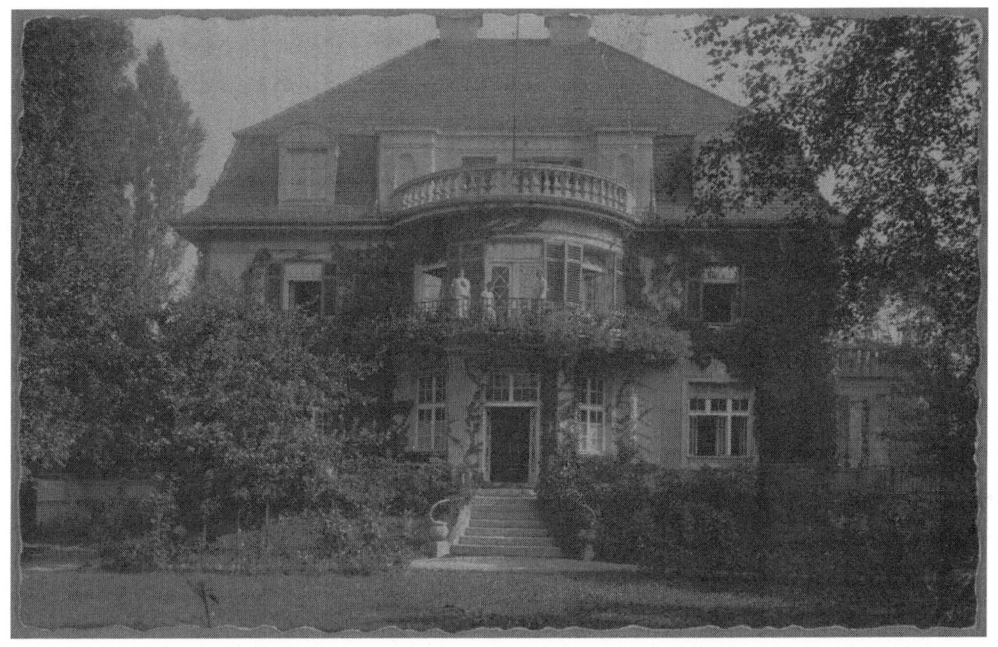

Gartenansicht des Hauses in der Poschingerstraße 1. Auf dem Balkon stehen Katia und Elisabeth Mann sowie eine unbekannte Person. Das im Krieg zerstörte Haus wurde für den Film von Heinrich Breloer als Kulisse nachgebaut.
Photo: ETH-Bibliothek Zürich, Thomas-Mann-Archiv/TMA_2263

Die familiäre Herkunft von Strauss und Mann ist in vielem vergleichbar. Es gibt Ähnlichkeiten und Unterschiede. Der Vater von Richard Strauss war Musiker in der Hofkapelle, ein legendärer Hornist, der sich mit Richard Wagner über die Faktur seiner Hornstimme zerstritt und als Choleriker bekannt war. Als unehelich geborenes Kind und als Musiker zählte er nicht unbedingt zur Oberschicht des Königreichs Bayern, als Bezieher eines jährlichen Einkommens von 700 Gulden, das durch diverse Gastspiele und Extravergütungen sicherlich erhöht wurde, darf man ihn aber einer bürgerlichen Mittelschicht zurechnen. Die Mutter von Richard Strauss entstammte der Brauereidynastie Pschorr. Eine gute Partie für den Hofmusiker. Allein von ihrer Mitgift, ihrem Anteil am väterlichen Unternehmen, hätte die Familie Strauss bis ans Ende ihres Lebens existieren können. Die „reichen" Verwandten hat Strauss gerne kolportiert. DER ROSENKAVALIER, in dem es ja in der Figur des Edlen von Faninal um einen neureichen Heereslieferanten geht, explizit um einen Mann, der mit dem Krieg viel Geld verdient, was nicht in vielen Inszenierungen deutlich wird, ist der „Familie Pschorr in München zugeeignet", „meinen lieben Verwandten". Auch in der SYMPHONIA DOMESTICA, in der Strauss sich selbst und seine Familie in den Mittelpunkt stellt, wird das bürgerliche Gehabe, die Sucht nach Größe und Bedeutung, eher belächelt. In der Einleitung werden drei Hauptthemengruppen entwickelt, die die Kleinfamilie vorstellen: „Papa, Mama und Bubi". Im „Elternglück" überschriebenen Scherzo stehen „kindliche Spiele" und ein Wiegenlied im Mittelpunkt. „Die Glocke schlägt 7 Uhr abends". Der Adagio-Abend ist mit „Schaffen und Schauen" und einer „scène d´amour" erfüllt, die Nacht mit „Träumen und Sorgen". Sieben Glockenschläge leiten zur Morgenszene („Le matin") und zum Finale mit einem „lustigen Streit" in Doppelfugen-Form sowie einem „fröhlichen Beschluß".[71]

Adornos Kategorisierung des Komponisten als „Sohn reicher Eltern"[72] dürfte wohl nur mit ideologischen Scheuklappen aufrecht zu erhalten sein. Joseph Pschorr, ein Cousin von Richard Strauss, war indessen einer der Unterzeichner des Protestes der „Richard-Wagner-Stadt München" gegen Thomas Mann 1933.

Der im hanseatischen Lübeck geborene Patrizier-Sohn Thomas Mann hat mit dem Roman BUDDENBROOKS seine Familiengeschichte öffentlich gemacht. Ein Entrée in die „große" Welt; das Kaufmännische des Vaters mit dem exotischen Künstlertum einer in Brasilien geborenen Mutter verbindend. Da der Senator Mann seinen Söhnen Heinrich und Thomas die Fortführung der Geschäfte nicht zutraut, entscheidet er in seinem Testament, seine Firma nach seinem Tod aufzulösen. Seine Frau und seine Kinder müssen danach mit dem finanziellen Erlös auskommen. Die Senatorenwitwe Mann entscheidet sich für ein künftiges Leben in München, da sie dort nicht repräsentieren muss, der Lebensunterhalt damit billiger wird. Als Thomas Mann in München auf Freiersfüßen wandelt und im Hause der Millionärsfamilie Pringsheim eine der besten Partien der Stadt macht, legt er Wert auf die Feststellung, dass sich dort Reichtum und Kultur vereinen, im Grunde genommen aber alles so sei wie zu Hause.[73] In einem Brief an Bruder Heinrich legt er zudem auf die Feststellung Wert, dass „kein Gedanke an Judenthum [...] diesen Leuten gegenüber"[74] aufkomme.

---

[71] Dazu: Charles Youmans: Tondichtungen, RSHB, S. 426f.

[72] Theodor W. Adorno: Richard Strauss, a.a.O., S. 567.

[73] Im fünfundzwanzig Jahre später geschriebenen „Lebensabriß" lesen wir: „Fünf [Kinder] wie bei uns" und das Kaufmännische gesteigert ins „Prunkvoll-Künstlerische". Thomas Mann: Lebensabriß, in: GW Bd. XI, S. 117.

[74] Brief an Heinrich Mann vom 27. Februar 1904, in: Hans Wysling (Hrsg.): Thomas Mann – Heinrich Mann. Briefwechsel, a.a.O., S. 98. (GKFA, Bd. 21, S. 271)

Mit seiner Verlobung und baldigen Heirat verkehrte Thomas Mann fortan in den Kreisen der Münchner Hautevolee. In der Erzählung WÄLSUNGENBLUT wird er Innenansichten einer neureichen, jüdischen Familie preisgeben, die seinem Schwiegervater Alfred Pringsheim (1850–1941) nicht gefallen haben. In KÖNIGLICHE HOHEIT wird der Schwiegervater in der Figur des amerikanischen Millionärs Samuel (!) Spoelman porträtiert. Die Familie Pringsheim verdankt ihren Reichtum Alfreds Vater Rudolf Pringsheim, der sein Vermögen im schlesischen Bergbau mit Eisenbahnkonzessionen erworben hatte. Alfred Pringsheim, als einer der ersten Patronatszeichner der Bayreuther Festspiele ein früher Förderer Richard Wagners, war der einzige in der Familie, der an seinen jüdischen Ursprüngen festhielt, obwohl er sich als „konfessionslos"[75] bezeichnete. Dass Thomas Mann nach 1933 auch durch die jüdischen Ursprünge seiner Ehefrau Katia gefährdet war, wird selten in angemessener Form beachtet. Insbesondere Erika Mann hat entsprechende Hinweise immer wieder bagatellisiert.[76]

Richard Strauss heiratete die Generalstochter Pauline de Ahna (1863–1950), die seine Schülerin in München und Weimar war. Trotz offensichtlich guter stimmlicher Anlagen hat sie als Sängerin keine ganz große Karriere gemacht, war aber als Liedsängerin, insbesondere mit dem Repertoire ihres Mannes, der sie auch oft begleitete, erfolgreich. Die nach außen hin gerne den Hausdrachen mimende Pauline – ihr Ehemann scheint das Spiel sogar genossen zu haben – war auf ihre Art ebenso legendär wie „Frau Thomas Mann" und ebenso wie jene Vorbild für künstlerische Umsetzung. Als Frau des Kapellmeisters spukt Pauline durch die bürgerliche Ehekomödie INTERMEZZO ebenso wie durch die SYMPHONIA DOMESTICA, während Katia eher indirekt den Charakter treusorgender Gattinnen, wie der Ehefrau des DOKTOF FAUSTUS-Chronisten Serenus Zeitblom, beeinflusst. Wie diese hat auch Katia einen Teil ihrer Identität in ihrer Ehegemeinschaft aufgegeben, ohne das zu beklagen oder etwas zurückzufordern.[77] Perfekte Organisatorinnen komplizierter und komplexer Künstlerhaushalte und -leben waren beide, auf ihre Art durchaus emanzipierte Frauen, Katia Mann darüber hinaus eine der ersten Abiturientinnen Münchens.
Ob Thomas Mann und Richard Strauss ihre Lebensgefährtinnen auch als „Erbinnen" und „Hüterinnen" ihres künstlerischen Vermächtnisses gesehen haben? Wie beide sich das mit ihrem Fortwirken, der Gestaltung und Verwaltung des Nachruhms vorgestellt haben, dazu werden wir noch kommen.

Von bürgerlichen Vorstellungen wesentlich geprägt waren beide Künstler darauf bedacht, dass sich künstlerische Erfolge auch finanziell niederschlugen. Dies erst ermöglichte den

---

[75] 1933 schreibt Alfred Pringsheim in einem Fragebogen des Bayerischen Staatsministeriums zum Fragepunkt der Religionszugehörigkeit: „jüdisch geboren, konfessionslos erzogen und verblieben". Nach den Akten im Bayerischen Hauptstaatsarchiv, Ministerium für Unterricht und Kultus (MK 44150) und im Stadtarchiv München: PMB B 384 und EBA 1878/153 (Alfred Pringsheim). Dazu: Emily D. Bilski: „Nichts als Kultur" – Die Pringsheims, München 2007, S. 30. (Katalog zur Ausstellung im Jüdischen Museum München 2007). Hedwig Pringsheim, Katias Mutter, war indessen protestantisch getauft, deren Eltern, Ernst und Hedwig Dohm, konvertierte Juden.

[76] Dazu: Viola Roggenkamp: Erika Mann. Eine jüdische Tochter. Über Erlesenes und Verleugnetes in der Frauengenealogie der Familie Mann-Pringsheim, Frankfurt a.M. 2008. Biographische Hinweise zur Familie Pringsheim finden wir auch in: Arnold Zweig: Bilanz der deutschen Judenheit. Ein Versuch, Amsterdam 1934 (Querido-Verlag), S. 112–114 unter dem Stichwort „Beispiele des Aufstiegs. Die patrizische Schicht."

[77] Dazu: „Katia Mann – ‚Die Betrogene'?", in: Marianne Krüll: Im Netz der Zauberer. Eine andere Geschichte der Familie Mann, Frankfurt a.M. 1991, S. 408ff. Auch in den Opern „Die Frau ohne Schatten" oder „Die ägyptische Helena" wird das Problem Ehe behandelt.

gewünschten großbürgerlichen Lebensstil, auf den Thomas Mann noch mehr Wert legte als Strauss. Der Wunsch des Bürgertums, sein Leben in theatralischen Räumen zu inszenieren, erfüllte sich für den Theatermann ja in der alltäglichen Arbeit, im abendlichen Im-Rampenlicht-Stehen auf dem Konzertpodium, als Hofkapellmeister, Generalmusikdirektor, Stardirigent und Komponist von Weltbedeutung. Thomas Mann musste dazu das streng verschlossene Gehäuse seiner Schreibwerkstatt verlassen. Die inszenierten Lebenswelten der großbürgerlichen Villen, die Kulissen des „leuchtenden" München, die im Stil des Barock und der Renaissance schwelgten, markierten die Hintergründe. Die „süddeutsche" Lebensart vermittelte sinnliche Reize, kalkulierte Übermut und beschränkte Verführung auf das bürgerliche Maß, das in der Literatur und in der Musik gelegentlich rauschhaft, im Leben selten überschritten wurde. Es erstaunt, dass der Dirigent Strauss auf dem Podium überhaupt nicht theatralisch auftritt. Ganz im Gegenteil fällt er durch seinen zurückhaltenden Dirigierstil auf mit einer klaren Schlagtechnik des rechten Arms. Der linke kommt kaum zum Einsatz. Die zeitgenössische Kritik weist darauf hin und noch die letzten Filmdokumente beweisen es eindringlich. Dass er an seinem Auftritt im New Yorker Warenhaus Wanamaker Gefallen fand, offenbart zeitgenössisches Lebensgefühl. Die Lust an der Reklame, auch am Geldverdienen, dokumentiert Offenheit für aktuelle soziale Veränderungen, die mit einer anderen Einstellung gegenüber der Kunst und ihrer Produktion einhergehen.

Auch Thomas Mann genießt sein Auftreten in der Öffentlichkeit und verheimlicht das weder in den Tagebüchern noch in seinem Werk. Bis zum Schluss seines Lebens findet es der Nobelpreisträger erwähnenswert, dass er „Erster Klasse" reist. Zum abendlichen Vortrag in Stadttheatern und großen Sälen gehört der Empfang durch die Honoratioren der Stadt, der Beifall der Zuhörer zur Begrüßung und am Ende, das wiederholte Verbeugen vor dem Vorhang, die theatralische Ansprache und die Übernachtung im ersten Haus am Platze. Gesellschaftliche Auftritte im Frack, das Im-Mittelpunkt-Stehen, die Inszenierung der eigenen Person, das alles schätzte und benötigte der Schriftsteller ebenso wie die von der Gattin abgeschottete und eifrig bewachte Privatheit im häuslichen Arbeitszimmer. Bühnenluft wehte auch dort. Das Schreiben war mit vielerlei Ritualen verbunden, das Zimmer, wo es stattfand, eine Art heiliger Ort, die Wirkungsstätte des „Zauberers", wie Thomas Mann von seinen Kindern ehrfurchtsvoll genannt wurde. Im Grunde genommen war das gesamte Haus eine Schreibstätte, da der komplette Haushalt während der Zeit, in der Thomas Mann schrieb, auf seine Bedürfnisse bedacht sein musste. Auch darin soll Richard Strauss ganz anders gewesen sein. Einen Teil seiner Arbeit, das Ausschreiben der Stimmen in der Partitur, erledigte er gerne in lebhafter Gesellschaft. Mann und Strauss erlebten ihre Häuser aber gleichermaßen immer wieder als Rückzugsort, als Gehäuse, in dem ihr Werk entstand. Im besten Fall musste das für Thomas Mann auch ein praktikables sein. Mann hat seinen Schreibtisch sogar ins Exil gerettet. Die Ausstattung und Dekoration war also immer die gleiche, zumindest so ähnlich wie möglich. Pauline Strauss hat hingegen behauptet, ihr Mann könne überall komponieren, wo er nur einen Tisch und ein Stück Notenpapier fände, ganz wie sein Alter ego, der Komponist in ARIADNE AUF NAXOS.

Am Ende seines Lebens hat das zugereiste „Nord-Licht" Thomas Mann mit einer fast vierzigjährigen Residenz länger in München gelebt – und gerne gelebt –, als der gebürtige Münchner Richard Strauss, den die künstlerische Laufbahn als Dirigent in die weite Welt, den Bürger aber immer wieder ins geliebte Haus im bayerischen Oberland zurückführte.

Adorno bezeichnete die „dörfliche Metropole" München in seinem Essay über Richard Strauss als „Phantasma einer Gemeinschaft, in der der große historische Zug und die Wärme der süddeutschen Kulturlandschaft freundlich noch beieinander sind. Dies soziale Klima wird vom Straussischen Habitus beschworen: die Feuersnot, die darüber lacht, ist auch seine Apotheose. Bohème von rechts."[78]
Dankbar hat Adolf Hitler die Stadt zur „Hauptstadt der Bewegung" erklärt. Dazu gemacht haben sie viele. Die „süddeutsche Landschaft" ist am Ende freilich mehr als die „dörfliche Metropole" München, vor allem in ihrer kulturellen Verbundenheit mit dem Österreichisch-Habsburgischen, das Strauss in seinen Werken vielfältig reflektiert und in seiner Zusammenarbeit mit Hugo von Hofmannsthal und Stefan Zweig auf den Höhepunkt bringt. Eine kongeniale „Parallel-Aktion", die eben kein Zufall war, sondern eine gesuchte Erfüllung, die Kunst als Welttheater dachte. Hermann Broch beschreibt die für Hofmannsthals Schaffen so bedeutende „Landschafts-Ellipse", die sich von Nord-Italien bis Süd-Böhmen erstreckt „voll heroischer Kultur und heroischer Natur – die österreichischen Alpen als Kernstück umschließend – in Venedig und Wien ihre Brennpunkte hat und gleichsam den Spiegel für Hofmannsthals Österreichertum (richtiger wohl Alt-Österreichertum) abgibt". Broch analysiert Hofmannsthals Kulturentfaltung als Naturvorgang. Dichten erscheint demnach als ein „Naturprodukt" und die „Kulturschöpfung" als die „innerste Natur" des Menschen.[79] Im Opernschaffen von Richard Strauss erfüllen sich diese Maximen in der bewussten Reflexion abendländischer Kulturgeschichte, offenbaren sich im Aufgreifen der mythischen Stoffe der ELEKTRA, der DAPHNE oder der DANAE ebenso wie im Bezug auf die Tradition der italienischen Commedia dell´arte und des Theaters Molières in der ARIADNE, der Opera buffa Rossinis und Donizettis in der SCHWEIGSAMEN FRAU, auch in der Darstellung der theresianischen Lebenswelten im ROSENKAVALIER, die in der ARABELLA ihre endgültige Verabschiedung erleben ehe nach der Zeitoper INTERMEZZO im Abschiedswerk, dem „Konversationsstück für Musik", der Oper CAPRICCIO, die auf dem Besetzungszettel zumeist namenslosen Protagonisten noch einmal über ein Kunstproblem streiten, das bereits Mozart und da Ponte bewegte: wer denn nun die Vormachtstellung habe, die Musik oder das Wort, der Komponist oder der Dichter?

Thomas Mann sah die Kunststadt München durchaus mit kritischem Vorbehalt. Ein selbstgenügsamer Ästhetizismus wird schon in GLADIUS DEI beargwöhnt. Dennoch wird gerade das Politische lange ausgeblendet. Die BETRACHTUNGEN EINES UNPOLITISCHEN, in denen sich die politische Distanz zu dokumentieren glaubt, setzten gerade dadurch ein Statement; fatalerweise für die konservative Politik eines monarchisch gesinnten Bürgertums, dessen Zukunft auf den Schlachtfeldern des Ersten Weltkrieges von Kräften entschieden wird, die weder dem Bürgertum noch seinem Kunstverständnis gewogen sind. Mit Bruder Heinrich hat das gleich zu Beginn des Krieges zu Kontroversen geführt, zum Streit und zur Trennung. Während Richard Strauss gemeinsam mit Romain Rolland Friedensinitiativen unterstützt, analysiert Thomas Mann das „verspätetdeutsche"[80] Hauptwerk Hans Pfitzners, seine 1917 im Prinzregententheater unter der musikalischen Leitung von Bruno Walter uraufgeführte „Musikalische Legende" PALESTRINA, als *„Schlußwort* der Romantik"[81],

[78] Theodor W. Adorno: Richard Strauss, a.a.O., S. 580.
[79] Hermann Broch: Hofmannsthal und seine Zeit. Eine Studie, München 1964, S. 184.
[80] Thomas Mann: Palestrina, In: Hermann Kurzke (Hrsg.): Thomas Mann: Ausgewählte Essays, a.a.O., Bd. 3, S. 43. Erstdruck: Die Neue Rundschau 28, Oktober 1917, S. 1388–1402. Aufnahme in das Kapitel „Von der Tugend" der „Betrachtungen eines Unpolitischen", Berlin 1918. (GW XII, S. 406–426.)
[81] Thomas Mann: Palestrina, a.a.O., Bd. 3, S. 57.

das sich, den erinnerten Worten des Komponisten zufolge, von den MEISTERSINGERN durch seine „*Sympathie mit dem Tode*“[82] abhebt. Pfitzner hat diese kongenialen Worte dem zugereisten „Nordlicht“ ebenso wenig gedankt wie die „Kunststadt“ München. Hans Mayer bringt das 1987 in seinem Vorwort zu Jürgen Kolbes Buch THOMAS MANN IN MÜNCHEN auf den Punkt: „Thomas Mann und München: das nahm schließlich, wie man weiß, ein arges Ende. Es zeigte sich, *daß er hierzulande immer fremd geblieben war.* Ein Spielverderber und ein Entfremdeter. München leuchtete ihm nicht. Das lag nicht an München, auch nicht am Nobelpreisträger in der Poschingerstraße. Er hatte die Wandlungen nicht wahrhaben wollen. Im Gegensatz zu Lion Feuchtwanger und auch zu Heinrich, die nach Berlin zogen.“[83]

Ausführlich hat diese Wandlungen Lion Feuchtwanger in seinem zwischen 1927 und 1930 entstandenen München-Roman ERFOLG[84] beschrieben: die politischen Intrigen, das Abdriften nach rechts, das Versagen der Eliten, den kleinbürgerliche Dunst der Bierhallen und Schwemmen, das sich schlaumeierisch gerierende Honoratiorentum und die wenigen, die die Zeichen der Zeit erkannten. Auch der aus einer „urbayerischen“ Familie stammende Oskar Maria Graf (1894–1967) hat in München kein „Leuchten“ gesehen. Das bäuerliche, proletarische und kleinbürgerliche München, das er in seinem amerikanischen Exil im Roman DAS LEBEN MEINER MUTTER im Rückblick beschreibt, hat Thomas Mann nie kennengelernt, auch wenn er sich rühmen darf, den bayerischen Schriftsteller mit der Lektüre und wohlwollenden Aufnahme seines Romans WIR SIND GEFANGENE entdeckt zu haben.[85]

Ob München für Thomas Mann zu einer „geistigen“ Heimat wurde, bleibt fraglich. Dass er sich in den Kulissen, die ihm die Stadt und das Land Bayern geboten haben, lange Zeit durchaus wohl gefühlt hat, ist kaum zu bestreiten. Vielfach gaben sie Anregungen für sich selbst und für sein Werk. Richard Strauss hat seinen Wirkungskreis schon früh erweitert. Dies hing wesentlich mit seinem Dirigentenberuf zusammen. Als Opernkomponist war er auf Kooperation mit seinen Librettisten angewiesen, auch auf das Verfügen über die bedeutenden künstlerischen Apparate internationaler Opernhäuser. Seine „geistige“ Heimat war von Anfang an das historische Repertoire der europäischen Musik- und Theaterwelt, genial verdichtet in der habsburgisch-barocken Gedankenwelt seines kongenialsten Mitarbeiters Hugo von Hofmannsthal. Weltbürgertum war von Anfang an eine Grundlage seines künstlerischen Schaffens. „Deutsch“ war er nie, auch nicht „national“ oder „sozialistisch“.

Für Thomas Mann war sein Deutschtum, später sein Leiden an Deutschland, grundlegend. Um international zu wirken, bedurfte er der Übersetzung. Die geistige Heimat war für den Schriftsteller auch eine handwerkliche, die der Sprache, der deutschen Sprache. Das Exil war auch dahingehend ein Verlust von psychischer und physischer Identität. Es erklärt vielleicht das Zögern, sich von seinen deutschen Lesern nach 1933 zu lösen, das Abwarten und Abwägen, später das Bedürfnis, sich in Rundfunkansprachen an seine deutschen Zuhörer zu wenden. Immer wieder beziehen sich Tagebucheinträge auf das verlorene Münchner Haus,

[82] Thomas Mann: Palestrina, a.a.O., Bd. 3 ,S. 56.

[83] Hans Mayer: „München leuchtete“, a.a.O., S. 15.

[84] Der 1930 veröffentlichte Roman „Erfolg – Drei Jahre Geschichte einer Provinz“, stellt den ersten Teil der „Wartesaal-Trilogie“ dar. Ihm folgen 1933 „Die Geschwister Oppermann“, deren Handlung in Berlin angesiedelt ist und 1940 der Roman „Exil“.

[85] Der Zeit-Roman „Wir sind Gefangene“, den der Autor „Ein Bekenntnis aus diesem Jahrzehnt“ untertitelt, wird als Autobiographie 1927 veröffentlicht. „Das Leben meiner Mutter“, während der Flucht entstanden, erschien 1940 in den Vereinigten Staaten in englischer Übersetzung und erst 1946 in der deutschen Originalsprache.

auf den materiellen und ideellen, geistigen und seelischen Verlust. Es steht als materielles Zeichen für den Verlust des bisherigen Selbst- und Weltbildes. Ob er Richard Strauss oder Gerhart Hauptmann für die – zumindest vorläufige – Lebenskontinuität beneidet hat?

Musikalisches Handwerk

Unbestritten spielte die Musik im Leben und im Werk Thomas Manns mehr als eine nur bedeutende Rolle. Sie grundiert die Stimmung seiner Werke, den Charakter seiner Protagonisten, begründet mentalitätsgeschichtlich die Verführbarkeit des romantischen Deutschland, sein Sich-Verlieren in der Seelenlandschaft des Todes. Manns wichtigster Bezugspunkt war dabei die Musik Richard Wagners, nicht nur als prägendes Erlebnis der Jugend, sondern eines ganzen Lebens.

Der familiäre Hintergrund spielte dabei durchaus eine Rolle, wobei das musikalische Element von der Mutter bestimmt wurde, die Klavier spielte. Der Vater konzentrierte sich als Kaufmann auf die materiellen Aspekte des Haushalts. Eine typische Konstellation für die bildungsbürgerliche Gesellschaft der Zeit. Die Schule war weder für das Kind noch für den Heranwachsenden ein Vergnügen und wurde mit dem Einjährigen, der Fachhochschulreife, nicht unbedingt mit großem Erfolg beendet. Noch lange hat der Schriftsteller den fehlenden Gymnasialabschluss als ein Manko empfunden. Von den Qualen der Schulzeit erfahren wir hinreichend in den BUDDENBROOKS. Heinrich Mann hat das System im UNTERTAN bloßgestellt. Auch Lion Feuchtwanger brachte seine Zeit am Münchner Wilhelms-Gymnasium in seiner 1933 verfassten „Selbstdarstellung" schonungslos auf den Punkt: „Es war eine pedantische, nüchterne Ausbildung, ohne Zusammenhang mit dem realen Leben."[86]

Die erstmals durch die Mutter vermittelte Musik wurde schon früh als eine Gegenwelt wahrgenommen. Später fand dies im Erleben der ersten Opern- und Theateraufführungen seine Fortsetzung. Insbesondere die erste im Lübecker Stadttheater erlebte LOHENGRIN-Aufführung initiiert eine lebenslängliche, immer wieder erinnerte und geradezu beschworene Wagner-Begeisterung. Heinrich Mann beschreibt im ersten Satz seines UNTERTANS Diederich Heßling bekanntlich als ein „weiches Kind", das „am liebsten träumte". Ob er sich damit auch auf seinen Bruder bezog? Dessen Musikerlebnisse waren wesentlich durch passiven Genuss bestimmt. Thomas Mann berichtet zwar von Violinstunden bei einem Musiker des Orchesters des Lübecker Stadttheaters, später erfahren wir auch von gelegentlichen Hausmusiken in seiner frühen Münchner Zeit, auf Dauer aber wurde das Instrumentalspiel nicht gepflegt. Auch auf dem Klavier wurde wohl eher „improvisiert". Während sich Erika Mann an einen Vater erinnert, der „Geige gespielt" hat und „natürlich" auch Musiker hätte werden können, wenn er es nur gewollt hätte[87], stellt Elisabeth Mann Borgese klar, dass er auf dem Klavier „nur einen Tristan-Akkord spielen" konnte, das Instrument ansonsten aber gar nicht beherrschte.[88]

Die klassische Konzert-, Sinfonie- und Opernliteratur wird sich der Autor also kaum durch eigenhändiges Klavierspiel oder durch regelmäßig praktizierte Hausmusik angeeignet haben.

---

[86] Lion Feuchtwanger: Centum Opuscula, Rudolstadt 1956, S. 365.

[87] Erika Mann schreibt darüber im Vorwort zu ihrem 1969 erschienenen Buch „Thomas Mann. Eine Auslese". Hier zit. nach: Irmela von der Lühe, Uwe Neumann (Hrsg.): Erika Mann. Mein Vater, der Zauberer, a.a.O., S. 381. Auch Katia Mann spricht davon, dass Thomas Mann die Geige „gar nicht schlecht" spielte, „nur keine Technik" gehabt habe. Katia Mann: Meine ungeschriebenen Memoiren, a.a.O., S. 52.

[88] Elisabeth Mann Borgese in einem Gespräch mit Heinrich Breloer. In: Heinrich Breloer. Unterwegs zur Familie Mann. Begegnungen, Gespräche, Interviews, Frankfurt a.M. 2001, S. 32.

Er war abhängig von ihrer Vermittlung im Konzert und in der Oper, später durch das Grammophon und das Radio. Spezialwissen wie es für die Analyse des PALESTRINA oder die Musikkapitel des DOKTOR FAUSTUS nötig war, wurde durch Gespräche und Vorspielen von Musikern und Musikkennern wie Bruno Walter[89] oder Theodor W. Adorno vermittelt. Tagebucheinträge und Photographien dokumentieren das vielfältig. Dies erklärt durchaus eine gewisse Einschränkung seiner Repertoirekenntnisse. Thomas Mann war abhängig von dem, was im Konzert und in der Oper gespielt, im Radio übertragen oder auf Platte veröffentlicht wurde, von dem, worüber man ihm berichtete. Sein Wissen über Wagner war außergewöhnlich. Aber schon bei Mahler stellen wir eine eher problematische Annäherung fest, keine Überrumpelung wie bei Wagner, eher ein lebenslanges Umkreisen, trotz der vielfältigen Bemühungen seines Schwagers Klaus Pringsheim. Die Musik von Arnold Schönberg, der er im DOKTOR FAUSTUS ein Denkmal setzte, war ihm innerlich fremd. Über das künstlerisch und politisch so bedeutende Werk des Zeitgenossen Dmitri Schostakowitsch hat er sich inhaltlich kaum angemessen geäußert. Virtuose Umsetzungen von Klang in Wort, wie sie das MEISTERSINGER-Vorspiel zum dritten Akt im Roman DOKTOR FAUSTUS erfährt oder die stupende Kenntnis der RING-Dramaturgie, die die JOSEPH-Tetralogie illuminiert, werden kaum für die Beschreibung von Werken von Mozart oder Meyerbeer benutzt, was insbesondere bei diesem hätte spannend werden können. Die musikalische Heimat von Thomas Mann blieb unbestritten die Opernwelt Richard Wagners, die als mythischer Urgrund der bürgerlichen Gesellschaft ein Leben lang auch seine musiksoziologische Heimat war.

Die Welt der Musik und des Theaters wurde Richard Strauss vom Vater vermittelt, dem berühmten Hornisten des Münchner Hoftheaters. Ein kaufmännisch-großbürgerlicher Hintergrund ergab sich durch die Mutter. Im Gegensatz zu Thomas Mann hat Richard Strauss das Gymnasium 1882 mit dem Abitur beendet, hatte Griechisch- und Lateinkenntnisse, verfügte über eine „klassische“ humanistische Bildung. Zudem über eine umfassende musikalische Ausbildung, begann als Vierjähriger mit dem Klavier- und als Achtjähriger mit dem Violinunterricht. Bald folgten erste Studien in der Musiktheorie, der Orchestration und Komposition. Ohne als Wunderkind in Erscheinung zu treten, legte schon der Sechsjährige erste Kompositionen vor. Eine CONZERTOUVERTÜRE wurde am 26. November 1883 unter Hermann Levi in München uraufgeführt.

Das Dirigieren, Komponieren und die Theaterpraxis erlernte er systematisch und erwies sich schon früh als Meister des Metiers. Dass er sich während einer Jahrzehnte dauernden Berufspraxis als Dirigent und programmverantwortlicher Musikdirektor eine umfassende Kenntnis des Repertoires und der aktuellen Produktion aneignete, war für Strauss eine Selbstverständlichkeit, für viele Kollegen nicht unbedingt. Mahler wurde von ihm ebenso gefördert wie der frühe Schönberg.

---

[89] Katia Mann berichtet in ihren „Ungeschriebenen Memoiren“ über Bruno Walter: „Immer wenn er ein Werk, eine Oper, eine Symphonie, ein Konzert neu einstudierte, war er vollkommen davon erfüllt. [...] Und wenn er zu uns kam, spielte er stundenlang auf dem Klavier, sang dazu, erklärte die Handlung oder wies auf besondere Schönheiten hin: diese Passage, ehe Sie hingehen, muß ich Sie noch darauf aufmerksam machen. Dann kam die Passage, und er sang sie mit.“ Katia Mann: Meine ungeschriebenen Memoiren, a.a.O., S. 51. Katia erwähnt auch, dass sie der in unmittelbarer Nachbarschaft wohnende Walter oft in der ihm zur Verfügung stehenden Hofkutsche mit ins Theater oder ins Konzert genommen hat. Klaus Mann schreibt nach einem gemeinsamen Abendessen in Amsterdam in seinem Tagebuch über den Dirigenten: „Zum Essen bei *Walters.* Ganz nett. Er ist überanstrengt; naiv; leidenschaftlich; lebhafte, allgemein interessierte, breit beschäftigte – übrigens weder sehr tiefe noch sehr klare Intelligenz.“ (KMTB, 8. März 1936) Am Abend dirigierte Walter im Concertgebouw Albert Roussels „Psalm 80“ und Mozarts „Requiem“.

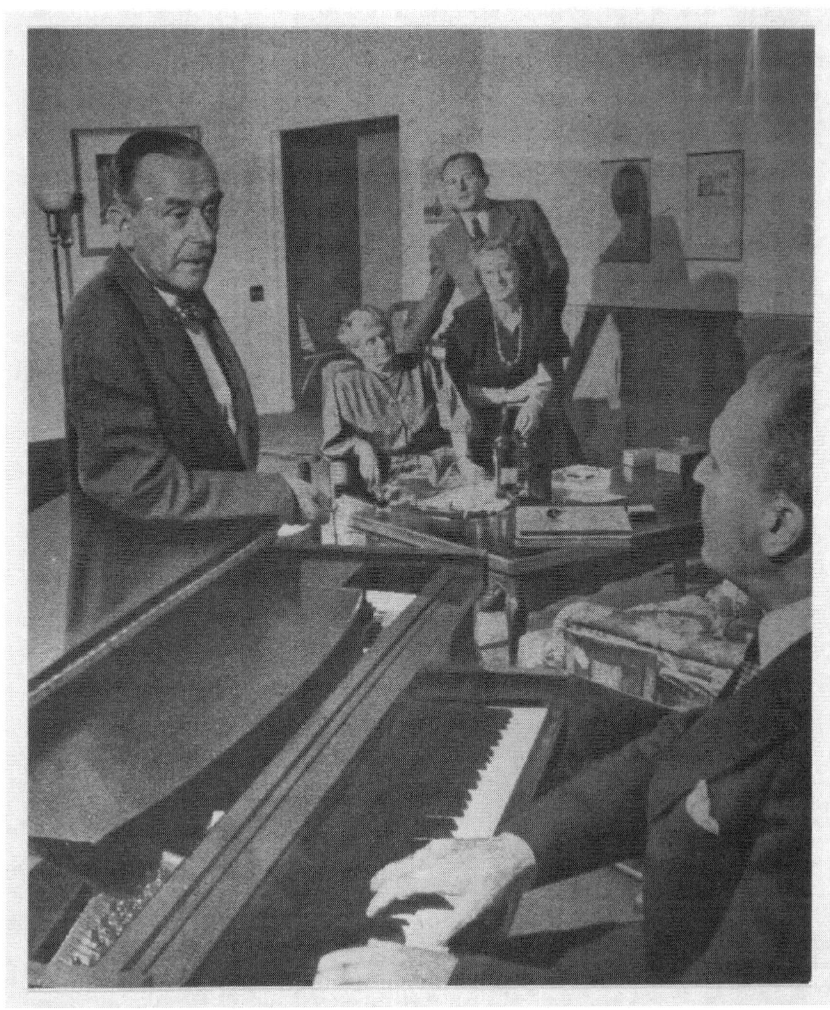

Thomas Mann und Bruno Walter in einem ihrer häufigen Fachgespräche über musikalische Themen. Im Hintergrund lauschen Katia und Klaus Mann sowie Walters Tochter Lotte Walter (1903–1970), ca. 1947.
Photo: ETH-Bibliothek Zürich, Thomas-Mann-Archiv/TMA_3255

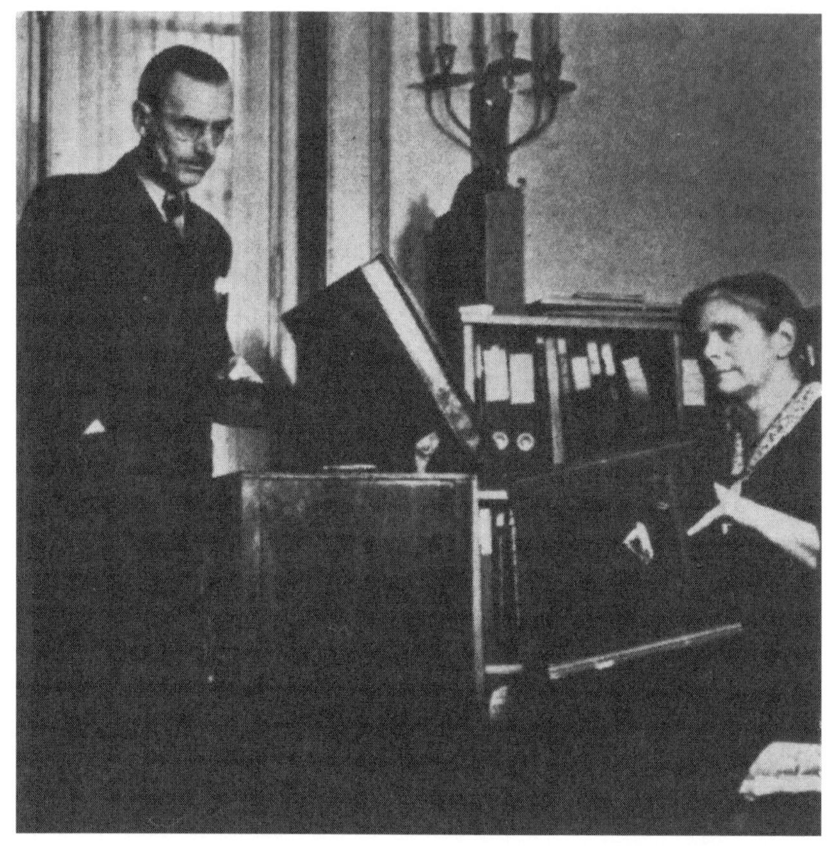

Thomas und Katia Mann bei der Auswahl von Schellackplatten, ca. 1940.
Photo: ETH-Bibliothek Zürich, Thomas-Mann-Archiv/TMA_0542

Literarisch ist Richard Strauss kaum in Erscheinung getreten, als Briefpartner Hugo von Hofmannsthals dennoch von Bedeutung. In der Auswahl seiner Librettisten und der Autoren seiner Lieder offenbart sich literarischer Geschmack. Die Lektüre der Werke von Friedrich Nietzsche war vielleicht der Mode geschuldet, Goethe jedoch ein lebenslanger Begleiter. Thomas Mann indessen zählt, trotz thematischer Beziehungen, nicht unbedingt zu den bevorzugten Autoren des Komponisten.

Berührungspunkte hätte es durchaus gegeben. Tragischerweise war aber ihre geistige Entwicklung eine eher ungleichzeitige. Die handwerkliche Beziehung von Richard Strauss zu Hector Berlioz, die sich am deutlichsten in dessen Fortsetzung der Instrumentationslehre des französischen Meisters manifestiert, charakterisierte schon den jungen Strauss und erwies sich bald als wegweisend für gegenwärtige und zukünftige Komponisten. Thomas Mann, der französischen Kultur noch zu Zeiten des Ersten Weltkrieges und seiner BETRACHTUNGEN EINES UNPOLITISCHEN geradezu feindlich gesinnt, entdeckte Hector Berlioz, einem Hinweis von Bruno Walter folgend, erst während seiner Arbeit am DOKTOR FAUSTUS.[90] Die Beziehungen zu Richard Strauss waren da schon längst nachhaltig gestört. Es verwundert freilich bis heute, dass es eine Beziehung, die man als solche überhaupt bezeichnen könnte, zwischen Strauss und Mann offensichtlich gar nicht gegeben hat.

Die Zeit engster geographischer Nachbarschaft in München zwischen 1894 und 1898, als Strauss Hofkapellmeister war, Thomas Mann zugereistes „Nord-Licht", führte wohl nicht zu näheren Bekanntschaften. Thomas Mann war ja noch nicht der Autor der BUDDENBROOKS, während Strauss eine bedeutende Position bekleidete. Elf Jahre Altersunterschied sowie eine durchaus unterschiedliche schulische Bildung und musikalische Ausbildung waren da vielleicht doch von nicht zu unterschätzender Bedeutung. Politische Gegensätzlichkeiten sollten dann bald dazu kommen. Vielleicht waren es aber einfach auch charakterliche Unterschiede, die einem herzlichen Verkehr von Anfang an entgegenstanden. Eine gewisse Sprödigkeit des norddeutschen Patriziers, Schüchternheit auf beiden Seiten, die Strauss´sche Nonchalance, die Mann doch eher fremd war, dürften dazu gekommen sein.

[90] Am 31. Mai 1943 schreibt Bruno Walter in einem Brief an Thomas Mann: „Vielleicht lesen Sie einmal *Berlioz ‚Autobiographie'* - sie wird Ihnen viel Anregung bieten." In: Hans Wysling (Hrsg.): Thomas Mann / Bruno Walter: Briefwechsel. Aus den Beständen des Thomas-Mann-Archivs der ETH Zürich. (Blätter der Thomas-Mann-Gesellschaft Zürich 9 (1969), S. 13–43, hier: S. 26.) Einen Hinweis auf eine englische Ausgabe der Berlioz-Memoiren finden wir kurze Zeit später am 6. Juni 1943 im Tagebuch von Thomas Mann. Die „mit Interesse" gehörte „Symphonie fantastique" erwähnt er bereits am 12. Mai 1942. Neben der „Symphonie fantastique" werden „La Damnation de Faust" und das „Requiem" für den „Doktor Faustus" von Bedeutung.

Das Einander-Verfehlen

Auch ohne die Pflege einer persönlichen Freundschaft haben Strauss und Mann Lebenswelten geteilt. Zum einen waren sie ja Zeitgenossen. Ob man sich in einer Stadt wie München, die um die Jahrhundertwende gerade eine Einwohnerschaft von einer halben Million Menschen erreicht hatte, nie auf der Straße oder bei einem Konzert oder einer Opernaufführung begegnet sein soll, wäre doch sehr ungewöhnlich. Darüber hinaus gab es Berührungspunkte über Freundes- und Bekanntenkreise, ab 1904 auch über die Familie seiner zukünftigen Frau Katia Pringsheim. Katias Großvater Rudolf Pringsheim hatte sein Millionenvermögen mit Eisenbahnkonzessionen in den schlesischen Kohlerevieren gemacht und lebte in Berlin in einer Prachtvilla in der Wilhelmstraße 67, wenige Schritte vom Brandenburger Tor und vom Tiergarten entfernt. Eine repräsentative Adresse in der Nähe der Britischen Botschaft. Am Brandenburger Tor Nr.7 wohnte seit 1857 Max Liebermann (1847–1935), im Haus Nr. 6a Giacomo Meyerbeer während seiner Berliner Aufenthalte. Im Tiergarten aber standen die Villen des assimilierten jüdischen Großbürgertums, auch die der Familie Aarenhold in Thomas Manns WÄLSUNGENBLUT, das noch für Skandale sorgen sollte. Am 18. März 1884 lernte Strauss im Berliner Haus des Malers Anton von Werner Alfred und Hedwig Pringsheim kennen, „die sehr nett waren und mich einluden, sie in München zu besuchen".[91] Anton von Werner (1843–1915) war der bedeutendste Maler des Deutschen Kaiserreichs, ein Hauptrepräsentant des Wilhelminismus, dessen bekanntestes Werk die „Ausrufung des deutschen Kaiserreichs im Spiegelsaal von Versailles" sein dürfte, ein Künstler, der Umgang mit Bismarck, Moltke und Kaiser Wilhelm pflegte und die viel beachtete Keramikfassade von Rudolf Pringsheims Berliner Haus geschaffen hatte, das im Volksmund als „buntes Haus" bekannt war. Richard Strauss war gerade zwanzig Jahre alt und war im März des vergangenen Jahres in München als Komponist seines Ersten Hornkonzerts in Erscheinung getreten. Im November 1884 sollte sein erster Münchner Auftritt als Dirigent erfolgen. Die Pringsheims waren also schon frühzeitig auf den jungen Mann aufmerksam geworden, ehe ihn erste Engagements als Kapellmeister 1885 nach Meiningen und 1886 für drei Jahre an die Hofoper nach München führten. Eine Intensivierung hat der Kontakt in München offensichtlich nicht erfahren. Auch während seiner zweiten Verpflichtung in München von 1894–98 scheint sich daran nichts geändert zu haben. Am 25. April 1898 gibt er an, die Zwillinge Katia und Klaus Pringsheim bei einer Abendgesellschaft im Elternhaus getroffen zu haben.[92] Die beiden waren noch nicht sechzehn Jahre alt. Klaus gilt aber bereits als begabter Musiker und ist Klavierschüler von Bernhard Stavenhagen. Dieser wird sowohl im Dezember 1903 als auch im März 1905 in Konzerten mit dem Münchner Kaim-Orchester jeweils Werke von Richard Strauss und von Klaus Pringsheim aufführen. Dass es im Rahmen dieses gesellschaftlichen und familiären Umfeldes zu keiner persönlichen Begegnung zwischen Mann und Strauss gekommen sein soll, erscheint durchaus unwahrscheinlich. Einen regen gesellschaftlichen Verkehr hat es aber nicht einmal mit den Pringsheims gegeben. Die mittlerweile veröffentlichten Tagebücher von Thomas Manns Schwiegermutter Hedwig Pringsheim (1855–1942) belegen nur wenige Besuche von Richard Strauss in ihrem Haus. Die Auflistung verpasster Möglichkeiten erscheint müßig. Bei der Uraufführung von Gustav Mahlers Achter Sinfonie am 12. September 1910 in München waren sowohl Strauss als auch Mann anwesend. Thomas Mann sieht Mahler auf der Premierenfeier im Münchner

---

[91] Willi Schuh (Hrsg.): Richard Strauss: Briefe an die Eltern 1882–1906, Zürich 1954, S. 52.

[92] Willi Schuh: Richard Strauss. Jugend und frühe Meisterjahre. Lebenschronik 1864–1898, Zürich 1976, S. 157.

Hotel Vier Jahreszeiten, ohne dass es auch hier zu einer Unterhaltung kommt. Über ein Treffen von Strauss und Mann erfahren wir nichts. Auch bei der wenige Monate danach stattfindenden Münchner Erstaufführung des ROSENKAVALIERS unter Felix Mottl am 1. Februar 1911, bei der sowohl Strauss als auch Hofmannsthal anwesend waren, ist ein Treffen nicht erwähnt.
Die Uraufführung von Hans Pfitzners PALESTRINA am 12. Juni 1917 vereinte erneut die Münchner Hautevolee im Nationaltheater. Strauss und Mann haben sich vielleicht im Foyer der Oper getroffen. Bruno Walter, seit 1913 Nachfolger von Felix Mottl an der Münchner Oper und Nachbar von Thomas Mann im Herzogpark, dirigierte die Aufführung, die zu einem der bedeutendsten Musikerlebnisse Thomas Manns wird, die Beziehung zum Komponisten hingegen zu einer seiner tragischsten Enttäuschungen. Als Bruno Walter am 11. Januar 1918 im Münchner Nationaltheater die ELEKTRA und am 13. Januar 1918 den ROSENKAVALIER dirigiert, ist Strauss wiederum anwesend. Walter bittet die Ehepaare Strauss und Mann am 22. Januar zu sich nach Hause zu einem Abendessen. Lediglich Thomas Mann hat einen Hinweis auf die Begegnung gegeben, ohne indessen ein Wort zu verraten über das, worüber man gesprochen hat oder wie der Abend überhaupt verlaufen ist. Auch Bruno Walter hat darüber in seinen Lebenserinnerungen nichts geschrieben.[93]
Eine Fortsetzung des gesellschaftlichen Verkehrs scheint es wiederum nicht gegeben zu haben. Thomas Mann hat zwar die Sinfonischen Dichtungen von Richard Strauss gerne gehört, es drängte ihn aber nicht unbedingt dazu, die Opern oder Strauss als Dirigent zu erleben. Wie sollen wir das Nichterwähnen des Namens Mann im Briefwechsel zwischen Hofmannsthal und Strauss erklären, die Tatsache, dass Thomas Mann 1924 offensichtlich keine Glückwunschkarte zu Strauss´ 60. Geburtstag geschickt hat? Strauss hat durchaus ein Jahr später Mann „in der Menge der Bewunderer" zu seinem 50. Geburtstag geschrieben, während eine Gratulation zum Nobelpreis 1929 nicht nachgewiesen ist?[94] Zur festlichen Eröffnung des Deutschen Museums in München dirigiert Hans Knappertsbusch, seit 1922 der Nachfolger Bruno Walters in München, Beethovens Neunte Sinfonie, Strauss DIE RUINEN VON ATHEN. Thomas Mann begegnet Gerhart Hauptmann. Beide versöhnen sich und vergessen den ZAUBERBERG-Streit. Von Strauss´ Dirigat ist nicht die Rede. Während im „Dritten Reich" das Verhältnis von Strauss und Mann auch dadurch angespannt ist, dass Strauss Deutschland nicht verlässt und sich den Nationalsozialisten anbiedert, wird Hauptmann noch in der ENTSTEHUNG DES DOKTOR FAUSTUS als „Persönlichkeit"[95] dargestellt.

Die Liste der Nicht-Begegnungen ließe sich erweitern. Viel ist für uns damit nicht gewonnen. Unabhängig vom äußeren Verpassen müssen wir wohl feststellen, dass sich hier zwei bedeutende Zeitgenossen einander einfach nicht näher gekommen sind; schon vor den Ereignissen des Jahres 1933, die wohl eine Zäsur markieren, aber keinen Bruch, da es eine Beziehung, die den Namen verdiente, zuvor ja gar nicht gab. Es bleibt eine Unentschiedenheit, ein Hin- und Hergerissensein, die zur Erklärung wohl auch der Psychologie bedürfen. Als schaffende Künstler kamen sie sich nahe, waren aber auch Konkurrenten um die Gunst ihres Publikums, das bei Strauss sehr bald ein internationales war. Misstraute Mann der Diskrepanz zwischen der künstlerischen Bedeutung und dem Charakter des Komponisten? Sah er sich gegenüber einem „Sonntagskind" unterlegen, dem der künst-

[93] Bruno Walter: Thema und Variationen. Erinnerungen und Gedanken, Stockholm 1947.
[94] Der auf den 8. Juni 1925 datierte Brief – Manns Geburtstag ist am 6. Juni! – findet sich im Thomas-Mann-Archiv der ETH-Bibliothek Zürich unter der Signatur B II – Strau – 1.
[95] Thomas Mann: Die Entstehung des Doktor Faustus, GKFA, Bd. 19.1, S. 552.

lerische und gesellschaftliche Erfolg vermeintlich leichter in den Schoß fiel, als dem um „Verfassung" und Lebensorganisation Bemühten? Spielte die soziale Herkunft eine größere Rolle als man erwarten möchte? Ruhte Richard Strauss in seiner musikalischen Kunstwelt, während Thomas Manns Schaffen mit der Aufarbeitung von Unordnung und Leid verbunden war? Barocke Leidenschaft war nicht unbedingt die Sache des norddeutschen Patriziers, „Kreuz, Tod und Gruft"[96] nicht das Thema des „Sonntagskindes".
Welche Meinung hatte aber Richard Strauss über den Schriftsteller Thomas Mann? Eine intensive Lektüre seines Werkes ist nicht nachgewiesen. Im Garmischer Haus gibt es offensichtlich auch keine Bücher von Thomas Mann, was nicht heißt, dass er nie eines gelesen hat. Ob er eine der Radioansprachen von Thomas Mann gehört hat? Am 22. März 1932 beklagt er sich in einem Brief an Clemens Krauss, dass Thomas Mann im Radio zu lange über Goethe „gequatscht" habe.[97] Strauss wollte seine DEUTSCHE MOTETTE von Krauss dirigiert hören. Der Sendeplatz war aber durch eine länger dauernde Übertragung einer Rede von Thomas Mann belegt. Es handelte sich dabei um die Rede, die er am 18. März 1932 zum 100. Todestag von Goethe in der Preußischen Akademie der Künste Berlin gehalten hat. Vielleicht hat der intensive Goethe-Leser Strauss doch einen Teil der Rede gehört und sich zum Schluss einfach über deren Länge geärgert. Wer Reden von Thomas Mann gehört hat, erinnert sich an die durchaus angestrengt klingende Diktion des Redners, der zudem von der Bedeutung seines gesprochenen Wortes und seiner Goethe-Nachfolgeschaft überzeugt war.
Für Strauss war Mann eher ein „langweiliger ‚Patrizier'"[98], ein „Intellektueller"[99], den er noch 1947 in einem Brief an seinen Biographen Willi Schuh, der den in diesem Jahr gerade erschienenen DOKTOR FAUSTUS rezensiert hatte, als einen „Galimathias"[100] redenden bezeichnet. Ein altertümliches Wort, das wohl Unsinn oder Geschwätz bedeutet und sich hier auf die schwierige Aufgabe Schuhs, den neuen Roman Manns zu besprechen, bezieht. Strauss hat dem „ahnungslosen Literaten"[101] Thomas Mann die in diesem Roman bewiesenen musikalischen Fachkenntnisse wohl einfach nicht zugetraut. Ob er wenigstens Ausschnitte daraus gelesen hat oder, wie 1933, einmal mehr urteilte und verurteilte, ohne zu wissen, wogegen er sprach oder sprechen zu müssen glaubte, wissen wir nicht. Dass Schönberg in dem Roman eine bedeutende Rolle spielte und Bruno Walter – in dessen im gleichen Jahr wie der DOKTOR FAUSTUS erschienenen Lebenserinnerungen Strauss nicht gut wegkommt – neben Theodor W. Adorno als Berater tätig war, wird ihm ebenfalls kaum gefallen haben.
Strauss war mittlerweile im 83. Lebensjahr. Eine aktuelle Stellungnahme sind seine polemischen Aussagen, deren abstruse Wortwahl eher belustigend wirkt, kaum. Durchaus aber resümieren sie eine Lebenseinstellung, die alle Äußerungen auf sich selbst und das eigene Schaffen bezieht und darauf achtet, welchen Nutzen sie für einen selbst haben. Die viel und gern zitierte universale Bildung stellt sich dabei zweifellos selber in Frage.

---

[96] In seinem Essay über Pfitzners „Palestrina" beschreibt Mann mit diesen Worten das „Ethos" der von ihm so geliebten Pfitzner-Oper mit ihren „dürerisch-faustischen Wesenszügen". Zit nach: Hermann Kurzke (Hrsg.): Thomas Mann, Ausgewählte Essays, a.a.O., Bd. 3, S. 43.

[97] Günter Brosche (Hrsg.): Briefwechsel Richard Strauss und Clemens Krauss, Tutzing 1997, S. 107.

[98] Brief an Anton Kippenberg vom 24. Januar 1933, zit. nach: Dietrich Krönke: Richard Strauss und Thomas Mann. 1933 – „Protest der Richard-Wagner-Stadt München", Tutzing 2013, S. 49.

[99] Ebenda.

[100] Schuh hat in seiner Ausgabe seines Briefwechsels mit Strauss auf diese Passage verzichtet. Das Original des Briefes ist erst spät aufgetaucht und wurde in einer Auktion 2011 versteigert. Siehe: Dietrich Krönke: Richard Strauss und Thomas Mann, a.a.O., S. 50.

[101] Ebenda.

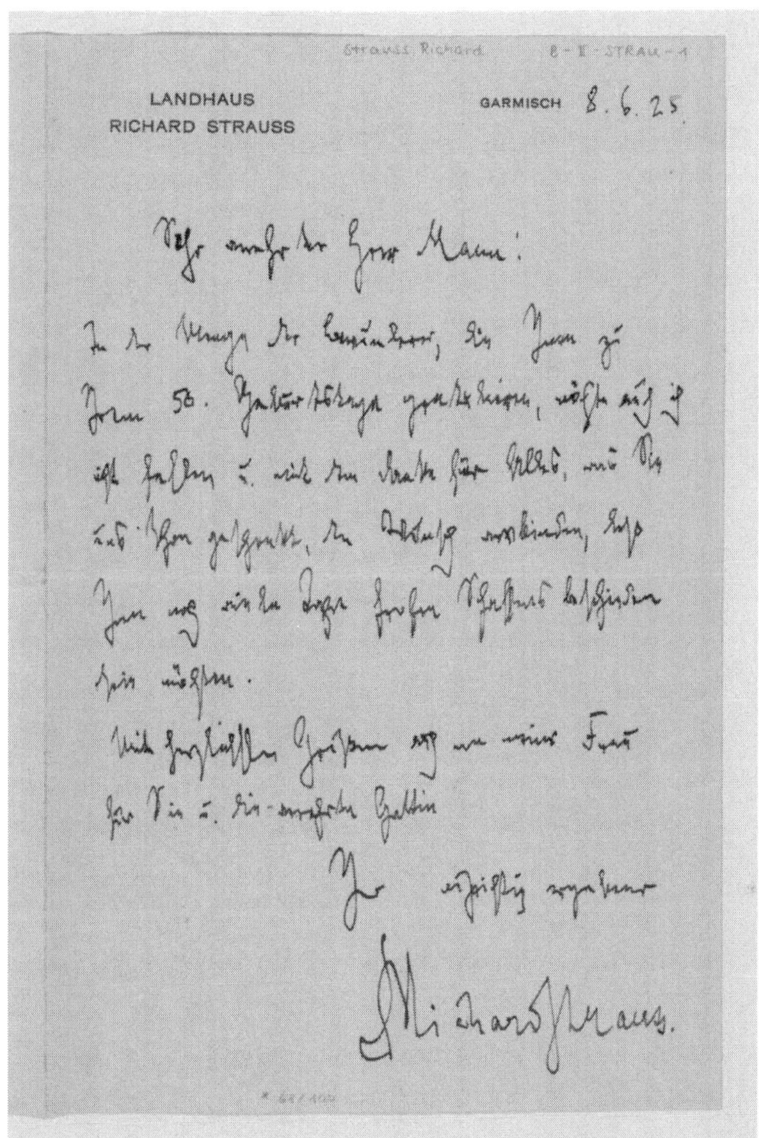

LANDHAUS
RICHARD STRAUSS

GARMISCH 8. 6. 25.

Dr. Richard Strauss.

Brief von Richard Strauss an Thomas Mann zu dessen 50. Geburtstag am 6. Juni 1925. Die Datierung des Schreibens auf den 8. Juni zeigt, dass der Gruß den Empfänger verspätet erreicht hat.

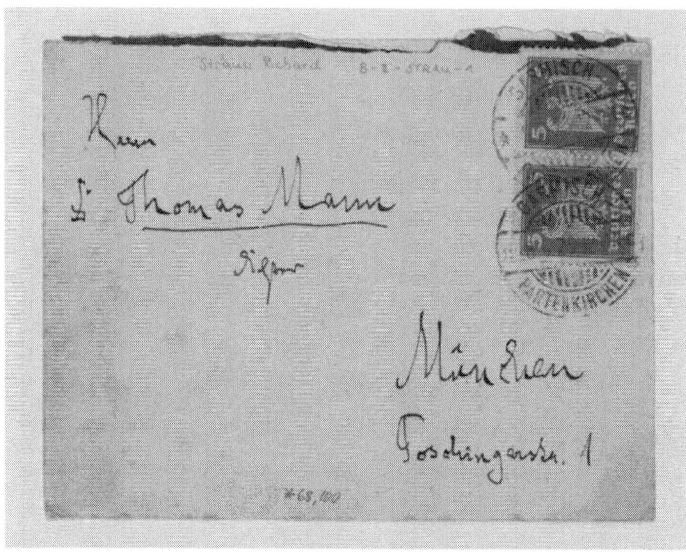
Herrn
Dr. Thomas Mann
München
Poschingerstr. 1
PARTENKIRCHEN

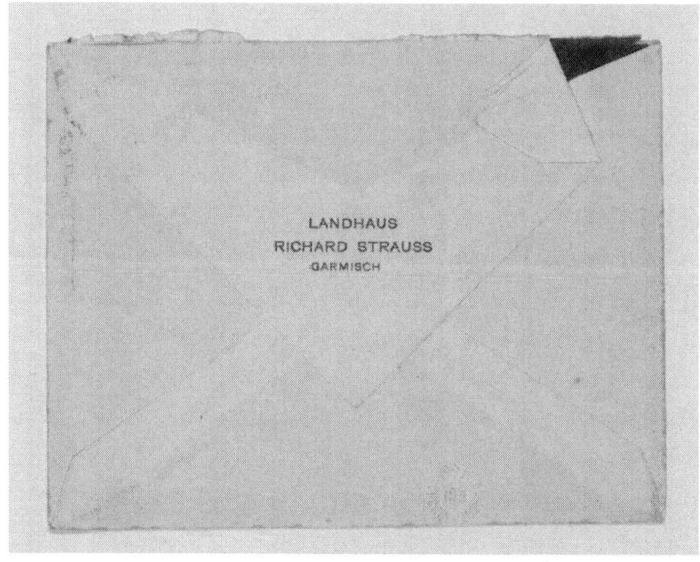
LANDHAUS
RICHARD STRAUSS
GARMISCH

Richard Strauss in der Wahrnehmung von Thomas Mann

Dass Richard Strauss und Thomas Mann wenig mehr als einen erstaunlich oberflächlichen persönlichen Verkehr gepflegt haben, scheint heute offensichtlich. Dass die Werke von Thomas Mann zur Lektüre des vielbeschäftigten Dirigenten und Komponisten gehörten, darf ebenfalls bezweifelt werden. Wie aber sieht es umgekehrt aus? Was kannte der Musikfreund, der leidenschaftliche Operngänger, häufige Konzertbesucher und regelmäßige Radiohörer Thomas Mann vom Werk des international bekanntesten und erfolgreichsten deutschen Musikers? Als passiver Rezipient war er abhängig von dem, was gespielt wurde. Hinweise in Gesprächen mit Freunden wie Bruno Walter oder dem Schwager Klaus Pringsheim hat er gerne aufgenommen. Walter hat ihn auf die Bedeutung von Hector Berlioz aufmerksam gemacht, der Schwager die ideelle Bekanntschaft mit Gustav Mahler vermittelt. Walters Münchner Spielplanpolitik verdankt Mann auch die Bekanntschaft mit Pfitzners PALESTRINA, der Oper, die neben dem Werk Wagners die tiefgründigste Analyse gefunden hat. Die Möglichkeit, durch Partiturstudium ein Werk kennen zu lernen, das nicht auf einem Spielplan stand, oder ihm vorgespielt wurde, war beschränkt. Über die „Wonnen" der ersten Opernerlebnisse im Lübecker Stadttheater hat er begeistert geschrieben und in Hans Castorp, der uns im ZAUBERBERG in nächtlicher Einsamkeit als passionierter Plattenhörer begegnet, dürfen wir auch ein Porträt des Autors erahnen.

Über das, was Mann von Strauss gehört hat, erfahren wir das Meiste in den Tagebüchern und Briefen. Zu den Strauss-Opern, die Thomas Mann zweifelsfrei gehört hat, zählen SALOME, ROSENKAVALIER, DIE FRAU OHNE SCHATTEN, DIE ÄGYPTISCHE HELENA und DIE LIEBE DER DANAE. Eine bescheidene Auswahl, die sich erklärt durch die zeitgenössischen Aufführungen, die ihm erreichbar waren und durch das 1933 beginnende Exil.
DIE LIEBE DER DANAE erlebte Thomas Mann nach ihrer verspäteten Uraufführung bei den Salzburger Festspielen am 14. August 1952 wenige Tage danach bei einem Besuch der zweiten Aufführung am 21. August. Im gleichen Jahr waren Thomas und Katia Mann aus Kalifornien nach Europa zurückgekehrt, um sich in der Schweiz dauerhaft niederzulassen. Im Tagebuch lesen wir:

> „Danae" ist sehr schön inszeniert und wurde prächtig aufgeführt und gesungen, ist aber kein glückliches Werk, von Gregor schlecht gedichtet, wirr und schwer verständlich. Pompöse Oper mit Einschlägen der Leichtigkeit, die Hofmannsthal träumte. Applaus-Nummern. Sehr lang und ermüdend. In der Pause mit Schuhs. (TMTB, 21. August 1952)

Thomas Mann erwähnt weder den Dirigenten Clemens Krauss noch den Bühnenbildner Emil Preetorius oder den Regisseur Rudolf Hartmann[102], das Produktionsteam der noch für das „Dritte Reich" geplanten Uraufführung, die zugleich als Festaufführung zu Strauss´ 80. Geburtstag vorgesehen war. Tochter Erika, die ebenfalls mit nach Salzburg gekommen war, blieb der Aufführung fern. Von weiteren Aufführungsbesuchen wissen wir nichts.

---

[102] Der von den Nationalsozialisten geförderte Hartmann war im gleichen Jahr zum Intendanten der Bayerischen Staatsoper ernannt worden, wo er während des „Dritten Reiches" als Operndirektor tätig gewesen war. Hartmanns NS-Karriere und Aufstieg zum Staatsintendanten der Bayerischen Staatsoper nach dem Krieg wird ausführlich dargestellt in: Jürgen Schläder, Rasmus Cromme, Dominik Frank, Katrin Frühinsfeld, in Zusammenarbeit mit der Dramaturgie der Bayerischen Staatsoper: Rainer Karlitschek und Benedikt Stampfli: Wie man wird, was man ist. Die Bayerische Staatsoper vor und nach 1945, Leipzig 2017, S. 297ff.

Mehrfach gehört hat Mann indessen das Erfolgsstück SALOME. Er dürfte die Oper bald nach ihrer Uraufführung in Dresden im Verlauf einer Reise nach Prag und Breslau erlebt haben, zudem wurde sie ab 1906 auch in München gespielt. In einem Brief an Bruder Heinrich nennt er sie „eine tolle Zauberei!“[103] Im Verlauf seines Lebens wird es zu sehr unterschiedlichen Einschätzungen kommen.[104] Die von Strauss selbst dirigierte Grazer Aufführung 1906 – sie kam zustande, nachdem eine von Mahler gewünschte Aufführung an der Wiener Hofoper am Einspruch der Zensur gescheitert war – wird im DOKTOR FAUSTUS in einem bedeutenden Zusammenhang erwähnt. Adrian Leverkühn macht auf dem Weg nach Pressburg in Graz Station und hört dort die Oper, deren Uraufführung in Dresden er bereits erlebt hatte, noch einmal. Der „Revolutionär als Sonntagskind“ bewährt sich einmal mehr und das zugleich als „keck“ wie „konziliant“ bezeichnete Werk wird als „Wurf“ bezeichnet.
Ganz so enthusiastisch wird die Oper nicht immer gesehen, aber vielleicht ist sie von allen Opern mit dem ROSENKAVALIER das von Mann am meisten beachtete Werk.[105]
Mit ELEKTRA ist das ganz anders. Zu Strauss´ düsterer Antikenversion hat sich Mann wenig geäußert. In den Tagebüchern findet sich kaum eine Spur. Sollte er die Münchner Premiere am 14. Februar 1909 versäumt haben?
Die wenige Tage nach der Dresdner Uraufführung am 26. Januar 1911 erlebte Münchner Premiere des ROSENKAVALIERS am 1. Februar unter Felix Mottl beschreibt er in einem Brief an Hugo von Hofmannsthal als vierstündiges „Getöse“[106]. Später wird diese Aussage abgemildert. 1937 lobt er nach einer Prager Aufführung das „Orchesterraffinement“ (TMTB, 10. Januar 1937), kaum ein halbes Jahr später spricht er nach dem Hören einer Radioübertragung aus Salzburg vom „Genußmittel-Charakter“ der Musik (TMTB, 24. August 1937). 1949 wiederum bezeichnet er die Suite als „liebenswürdige Musik“ (TMTB, 18. Dezember 1949).
Die Kunst-Welt des ROSENKAVALIERS, ein Höhepunkt der kongenialen Zusammenarbeit von Hugo von Hofmannsthal und Richard Strauss, auch ein Abgesang auf die – habsburgische – Kulturwelt, die bald zur WELT VON GESTERN wird, war trotz aller Wertschätzung nicht die Seine. Vielfältig begegnen die Protagonisten seiner Werke in der multikulturellen östlichen und südlichen Welt der k.u.k. Monarchie schon der Fremde und dem Fremden, das ihr Verderben einleitet, erscheint Venedig – in der Novelle immer noch von seinen alten habsburgischen Traditionen geprägt –, als Ort von Krankheit und Tod, in dem die aus Indien kommende Cholera ihren Eingang findet und der seinem Untergang geweihte Ethiker der Leistung einen Dionysos-Zug phantasiert.[107] Und noch Adrian Leverkühn fährt in das slowakische Pressburg, ehemals ein Zentrum der Doppelmonarchie, um sich im türkischen

[103] Brief an Heinrich vom 17. Januar 1906, GKFA, Bd. 21, S. 342.

[104] 1934 verurteilt Mann die „törichte Kälte“ des „Schmißwerkes“ im Tagebuch, während er im „Doktor Faustus“ wieder von einem „Wurf“ spricht.

[105] Thomas Manns Wertschätzung entspricht damit dem allgemeinen Publikumsgeschmack. Die Aufführungsstatistik weist für das 20. Jahrhundert über 16.000 Aufführungen des „Rosenkavaliers“ in über 1.000 Inszenierungen nach. „Salome“ steht in der Statistik mit über 10.000 Aufführungen und ebenfalls fast 1.000 Inszenierungen an zweiter Stelle, gefolgt von „Ariadne auf Naxos“ (7.000 Aufführungen), „Elektra“ (5.100 Aufführungen) und „Arabella“ (4.000 Aufführungen). Siehe: Günther Lesnig: Die Aufführungen der Opern von Richard Strauss, a.a.O., Bd. 2, S. 8.

[106] „Vier Stunden Getöse um einen reizenden Scherz! Und wenn dieses Mißverhältnis die einzige Stylwidrigkeit bei der Sache wäre! Wo ist Wien, wo ist achtzehntes Jahrhundert in dieser Musik? Doch nicht in den Walzern.“ (GKFA, Bd. 21, S. 473f)

[107] Noch in seinem Nachruf auf Hugo von Hofmannsthal beschreibt Mann die „Idee des Todes“ als „österreichisch“ und als „gegenwärtig in all seiner Dichtung“. Thomas Mann: In Memoriam Hugo von Hofmannsthal, a.a.O., Bd. 1, S. 57.

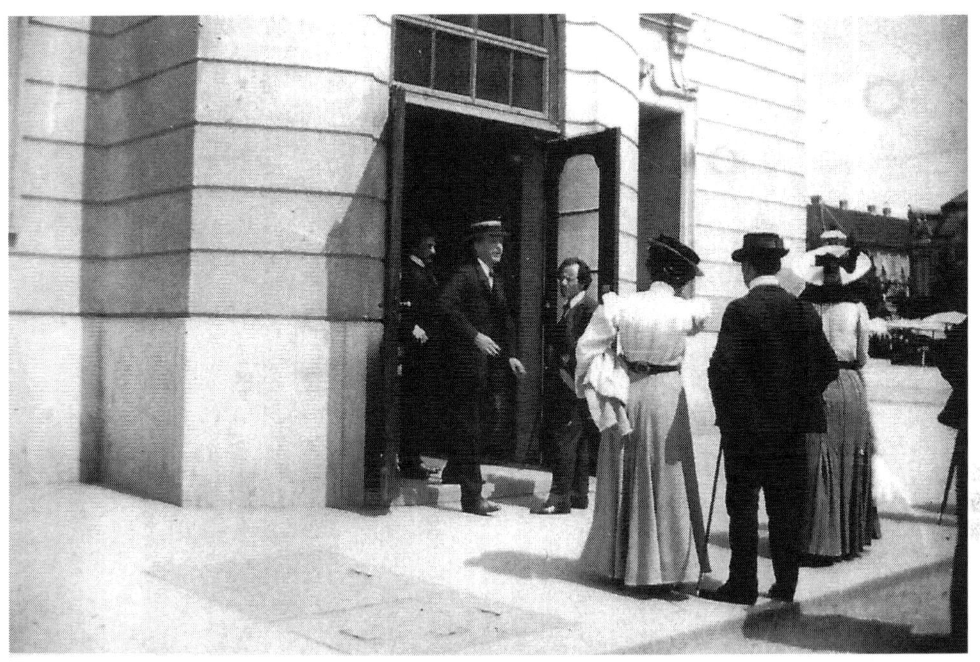

Richard Strauss und Gustav Mahler am Bühnenausgang der Grazer Oper im Mai 1906. Photo: The Gustav Mahler – Alfred Rosé Collection, Western Libraries, Western University, London, Ontario, Canada

Viertel mit der Syphilis zu infizieren. Noch weiter aus dem Osten kommt Madame Chauchat, aus Daghestan, das hinter dem Kaukasus liegt. Eine exotische Figur wie die Salome von Wilde und Strauss, in der sich das Östliche und das Erotische in provokanter Weise vereint, dürfte Mann ebenso fasziniert wie geängstigt haben.

Auch Figuren wie die Marschallin, Octavian oder der Ochs standen Thomas Mann kaum nahe, zum Barocken fehlte ihm ein Zugang. Auch scheint Thomas Mann den dramaturgischen Charakter dieser „Komödie für Musik" als eine Zeiten-Collage kaum verstanden zu haben. Das in DEUTSCHLAND UND DIE DEUTSCHEN vermisste „Weltbürgertum" der Deutschen, das uns in Hofmannsthals Dichtung und in der internationalen Wirkung von Strauss´ Musik begegnet, war demnach doch nicht so ganz der Fall eines Schriftstellers, der seine eigentlichen Themen letzten Endes seinem Deutschtum verdankte. Zur Internationalität brachten ihn schließlich erst die historischen Ereignisse und die Opposition zu den Kräften, die das Deutschtum ganz anders definierten als er selbst. Bezeichnender- aber auch paradoxerweise entzündete sich das alles an Richard Wagner, den Mann sich gleichermaßen als deutsches wie als internationales Phänomen deutete. Ein Zwiespalt, an dem bereits Nietzsche verzweifelt war.

Unter Bruno Walter wurden die Opern ARIADNE AUF NAXOS und DIE FRAU OHNE SCHATTEN bald nach ihrer jeweiligen Uraufführung in Stuttgart und in Dresden auch in München nachgespielt. Die barocke Idee des Spiels im Spiel, des Theaters auf dem Theater, die die Kammeroper ARIADNE AUF NAXOS bestimmt, findet bei Thomas Mann keine Resonanz, weder im Werk noch im Tagebuch. DIE FRAU OHNE SCHATTEN erlebt Mann „auf Walters Platz" im Nationaltheater und vermerkt im Tagebuch:

> Riesiges Orchester, virtuose Tonstürme, Schwirren der Dämonen. Bedeutende Klangschönheiten, phantastisch. Dazwischen Trivialität und ennui. Am wohlthuendsten zu hören das Duett der Färbersleute mit den Vorhalten in der Höhle. Auch der Schluß. Engländer hinter mir sagte: „That´s all right". – Ende 9 Uhr. (TMTB, 2. März 1920)

Die in der Gegenwart spielende Oper INTERMEZZO wird ebenfalls nicht gehört, dafür DIE ÄGYPTISCHE HELENA in Lübeck am 3. Dezember 1928 erwähnt. Einen Hinweis auf ihre festliche Aufführung aus Anlass von Hermann Görings Hochzeit mit der Schauspielerin Emmy Sonnemann finden wir im Tagebuch am 10. April 1935.[108] Die im „Dritten Reich" uraufgeführten Werke hat Thomas Mann infolge seiner Emigration in Deutschland nicht mehr besuchen können. Auch spätere Besuche sind wohl nicht zustande gekommen. Außer der ARABELLA handelte es sich um Werke wie DIE SCHWEIGSAME FRAU, FRIEDENSTAG, DAPHNE oder CAPRICCIO, die selbst heute eher selten auf dem Programm stehen, wobei CAPRICCIO seit den ersten Aufführungen nach dem Krieg, 1949 in Weimar und 1950 bei den Salzburger Festspielen (Regie: Rudolf Hartmann), in alljährlichen Neuinszenierungen weltweit aufgeführt wird.[109] Mann kannte demnach die Opern von Richard Strauss, die bis heute in der Gunst des Publikums stehen und immer wieder programmiert werden. Eine in-

---

[108] Als Hochzeitsgeschenk schickte Strauss die Handschrift seiner Oper „Arabella".

[109] Aufführungsstatistiken in: Günther Lesnig: Die Aufführungen der Opern von Richard Strauss, a.a.O., Bd. 1, S. 371ff. Die Aufführungsstatistik der nach 1933 entstandenen Werke ergibt die Reihenfolge: „Capriccio" (1.450 Aufführungen, 115 Inszenierungen), „Die schweigsame Frau" (900 Aufführungen, 71 Inszenierungen), „Daphne" (670 Aufführungen, 76 Inszenierungen), „Friedenstag" (184 Aufführungen, 33 Inszenierungen), „Die Liebe der Danae" (110 Aufführungen, 15 Inszenierungen). Nach: Günter Lesnig, a.a.O., B. 2, S. 8.

tensive Auseinandersetzung ist, mit Ausnahme der SALOME und, mit Einschränkung, des ROSENKAVALIERS, nicht festzustellen.

Anders sieht das im Bereich der Sinfonischen Dichtungen aus. Thomas Mann hat sie ein Leben lang immer wieder gerne und mit Genuss gehört, was damit zusammenhing, dass sie häufig im Radio gespielt wurden, in der Schweiz ebenso wie in Amerika, und Bestandteil seiner Schallplattensammlung waren. Viel lesen wir in den Tagebüchern über DON JUAN, dessen „deutsche efficiency" Mann am 7. Juni 1944 preist, eine Bezeichnung, die er am 29. Juni 1955 noch einmal verwendet. Auch als „vorzüglich" (TMTB, 5. März 1955) wird das Werk gepriesen, TILL EULENSPIEGELS LUSTIGE STREICHE als Strauss´ „Bestes" bezeichnet, während er über den ZARATHUSTRA nicht viel schreibt (TMTB, 4. September 1944), den DON QUIXOTE hingegen „mit Wohlgefallen" hört (TMTB, 17. Dezember 1947).
Am 1. Februar 1941 hört Mann am Radio die Übertragung eines Konzertes von Arturo Toscanini. Auf dem Programm steht EIN HELDENLEBEN, über das wir lesen:

> Hörte Strauss´ „Heldenleben" unter Toscanini. Sehr deutsch und hitlerisch, trivial, brutal, raffiniert, „gigantisch", egozentrische Selbstfeier, revolutionärer Kitsch. Man soll nicht zu trennen und zu unterscheiden suchen. Der Apparat klang wundervoll (TMTB, 1. Februar 1941)

Dass der bekannteste Faschismusgegner ein im Jahre 1898 entstandenes „hitlerisches" Werk dirigiert, das sich zugleich „raffiniert" und „brutal" gibt, erstaunt. Auch bleibt die Frage unbeantwortet, wieso Thomas Mann das Werk dann wiederholt gehört hat?[110] Generell stellen wir fest, dass Thomas Mann den Werken von Richard Strauss nicht grundsätzlich ablehnend gegenüber stand. Er hörte vieles mit unverhohlenem Genuss, als Musikliebhaber, aber auch als Bildungsbürger. Eine Passion, wie bei Wagner, hat er nicht entwickelt. Anders als dieser verlangte Strauss wohl auch ein anderes Zuhören, vor allem im Opernbereich ein Vertrautsein mit einer Musiktheatertradition, die Thomas Mann eher fremd war, der französischen und der italienischen ebenso wie der vorromantischen, Mozart und da Ponte, der Commedia dell´arte und der Grand opéra. Mann hörte als Literat, verstand Wagner als Epiker, orientierte sich an den Leitmotiven des allwissenden Orchesters. Das virtuose und artifizielle Spiel mit musikalischen und theatralischen Formen, das die Werke von Richard Strauss und Hugo von Hofmannsthal bestimmte, erweckte seine musikalische Leidenschaft nicht immer. Zumindest in der Oper war sein Geschmack offensichtlich ein anderer. Von den über 200 Liedern, die Strauss komponierte, wird das Lied „Ständchen" bewundert (TMTB, 2. September 1954). Ein weiteres Strauss-Lied wird im ZAUBERBERG erwähnt. Die nach dem Krieg bedeutendste Komposition von Richard Strauss, die METAMORPHOSEN für 23 Solo-Streicher, erwähnt Mann nach einem ersten Höreindruck am 8. November 1949 nur kurz: „müder und trauriger Eindruck". Zu einem ausführlicheren Kommentar ist es nicht mehr gekommen.

[110] Über Thomas Manns Rezeption von Strauss-Werken siehe auch: Dietrich Krönke: Richard Strauss und Thomas Mann, a.a.O., S. 97ff.

Parallelen und Gegensätze

1901 erschienen die BUDDENBROOKS, Thomas Manns Roman vom Verfall einer Familie. Richard Strauss' Oper FEUERSNOT, konzipiert als leitmotivreiche Abrechnung mit seiner Heimatstadt München, die Richard Wagner aus ihren Mauern vertrieben hatte, wurde im gleichen Jahr in Dresden uraufgeführt. Während Thomas Mann trotz früher Erfolge und Übersetzungen seiner Werke in viele Sprachen und einer ersten Nominierung im Jahre 1912 fast drei Jahrzehnte auf den Nobelpreis warten musste, war die internationale Karriere von Richard Strauss, die ja bereits mit den Sinfonischen Dichtungen eingeleitet war, nach den Uraufführungen der Opern SALOME (1905) und ELEKTRA (1909) unaufhaltsam vorangeschritten. Kaum anderthalb Jahre nach der Premiere erfolgte die erste Aufführung einer französischen Fassung der SALOME in Brüssel. 1906 wurde das Werk bereits an 14 deutschen Theatern gespielt, in Turin und am Mailänder Teatro alla Scala unter der Leitung von Arturo Toscanini. 1907 folgte die Erstaufführung an der New Yorker Metropolitan Opera und an 22 weiteren Theatern in der ganzen Welt. In Deutschland häufig gegen den erbitterten Widerstand insbesondere der Hoftheater, die gegen das Tabuthema Sexualität intrigierten. Der Erfolg wird mit dem ROSENKAVALIER fortgesetzt und wohl noch übertroffen. Die während des Ersten Weltkrieges entstandene, auf Wunsch des Komponisten aber erst nach Kriegsende uraufgeführte FRAU OHNE SCHATTEN konnte an diesen Erfolg nicht ganz anschließen, etablierte sich aber als repräsentative Festoper.[111]

Während des Ersten Weltkrieges war Strauss in bewusster Ausnutzung seines internationalen Rufes an der Seite von Romain Rolland als Kriegsgegner in Erscheinung getreten. Thomas Mann schrieb an seinen BETRACHTUNGEN EINES UNPOLITISCHEN. Ein sechshundert Seiten umfassendes Werk, das sich kämpferisch zur deutschen Kultur und zu ihrer Verteidigung im aktuellen Krieg bekennt. Ausgiebig beschreibt der Autor sein wichtigstes Kulturerlebnis dieser Zeit, die Münchner Uraufführung von Hans Pfitzners musikalischer Legende PALESTRINA am 12. Juni 1917 im Münchner Prinzregententheater unter der musikalischen Leitung von Bruno Walter. Klaus Mann wird sich aus überaus aktuellem Anlass am 27. September 1933 – er befindet sich zu diesem Zeitpunkt längst im Exil – an das „Versagen der Intellektuellen zu Kriegsanfang" (KMTB, 27. September 1933) erinnern. Erst am Ende des Zweiten Weltkriegs stellt sich der Vater die Frage, warum die „deutsche Intelligenz" zu Beginn des Jahres 1933 – er hätte das Jahr 1914 durchaus einbeziehen können –, sich nicht „wie ein Mann gegen die Schande erhoben" und den Generalstreik erklärt habe.[112] Sein von Erika und Klaus geradezu erzwungenes Bekenntnis zum Exil ließ bekanntlich bis zum Jahre 1936 auf sich warten.

Erst angesichts der politischen Entwicklungen in den Zwanziger Jahren wird Thomas Mann anfangen, seine konservativen Wertvorstellungen überhaupt zu hinterfragen und zu revi-

---

[111] Erstmals hat wohl Götz Friedrich in seiner Stuttgarter Inszenierung von 1987 die Entstehungszeit der Oper im Bühnenbild berücksichtigt. Auch Kirsten Harms verlegt die Handlung ihrer Kieler Produktion 1996 in die Schützengräben des Ersten Weltkrieges. Krzysztof Warlikowski dagegen siedelt das Geschehen in einer entstehungszeitlichen Heil- und Pflegeanstalt an (München 2013), während Christof Loy in seiner Produktion für die Salzburger Festspiele 2011 eine Aufführung des Werkes als „Festoper" kritisch hinterfragt und das Bühnenbild Johannes Leiackers die Wiener Sofiensäle darstellt, in denen nicht nur die historische Gesamtaufnahme unter Karl Böhm (1955) entstand, sondern auch die österreichische NSDAP gegründet und Juden zur Deportation versammelt wurden.

[112] Thomas Mann: Warum ich nicht nach Deutschland zurückgehe, in: Hermann Kurzke (Hrsg.): Thomas Mann. Ausgewählte Essays, Bd. 2, S. 302. (GKFA, Bd. 19.1, S. 73f)

dieren. Schneller und direkter stellt sich dies in seinem essayistischen Werk und in seinen Reden dar. Der 1924 erschienene Roman DER ZAUBERBERG gewährt erste Einblicke in neue Welterfahrungen und -einsichten. Der ebenfalls in der Zeit zwischen den Kriegen entstandene vierbändige Zyklus JOSEPH UND SEINE BRÜDER wird den Autor schließlich ins Exil begleiten. Obwohl die Musik im ZAUBERBERG eine bedeutende Rolle spielt, wird der Leser den Roman kaum als Musikroman bezeichnen wollen. Durchaus aber ist er eine Vorstufe zum DOKTOR FAUSTUS, in dem Mann sein Lebensthema Musik endgültig mit dem Schicksal der Nation in Verbindung bringt.
Nach dem Ende des Ersten Weltkrieges verlässt Strauss Berlin, wendet sich nach Wien, wo er bis 1924 in fester Position als Operndirektor, fünf weitere Jahre in freier Position als Dirigent arbeitet. Auf einem Grundstück, das an den Belvedère-Garten anschließt, baut er sich eine repräsentative Stadtvilla. Er komponiert INTERMEZZO (1924), DIE ÄGYPTISCHE HELENA (1928) und ARABELLA, deren Uraufführung 1933 mit der Machtergreifung der Nationalsozialisten und dem Erscheinen des ersten Bandes des JOSEPH-Romans zusammenfällt. Strauss´ Schaffenskraft scheint erschöpft. Die Kontroversen um die ARABELLA-Uraufführung offenbaren die problematische Verbindung von Kunst und Politik. Strauss hat den „Protest der Richard-Wagner-Stadt München" wenige Monate zuvor unterschrieben. Den Vortrag Thomas Manns über LEIDEN UND GRÖSSE RICHARD WAGNERS, gegen den sich die Unterzeichner verwahrten, wird er inhaltlich kaum gekannt haben. Ob er die politischen Hintergründe dieser Intrige durchschaut hat, oder durchschauen konnte, bleibt fraglich. Die Ernennung des fast 70-Jährigen zum Präsidenten der Reichsmusikkammer erfolgte am 15. November des gleichen Jahres. Thomas Mann bleibt vorsichtshalber im Exil, länger als erwartet in der Position des abwartenden Beobachters. Während der JOSEPH vollendet und der DOKTOR FAUSTUS konzipiert und verfasst werden, komponiert Strauss DIE SCHWEIGSAME FRAU (1935), FRIEDENSTAG (1938), DAPHNE (1938), CAPRICCIO (1942) und DIE LIEBE DER DANAE (1944/1952).

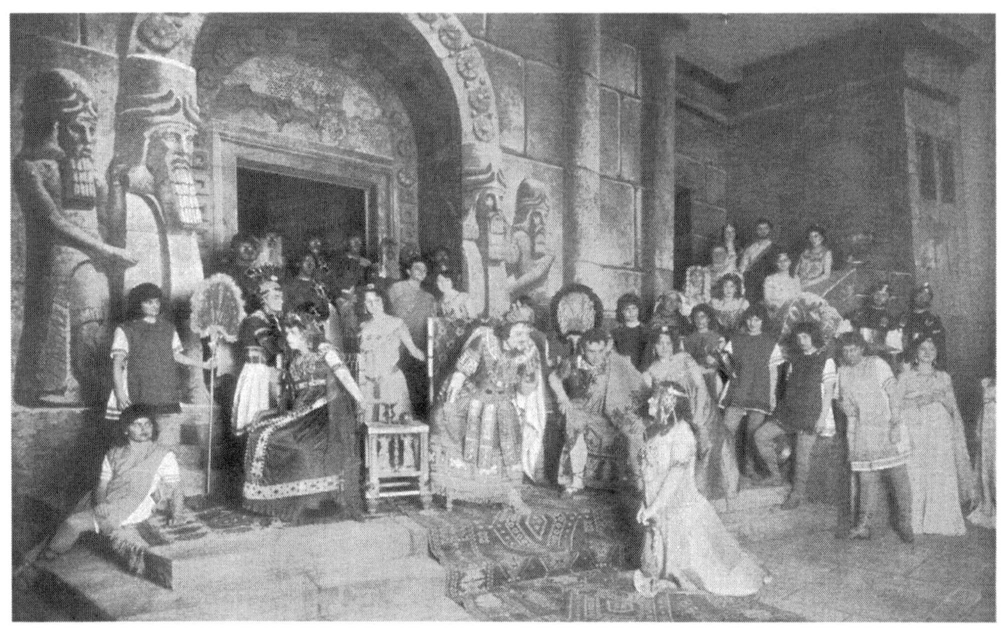

Tableau vivant mit den Darstellern der Dresdner „Salome"-Uraufführung. Marie Wittich als Salome, Irene von Chavanne als Herodias und Karl Burian als Herodes. Kunstpostkarte des Kunstverlages Emil Schwalb Berlin. Die mondnächtliche Atmosphäre der „Orient- und Judenoper" verweist vielfältig auf Thomas Manns „Joseph"-Tetralogie.
Photo: Richard-Strauss-Institut, Garmisch-Partenkirchen

„Wie schön ist die Prinzessin Salome heute Nacht!"

Von den Geheimnissen des Lebens und des Todes

Nach GUNTRAM (UA 1894 in Weimar) und FEUERSNOT (UA 1902 in Dresden) war SALOME die dritte Oper von Richard Strauss. Mit acht Tondichtungen – die vorläufig letzte, die SYMPHONIA DOMESTICA, war am 21. März 1904 in der New Yorker Carnegie Hall unter der musikalischen Leitung des Komponisten uraufgeführt worden –, hatte er internationale Erfolge gefeiert und sich sowohl als Komponist als auch als Dirigent bewährt. Der zur Zeit der SALOME-Uraufführung 41-Jährige war in keiner Hinsicht ein Anfänger. Eher gilt es, die handwerkliche Sorgfalt und Planung zu bewundern, mit der er sich der Gattung Oper über einen so langen Zeitraum hin nähert. Der geniale „Wurf", von dem Thomas Mann anerkennend spricht, war kein Zufall und führt Strauss nun auch als Opernkomponist zum endgültigen Durchbruch und innerhalb kürzester Zeit zum grandiosen Welterfolg.
Die Anregung zur Vertonung des Einakters von Oscar Wilde erhielt Strauss mit dem Besuch der Generalprobe des von Hedwig Lachmann ins Deutsche übersetzten Stückes in Max Reinhardts Kleinem Theater in Berlin am 15. November 1902. Die Schauspielerin Gertrud Eysoldt (1870–1955) spielte die Titelrolle. Gemeinsam mit Max Reinhardt animierte sie ein Jahr später Hugo von Hofmannsthal zur Nachdichtung der Sophokleischen ELEKTRA. Auch hier war es die Aufführung mit der Eysoldt, die Richard Strauss 1905 zu seiner nächsten Oper inspirieren sollte.[113] Das Verfahren, aus erfolgreich laufenden Schauspielen erfolgreiche Opern zu machen, hatte sich wenige Jahre zuvor schon bei Giacomo Puccini im Falle der TOSCA und der MADAMA BUTTERFLY bewährt. Auch Victorien Sardous Drama LA TOSCA verdankte seinen großen Publikumserfolg einer berühmten Schauspielerin: Sarah Bernhardt. Die Tragödin verkörperte später auch die Titelrolle bei der Pariser Uraufführung von Wildes SALOME, die 1896 in England immer noch der Zensur zum Opfer fiel.[114] Die Besetzung der Opernpartie mit den größten Primadonnen der Zeit sorgte ihrerseits für Publicity. Bei der Berliner Erstaufführung 1906 sang Emmy Destinn unter der Leitung von Richard Strauss, bei der Aufführung in der Mailänder Scala im gleichen Jahr brillierte Salomea Krusceniski unter Arturo Toscanini. Eine erste Aufführung an der New Yorker Metropolitan Opera mit Olive Fremstad wurde 1907 gleich nach der Premiere auf Druck von Mäzenen hin aus „moralischen" Gründen abgesetzt. Erst zwei Jahre später setzte sich die Oper am Manhattan Opera House mit Mary Garden und dem Dirigenten Oscar Hammerstein durch. In der ersten Aufführung in der Wiener Staatsoper sorgte Maria Jeritza 1918 für Furore.

Wie bei vielen anderen seiner Werke trifft Strauss den Nerv seiner Zeit, in der die Sexualität, insbesondere die weibliche Sexualität und die Homosexualität, als wissenschaftliches Thema und künstlerisches Motiv entdeckt werden. Salome vereint in sich die Motive der Hysterie, der Dekadenz und der Emanzipation, entwickelt einen Charakter zwischen Kindfrau und „femme fatale". Dabei führt ihr Liebesverlangen unweigerlich zum Tod, erscheint als Fort-

---

[113] 1906 erfolgte in den Berliner Kammerspielen in der Inszenierung von Max Reinhardt und Hermann Bahr die Uraufführung eines weiteren „Skandalstückes", Frank Wedekinds „Frühlings Erwachen". Das bereits 1891 entstandene Stück kritisierte die Sexualmoral der wilhelminschen Zeit. Der junge Alexander Moissi spielte den Moritz Stiefel. Die 14-jährigen Protagonisten des Stückes verstärkten die Einwände der Zensur, sind aber genau in dem Alter, das wir auch für Figuren wie Salome oder Cio-Cio-San in Puccinis „Madama Butterfly" zugrunde legen dürfen.
[114] Das Stück von Oscar Wilde wurde in England erst 1931 aufgeführt.

führung der Dramaturgie von Wagners TRISTAN, in der die Leidenschaft im Tod ihre Erfüllung findet. Die Atmosphäre von Verführung, sexuellem Verlangen und in der Luft liegendem Unheil koloriert das Stück bereits in den drei einleitenden Takten, die dem Einsatz der Singstimme des Narraboth vorausgehen. Ein bitonaler Klarinettenlauf vermittelt orientalisches Kolorit. Dazu kommen im zweiten Takt tremolierende Violinen, liegende Klänge von gedämpften Trompeten, Oboen und Flöten, im vierten Takt Cis-Dur-Akkorde in den restlichen Streichern, im Harmonium, der Harfe und der Celesta. Der Wechsel von cis-Moll nach Cis-Dur verweist auf die Titelheldin, die von dem Hauptmann Narraboth benannt wird: „Wie schön ist die Prinzessin Salome heute Nacht"![115]
Der Page, der in den Hauptmann verliebt ist, von ihm aber keinen Blick erhält, gibt einen Hinweis auf den Mond, der die Szenerie bescheint: „Sieh´ die Mondscheibe, wie sie seltsam aussieht. Wie eine Frau, die aufsteigt aus dem Grab." Das Wort „Grab" wird auf dem kleinen a gesungen.[116] Auch Salome wird später in diese Stimmtiefen hinabsteigen, sogar noch tiefer. Erstmals bis zum tiefen ges an der Stelle, wo sie die Zisterne, in der Jochanaan gefangen gehalten wird, mit einer Gruft vergleicht (Partitur Ziffer 46)[117]. Im Gegensatz zur Alt-Stimme des Pagen ist diese Tiefe für den Sopran aber exzeptionell. Die Besetzung des Pagen als Hosenrolle entschärft die bei Wilde exponierte homoerotische Atmosphäre. Der Komponist konnte sich einfach auf eine entsprechende Theatertradition und -konvention beziehen, die diesbezügliche Reize bereits seit Jahrhunderten ausgekostet hatte. Zudem initiiert die einleitende Szene des Narraboth und des Pagen eine Dramaturgie der Blicke, die für den Verlauf der Oper zunehmende Bedeutung erhält, indem kein Blick seine Erfüllung findet. Lediglich Herodes, der mit dem Blick auf die tanzende Salome seine Schau-Lust befriedet, steht für sich.
Weit über diese gewagte Thematik des Stückes hinaus stand sein Autor Oscar Wilde mit einem der größten Skandale seiner Zeit in Zusammenhang. Seine im Mai 1895 erfolgte Verurteilung wegen „Homosexualität und Sodomie" führte zu einer bis dato kaum erlebten gesellschaftlichen Ausgrenzung und Hetzjagd, die den Autor selbst nach seiner Entlassung aus dem Zuchthaus bis zu seinem Tod in Paris im Jahre 1900 gnadenlos und unbarmherzig verfolgte. Eine neue Dimension erfuhr der „Skandal" durch die Tatsache, dass Wilde nichts verheimlichen wollte und die Öffentlichkeit geradezu suchte und damit provozierte. Zwei Jahre nach der Uraufführung der Strauss-Oper sollte ein anderer homosexueller Skandal im unmittelbaren Umfeld Wilhelms II. das deutsche Kaiserreich erschüttern, die Eulenburg-Affäre, die durch die Vorwürfe des Journalisten Maximilian Harden – ein Freund und langjähriger Briefpartner von Hedwig Pringsheim – gegen Philipp Fürst zu Eulenburg und Hertefeld ins Rollen kam.[118] Eulenburg wurde zum Opfer einer abgründigen politischen

[115] Hindemith persifliert die Stelle in „Neues vom Tage" (UA Berlin, 1929) mit den Worten „Wie schön ist unser Herr Herrmann heute morgen", beweist damit aber auch die ungebrochene Popularität der Strauss-Oper.

[116] Ein kompositorisches Vorbild für die Verbindung des Todes mit der tiefen Lage der Sopranstimme könnte die Partie der Isolde aus Wagners „Tristan" sein. Am Ende der vierten Szene des ersten Aktes wird die Stimme mit dem Wort „Todestrank" zu eben diesem Ton (kleines a) der extremen Tiefe geführt.

[117] Richard Strauss: Salome, Partitur. Hrsg. v. d. Bayerischen Akademie der Wissenschaften, München unter der Leitung von Hartmut Scheick in Zusammenarbeit mit dem Richard-Strauss-Institut, Garmisch-Partenkirchen. Serie I: Bühnenwerke Band 3a, Salome, op. 54. Deutsche Fassung, hrsg. v. Claudia Heine und Salome Reiser, 2019.

[118] Thomas Mann hat den Skandalprozess als Parteigänger des von ihm verehrten Harden intensiv verfolgt. Er hatte den Herausgeber der Zukunft im Berliner Haus von Katias Großvater Rudolf kennengelernt. Details des Prozesses wird er wohl auch über den ebenfalls mit der Familie Pringsheim befreundeten Rechtsanwalt Max Bernstein erfahren haben, der Harden in dem Prozess vertrat. Die eindeutige Positionierung Thomas Manns in einem von Antisemitismus und Homophobie gleichermaßen geprägten Klima wirft ein bezeichnendes Licht auf

Intrige, in der es wohl auch darum ging, den Kaiser aus den vermeintlichen Abhängigkeiten einer als liberal geltenden, auf Ausgleich mit England und Frankreich bedachten Hofkamarilla zu „befreien". Auch der dienstliche Vorgesetzte von Richard Strauss, Georg von Hülsen-Haeseler, der von 1903 bis 1918 als Generalintendant die Geschicke der Königlichen Theater in Preußen bestimmte, zu denen auch die Opernhäuser in Hannover, Kassel und Wiesbaden zählten, wäre fast in den Strudel dieses Skandals geraten.[119]

Dass von allen Strauss-Opern die SALOME Thomas Mann wohl am meisten begeistert hat, ist gut nachvollziehbar. Allein die von Anfang an präsente Todesstimmung, die Verbindung von Liebe, Musik und Tod unter dem Zeichen orientalischer Dekadenz, wird Interesse und Gefühle geweckt haben. Eine zum Untergang führende dionysische Lust, das Motiv des Mondes und das Motiv der Tiefe, das uns in dem in der Zisterne gefangen gehaltenen Propheten Jochanaan begegnet, dürfte den Autor darüber hinaus begeistert haben, während er in seinem eigenen Leben sich gerade darum bemühte, sich eine „Verfassung" zu geben und seinen erotischen Lebenswandel auf eine „ordentliche Grundlage"[120] zu stellen. Seine Hochzeit mit der Millionärstochter Katia Pringsheim bestätigte dies am 11. Februar 1905. In seinem Werk freilich hat sich Thomas Mann auf Strauss kaum berufen. SALOME wird namentlich nur im DOKTOR FAUSTUS erwähnt und steht dort im Zusammenhang mit Adrian Leverkühns bewusster syphilitischer Infektion durch seinen Verkehr mit der „mandeläugigen" Hetaera Esmeralda, die seinen Teufelspakt bestätigt. Als „Urteufelin" und „Herodias" wird die Verführerin Kundry in Wagners PARSIFAL bezeichnet. Bezeichnenderweise ist auch hier der Ort einer erotischen Verführung, laut Regieanweisung zum Bild des zweiten Aktes, „am Südhang des Gebirges, dem arabischen Spanien zugewandt", in einer „orientalischen" Region angesiedelt. Der Beziehungszauber wird dem Wagnerianer Thomas Mann kaum entgangen sein.
Hintergründige Beziehungen bestehen über den DOKTOR FAUSTUS hinaus zu Werken wie dem ZAUBERBERG oder der JOSEPH-Tetralogie. Ohne den Autor zu nennen, zitiert Mann im ZAUBERBERG eine Liedzeile von Richard Strauss und bezieht sich gegen Ende des Romans in der Charakterisierung des Verhältnisses zwischen Hans Castorp und seinem Vetter Joachim vieldeutig auf die Szene, in der Salome den kalten Mund des enthaupteten Jochanaan küsst. Ein bis heute in der Thomas-Mann-Forschung kaum beachtetes Detail.
Der nächtlichen Stimmung zu Beginn der Oper begegnen wir am Anfang des ersten JOSEPH-Romans, DIE GESCHICHTEN JAAKOBS, wo der junge Joseph, am Rand eines tiefen Brunnens sitzend, mit dem Mondgestirn eine kosmische Zwiesprache hält und sich leicht bekleidet mit seiner jugendlich erotischen Verführungskraft präsentiert, worüber ihn der sittenstrenge Vater Jaakob zur Rede stellt. Mit seiner im Verlauf der Romanhandlung deutlich werdenden Vermittlerstellung zwischen der Sonne und der Erde, der Höhe und der Tiefe, wird der Mond zu einem Sinnbild für den Tod und die Auferstehung, einem Symbol für den zerrissenen und

---

seine aktuellen Befindlichkeiten und Unsicherheiten, die er wohl als „Gefährdung" seiner zwischen Künstlertum und Bürgerlichkeit hin- und hergerissenen Existenz erkannte. Im Verlauf des Ersten Weltkrieges hat sich das Verhältnis zwischen Mann und Harden verschlechtert, nachdem sich der anfangs kriegsbegeisterte Harden gegen den Krieg wandte. Dazu: Hermann Kurzke: Thomas Mann, a.a.O., S. 214f.

[119] Sein Bruder, Dietrich von Hülsen-Haeseler, war Chef des preußischen Militärkabinetts. Er starb am 14. November 1908 im Verlauf eines Banketts, das zu Ehren einer Jagdgesellschaft Kaiser Wilhelms II. in Donaueschingen veranstaltet wurde. Pikanterweise erlitt der General einen Herzschlag während er für die Jagdgesellschaft als Ballerina verkleidet auftrat.

[120] Brief an Heinrich Mann vom 17. Januar 1906. Siehe: Hans Wysling (Hrsg.): Thomas Mann – Heinrich Mann. Briefwechsel, a.a.O., S. 68.

wiedergeborenen Dionysos und Adonis ebenso wie für den in den Brunnen geworfenen Joseph; Varianten einer Mythologie, die Mann in der SALOME erleben konnte.[121]

Die Skandale um das ursprünglich in französischer Sprache[122] geschriebene Stück Oscar Wildes, das von Gustave Moreaus Gemälde „La Dance de Salomé" (um 1875) und Gustave Flauberts Erzählung HÉRODIAS (1877) angeregt war, waren Thomas Mann schon vor dem Besuch der Opernpremiere bekannt, Teil der Werbekampagne und sicherlich nicht ganz unbedeutend für die Stoffwahl des Komponisten. Zu einer ersten Vertonung des berüchtigten Stoffes hatte sich indessen Jules Massenet entschlossen. Seine der Flaubert´schen Erzählung folgende Oper HÉRODIADE wurde bereits 1881 in Brüssel uraufgeführt.

Auch Karl Kraus hat in einem Beitrag in der Fackel vom 23. Dezember 1903 anlässlich der Wiener Premiere des Schauspiels auf die Reizthemen Wildes verwiesen, auf Salomes unverhüllte sexuelle Begierde, auf die Homosexualität des Autors, ihren Einfluss auf das Stück und auf die Themen Judentum und Antisemitismus, die in grotesker Wirrnis die Premierenkritiken des Wilde-Stücks in Berlin, Wien und Hamburg in ihrer Ablehnung der Aufführung vereinten. Kraus, der die „strafrechtliche Behandlung des Problems [der Homosexualität, Anm. d. Verf.] als eine der größten Kulturscheußlichkeiten" bezeichnet, kritisiert die Homophobie des Wiener Kritikers Friedrich Schütz ebenso wie die englische „Philisterrache" an Wilde und den Vorwurf des Antisemitismus, den Schütz dem Autor unterstellt, indem er das „Mauscheln" der Juden in der Volkstheater-Regie beklagt. Ein Vorwurf, der vereinzelt auch dem Komponisten gemacht wurde, dessen Juden im Quintett zwar nicht „mauscheln", mit ihrer hohen Stimmlage und ihrem kontrapunktischen Diskurs über den wahren Propheten dennoch als Karikatur wahrgenommen werden. Als Karikatur eines „Ost-Juden" wird später der Impresario Saul Fitelberg im DOKTOR FAUSTUS gezeichnet und vom Lesepublikum als solcher erkannt. Vieldeutig äußert sich Kraus zur Wiener Wilde-Aufführung: „Wohl hätte der Jargon der Pharisäergruppe – schon mit Rücksicht auf das Premièrenpublikum, dessen sich eine der Gesamtwirkung abträgliche Familienstimmung bemächtigte – gemildert werden müssen." Die Inszenierung des Stückes aber sei längst „zum Maßstab deutscher Theaterkunst geworden", die sich in Berlin „realistisch", in Wien als äußerst „theatralisch" und dadurch parodistisch zeige. Nur die Hamburger Aufführung des Deutschen Schauspielhauses findet Krauss´ Zuspruch:

> Die somnambule Stimmung einer aus Wollust und Grauen bereiteten Vision; das rhythmisierte Tempo des aus schwüler Ruhe zur Katastrophe eines Zeitalters hastenden Fiebertraums; die aus dumpfen Seelen, aus einer Zisterne und aus dem Himmel dräuende Wende zweier Welten, der unsichtbare Galiläer und ein stilisierter Mond, der vom blanken Rund zum scharlachfleckigen Ungetüm alle Phasen irdischen Unheils begleitet, – die Unregelmäßigkeit der aus den Fugen gebrachten Natur. [...] In Berlin wies realistische Vernunft den Mond in die Schranken einer natürlichen Beschaulichkeit und ließ ihn bloß als Statisten mitwirken; in Wien strich man, im Konflikt zwischen theatralischem Wollen und technischem Unvermögen, ihm auch diese Rolle. Hier wie dort blieb die Beziehung des „Pagen der Herodias" zu dem jungen Syrer, dessen Blicke er von Salome ablenken möchte, während diese auf Jochanaan starrt, unverständlich: dort ließ man den Epheben, den in Hamburg ein

[121] Dazu: Hermann Kurzke: Mondwanderungen. Wegweiser durch Thomas Manns Joseph-Roman, Frankfurt a.M. 1993, S. 19f.

[122] Schon um Juli 1905 arbeitete Richard Strauss gemeinsam mit Romain Rolland an einer französischen Fassung seiner Oper, in der idiomatische Fehler von Oscar Wilde bereinigt wurden. Sie wurde 1910 mit Mary Garden in der Titelpartie in der Pariser Opéra aufgeführt.

schlankes Mädchen gab, von einem dicken Helden, hier von einem Charakterkomiker vertreten.[123]

Die erotische Stimmung des Anfangs wird bis zum Ende der Handlung hin gesteigert. Der im Gesamtzusammenhang mit seinem vordergründigen musikalischen Orientalismus eher konventionelle „Tanz der sieben Schleier“[124] markiert dennoch einen Höhepunkt der Oper. Mit dem Fallen des letzten Schleiers steht die Sängerin nackt auf der Bühne. Der erotisierte Kunstgenuss wird zum Konfliktfall für die bürgerliche Moral des Publikums. Thomas Mann, der sich lebenslang um die Bewahrung dieser Moral – entgegen seinem sexuellen Verlangen – sorgte, wird die Bedrängung des Bürgerlichen durch das Erotische erkannt und auf sich selbst bezogen haben. Wie Herodes war ja auch er ein Erotiker des Blicks. Seine Tagebücher dokumentieren diese Leidenschaft gegenüber dem Objekt seiner stets unerfüllt bleibenden Begierde immer wieder. Ausführlich wird er in JOSEPH UND SEINE BRÜDER den Mythos der babylonischen Göttin Ischtar, der Göttin der sexuellen Begierde, erzählen, gleich im ersten Hauptstück auf sie verweisen. Um Tammuz, den jugendlichen Gott der Fruchtbarkeit aus dem Totenreich zu holen, fährt sie in die Unterwelt hinab, wo sie beim Durchschreiten von sieben Höllentoren jeweils ein Kleidungsstück ablegen muss, bis sie nackt vor dem Objekt ihrer Begierde steht. Sowohl das Brautkleid von Josephs Mutter Rahel als auch sein eigenes Prunkkleid, das von den Brüdern zerrissen wird, sind mit einem Bild der Ischtar geschmückt. Wie Ischtar erfährt Joseph die Geheimisse der Tiefe, von jeglicher Kleidung beraubt, in einer Nacktheit, der er schon zuvor in gefährlicher Weise verbunden war, ehe sie ihm in der Begegnung mit Mut-em-enet endgültig zum Verhängnis wird.[125]

Die erotische Atmosphäre des Schleiertanzes wird einige Jahre nach der Beschäftigung mit der Oper SALOME das Ballett JOSEPHS LEGENDE durchdringen, das in Zusammenarbeit mit Harry Graf Kessler und Hugo von Hofmannsthal zwischen 1912 und 1914 entstand und am 14. Mai 1914 von Serge Diaghilews Ballets russes in der Pariser Opéra uraufgeführt wurde. Es war die erste Premiere eines deutschen Stückes in Frankreich seit 1870 und zugleich eines der letzten großen Kulturereignisse im Vorkriegs-Europa, die „Selbstinszenierung einer untergehenden Welt“.[126] Karl Kraus berichtet in der Fackel vom 10. Juli 1914 über die glanzvolle Premiere vor „einem ausgewählten Publikum“ in ironischer Manier: „[...] die Frau Musik löste jubelnde Töne aus [...]. Richard Strauß hat das Offizierskreuz der Ehrenlegion erhalten.“[127] Während die Musik mit der Modernität des ein Jahr zuvor uraufgeführten Jahrhundertwerkes LE SACRE DU PRINTEMS kaum mithalten kann, besticht die Erotik der Handlung und der Choreographie von Michel Fokine. Thomas Manns Gestaltung des biblischen Stoffes wird eine ganz andere sein, aber die Keuschheit des Träumers Joseph verweist bereits im Ballett in den Tänzen mit dem Erzengel darauf, dass sich Joseph seine Reinheit für Gott oder das Göttliche bewahren möchte. Im Spiel sexueller Phantasien zwischen Verweigerung und Verlangen hätte Mann die ersten Verweise auf seine eigene Arbeit entdecken können.[128] Ob er die Münchner Erstaufführung des Balletts 1922 erlebt

[123] Karl Kraus: Die Fackel, 23. Dezember 1903, Nr. 150, V. Jahr, S. 1ff.

[124] Der Tanz wurde erst im Juli 1905 nach dem Abschluss der Partiturreinschrift nachkomponiert und orchestriert.

[125] Zu den mythologischen Hintergründen: Hermann Kurzke: Mondwanderungen, a.a.O., S. 97f.

[126] Monika Woita: Ballette, RSHB, S. 316.

[127] Karl Kraus: Die Fackel, 10. Juli 1914, Nr. 400–403, XVI. Jahr, S. 71f.

[128] Klaus Mann erkennt diese Bezüge nach einer Vorlesung Thomas Manns von Auszügen aus seinem „Joseph“ durchaus: „Abends: Vorlesung vom Zauberer, die Liebe der Madame Potiphar wächst, es werden wundervolle Dinge über sie und über die Liebe im Allgemeinen gesagt. Die Begegnung im Garten. Sehr merkwürdig,

hat? Tagebuchaufzeichnungen aus dieser Zeit fehlen, in späteren wurde die JOSEPHS LEGENDE nicht angeführt. Im ZAUBERBERG wird dafür ein Ballett erwähnt, das infolge seiner unmissverständlichen sexuellen Anspielungen für einen Uraufführungsskandal sorgte, Claude Debussys PRÉLUDE À L´APRÈS-MIDI D´UN FAUNE, das 1912 ebenfalls von den Ballets russes in Paris uraufgeführt wurde. Vaslav Nijinsky, der Star der Truppe, verkörperte einen Faun, der in der Hitze eines Hochsommernachmittages sieben Nymphen begegnet, denen er erfolglos nachstellt. Im Eifer des erotischen Gefechts verliert eine Nymphe ihren Schleier, der dem Faun zur autoerotischen Erfüllung seiner sexuellen Wünsche und der Aufführung zum Skandal verhilft.

Auch Salome entledigt sich im Verlauf ihres Tanzes eines letzten Schleiers. Die dem „Tanz der sieben Schleier" folgenden Szenen zählen zu den musikalischen, vor allem klanglichen Höhepunkten der Oper. Die vom Propheten in der Tiefe seiner Zisterne, aus der heraus anfangs auch seine Stimme erklang, zurückgewiesene Salome fordert nach dem Tanz die von Herodes versprochene Erfüllung eines Wunsches. „Was ist es, das du haben möchtest, Salome?" fragt der Tetrarch von Judäa und Salome fordert: „Den Kopf des Jochanaan." Keine Versprechen lassen sie von ihrem Wunsch abrücken. Herodes muss ihn erfüllen: „Man soll ihr geben, was sie verlangt!" Während Herodias ihm den Todesring vom Finger zieht und einem Soldaten überreicht, der ihn als Zeichen des Todes dem Henker übergeben soll, wird die Stimmung, akzentuiert von einem Tremolo und hektischen Läufen in einem von sechs (!) Klarinetten dominierten Klangfeld, immer unheimlicher. Salome beugt sich über die Zisterne: „Es ist kein Laut zu vernehmen." Im Solo-Kontrabass wird ein eingestrichenes b mit Hilfe des Langlois-Effekts erzeugt, bald von den übrigen Bässen verdichtet. Der Ton, fast ein Geräusch, das die Ungeheuerlichkeit des unheilvollen Vorganges skizziert, wird erzeugt, indem die Saite zwischen dem Daumen und dem Zeigefinger zusammengedrückt wird. In der Partitur wird der Ton, der acht Takte vor Ziffer 305 einsetzt, genau beschrieben. Es soll ein „kurzer, scharfer Strich" sein, der einen Ton erzeugt, der „dem unterdrückten Stöhnen und Ächzen eines Weibes ähnelt". Die Idee verdankt Strauss Hector Berlioz, der in einem Aufsatz über Instrumentation erstmals auf den von dem Musiker Langlois gespielten Ton verwiesen und als „grand cri féminin" beschrieben hat.[129] 1905 hat Strauss eine von ihm überarbeitete und ergänzte Neufassung von Hector Berlioz´ „Grand traité d´instrumentation et d´orchestration modernes", ein Standardwerk zeitgenössischer Instrumentationstechnik, das erstmals 1843 in Paris erschien, veröffentlicht. Der Bezug auf Berlioz´ Instrumentationsidee überrascht damit kaum. Strauss hat den Ton später als einen „stöhnende[n] Seufzer aus der Brust der ungeduldig wartenden Salome" bezeichnet.[130]

Nach bangem Warten geht Salomes Wunsch in Erfüllung. In der Regieanweisung vor Ziffer 314 steht: „Ein riesengrosser, schwarzer Arm, der Arm des Henkers, streckt sich aus der Cisterne heraus, auf einem silbernen Schild den Kopf des Jochanaan haltend, Salome ergreift ihn." Nun endlich kommt es zu der intimen Begegnung, die der lebende Prophet der

---

psychologisch sehr beachtenswert: die engen Bezüge zum ‚Tod in Venedig'. [...] Wie tief geht die homoerotische Komponente! – Nur *gefällt* mir diesmal ‚der Geliebte' nicht. [..] Joseph *spricht* zuviel..." (KMTB, 16. Dezember 1935)

[129] Die Aufsätze erschienen zwischen November 1841 und Juli 1842. Siehe: Joel-Marie Fauquet (Hrsg.): Hector Berlioz. De l´instrumentation, Bègles 1994, S. 45.

[130] Richard Strauss: Erinnerungen an die ersten Aufführungen meiner Opern. Salome, in: Willi Schuh (Hrsg.): Richard Strauss. Betrachtungen und Erinnerungen, a.a.O., S. 226.

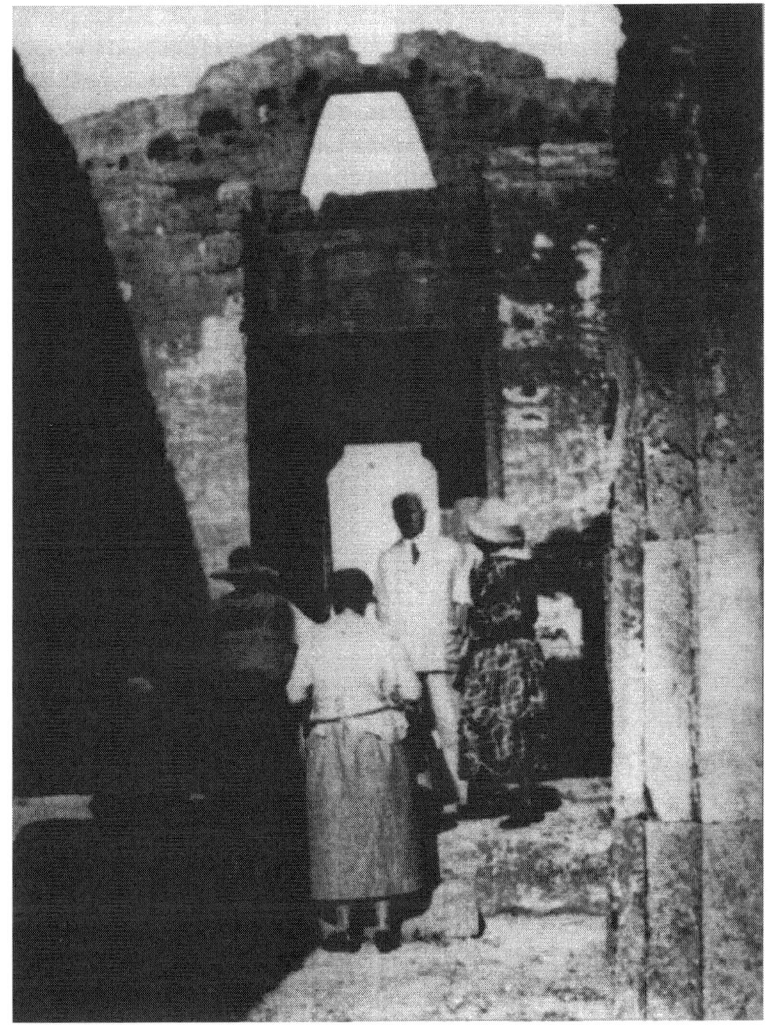

Richard Strauss in griechischer Kulisse in Agrigent, wo er im Frühjahr 1893 auf der Rückreise von Ägypten Station macht.
Photo: Richard-Strauss-Institut, Garmisch-Partenkirchen

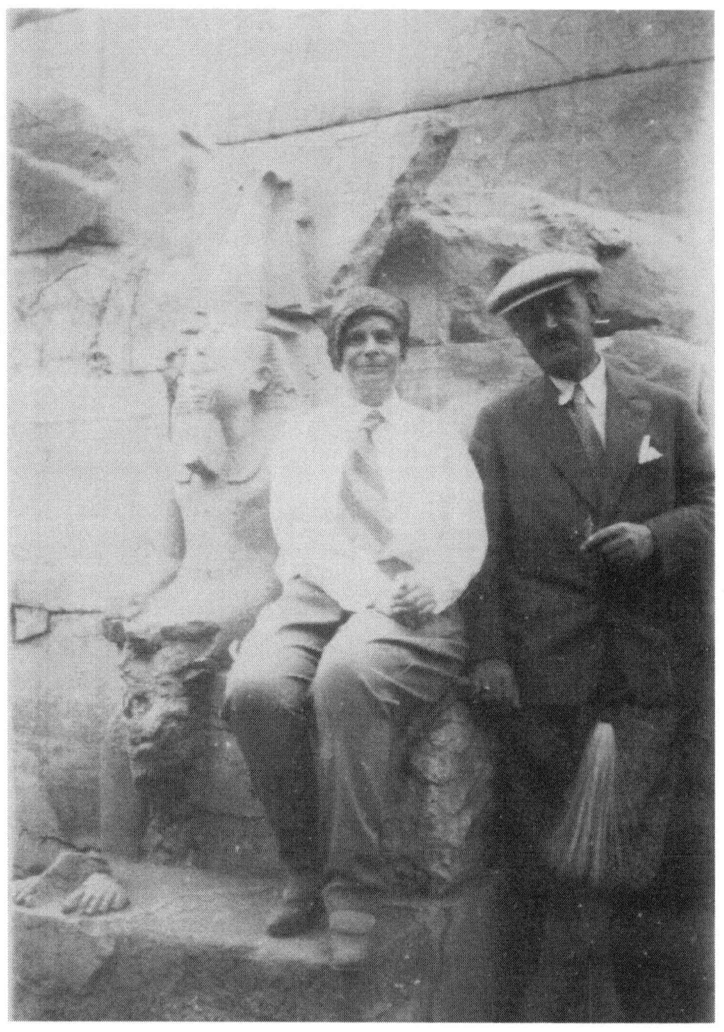

Katia und Thomas Mann vor einem Tempel in Deir el Medineh während einer Ägyptenreise im Frühjahr 1930. Thomas Mann nutzte die Tour zu intensiven Studien und verarbeitete die Eindrücke in seinem „Joseph"-Roman. Richard Strauss hatte Ägypten bereits 1892 aus eher gesundheitlichen Gründen besucht. Seine in dieser Zeit entstehende Oper „Guntram" hatte mit dem Sujet der Reise keine Verbindung. Wie Thomas Mann dürfte auch Richard Strauss die Tour im Zusammenhang mit einer großbürgerlichen Bildungserfahrung erlebt haben. Eine finanzielle Unterstützung erhielt Strauss von den reichen Verwandten seiner Mutter. Erste Eindrücke von Ägypten hatte Thomas Mann 1925 im Rahmen einer Mittelmeerkreuzfahrt erhalten, die er auf Einladung der Stinnes-Linie unternehmen durfte. Photo: ETH-Bibliothek Zürich, Thomas-Mann-Archiv/TMA_0178

„Tochter der Herodias" verweigert hat. „Zart bewegt" erreicht die Musik bei Ziffer 333 Cis-Dur, die Tonart Salomes, mit der die Schönheit des Körpers des Propheten beschrieben wird, der nur Augen und Ohren für seinen Gott hatte. Vor dem Höhepunkt des Kusses verkündet Salome in changierenden Klängen, die ihre Zentraltonart umspielen: „Und das Geheimnis der Liebe ist größer als des Geheimnis des Todes ...". Das letzte Wort führt den Sopran in die außergewöhnliche Tiefe des kleinen b und abschließend des kleinen ges. Ein tief gehauchter Klagelaut des Todes. Was aber hat es mit dem „Geheimnis des Todes" auf sich und welches „Geheimnis der Liebe" wird hier, in tiefer Beziehung zu Richard Wagners TRISTAN UND ISOLDE, als das größere besungen? Salome erfährt in ihrer Ekstase eine Grenzüberschreitung und eine Verwandlung. Ulrich Schreiber bezeichnete den rauschhaften Vorgang als eine „Epiphanie des Dionysos"[131], die ihren Höhepunkt im Kuss des abgeschlagenen Hauptes und der danach folgenden Steigerung erfährt: „Ah! Ich habe deinen Mund geküsst. Jochanaan."[132] Das erste Erklingen dieser Phrase ist in das irisierende Klangfeld eines Nonenakkords eingebettet, der durch das dreioktavige Auseinanderliegen eines tiefen Ais in den Celli und Posaunen, eines eingestrichenen a in den tremolierenden zweiten Violinen und Klarinetten und eines zweigestrichenen a in den tremolierenden zweiten Violinen und in Flötentrillern einen ganz eigenen dissonanten Charakter mit kaum bestimmbaren Tonhöhen erhält[133] (ab Ziffer 355). Im späteren Übergang von cis-Moll nach Cis-Dur (ab Ziffer 359) bestimmen zunehmend aufsteigende Quarten die melodische Struktur der Stimmen, erweitern den Terz-Ambitus des musikalischen Taumels und ersetzen seine fallenden Quarten durch die aufsteigend triumphierenden, die schon das Jochanaan-Motiv durchdrungen haben, wo neben den aufsteigenden die fallenden Quarten den Gott des Jochanaan charakterisierten. Nun setzt sich ein Gegenprinzip durch, das Schreiber als das „Dionysische" beschreibt.

Das „Geheimnis des Todes" wäre demnach die Verwandlung und die Wiederauferstehung, die im antiken Dionysoskult als Lebenssteigerung erfahren und gefeiert wird, um das „Geheimis der Liebe" neu zu erfahren. Ein Thema, das uns später in ARIADNE AUF NAXOS in einem ganz anderen Genre begegnet. Einen ersten Hinweis auf den Gott der sinnlichen Ekstase hat Salome bereits in der dritten Szene gegeben, wo sie das schwarze Haar des Jochanaan mit den „Weintrauben [...] an den Weinstöcken Edoms" vergleicht (Ziffer 102) und seinen Mund, der „röter" ist als die „Füsse der Männer, die den Wein stampfen" (Ziffer 118), mit einem Granatapfel.

Die komplexen Dionysos-Akkorde, Kombinationen aus Nonenakkorden und Dominantseptakkorden, die die Vereinigung von Todes- und Kussmotiv abschließend begleiten, sind indessen nicht von Dauer (Ziffer 360). Der „Triumph der schwarzen Klangmagie im Namen

---

[131] Ulrich Schreiber: Opernführer für Fortgeschrittene. Die Geschichte des Musiktheaters. Das 20. Jahrhundert I: Von Verdi und Wagner bis zum Faschismus, Kassel, Frankfurt a.M., 2000, S. 255.

[132] Jürgen Kesting schreibt in seiner Monographie „Die großen Sänger" über die erotische Ausstrahlung der legendären Salome-Interpretation der bulgarischen Sängerin Ljuba Welitsch: „Welitschs Schlußgesang ist, als Vibrieren der Sinne, ein Anschlag auf die Nerven des Hörers. [...] ‚Ich habe deinen Mund geküßt' ist, mit dem gedunkelten /u/ und dem lang nasalierten /n/, ein süchtiger Orgasmus." Jürgen Kesting: Die großen Sänger, 3 Bde., Düsseldorf 1986, Bd. 2, S.1214. Die 31-jährige Ljuba Welitsch hat die Partie auf Empfehlung von Richard Strauss, der sie persönlich einstudierte, 1944 an der Wiener Volksoper anlässlich der Wiener Feierlichkeiten zum 80. Geburtstag des Komponisten erstmals gesungen. Die unter Lovrò von Matacic entstandene Schallplattenaufnahme aus dem gleichen Jahr dokumentiert ihre noch mädchenhafte Stimme.

[133] Zu den Klangfarbenraffinessen in den Opern von Richard Strauss siehe: Jürgen Maehder: Klangfarbenkomposition und dramatische Instrumentationskunst in den Opern von Richard Strauss, in: Julia Liebscher (Hrsg.): Richard Strauss und das Musiktheater. Bericht über die Internationale Fachkonferenz Bochum, 14.–17. November 2001, Berlin 2005, S. 139–181.

des heidnischen Gottes tönt" – während der Mond durchbricht und Salome beleuchtet (Ziffer 361) – „nur einen Augenblick, sofort nimmt Strauss den utopischen Ausblick in ein Reich jenseits christlicher Triebökonomie zurück in die Dur-Moll-harmonische Bürgerlichkeit von c-Moll, das sich in perfekter Kadenzierung [...] zum Todesurteil für Salome verfestigt."[134]

Schreiber verweist auf den Zusammenhang zu Thomas Manns TOD IN VENEDIG, dessen Held die dionysische Entgrenzung und sexuellen Grenzüberschreitung ebenfalls in einer Traumbegegnung mit dem Gott erlebt. Der Autor Thomas Mann wird seine SALOME-Erfahrung darüber hinaus auswerten. Nicht nur im DOKTOR FAUSTUS, auch im ZAUBERBERG werden wir auf eine Aufnahme diverser Motive stoßen. „Das Geheimnis des Todes" wird dort ebenso eine Rolle spielen wie das Kussmotiv. Wie so oft wird der Autor die Ursprünge seiner Inspiration geschickt verbergen oder verschweigen und sein Geheimnis als Herausforderung seiner bildungsbürgerlichen Leser in den vieldeutigen Zusammenhang von Werk und Leben, Erdachtem und Erfahrenem stellen.

[134] Ulrich Schreiber: Opernführer für Fortgeschrittene, a.a.O., S. 256.

Richard Strauss im Werk von Thomas Mann

Richard Strauss erscheint incognito. Ein Liederabend im Hochgebirge

Als Thomas Mann 1929 den Nobelpreis erhielt, verwies das Preiskomitee auf die BUDDENBROOKS. Durchaus zur Überraschung der Literaturfreunde in aller Welt, die den Autor aktuell als Verfasser des ZAUBERBERGS schätzten. Wie später der DOKTOR FAUSTUS ist es ein durchaus zeitgenössisches Werk, das den Leser in die Jahre vor dem Ausbruch des Ersten Weltkrieges führt. In seinem Helden Hans Castorp, dem das Lebensschicksal den Weg aus dem Tiefland des Nordens in die alpinen Höhen einer Schweizer Heilstätte weist, begegnet uns, wie so oft in seinen Figuren, ein Alter ego des Autors. Wenn auch die Musik nicht das Hauptthema des Romans ist, spielt sie doch eine bedeutende Rolle, weit über die im 7. Kapitel behandelte „Fülle des Wohllauts“ hinaus, in dem der Autor die Einführung eines Grammophons im Sanatorium beschreibt. Auch ein Lied von Richard Strauss wird in dem „Totentanz“ überschriebenen Abschnitt im 5. Kapitel zitiert, ohne dass der Komponist genannt wird. Der vielsagende Titel dieses Abschnittes bezieht sich auf eine Reihe von Visiten, die Hans Castorp und sein Vetter Joachim zu den Moribunden des Sanatoriums führen. Bei der Präsentation des Liedes handelt es sich hingegen um eine

> musikalische Veranstaltung am Abend, ein richtiges Konzert mit Stuhlreihen und gedruckten Programmen, das Denen hier oben vom Hause „Berghof“ geboten wurde. Es war ein Liederabend, gegeben von einer am Orte ansässigen und Unterricht erteilenden Berufssängerin mit zwei Medaillen seitlich unter dem Ausschnitt ihres Ballkleides, Armen, die Stöcken glichen, und einer Stimme, deren eigentliche Tonlosigkeit über die Gründe ihrer Ansiedlung hier oben betrübende Auskunft gab. (GKFA, Bd. 5.1, S. 440)

Der Autor erwähnt freilich nur zwei Zeilen aus dem Gedicht des sozialkritischen Themen zugewandten Dichters Karl Friedrich Henckell (1864–1929), die erste und die vierte: „Ich trage meine Minne / mit mir herum“. Der Text wird dadurch etwas banalisiert, durch die Anwesenheit von Madame Chauchat aber auf Castorps Liebe zu ihr bezogen. Im Original heißt das bei Henckel und Strauss:

> Ich trage meine Minne
> Vor Wonne stumm
> Im Herzen und im Sinne
> Mit mir herum.
> Ja, daß ich dich gefunden,
> Du liebes Kind,
> Das freut mich alle Stunden,
> Die mir beschieden sind.
>
> Ob auch der Himmel trübe,
> Kohlschwarz die Nacht,
> Hell leuchtet meine Liebe
> Goldsonn´ge Pracht.
> Und liebt die Welt in Sünden,
> So thut mir´s weh –
> Die arge muß erblinden

Vor deiner Unschuld Schnee.[135]

Der Leser erhält keine Angaben über den Komponisten und den Dichter dieses Liedes. Wer das wissen will, muss das Lied kennen oder sich um die Information bemühen. Über Hans Castorp erfahren wir, dass er das gedruckte Programm mitliest, mithin einen Text parat hat, den sich der Leser erst beschaffen muss. Dabei erhält der Leser durchaus Informationen, die sich auf das Konzert und Hans Castorps Lebenssituation beziehen. Frau Chauchat sitzt in der ersten Reihe, verlässt das Konzert aber bald, „so daß Hans Castorp von da an der Musik (es war Musik unter allen Umständen) mit ruhigem Herzen lauschen konnte, indem er während des Gesangs den Text der Lieder mitlas, der auf dem Programm gedruckt stand". (GKFA, Bd. 5.1., S. 440) Hans Castorp kennt also den vollständigen Text des Liedes. Auch der italienische Freigeist Settembrini, der Musik eher kritisch verbunden, verlässt das Konzert nach einigen Anmerkungen zum „dumpfen bel canto der Ansässigen" und dem „treu[en] und traulich[en]" Beisammensein. Der ironische Ton gipfelt in den Worten, die die Beschreibung des weihnachtlichen Kunstereignisses abschließen:

> Die Wahrheit zu sagen, spürte Hans Castorp Erleichterung, als sie beide fort waren, die Schmaläugige und der Pädagog, und er in Freiheit den Liedern seine Aufmerksamkeit widmen konnte. Er fand es gut, daß in der ganzen Welt und noch unter den besondersten Umständen Musik gemacht wurde, wahrscheinlich sogar auf Polarexpeditionen. (GKFA, Bd. 5.1., S. 440)

Immerhin sympathisiert der Autor mit dem naiven Musikgenuss seines Helden, der den Liederabend trotz seiner technischen Mängel, die Sängerin ist ja eine „Ortsansässige" und damit nicht mehr im Vollbesitz ihrer Lungenkräfte, goutiert. Welche Rückschlüsse aber lassen sich daraus ziehen, dass aus der Fülle des Programms gerade ein Lied von Richard Strauss textlich erwähnt wird, ohne den Namen des bedeutenden und auch von Mann geschätzten Liederkomponisten zu nennen? Bezieht sich der Hinweis, dass in der ganzen Welt und wahrscheinlich auch noch auf Polarexpeditionen Musik gemacht wird, nicht auch auf Richard Strauss, der ja immerhin behauptete, überall und jederzeit komponieren zu können und selbst eine Speisekarte zu vertonen verstünde?

Thomas Mann wird dieses Spiel mit der Kenntnis oder Unkenntnis seiner Leser im Kapitel „Fülle des Wohllauts" weiter führen, generell hat es ihm immer wieder gefallen. Geht es ihm dabei um die Musik an sich oder prüft er einfach die Repertoirekenntnisse seiner Leser? Soll die Musik zu einem Geheimnis werden? Bald findet im Verlauf der Beschäftigung des Helden mit der Musik, die bezeichnenderweise nach den ersten theoretischen Diskussionen mit dem liberalen Italiener Settembrini und seinem reaktionären Gegenspieler, dem Jesuiten Naphta, erst in den letzten Kapiteln des Romans ihre ganze Verführungskraft zum Einsatz bringt, eine Verinnerlichung und Vereinsamung, fast schon eine Isolation, statt. Der Liederabend und das Lied von Richard Strauss markierten da nur den Anfang. Es wurde von Castorp mit Interesse gehört, verzaubert hat es ihn nicht. Die Hinweise, die Thomas Mann mit dem Fragment gibt, kann freilich nur entschlüsseln, wer den Zusammenhang, in dem es steht, weit über die aktuelle Stelle hinausgehend, und dazu auch noch auf eigene Faust, erkundet.
Bei dem Lied „Ich trage meine Minne" handelt es sich um das erste Lied aus dem Lied-Zyklus Opus 32 von Richard Strauss. Die insgesamt fünf Lieder nach Gedichten von Karl Henckell und Detlev von Liliencron widmen sich einer unerfüllten Liebe. Im ZAUBERBERG erfahren wir

[135] Die Texte der Lieder von Richard Strauss. Kritische Ausgabe von Reinhold Schlötterer, Pfaffenhofen 1988, S. 218. (= Veröffentlichungen der Richard-Strauss-Gesellschaft München, hrsg. v. Franz Trenner, Bd. 10)

nicht, ob es im Verlauf des Liederabends auf dem „Berghof" zu einer Aufführung des gesamten Zyklus kommt oder nur das erste Lied vorgetragen wird. Gerade die Fortsetzung wäre von Interesse gewesen. Im letzten Lied (Op. 32, Nr. 5), die „Himmelsboten" aus DES KNABEN WUNDERHORN, bittet der Liebende, dass die mit der Morgenröte erscheinenden himmlischen Boten den Mund der nächtlich unerreichten Geliebten an seiner Stelle küssen: „Küßt ihr für mich den rothen Mund / Und wenn sie´s leid´t, die Brüstlein rund."[136]

Handelt es sich hier nicht um einen Bezug auf die Oper SALOME, dem Mann an dieser Stelle einen aufklärenden Hinweis verweigert hat? Bekanntlich verlangt Salome, den Mund des Jochanaan zu küssen: „Lass mich ihn küssen, deinen Mund [...] nichts in der Welt ist so rot wie dein Mund." Dies gelingt ihr aber erst nach dem Tod des Propheten, der durch Enthauptung erfolgt: „In der ganzen Welt war nichts so rot wie dein Mund. [...] und wenn ich dich ansah, hörte ich geheimnisvolle Musik...". (Partitur, Ziffer 336)
Hans Rudolf Vaget beschreibt in seinem Strauss-Essay die Beziehung zwischen Mann und Strauss als „Geschichte einer (...) unterirdischen Beziehung".[137] Einen solchen Punkt entdecken wir im „Beziehungszauber" dieser Stelle, der weit über den Roman hinaus in den Bereich seelischer Beziehungen und „Wahlverwandtschaften" führt. Auch der Titel „Totentanz" erschließt in diesen Bezügen eine tiefergehende Beziehung zwischen der Oper und den Erlebniswelten des Romans. Noch 1953 lesen wir in Thomas Manns letzter abgeschlossener Erzählung DIE BETROGENE von der Liebe der älteren Rosalie von Tümmler zu dem jungen Ken Keaton auf dem Höhepunkt ihrer intimen Begegnung: „Ich liebe dich, ich liebe dich, nicht wahr, du weißt es, [...] und du, liebst du mich auch, ein wenig, ein wenig nur [...]. Ja? Ja? Deinen Mund, oh, endlich denn deinen jungen Mund, nach dem ich gedarbt, deine Lippen, so, so – Kann ich küssen?"[138]
Die Deutung der in Düsseldorf angesiedelten Erzählung als „verschlüsselte Lebensbilanz"[139], wo sich hinter den Hauptfiguren Thomas Mann selbst und der junge Düsseldorfer Klaus Heuser verbergen, in den sich Mann 1927 während eines Urlaubes auf Sylt verliebt hatte, geben dem versteckten SALOME-Zitat an dieser Stelle ebenso wie im ZAUBERBERG einmal mehr den besonderen Reiz einer unmöglichen, gar verbotenen Liebe. Um eine „verbotene Liebe" geht es doch auch im Roman. Und zwar gar nicht so sehr um die zu Madame Chauchat, die Castorp an seine unerfüllte Jugendliebe zu seinem Mitschüler Pribislav Hippe erinnert, als vielmehr um die Liebe von Hans Castorp zu seinem Vetter Joachim Ziemßen; ein von hanseatischer Förmlichkeit bestimmtes Verhältnis, dessen Problematik gleich zu Beginn des ersten Roman-Kapitels deutlich wird, wo es um die Unfähigkeit der Vettern geht, das gemeinschaftliche „Du" mit dem Vornamen des jeweils anderen zu verbinden. Erst zum Ende hin, als immer klarer wird, dass Joachim an seiner Tuberkulose sterben wird, finden sich Gesten einer bescheidenen, aber durchaus offensichtlichen, zumindest von Hans Castorp ausgehenden Körperlichkeit in der Form eines sanften und freundschaftlichen Arm-um-die Schulter-Legens. Der Höhepunkt der Beziehung aber ist das letzte Lebewohl, das Hans dem

[136] Die Texte der Lieder von Richard Strauss, a.a.O., S. 90.
[137] Hans Rudolf Vaget: Richard Strauss, in: Seelenzauber, a.a.O., S. 170.
[138] Thomas Mann: Die Betrogene, GKFA, Bd. 6.1, S. 534f. Die Novelle wurde 1992 von Jean Claude Guiguet verfilmt und kam unter dem Titel „Le Mirage" (Das Trugbild) in die Kinos. Der Arbeitstitel, „Le Rouge Du Couchant" (Im Abendrot), verweist auf das letzte der „Vier letzten Lieder" von Richard Strauss, das den gleichen Titel hat. Das Lied begleitet die Eröffnungssequenz des Films, die in einer Frühlingslandschaft spielt; ein akustischer Verweis auf das Thema Tod, das die beiden Werke vereint, auch auf die untergründige Beziehung zwischen den beiden Autoren. Dazu: Peter Zander: Thomas Mann im Kino, a.a.O., S. 124f.
[139] Marianne Krüll: Im Netz der Zauberer, a.a.O., S. 415.

toten Vetter gibt. Kurz bevor der Sarg geschlossen wird, küsst er den Toten auf die kalte Stirn. So erweist sich die Überschrift des bezeichneten Kapitels als doppeldeutiger Hinweis auf die Hintergründigkeit der Handlung. „Totentanz" ist mehr als ein Bezug auf die Besuchstätigkeit der beiden Cousins, verweist auf arkane Weise auf die fatale Handlung der Oper von Richard Strauss, die nach dem „Tanz der sieben Schleier" in der Kussszene Salomes ihren Höhepunkt findet. In exponierter Vokallage singt der Sopran vor dem Kuss: „Und das Geheimnis der Liebe ist größer / als das Geheimnis des Todes." Die Gesangslinie führt die Sängerin, wie bereits erläutert, in den äußersten Tiefenbereich der Sopranstimme. Das „Geheimnis des Todes" offenbart sich damit als Geheimnis der Tiefe. Der ZAUBERBERG aber endet mit der Vision der Liebe, mit der Frage, ob sie aus dem „Weltfest des Todes" über einen entzündeten Abendhimmel steigen kann, das „Geheimnis der Liebe" also wirklich größer sei als das „Geheimnis des Todes"? Eine Frage, die ebenso abstrus wie vieldeutig Wilhelm II. auf der Berliner Opernbühne zum Schluss der SALOME zu beantworten glaubte, indem er das Erscheinen des Sterns von Bethlehem anordnete, um die „dekadente" Handlung mit einer christlichen Hoffnung und einem Blick in die Sternenhöhe zu beschließen. Das Motiv der Höhe, das dieser Tiefe folgerichtig entgegensteht, wird Thomas Mann indessen noch einmal zum Ende seines Romans hin aufnehmen und in der Szene, wo der tote Joachim aus dem Jenseits beschworen wird, mit all dem vieldeutig in Beziehung setzen.

„Die deutsche Seele up to date"

DER ZAUBERBERG ist nach den Worten von Thomas Mann

> Ein Zeitroman in doppeltem Sinn: einmal historisch, indem er das innere Bild einer Epoche, der europäischen Vorkriegszeit, zu entwerfen versucht, dann aber, weil die reine Zeit selbst sein Gegenstand ist, den er nicht nur als die Erfahrung seines Helden, sondern auch in und durch sich selbst behandelt.[140]

In der hochgebirglichen Abgeschiedenheit des Davoser Lungensanatoriums „Berghof" erfahren die hier Eingeschlossenen die Zeit als Raum. Im strengen Ablauf eines von medizinischen Anwendungen geprägten Alltags fallen sie aus dem Zeitrahmen des Flachlandes, der von alltäglichen Geschäften und Abläufen gestaltet wird, während hier oben in der Höhe die Parameter einer Einrichtung herrschen, die die hier Weilenden entweder zurück ins Leben des Flachlandes oder in den Tod entlässt, den jeder dort findet, wenn er sich, wie die Gralsritter in PARSIFAL, unerlaubt entfernt. Wie Hans Castorp diese Auflösung der Zeit im Raum erlebt, wird in den letzten Kapiteln des Romans dargestellt, in den „Schnee" und „Strandspaziergang" überschriebenen Abschnitten ebenso, wie in dem dem „Seelenzauber der Musik" gewidmeten Abschnitt „Fülle des Wohllauts".

In diesem geht es um die Einführung eines „Unterhaltungsgerätes", das das Haus „Berghof" zur allgemeinen Freude seiner Gäste erworben hat, „ein strömendes Füllhorn heiteren und seelenschwarz künstlerischen Genusses. [...] ein Musikapparat. [...] ein Grammophon". (GKFA, Bd. 5.1, S. 964)

---

[140] Thomas Mann: On myself. Vortrag in Princeton im Mai 1940, zit. nach: Thomas Mann. Über mich selbst. Autobiographische Schriften, Frankfurt a.M. 1983, S. 79f.

„Es ist das neueste Modell", sagte der Hofrat, der mit eingetreten war. „Letzte Errungenschaft [...]. ‚Polyhymnia' heißt die Marke, wie die Inschrift hier im Deckel Sie lehrt. Deutsches Fabrikat, wissen Sie. Wir machen das mit Abstand am besten. Das treusinnig Musikalische in neuzeitlich-mechanischer Gestalt. Die deutsche Seele up to date. Da haben Sie die Literatur! [...] Ich übermache Ihnen den ganzen Zauber zu freier Lust [...]." (GKFA, Bd. 5.1, S. 965f)

Hans Castorp wird sich dieses Zaubers annehmen, den Musikgenuss verwalten, für die Sicherheit des Geräts Sorge tragen und dabei selbst zum heimlichsten und leidenschaftlichsten Hörer werden. Bis tief in die Nacht wird er in einsamen Hörstunden die „Wunder der Truhe" und die „blühenden Leistungen dieses gestutzten kleinen Sarges aus Geigenholz, dieses mattschwarzen Tempelchens" genießen und sich vom Wohllaut seiner geheimnisvoll erzeugten „Geistermusik" (GKFA, Bd. 5.1. S. 973) überströmen lassen, gelegentlich mitdirigieren und das „Herrscherglück des Dirigenten" (GKFA, Bd. 5.1, S. 974) erleben. Fünf Musikstücken wird dabei vom Autor und seinem Hörer Hans Castorp besondere Beachtung geschenkt. Es handelt sich um die Schlussszene der Oper AIDA, Debussys PRÉLUDE À L´APRÈS-MIDI D´UN FAUNE, eine Szene aus Bizets CARMEN, die Arie des Valentin aus Gounods FAUST und, als einzigem deutschen Werk, Schuberts Lied „Am Brunnen vor dem Tore" aus dessen WINTERREISE. Auch hier nennt Mann nicht gleich die Titel, vertraut darauf, dass kundige Leser selbst die Lösung finden.

Eine kleine Gruppe von Platten bot die Schlußszenen des pompösen, von melodiösem Genie überquellenden Opernwerks, das ein großer Landsmann des Herrn Settembrini, der Altmeister der dramatischen Musik des Südens, in der zweiten Hälfte des vorigen Jahrhunderts aus solennem Anlaß, bei Gelegenheit der Übergabe eines Werkes der völkerverbindenden Technik an die Menschheit, im Auftrage eines orientalischen Fürsten geschaffen hatte. Hans Castorp wußte bildungsweise ungefähr Bescheid damit, er kannte in großen Zügen das Schicksal des Radames, der Amneris und der Aida [...]. (GKFA, Bd. 5.1, S. 975)

Thomas Mann beschreibt eine Musik, in der „vom Himmel die Rede ist", die Gesänge selbst „himmlisch" vorgetragen werden, die vom „Lauscher als das Verklärteste, Bewunderungswürdigste" gehört werden, das ihm je untergekommen ist. Dem Idealismus der Musik steht in der Phantasie des Hörers jedoch eine imaginierte Realität entgegen, die grausiger nicht sein könnte.

Was er aber letztlich empfand, verstand und genoß, während er mit gefalteten Händen auf die schwarze kleine Jalousie blickte, zwischen deren Leisten dies alles hervorblühte, das war die siegende Idealität der Musik, der Kunst, des menschlichen Gemüts, die hohe und unwiderlegliche Beschönigung, die sie der gemeinen Gräßlichkeit der wirklichen Dinge angedeihen ließ. Man mußte sich nur vor Augen führen, was hier, nüchtern genommen, geschah! Zwei lebendig Begrabene würden, die Lungen voll Grubengas, hier miteinander, oder noch schlimmer, einer nach dem anderen, an ihren Hungerkrämpfen verenden, und dann würde an ihren Körpern die Verwesung ihr unaussprechliches Werk tun, bis zwei Gerippe unterm Gewölbe lagerten [...]. Das war die reale und sachliche Seite der Dinge – eine Seite und eine Sache für sich, die vor dem Idealismus des Herzens überhaupt nicht in Betracht kam, vom Geiste der Schönheit und der Musik aufs triumphalste in den Schatten gestellt wurde. Für Radames´ und Aida´s Operngemüter gab es das sachlich Bevorstehende nicht. Ihre Stimmen schwangen sich unisono zum seligen Oktavenvorhalt auf, versichernd, nun öffne sich der Himmel und ihrem Sehnen erstrahle das Licht der Ewigkeit. (GKFA, Bd. 5.1, S. 978f)

Das Grab der Protagonisten wird dem Leser zu einem hermetischen Klangraum, den der Hörer Hans Castorp im nächtlich vereinsamten Musikzimmer des Berghofs erfährt. In seiner Phantasie wird die Zeit im Raum des Grabes zur Ewigkeit, die durch den Gedanken an die Verwesung nüchtern hinterfragt und erneut zu einem Prozess, einem Zeitablauf wird. Während im Theater das Bühnengeschehen durch das Fallen des Vorhangs beendet wird, geschieht es hier durch das Ablaufen der Platte. Castorps Lebensalltag wird aber weiterhin geprägt von der durchaus künstlichen Welt des Zauberbergs, die Inneres und Äußeres umfasst, von der der nüchterne Settembrini sich zwar zu lösen, nicht aber zu entfernen vermag. Bald wird es im weiteren Verlauf dieser nächtlichen Musikerfahrungen deutlich, dass Castorp sich zwar entfernen nicht aber lösen kann, sein Ausbruch aus dieser Welt ihn nur in die Flachland-Welt des Krieges, mithin in die Welt des Todes führt, der dort nicht mehr eine ästhetische Erfahrung bleibt.

Die weiteren Musikabende des Hans Castorp sind von französischer Musik geprägt, die gleichermaßen von den Themen Zeitlosigkeit und Tod bestimmt wird.

> Er pflegte sich auszuruhen [...] bei einer zweiten Pièce, die kurzläufig, aber von konzentriertem Zauber war, – viel friedlicher ihrem Inhalt nach als jene erste, ein Idyll, aber ein raffiniertes Idyll, gemalt und gestaltet mit den zugleich sparsamen und verwickelten Mitteln neuester Kunst. Es war ein reines Orchesterstück, ohne Gesang, ein symphonisches Präludium französischen Ursprungs, bewerkstelligt mit einem für zeitgenössische Verhältnisse kleinen Apparat, jedoch mit allen Wassern moderner Klangtechnik gewaschen und klüglich danach angetan, die Seele in Traum zu spinnen. (GKFA, Bd. 5.1, S. 979)

Es handelt sich um Claude Debussys 1894 in Paris uraufgeführtes Orchesterstück PRÉLUDE À L´APRÈS-MIDI D´UN FAUNE. Weder der Titel des Stücks noch der Name des Komponisten werden genannt. Thomas Mann setzt voraus, dass sein Publikum das Stück anhand seiner Beschreibung erkennt, ohne dass dies zwingend erforderlich wäre. Hans Castorp träumt während des Hörens den nachmittäglichen Traum des Fauns, fühlt sich rücklings unter einem Baum auf einer Sommerwiese liegend, bläst selbst das kleine „Holzgebläse", eine „Klarinette oder Schalmei". Und

> Hans mit den Bocksbeinen blies fort und lockte mit der naiven Eintönigkeit seines Spiels den ausgesucht kolorierten Klangzauber der Natur wieder hervor, – welcher endlich [...] durch Hinzutritt immer neuer und höherer Instrumentalstimmen [...] für einen flüchtigen Augenblick [...] die Ewigkeit in sich trug. (GKFA, Bd. 5.1., S. 980)

Als eine „Liederlichkeit mit bestem Gewissen" erscheint Castorp das Stück, als „Verneinung des abendländischen Aktivitätskommandos". Ein französischer „Klangzauber der Natur", der uns ja ebenso vielfältig bei Wagner, Mahler und Strauss begegnet, die in der Beschreibung der Atmosphäre anwesend zu sein scheinen.

In den beiden folgenden französischen Stücken gibt es eine beziehungsreiche Verbindung von kleinbürgerlichem Milieu, erotischer Verführung und dem Tod. Es handelt sich um eine Oper, die „Hans Castorp gut kannte, die er wiederholt im Theater gehört und gesehen [...]" hatte (GKFA, Bd. 5.1, S. 980): Bizets CARMEN, die „Zigeunerin", die den „kleinen Soldaten" von seiner Pflicht weglocken und zu einem anderen Leben verführen will. Klanglich wird das dargestellt als Gegensatz zwischen Carmens Kastagnetten-Spiel und den in der Ferne den Zapfenstreich verkündenden Trompeten: „In demselben Augenblick aber erschollen aus

einiger Entfernung Trompeten, Clairons, ein wiederholtes militärisches Signal, das dem Kleinen nicht wenig in die Glieder fuhr." (GKFA, Bd. 5.1, S. 981)
Carmens Sehnsucht nach unbedingter Liebe und Freiheit endet mit ihrem Tod, der einmal mehr mit im Raume steht. Thomas Mann hat ja nicht nur darauf verwiesen, dass die Oper Hans Castorp von wiederholten Theaterbesuchen her vertraut war, sondern auch darauf, dass er auf die Handlung gesprächsweise – „in einem sehr entscheidenden Gespräch" (GKFA, Bd. 5.1, S. 981) – eine Anspielung gemacht hatte. Dies geschah im Gespräch mit Madame Chauchat auf einem als „Walpurgisnacht" thematisierten Faschingsball, in dem sie Hans Castorp als „Petit bourgeois!" (GKFA, Bd. 5.1, S. 518) bezeichnet hat, der am Ende doch nur dem Appell des Lebens und der Pflicht Folge leisten will, was ihn an die Seite von Bizets Tenorhelden stellt. Bezeichnenderweise fand das intime Gespräch zwischen Hans Castorp und Clawdia Chauchat in französischer Sprache statt. Mit der „femme fatale" Carmen steht auch die dämonisch-verführerische Herodias-Tochter Salome im Raum der Phantasien des Protagonisten und seines Schöpfers Thomas Mann, der sich zudem mit der Bleistift-Episode in die Romanhandlung einschreibt. Fortführung findet das mit Unglück, Verderben und Tod verbundene Motiv mit Potiphars Weib im JOSEPH und mit der Hetaera Esmeralda im DOKTOR FAUSTUS.

Auch in der FAUST-Oper von Charles Gounod geht es um den Tod. Hans Castorp spielt die Arie des Valentin aus dem zweiten Akt, „Avant de quitter ces lieux", die er in einer deutschen Übersetzung hört: „Da ich nun verlassen soll / mein geliebtes Heimatland".
Da Gretchens Bruder sich „keck, fromm und französisch" dem Feinde entgegenwerfen will, übergibt er seine Schwester der Obhut des Himmels. Das Stück, das Castorp „ausnehmend gern hatte", wird kaum so ausführlich dargestellt wie etwa die Szenen aus AIDA oder CARMEN. Der Autor erläutert dies dahingehend, dass die Platte bei „späterer, seltsamer Gelegenheit noch eine gewisse Rolle" spielen sollte. So endet denn die Vorstellung dieser geschätzten Musik mit den letzten Worten der Arie: „O Herr des Himmels, hör mein Flehn, / in deinem Schutz laß Margarethe stehn!"

Endlich kommt der Erzähler zum letzten seiner Musikstücke. „Gar nichts Französisches mehr", sondern etwas „besonders und exemplarisch Deutsches [...] nichts Opernhaftes, sondern ein Lied [...]". (GKFA, Bd. 5.1, S. 985) Und ohne Umschweife, ohne Rätsel oder Verzögerung wird das Stück benannt. Es handelt sich um Schuberts „Der Lindenbaum" aus der WINTERREISE. Das ganze Kapitel und alle vor diesem Lied vorgestellten Musikstücke scheinen dieses Lied als Ziel zu haben, ging es doch in den meisten um das Thema, das jetzt zum Ausdruck einer – deutschen! – „Gefühls- und Gesinnungswelt wird": den Tod. Darin eben erschließt sich die Bedeutung des Liedes für Hans Castorp, dass sich in seiner „Liebe zum Lied" seine „Liebe zum Tod" offenbart, zu einer „Welt verbotener Liebe" (GKFA, Bd. 5.1., S. 988). Durchaus erschrickt Hans Castorp vor dieser Erkenntnis und erinnert sich an die Mahnungen Settembrinis, der das Phänomen einer solchen „Rückneigung" als „krankhaft" bezeichnete. Es wird ihm bewusst, dass diese Kunst, im „rechten Augenblick genossen" zu einer „Labung des Gemüts" werden kann, im „unrechten" hingegen zu „Fäulnis und Verderben"[141] führt. Nur die „Selbstüberwindung", so die Gedanken Castorps „vor dem Musiksarg", mochten das „Wesen der Überwindung dieser Liebe sein, – dieses Seelen-

[141] Erinnert sei in diesem Zusammenhang an die Tagebucheintragung Manns vom 2. Mai 1934, in der Strauss als „Gewächs der Kaiserzeit" bezeichnet wird. Die Bezeichnung „Gewächs" darf dabei durchaus mit den Begriffen „Fäulnis" und „Verderben" assoziiert werden; auch an die Bedeutung der Treibhäuser in der Décadence-Literatur sei erinnert.

zaubers mit finsteren Konsequenzen!" Welche Bedeutung und Konsequenzen das alles hat, wird im Schlusswort des Kapitels angedeutet:

> Oh, er war mächtig, dieser Seelenzauber! Wir waren alle seine Söhne, und Mächtiges konnten wir ausrichten auf Erden, indem wir ihm dienten. Man brauchte nicht mehr Genie, nur viel mehr Talent als der Autor des Lindenbaumliedes, um als Seelenzauberkünstler dem Liede Riesenmaße zu geben und die Welt damit zu unterwerfen. Man mochte wahrscheinlich sogar Reiche darauf gründen, irdisch-allzu-irdische Reiche, sehr derb und fortschrittsfroh und eigentlich gar nicht heimwehkrank, – in welchen das Lied zur elektrischen Grammophonmusik verdarb. Aber sein bester Sohn mochte doch derjenige sein, der in seiner Überwindung sein Leben verzehrte und starb, auf den Lippen das neue Wort der Liebe, das er noch nicht zu sprechen wußte. Es war so wert, dafür zu sterben, das Zauberlied! Aber wer dafür starb, der starb schon eigentlich nicht mehr dafür und war Held nur, weil er im Grunde schon für das Neue starb, das neue Wort der Liebe und der Zukunft in seinem Herzen – –
> Das also waren Hans Castorps Vorzugsplatten. (GKFA, Bd. 5.1, S. 990)

Am Ende des Romans wird die Castorpsche Gedankenwelt zur Realität des Ersten Weltkrieges. Hans Castorp hat nach dem Ausbruch des Krieges den „Berghof" verlassen, geht zurück in die Welt des Flachlandes, wo der Leser den jungen Soldaten im Getümmel einer Feldschlacht aus den Augen verliert. Der über morastigen Boden seinem Schicksal entgegenstürmende „Bekannte" aber singt „in stierer, gedankenloser Erregung vor sich hin" und zitiert zum letzten Mal die Worte aus dem Schubert-Lied:

> Und sei-ne Zweige rau - uschten,
> Als rie - fen Sie mir zu –

Den Schluss muss sich der Leser selbst ins Gedächtnis rufen: „Nun bin ich manche Stunde / Entfernt von jenem Ort, / Und immer hör´ ich´s rauschen: / Du fändest Ruhe dort!" Die Frage, mit der DER ZAUBERBERG endet, könnte sich auch auf das Feuerfinale von Wagners GÖTTERDÄMMERUNG beziehen: „Wird auch aus diesem Weltfest des Todes, auch aus der schlimmen Fieberbrunst, die rings den regnerischen Abendhimmel entzündet, einmal die Liebe steigen?" (GKFA, Bd. 5.1, S. 1085) Auch Schuberts Lied wird uns zu Beginn des DOKTOR FAUSTUS erneut begegnen als Bestandteil der Seelenlandschaft, in der Adrian Leverkühn aufwächst.

Der Leser wird sich am Ende des ZAUBERBERGS kaum an das Strauss-Lied „Ich trage meine Minne" erinnern, das im fünften Kapitel im Abschnitt „Totentanz" zum Vortrag kam. Aber war es nicht eine Vorschau auf die unglückliche Liebe, die Hans Castorp jetzt im Herzen trägt, die Liebe zum Tod, die Schubert in seinem Lied beschwört? Die Musikauswahl, die Thomas Mann für seinen Helden getroffen hat, war eine Auswahl, die ihn genau zu diesem Ende, seinem Ausgang des Lebens, hinführte.

Ohne erwähnt zu werden, ist noch ein anderes Lied präsent, das Hans Castorp in seinen einsamen Musik-Liebes-Nächten zu einem seiner Lieblingsstücke erklärte: Valentins Gebet aus Gounods FAUST. Und mit ihm auch eine andere Person: Joachim Ziemßen.
Auch diese Arie ist ein Musikstück, das nach dem Kapitel „Fülle des Wohllauts" – wie schon vom Autor selbst angedeutet – noch eine bedeutende Rolle spielen soll. Zum Ende des Romans erscheint auf dem Berghof eine junge Dänin, die sich als Medium entpuppt. In einer Reihe von immer sonderlicher werdenden spiritistischen Sitzungen, an denen gelegentlich

auch Hans Castorp teilnimmt, wollen die Teilnehmer am Ende einen Toten beschwören und sein Erscheinen erbitten. Hans Castorp wird auserwählt, diesen zu bestimmen. Und er wählt seinen verstorbenen Vetter Joachim Ziemßen. Joachim ist ja nach seiner Flucht ins Flachland, wo er seinen militärischen Dienst fortzusetzen hoffte, kränker als zuvor auf den „Berghof" zurückgekehrt und gestorben. Nun soll er in der spiritistischen Sitzung erscheinen. Der Vorgang aber dauert länger als erwartet. Wie in der Runde üblich und in den vergangenen Sitzungen bewährt, wird Musik gespielt, um die Evokation, die Arbeit des Mediums, zu entspannen. In der Regel war das Unterhaltungsmusik, Operettenouvertüren und „leichte Kost". Im Falle Ziemßens scheint das nicht zu klappen. Da hat Hans Castorp die Idee, Valentins Gebet zu spielen. Die Platte, die eigentlich in einem ganz anderen Album aufbewahrt werden sollte, das sich gar nicht im Sitzungszimmer befindet, ist dennoch durch merkwürdige Umstände – eine Verwechslung oder Unachtsamkeit? – in dem vorliegenden Album der leichten Muse vorhanden und kann gespielt werden. Und tatsächlich erscheint Joachim Ziemßen zu den Klängen dieser Musik, die hier wahrhaftig zu einer „Geistermusik" wird, kurz vor ihrem Schluss: „O, Herr des Himmels, hör´ mein Flehn – " (GKFA, Bd. 5.1, S. 1031). Es war ja bekanntlich eine Musik, die Hans Castorp „in tiefster Seele" (GKFA, Bd. 5.1, S. 985) rührte, wenn der Bruder davon sang, dass er nach seinem möglichen Tod vom Himmel aus schützend auf seine Schwester herunter sehen wolle. So wird es denn in dieser unheimlichen Seelenschau offenkundig, dass sich Hans Castorp in der Rolle der Margarete sieht, seinen Soldaten-Vetter in der des Valentin. Geisterhaft erscheint Joachim, sitzt in der Ecke des Zimmers in phantastischer Armeeuniform. Castorp aber kann den Anblick nicht ertragen, empfindet das Unerlaubte, zu dem er die Musik hier benutzt hat, und bricht die Seance ab, indem er das weiße Deckenlicht einschaltet. Der Schatten verschwindet. Die Vorstellung, dass Joachim von himmlischen Höhen aus schützend auf Hans schauen möge, muss sich der Leser selbst gestalten. Mit dem Stoff, den Gounod in seiner Oper vertonte, verbindet Hans Castorp über seine Beziehung zu Joachim hinaus die Liebe zu Clawdia Chauchat, die im Anschluss an den Berghofschen Walpurgisnacht-Fasching in einer nuit d´amour zwischen dem fünften und sechsten Kapitel ihre sexuelle Erfüllung fand. Hans Castorp hat bei dieser Gelegenheit den ihm von ihr geliehenen Bleistift zurückgegeben und damit – „Beziehungszauber" auch hier – an seine Jugendliebe Pribislav Hippe erinnert. „Geheimnisse der Liebe", die eng mit der Welt des Todes im ZAUBERBERG zusammenhängen, in dessen Höhe das Tiefste erfahrbar wird. „Geheimnisse", um die es auch in den Werken von Richard Strauss ging, expressis verbis in der SALOME. Im Mann´schen Erleben der „Fülle des Wohllauts" haben sie als „geheimnisvolle Musik" eine bedeutende Rolle gespielt, zugegeben oder erwähnt hat das der Autor kaum.

Von Raum und Zeit

Welche Musik von Richard Strauss aber hätte zu diesem „Weltfest des Todes" gepasst? DER ZAUBERBERG endet ja nicht mit einer Verklärung wie die Tondichtung TOD UND VERKLÄRUNG. Und nicht wenige Strauss-Opern enden eher mit einer Feier des Lebens. Ariadne, die sich nach dem Tod sehnt, begegnet Dionysos, dem Gott der Lebens- und Liebesfeier. Auch die FRAU OHNE SCHATTEN, im vorletzten Kriegsjahr beendet und erst nach dem Krieg uraufgeführt, schließt mit einem Bekenntnis zum Leben. Der nächtlichen Geisterwelt und ihrem Verhältnis zur menschlichen Welt des Tages ist freilich auch sie ebenso tief verbunden wie DIE ÄGYPTISCHE HELENA, die zur Zeit der Veröffentlichung des ZAUBERBERGS noch im Entstehen war.

Hans Castorps nächtlicher Musikgenuss weist uns indessen auf eine ganz andere Spur, und zwar nicht mit den Werken AIDA, CARMEN, FAUST oder dem Schubert-Lied und ihrer innigen Verbindung von Liebe und Tod, sondern eher mit Debussys PRÈLUDE À L´APRÈS MIDI D´UNE FAUNE, wo es musikalisch um den „Sommerfrieden" geht, um das „Vergessen", um „seelige[n] Stillstand" und die „Unschuld der Zeitlosigkeit", die dem „nächtlichen Musikanten die Platte vor vielen wert" (GKFA, Bd. 5.1, S. 980) macht. Themen, die auch in den Abschnitten „Schnee" im sechsten Kapitel und „Strandspaziergang" im siebten Kapitel behandelt werden. In der als „Lebenslage" erlebten „Landschaft" des Meeres verwischen die „zeitlich-räumlichen Distanzen" und vermitteln ein Gefühl, das allenfalls als „Zauber für Ferienstunden" statthaft sein darf. In der „Monotonie des Raumes ertrinkt die Zeit". (GKFA, Bd. 5.1, S. 825)

Gerade diese „Monotonie der Zeit", ihr Stillstand sozusagen ist ja auch ein Thema von Richard Strauss. Wie Mann hatte auch er sein Vorbild im zweiten Akt von Wagners TRISTAN, wo die Liebenden in ihrer „Nacht der Liebe" sich musikalisch von der Zeit lösen und in einen Klangraum entrückt werden, der gleichermaßen von der Liebe wie vom Tod definiert wird.

Einen solchen Stillstand der Zeit besingt die Marschallin in ihrem Monolog im ersten ROSENKAVALIER-Akt. Auch in der ÄGYPTISCHEN HELENA spielt der Komponist mit der Zeit, die hier quasi ihre Umkehr erfährt, indem den Protagonisten eingeredet wird, dass ein ganzer Abschnitt ihrer Lebenszeit gar nicht stattgefunden hätte.

Vielfach erleben wir, wie sich die Strauss´schen Figuren in zeitlosen Räumen einspinnnen, einen Vorgang, den wir heute als „Cocooning" bezeichnen. Dies erfahren so unterschiedliche Figuren wie die Marschallin oder Ariadne. Der Kaiser in der FRAU OHNE SCHATTEN erfährt den Stillstand der Zeit im Raum in der extremen Form seiner Versteinerung, Daphne wird auf dem Höhepunkt ihrer amourösen Verfolgung durch den Gott Apollo auf ihr Bitten hin in einen Lorbeerbaum verwandelt, die extremste Form der Metamorphose, die Strauss bisher komponiert hat. In einer hermetischen Welt leben auf ihre Art Arabella ebenso wie die CAPRICCIO-Gräfin, seltsam abgewandt vom Zeitgeschehen und doch mittendrin. Am Ende seines Lebens erfährt das der Komponist an sich selbst mit den METAMORPHOSEN und den VIER LETZTEN LIEDERN als finale Klangzeichen aus einer endgültig untergegangenen Welt. Das Ende der Götterwelt war ja bereits zuvor in der LIEBE DER DANAE eingeleitet, deren Protagonistin sich am Ende einer göttlichen Beziehung zugunsten eines bürgerlichen Lebens verweigert, letztendlich ja auch ein Thema der FRAU OHNE SCHATTEN. Eine Oper, die sich darüber hinaus mit dem Themenkomplex der Ehe beschäftigt und damit auch ein Lebensthema von Thomas Mann variiert: die Gestaltung (s)einer bürgerlichen Lebensordnung.

Viele Werke von Strauss hat Mann wohl einfach zu wenig oder gar nicht gekannt oder zu oberflächlich gehört, um sie im ZAUBERBERG zu nutzen. Von allen hat er vielleicht den

ROSENKAVALIER am häufigsten gehört. Dabei gibt es sowohl über SALOME als auch über den ROSENKAVALIER sehr unterschiedliche Bemerkungen, wie wir gesehen haben. Kaum aber hat er für ihre Musik die wortmächtigen Beschreibungen gefunden, die Wagners Werke erfahren haben, kaum eine hat in den Augen des Schriftstellers die Atmosphäre eines Romans so getroffen wie die im ZAUBERBERG beschriebene Sterbeszene aus AIDA. Selbst im DOKTOR FAUSTUS wird die SALOME zwar eine Schlüsselrolle spielen, begleitet sie doch sozusagen den Komponisten Adrian Leverkühn auf dem Weg zu seiner willentlichen Infektion auf der Reise nach Pressburg. Zu einer dramaturgischen Klammer wie im Falle des Schubert-Liedes im ZAUBERBERG oder des MEISTERSINGER-Vorspiels zum dritten Akt im DOKTOR FAUSTUS kommt es jedoch nicht. Eine musikalische Beschreibung des SALOME-„Wurfs" fehlt in beiden Romanen ungeachtet seiner Bedeutung für das atmosphärische Umfeld seiner Protagonisten.
Durchaus wäre im ZAUBERBERG ein Hinweis auf die frühen Strauss-Lieder möglich gewesen. Das Lied ZUEIGNUNG war 1885 entstanden und zählt zu den meist interpretierten und bekanntesten Liedern von Strauss, auch zu den am meisten aufgenommenen. Eine der berühmtesten Aufnahmen wurde 1919 mit dem Bariton Heinrich Schlusnus produziert, den Mann besonders schätzte. Die Stimmung unbeschwerter Lebensheiterkeit in C-Dur stand einer Verwendung vielleicht entgegen, hätte andererseits dem Verhältnis zu Clawdia Chauchat eine eigene Farbe geben können. Auch das Strauss' Ehefrau Pauline zur Hochzeit 1894 zugeeignete Opus 27, dahingehend Schumanns MYRTEN von 1840 verwandt, das die Lieder „Ruhe meine Seele", „Cäcilie", „Heimliche Aufforderung" und „Morgen" umfasst, erweist sich als Vision eines glücklichen Lebens. Die „Heimliche Aufforderung" lockt die Geliebte – oder den Geliebten? – von der Tafel eines dionysischen Festes in die intime Heimlichkeit eines nächtlichen Gartens in einer vielleicht zu offensichtlichen Zweideutigkeit, die dem Autor des ZAUBERBERGS zu deutlich oder zu vordergründig war, vielleicht auch zu sehr vom privaten Anlass der Komposition belastet. Der Autor, der schottisch-deutsche Dichter John Henry Mackay (1864–1933), Biograph von Max Stirner und Freund von Rudolf Steiner, hätte durchaus einen Bezug zu den beiden Vettern Hans Castorp und Joachim Ziemßen abgeben können. Der mit Magnus Hirschfeld und Benedict Friedländer bekannte Mackay hatte unter dem Pseudonym Sagitta DIE NAMENLOSE LIEBE (1906–1926) herausgegeben, eine Sammlung von Schriften zur Verteidigung der Homosexualität. Um eine Art „verbotener" oder unmöglicher Liebe geht es im ZAUBERBERG im Geflecht der Beziehungen zwischen Hans Castorp, Clawdia Chauchat, Pribislav Hippe und Joachim Ziemßen ja durchaus, und im DOKTOR FAUSTUS wird dem Protagonisten die Liebe im Teufelspakt grundsätzlich verboten.

Kosmische Musik I. Von Tiefen und Höhen

Adrian Leverkühns frühe Komposition „Meerleuchten" wird im 18. Kapitel des DOKTOR FAUSTUS als ein „Stück ausgesuchter Tonmalerei" (GKFA, Bd. 10.1, S. 221) vorgestellt. Es handelt sich – „noch in Leipzig unter Kretzschmars Augen" entstanden – um eine Schülerarbeit, die nach einem mit Leverkühns Freund Rüdiger Schildknapp verbrachten Ferienaufenthalt an der Nordsee entstand und in „halb öffentlich" vom Lehrer organisierter Aufführung uraufgeführt wurde. Das Werk entstand im Anschluss an Leverkühns Orchestrationsstudien, die eifrig unternommen wurden, da man „Errungenes beherrschen müsse, auch wenn man es nicht mehr für wesentlich erachte [...]". So wird deutlich, dass Leverkühn sein Werk, das er in der Tradition der „Späterzeugnisse orchestralen Paletten-Raffinements" sieht, als durchaus veraltet betrachtet.

> Jenes klangfunkelnde „Meerleuchten" war ein [...] sehr merkwürdiges Beispiel dafür, wie ein Künstler sein Bestes an eine Sache zu setzen vermag, an die er insgeheim nicht mehr glaubte, und darauf besteht, in Kunstmitteln zu exzellieren, die für sein Bewußtsein schon auf dem Punkte der Verbrauchtheit schweben. [...] Um aber alles zu sagen, so trug schon dies glaubenslose Meisterstück koloristischer Orchesterbrillanz heimlich die Züge der Parodie und der intellektuellen Ironisierung der Kunst überhaupt, die sich in Leverkühns späterem Werk so oft auf eine unheimlich-geniale Weise hervortat. Viele fanden das erkältend, ja zurückstoßend und empörend, und es waren noch die Besseren, wenn auch die Besten nicht, die so urteilten. Die ganz Oberflächlichen nannten es nur witzig und amüsant. In Wahrheit war hier das Parodische die stolze Auskunft vor der Sterilität, mit welcher Skepsis und geistige Schamhaftigkeit, der Sinn für die tödliche Ausdehnung des Bereichs des Banalen eine große Begabung bedrohen. (GKFA, Bd. 10.1, S. 221f)

Vieldeutig scheint sich der Chronist im DOKTOR FAUSTUS – Claude Debussys 1905 vollendete und in Paris uraufgeführte Komposition LA MER als Vorgängerwerk der Leverkühn'schen Arbeit wenig beachtend und eine von einem „wohltrainierte[n] Publikum" festgestellte Fortsetzung der „Linie Debussy-Ravel" (GKFA, Bd. 10.1, S. 221) geradezu abweisend –, in diesem im Juni 1944 geschriebenen Kapitel auf Richard Strauss und seine Tondichtungen, insbesondere auf die ALPENSINFONIE und ihren gewaltigen Orchesterapparat zu beziehen.[142] Zu Recht gilt Strauss mit der 1913 vollendeten und 1915 uraufgeführten ALPENSINFONIE als genialer Vollender dieser Gattung. Da Leverkühn das „Meerleuchten" nicht zu seinen „eigentlichen" Produktionen zählen will und die Komposition eher in der Reihe von Schülerwerken und „Schönschreib-Übungen" als eine Art „Handgelenklockerung" (GKFA, Bd. 10.1, S. 221) sieht, steht fest, dass er diesem Genre schon längst skeptisch gegenüberstand. Strauss, der seine nach 1943 entstandenen Werke bekanntlich ebenfalls als „Handgelenksübung[en]"[143] bezeichnete, wird zwar einmal mehr nicht erwähnt, die Auseinandersetzung mit ihm steht aber durchaus zwischen den Zeilen und zwar als überaus aktuelle, geht es doch um kein geringeres Thema als um die Bedrohung der „Begabung" durch das „Banale".

---

[142] Dazu: Rüdiger Görner: Thomas Mann, a.a.O., S. 165.

[143] Brief von Richard Strauss an Willi Schuh vom 8. Oktober 1943, in: Willi Schuh (Hrsg.): Richard Strauss, Briefwechsel mit Willi Schuh, Zürich, Freiburg i.Br. 1969, S. 50. Siehe auch: Marion Beyer, Jürgen May, Walter Werbeck (Hrsg.): Richard Strauss. Späte Aufzeichnungen, München 2016, S. 136. (= Veröffentlichungen der Richard-Strauss-Gesellschaft, hrsg. v. Richard-Strauss-Institut Garmisch-Partenkirchen, begründet von Franz Trenner, Bd. 21) Datierung der Notiz im „Blauen Heft" (Nr. 4) Anfang Juni 1943.

Auch die Arbeitsgespräche mit Theodor W. Adorno, dem unermüdlichen musikalischen Berater, der am 7. Juli 1943 erstmals in den Tagebüchern von Thomas Mann erwähnt wird, fließen ein. In seinem Essay zum 100. Geburtstag des Komponisten hat Adorno später das alles auf den Punkt gebracht, bezeichnet Strauss´ Musik als eine „Musik [...] des Überfliegens", ein „Produkt aus der Urzeit der Luftschiffahrt", die dem Bürgertum vorgaukle, „was es selber ist, sei mehr und anders als es".[144] Alles, was Leverkühn für sich selbst und sein Schaffen ablehnt, „Markt, Karriere, Erfolg", ordnet Adorno dem Komponisten Strauss als „Moment des objektiven Geistes" zu, das „im Oeuvre und seiner technischen Prägung"[145] kennbar wird. Das von Strauss betriebene „Phantasma der Versöhnung von Kunst und Leben" verurteilt er als eine der „Grundschichten des Kunstgewerbes"[146] und gipfelt in der Feststellung: „Scheinhaft ist seine Musik als Schein des Lebens selber, das nicht ist."[147]
Generell bedauert Adorno in seinem „Geburtstagsgruß", der ja eher ein Nachruf, fast ein Rufmord ist, dass der Autor der SALOME und der ELEKTRA den „Verfall"[148] seiner letzten 35 Jahre nicht bemerkte, nicht versuchte, diesen Prozess aufzuhalten oder einfach zu schweigen. Adorno beurteilt damit das nach der FRAU OHNE SCHATTEN entstandene Werk als Verfallsprodukt. Die deutsche Musikwissenschaft hat in der zweiten Hälfte des 20. Jahrhunderts dieses Verdikt lange Zeit durchaus unreflektiert übernommen und sich auf das Schaffen vor 1930 konzentriert, im ROSENKAVALIER bekanntlich noch einen Rückschritt verurteilt, der bei weitem keiner war.[149]
Thomas Mann konnte sich schwer auf diese Generalverurteilung beziehen, da er die meisten Werke, die nach 1930 entstanden waren, gar nicht kannte und neben den Tondichtungen seine Urteile über Richard Strauss vornehmlich auf dessen Opern SALOME und ROSENKAVALIER beschränkte. In seiner Beurteilung von Strauss als „Gewächs der Kaiserzeit" trifft er sich inhaltlich durchaus mit den kritischen Aussagen seines musikalischen Beraters.

Die Tatsache, dass Leverkühn sein vor dem Besuch der Grazer SALOME 1906 entstandenes MEERLEUCHTEN als Übungsaufgabe und Beitrag zu einer überlebten Gattung sieht, stellt die 1915 uraufgeführte ALPENSINFONIE erst recht als ein für Leverkühn überholtes Werk dar.
In der Tat ist die ALPENSINFONIE bis heute eine umstrittene Musik. Oft wird indessen verkannt, dass es auch ein Stück Musik über Musik ist! Der Komponist selbst hat dem Missverständnis Vorschub geleistet, indem er – ähnlich wie Gustav Mahler in einigen seiner Sinfonien – programmatische Hinweise in die Partitur geschrieben hat, die einen erzählerischen Charakter unterstützen, ohne auf die technischen Finessen des Montagecharakters zu verweisen, der den Strauss-Hörern erstmalig in der FEUERSNOT begegnet; zum letzten Mal dann in den METAMORPHOSEN. Da die Technik der Montage auch auf die Arbeitsweise von Thomas Mann verweist, handelt es sich hier um keinen unbedeutenden Hinweis.

---

[144] Theodor W. Adorno: Richard Strauss, a.a.O., S. 566.
[145] Ebenda.
[146] Ebenda, S. 597.
[147] Ebenda, S. 605.
[148] Ebenda, S. 603.
[149] Über Strauss und die Musikwissenschaft: Siehe den Beitrag von Wolfgang Rathert, Strauss und die Musikwissenschaft, RSHB, S. 531-545. Der kritischen Darstellung vor allem in der deutschen Musikwissenschaft stand die quasi ununterbrochene internationale Popularität von Strauss und seiner Musik entgegen. Glenn Goulds 1962 verkündete Behauptung, Strauss sei „the greatest musical figure who has lived in this century", polarisierte da einmal mehr. Dazu: RSHB, S. 532 und Glenn Gould: An Argument for Strauss, in: High Fidelity 12, 1962 und in: Tim Page (Hrsg.): The Glenn Gould Reader, New York 1987, S. 84–92. Verwiesen sei hier auch auf die Interviews, die der Musikjournalist Humphrey Burton 1966 mit Glenn Gould für das kanadische Fernsehen produzierte.

Generell gilt festzustellen, dass sich Thomas Mann am fachkundigsten über Musik äußerte, die einen erzählerischen, mithin einen epischen Charakter hatte. Wagner und seine Leitmotivtechnik dürften ihm da im Nachvollziehen und Verstehen musikalischer Zusammenhänge am weitesten entgegengekommen sein.[150]

Indessen wird das Motiv des „Meerleuchtens" – über die Komposition hinausgehend und sich doch wieder auf sie beziehend – im 27. Kapitel des DOKTOR FAUSTUS weiter ausgeführt.[151] Adrian Leverkühn berichtet hier in der Abgeschiedenheit seines Pfeifferinger Domizils seinem Freund und Chronisten Serenus Zeitblom über die „Phantastereien des Abgrundes", über eine Reihe von phantastischen Reisen, die ihm, angeregt auch durch Bücher, die „Wunder der Meerestiefe" und des „Milchstraßenwirbels" erschlossen. Leverkühn steht damit ganz in der Tradition seines Vaters, der ja auch die „‚elementa'" spekulierte, die „exotischen Falter" und das „Meergetier" (GKFA, Bd. 10.1, S. 26), die im Leben des Sohnes eine große Rolle zu spielen bestimmt waren. Mit Hilfe einer „kugelförmigen Tauchergondel" – Adrian gefällt sich „in dem Scherz", das „höchst anschaulich vorzuerzählen" –, erforscht er mit seinem phantastischen „Cicerone" Mr. Capercailzie[152] die Tiefe des Meeres bis hinab in jene Regionen ewiger Dunkelheit, wo die Meerestiere sich selbst erleuchten. Um Licht zu haben, müssen sie selbst zu Licht werden. Die Gondel führt Adrian endlich auch in die Höhe, ins All, „ins Gestirn", in die Dimensionen der Lichtjahre. Diese wahrhaft faustische Welterkundung Adrians steht in Zusammenhang mit der von ihm kurz zuvor vertonten „Frühlingsfeyer" von Klopstock, der ja explizit davon absieht, „sich in den Ozean der Welten alle zu stürzen" und sich auf das Irdische beschränken will. Anders Adrian: „Er stürzte sich allerdings in das Unermeßliche, das die astrophysische Wissenschaft zu messe sucht, nur um dabei zu Maßen, Zahlen, Größenordnungen zu gelangen, zu denen der Menschengeist gar kein Verhältnis mehr hat, und die sich im Theoretischen und Abstrakten, im völlig Unsinnlichen, um nicht zu sagen: Unsinnigen verlieren."
Erst später, nach Adrians Zusammenbruch, versteht Serenus Zeitblom die Bedeutung der „Frühlingsfeyer" als ein „Sühneopfer an Gott", die Bedeutung der Reisen in die Höhe und in die Tiefe als faustischen „Teufelsjux".

> Seine Art und Weise, diese Tollheiten zu behandeln, war kalt, lässig, von Belustigung gefärbt über meine unverhohlene Abneigung, dabei aber auch von einer gewissen initiierten Vertrautheit mit diesen Verhältnissen, will sagen: von der fortdauernden Fiktion, als habe er seine Kenntnisse nicht unter der Hand, durch Lektüre, sondern durch persönliche Überlieferung, Belehrung, Demonstration, Erfahrung gewonnen, etwa mit Hilfe seines obengenannten Mentors, des Professors Capercailzie [...]. (GKFA, Bd. 10.1, S. 396)

Es handelt sich demnach um eine Welterkundung, zu der kein geringerer als der Teufel seinen Mantel ausgebreitet hat. Eine „kosmische Musik", eine „Orchester-Phantasie", die den Titel „Die Wunder des Alls" (GKFA, Bd. 10.1, S. 400) erhielt, entstand als Tondichtung

---

150 Probleme, die sich in dieser Hinsicht mit der Musik Mozarts ergaben, thematisierte er in einem Brief an Michael Mann vom 9. August 1955 nach einer Lektüre der Mozart-Biographie von Alfred Einstein: „Mich interessiert besonders, daß M[ozart] gar keinen Sinn für Natur hatte oder für Architektur oder Sehenswürdigkeiten überhaupt, sondern Anregungen immer nur aus der Musik selbst schöpfte und sozusagen Musik aus Musik machte, eine Art von künstlerischer Inzucht und filtrierter Produktion, sehr merkwürdig." In: Tilman Lahme, Holger Pils, Kerstin Klein (Hrsg.): Die Briefe der Manns. Ein Familienporträt, Frankfurt a.M. 2016, S. 374.

151 Die folgenden Zitate stammen aus dem 27. Kapitel des Romans (GKFA, Bd. 10.1, S. 387–397).

152 Mr. Capercailzie steht im Roman ebenso in der Reihe der Teufelserscheinungen wie Samuel Fitelberg, der Musikgelehrte Wendell Kretzschmar oder der hinkende Leipziger Dienstmann.

ganz eigener und anderer Art 1913/14. Serenus scheut die „Frivolität“ dieser Überschrift und schlägt „Symphonia cosmologica“ vor, was indessen Adrian verwirft. Im 36. Kapitel des Romans wird die Uraufführung der nunmehr „Kosmische Symphonie“ benannten Komposition während des Weimarer Tonkünstlerfestes 1920 „unter der rhythmisch besonders zuverlässigen Leitung Bruno Walters“ (GKFA, Bd. 10.1, S. 564) als Hommage an den lebenslangen Musikerfreund und Berater erwähnt.[153]

Die in beiden Werken angelegten Motive von der Höhe und der Tiefe finden sich in vielfältiger Verwendung im ZAUBERBERG und im JOSEPH-Roman. „Tief ist der Brunnen der Vergangenheit“ (GKFA, Bd. 7.1, S. IX) erfahren wir im „Höllenfahrt“ überschriebenen Vorspiel. Eine „Tiefe“, die einige Interpreten mit dem klanglich und räumlich tiefen Beginn von Wagners RHEINGOLD-Vorspiel in Verbindung bringen.[154] Auch Joseph erweist sich als Sternengucker und Mondbetrachter; „an der Tiefe“ des Brunnens sitzend wird der leichtgeschürzt in die Höhe schauende und sich in seiner Anmut dem Mond präsentierende Knabe von seinem Vater Jaakob ermahnt. Seine Brüder werfen den Eitlen in die Tiefe des Brunnens, aus der er gerettet wird, um in ungeahnte – gesellschaftliche – Höhen erhoben zu werden, als ein von Gott Erwählter und Geleiteter.
Beim Betrachten der Tiefsee-Wunder empfindet Adrian ein „Gefühl der Indiskretion“ (GKFA, Bd. 10.1, S. 390). Ähnliches empfindet Hans Castorp im ZAUBERBERG, als er in der ärztlichen Wunderkammer von Hofrat Behrens mit Hilfe eines Röntgenapparates in das Innere seines Vetters Joachim schaut. Zudem ist der einzige Schauplatz des Romans bekanntlich das Hochgebirge. Wer diese hermetische Höhe verlässt, um in die Tiefe des „Flachlandes“ zu „desertieren“, ist dazu verurteilt, dort zu sterben. Hans Castorp und Clawdia Chauchat wiederum tauschen ihre Innenansichten, die Röntgenbilder ihrer Lungen, in einem intimen Moment, den der Leser zwischen dem ersten und dem zweiten Band vermuten muss. Ein Moment, der seinen Anlass der Rückgabe eines geliehenen Bleistifts verdankt, ein erotisches Motiv, das Castorps Liebe zu Clawdia vieldeutig mit seiner unerwiderten Schülerliebe zu dem kirgisengesichtigen Pribislav Hippe in Verbindung bringt, später auch mit seiner Liebe zu Joachim. Die Gefahr, die dabei von der „Tiefe“ ausgeht, vom Einblick in kosmische Geheimnisse, ist die Gefahr des Todes, über dessen „Geheimnis“ Hans Castorp wiederum beim Betrachten der Schneekristalle spekuliert.

[153] Auch der Dirigent Otto Klemperer wird im „Doktor Faustus“ als fiktiver Leiter der Uraufführung der Leverkühnschen „Apocalipsis“ 1926 beim Fest der „Internationalen Gesellschaft für neue Musik“ in Frankfurt als Förderer der Avantgarde erwähnt. (GKFA, Bd. 10.1, S. 547)

[154] Dieter Borchmeyer: „Kulissengeschiebe“ – Thomas Manns Joseph und seine Brüder und Richard Wagners Ring des Nibelungen: eine Kontrafaktur, in: wagnerspectrum, Heft 2, 2011, S. 95–113.

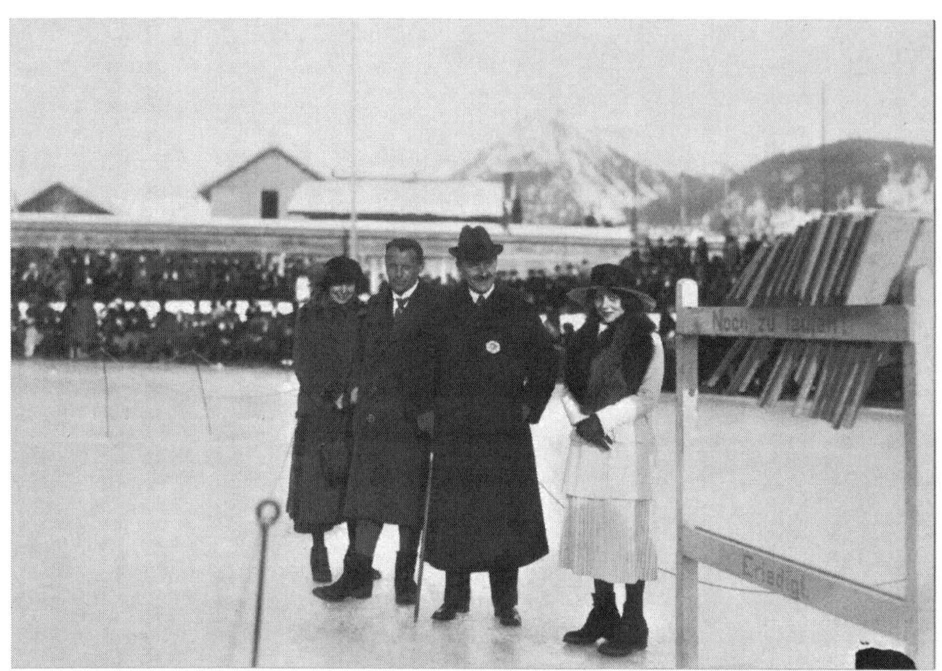

Thomas Mann auf dem Davoser Eisplatz, nach dem 30. Januar 1921. Rechts neben ihm die Tänzerin und Schauspielerin Niddy Impekoven, links von ihm Martin Platzer, der Redakteur der Davoser Blätter und Niddys Mutter Frieda. Thomas Mann liebte Spaziergänge im Schnee. Darüber hinausgehende sportliche Betätigungen werden jedoch kaum erwähnt. Photo: ETH-Bibliothek Zürich, Thomas-Mann-Archiv/Photograph: Emil Meerkämper/ TMA_0064

NOCH EINMAL: „DAS GEHEIMNIS DES TODES“

> Es sah nach Schnee aus, mehr Schnee, um dringendem Bedarf abzuhelfen, – nach einem ordentlichen Gestöber. Und wirklich fielen die kleinen, lautlosen Flocken über der Halde schon reichlicher.
> Hans Castorp trat vor, um ein paar davon auf seinen Ärmel fallen zu lassen und sie mit den Kenneraugen des Liebhaberforschers zu betrachten. [...] es waren Myriaden im Erstarren zu ebenmäßiger Vielfalt kristallisch zusammengeschossener Wasserteilchen, – Teilchen eben der anorganischen Substanz, die auch das Lebensplasma, den Pflanzen-, den Menschenleib quellen machte, – und unter den Myriaden von Zaubersternchen in ihrer untersichtigen, dem Menschenauge nicht zugedachten, heimlichen Kleinpracht war nicht eines dem anderen gleich; [...] aber in sich selbst war jedes der kalten Erzeugnisse von unbedingtem Ebenmaß und eisiger Regelmäßigkeit, ja dies war das Unheimliche, Widerorganische und Lebensfeindliche daran; sie waren zu regelmäßig, die zum Leben geordnete Substanz war es niemals in diesem Grade, dem Leben schauderte vor der genauen Richtigkeit, es empfand sie als tödlich, als das Geheimnis des Todes selbst [...]. (GKFA, Bd. 5.1, S. 722f)

Während Hans Castorp in einem Schneesturm seinen Weg verliert, grübelt er über die Struktur der Scheekristalle, die auf seinen Ärmel fallen, „spekuliert“ über ihre elementare Struktur und meint, in ihnen dem „Geheimnis des Todes“ auf der Spur zu sein, einem „Geheimnis“, das ihm während seines Aufenthaltes im Hochgebirge immer wieder begegnet. In den beiden „Schnee“ und „Strandspaziergang“ überschriebenen Abschnitten im sechsten und siebten Kapitel des ZAUBERBERGS geht es darüber hinaus um das Thema der Entgrenzung, darum, wie die Beschränkungen von Zeit und Raum überwunden werden können. Ein Thema, das Strauss in Opern wie DIE FRAU OHNE SCHATTEN oder DAPHNE in der Form der Transformation ebenfalls fasziniert und als philosophische Überlegung sowohl für Strauss als auch für Mann wohl über Wagners PARSIFAL vermittelt sein dürfte. Auch DIE ÄGYPTISCHE HELENA verwirrt den Zuhörer mit einem beziehungsreichen Spiel, in dem die Logik von zeitlichen Abläufen und räumlichen Koordinaten hinterfragt wird.
Zu Beginn des „Strandspaziergangs“ stellt Thomas Mann im ZAUBERBERG die Frage, ob man Zeit erzählen kann und welche Unterschiede es zwischen der musikalischen Zeit und der erzählten Zeit gibt. Die ZAUBERBERG-Antwort, dass ein Musikstück, das „Fünf-Minutenwalzer“ hieße eben fünf Minuten dauere, ein episches Werk gleichen Titels aber für die Beschreibung von diesen fünf Minuten hunderte von Seiten und Lesestunden beanspruchen könne, dürfte nach den Wandlungen des Musikverständnisses schon die Zeitgenossen nicht mehr ganz überzeugt haben. Erzählte Zeit, so der Romancier, muss eine vergehende sein, auch musikalisch. Anderes „wäre, als wollte man hirnverbrannterweise eine Stunde lang ein und denselben Ton oder Akkord aushalten und das – für Musik ausgeben“. (GKFA, Bd. 5.1, S. 816) Für Thomas Mann war das eine Feststellung. Heute, nach den Erfahrungen der Musik der Gegenwart, darf man auch diese Aussage durchaus mit einem Fragezeichen versehen.
Aber die Zeit selbst kann zu einem Thema werden und damit die Strukturen der Erzählung verändern. Im „Strandspaziergang“ wird die Zeit zur Ferienzeit, zu einer Auszeit, die als Traum erlebt wird. So wird der Strandspaziergang zu einer Lebenslage, in der sich die „zeitlich-räumlichen Distanzen“ verwirren und vermischen, die Ordnung des Alltags untertaucht im „Zauber für Ferienstunden“ (GKFA, Bd. 5.1, S. 824). Als ein „Der-Zeit-abhandengekommen“-Sein wird das dargestellt, eine Metaphysik, die sich der tätige Mensch des Flachlandes eigentlich nur als „Ferienbeschäftigung“ erlauben darf, wenn sie ihn nicht auf die Wege „des Bösen“ locken soll. Davor will ja gerade Settembrini das „Sorgenkind des Lebens“ bewahren. Kein geringerer als der am Ende des sechsten Kapitels verstorbene

Vetter Joachim, dessen „Lebensbefehl" der Gedanke zur Pflicht war, stand dem entgegen. Rechtfertigt dessen Tod nun Castorps „lästerliche Zeitwirtschaft"? (GKFA, Bd. 5.1, S. 826) Dieser erinnert sich, während er im Verlauf eines eigenmächtig beschlossenen Skiausfluges in den Schneesturm gerät, an einen ebenso stürmischen Sylter Strandspaziergang – der wiederum den Nordsee-Aufenthalt von Rüdiger Schildknapp und Adrian Leverkühn im DOKTOR FAUSTUS und das „Meerleuchten" vorwegnimmt – an seine „Liebesbemühungen mit Mächten, deren volle Umarmung vernichtend sein würde". (GKFA, Bd. 5.1., S. 718)
Castorp bekennt in der Einleitung zu diesem Kapitel, dass das „Leben im Schnee" mit dem „Meeresstrand" verwandt erscheint (GKFA, Bd. 5.1, S. 711), der Schnee dem Sand entspricht, das gefrorene Wassermolekül dem zermahlenen Muschelpulver. Der Protagonist der Handlung belauscht dabei das „Urschweigen" – von „keck[em] Belauschen der Urstille" ist die Rede – und fühlt sich als „Kind der Zivilisation" der „wilden Natur" näher als ihr „rauher Sohn". (GKFA, Bd. 5.1, S. 717) Ein ähnliches Naturerleben wird beim Hören von Debussys PRÉLUDES À L´APRÈS-MIDI D´UN FAUNE in „Fülle des Wohllauts" beschrieben.
Später ist von der „schneienden Totenstille" (GKFA, Bd. 5.1, S. 719) die Rede. Im „grünlich-blau[en]" Berglicht, das „eisklar und doch schattig" erscheint, erkennt Castorp endlich die Augen von Clawdia Chauchat und Pribislav Hippe, die „Herr Settembrini vom humanistischen Standpunkte aus verächtlich als ‚Tatarenschlitze' und ‚Steppenwolfslichter' bezeichnet hatte [...]". (GKFA, Bd. 5.1., S. 721)
Dies alles endet in einer Vision, in der sich Farben und Musik vermischen:

> Es war ein Park, der unter ihm lag, unter dem Balkon, auf dem er wohl stand – ein weiter, üppig grünender Park von Laubbäumen, von Ulmen, Platanen, Buchen, Ahorn, Birken, leicht abgestuft in der Färbung ihres vollen, frischen, schimmernden Blätterschmucks und sacht mit den Wipfeln rauschend. Es wehte eine köstliche, feuchte, vom Atem der Bäume balsamierte Luft. [...] Die Luft war voller Vogellaut, voll zierlich-innigem und süßem Flöten, Zwitschern, Girren, Schlagen und Schluchzen, ohne daß eines der Tierchen sichtbar gewesen wäre. [...] Ein Regenbogen spannte sich seitwärts über die Landschaft, voll ausgebildet und stark, die reinste Herrlichkeit, feucht schimmernd mit allen seinen Farben, die satt wie Öl ins dichte, blanke Grün herniederflossen. Das war ja wie Musik, wie lauter Harfenklang, mit Flöten untermischt und Geigen. Das Blau und Violett besonders strömten wunderbar. Alles ging zauberisch verschwimmend darin unter, verwandelte, entfaltete sich neu und immer schöner. [...] Bläue schwamm... Die blanken Regenschleier sanken: da lag ja das Meer – ein Meer, das Südmeer war das, tief-tiefblau, von Silberlichtern blitzend, eine wunderschöne Bucht [...]. Menschen, Sonnen- und Meereskinder, regten sich und ruhten überall, verständig-heitere, schöne junge Menschheit, so angenehm zu schauen [...] Jünglinge tummelten Pferde, liefen, die Hand am Halfter, neben ihrem wiehernden, kopfwerfenden Trabe her, zerrten die Bockenden an langen Zügeln oder trieben sie, sattellos reitend, mit bloßen Fersen die Flanken der Gäule schlagend, ins Meer hinein, wobei die Muskeln ihrer Rücken unter der goldbraunen Haut in der Sonne spielten und die Rufe, die sie tauschten oder an ihre Tiere richteten, aus irgendeinem Grunde bezaubernd klangen. An einer wie ein Bergsee die Ufer spiegelnden Bucht, die weit ins Land trat, war Tanz von Mädchen. (GKFA, Bd. 5.1., S. 738f)

Als einer der ersten hat Thomas Manns Sohn, der Geiger Michael Mann, auf den Zusammenhang dieser Vision mit den poetischen Inhalten der von Gustav Mahler im LIED VON DER ERDE vertonten Gedichte aus Hans Bethges (1876–1946) DIE CHINESISCHE FLÖTE verwiesen.[155] Im vierten Satz, dem das Gedicht „Von der Schönheit" zugrunde liegt, heißt es:

[155] Michael Mann: Eine unbekannte Quelle zu Thomas Manns Zauberberg, in: Germanisch-Romanische Monatsschrift NFH (1965), S. 409–413.

Junge Mädchen pflücken Blumen,
Pflücken Lotosblumen an dem Uferrande.
Zwischen Büschen und Blättern sitzen sie,
Sammeln Blüten in den Schoß und rufen
Sich einander Neckereien zu.

[...]

O sieh, was tummeln sich für schöne Knaben
Dort am Uferrande auf mut´gen Rossen,
Weithin glänzend wie die Sonnenstrahlen;
Schon zwischen dem Geäst der grünen Weiden
Trabt das jungfrische Volk einher![156]

Thomas Mann hat die postume Uraufführung von Mahlers LIED VON DER ERDE in München unter der musikalischen Leitung von Bruno Walter erlebt. Auch bei den Münchner Aufführungen von Mahlers Dritter Sinfonie im Februar 1904, der Sechsten im November 1906, der Siebten im Oktober 1908 und der Achten im September 1910 war Mann bekanntlich anwesend. Erinnert sei daran, dass Thomas Mann in seinem Arbeitszimmer ein Gemälde von Ludwig von Hofmann vor Augen hatte, das Knaben an einer Quelle darstellt. Ein beliebtes Hofmann-Genre, das uns auch in seinem Bild „Reiter am Meer" begegnet und die oben beschriebene arkadische Traumwelt illustriert. Der antikische Geist dieser Lebensentwürfe einer zukünftigen Menschheit war wesentlich von den Ideen der Lebensreformbewegung der Jahrhundertwende beeinflusst, von ihrem Bestreben nach universaler Einheit mit einer paradiesischen Natur in gesellschaftlicher Freiheit und sozialer Gleichheit. Die eindeutig stimulierende Präsentation der nackten Knabenkörper dürfte sicherlich auch Thomas Mann erotisches Interesse geweckt haben.

Das omnipräsente „Geheimnis des Todes" aber, das uns an die grandiose Stelle in Strauss´ SALOME erinnert, wird mit dem Geheimnis eines schöpferischen Schaffens und Erkennens verwoben, das in letzter Konsequenz zur endgültigen Grenzüberschreitung der Protagonisten führt. Die romantischen Geheimnisse der Liebe und des Todes haben die Werke von Richard Strauss und Thomas Mann in der Tat gleichermaßen grundiert und damit auch zueinander in Beziehung gesetzt.

[156] Gustav Mahler: Das Lied von der Erde, Partitur, 4. Satz: „Von der Schönheit". Gustav Mahler. Sämtliche Werke. Kritische Gesamtausgabe. Leitung: Karl Heinz Füssl. Hrsg. von der Internationalen Gustav Mahler Gesellschaft, Wien. Bd. IX: Das Lied von der Erde, Wien 1964, S. 61–80.

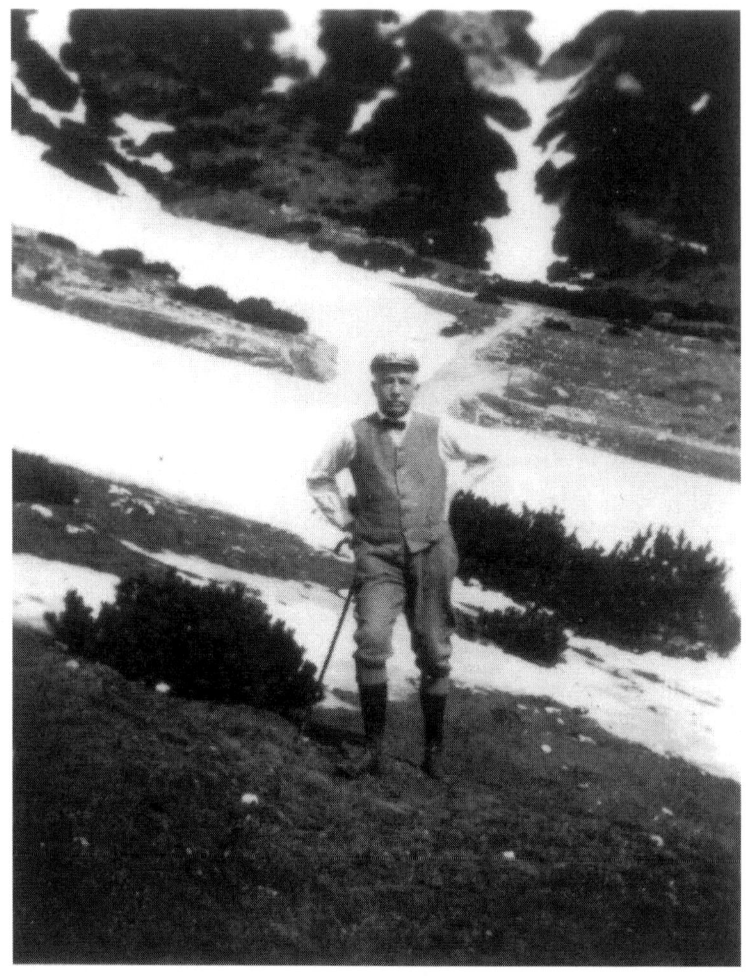

Richard Strauss als Bergwanderer am Monte Cristallo (Dolomiten, Cortina d´Ampezzo). Photo: Richard-Strauss-Institut, Garmisch-Partenkirchen

Kosmische Musik II. EINE ALPENSINFONIE

Als Stück von „ausgesuchter Tonmalerei“ und als spätes Erzeugnis eines „orchestralen Paletten-Raffinements“ bezeichnet Thomas Mann Adrians Komposition „Meerleuchten“. Der allgemeine Bezug auf das Genre der Tondichtung, insbesondere auf die späten Höhepunkte dieser Gattung, die von Richard Strauss stammen, ist dabei überaus deutlich. Die spezielle Beziehung zwischen dem „Meerleuchten“ und der ALPENSINFONIE wurde bereits angedeutet und verbindet den ZAUBERBERG mit dem DOKTOR FAUSTUS. Thomas Mann stiftet, wie wir gesehen haben, einen wahren Beziehungszauber über die Kapitel „Schnee“ und „Strandspaziergang“ im ZAUBERBERG und den imaginären Raum- und Tiefseefahrten im DOKTOR FAUSTUS.

Auch die ALPENSINFONIE beschreibt eine Reise, einen Ausflug ins Hochgebirge und ein Erleben der Elemente, einen Aufstieg aus dem Tal in die Höhe, einen Gewittersturm und – wie in Beethovens PASTORALE –, eine dankbar erlebte Heimkehr des Protagonisten in ein bürgerliches Leben. Als das Werk nach einer langen Zeit der Inkubation und Ausführung am 28. Oktober 1915 in Berlin uraufgeführt wurde, stand dieses bürgerliche Leben am Rande seiner finalen Katastrophe. Kaiser Wilhelm II., der Dienstherr des Komponisten, wollte die Uraufführung der „ernsten Zeit“ wegen verschieben und verweigerte Strauss die von ihm gewünschte Königliche Kapelle. Die Uraufführung wurde stattdessen von der ihm bestens vertrauten Dresdner Hofkapelle gespielt. Zwei Tage später erfolgte mit ihr auch die Berliner Erstaufführung.

Strauss hat das Thema der Tondichtung offensichtlich seit einem Ausflug in die Alpen, die den 15-Jährigen gemeinsam mit Ludwig Thuille auf den Gipfel des Heimgartens in der Nähe des oberbayerischen Murnau führte, beschäftigt. Die oberbayerischen Landschaften haben ja auch Thomas Mann immer wieder als Landschaftskulisse gedient und als Spaziergänger begeistert. Ebenso haben die Erlebnisse des Aufstiegs, die grandiose Aussicht vom Gipfel und die elementare Erfahrung des Unwetters Strauss´ musikalische Phantasie animiert. Aber erst im Januar 1900 berichtet er dem Vater in einem Brief von einer „sinfonischen Dichtung“, die mit einem „Sonnenaufgang in der Schweiz“[157] beginnt. Die frühen Skizzen werden als „Künstlertragödie“ bezeichnet, auch unter dem provisorischen Titel DIE ALPEN. DER ANTICHRIST geführt.[158] Bis 1910 hat Strauss immer wieder Teile des Werkes komponiert, irgendwann aber die ursprüngliche Konzeption als „Künstlertragödie“ aufgegeben, um sich auf eine viersätzige Darstellung der Alpen zu konzentrieren:

I. Nacht u. Sonnenaufgang
   Aufstieg: Wald (Jagd)
      Wasserfall (Alpenfee)
      blumige Wiesen (Hirte)
      Gletscher
      Gewitter
   Abstieg und Ruhe
II. ländliche Freude. Tanz, Volksfest, Procession
III. Träume und Gespenster (nach Goya)
IV. Befreiung durch die Arbeit: das künstlerische Schaffen. Fuge[159]

[157] Willi Schuh (Hrsg.): Richard Strauss: Briefe an die Eltern, a.a.O., S. 232.
[158] Siehe: Charles Youmans: Tondichtungen, RSHB, S. 433.
[159] Nach den Hinweisen im Skizzenbuch 9. Ebenda.

Im Verlauf der Arbeit hat der Komponist dieses Schema verworfen, um sich 1911 auf eine zweisätzige Form, später auf eine einsätzige, festzulegen. Am 19. Mai, einen Tag nach dem Tod Gustav Mahlers in Wien, schreibt er in sein Tagebuch: „Ich will meine Alpensinfonie: den Antichrist nennen, als da ist: sittliche Reinigung aus eigener Kraft, Befreiung durch die Arbeit, Anbetung der ewigen herrlichen Natur."[160] Mahler und Nietzsche erscheinen als Bezugspersonen, der Philosoph einmal mehr als Schöpfer des ZARATHUSTRA, dessen Sonnenaufgang Strauss schon 1896 zu einer ebenso kongenialen wie epochalen Musik inspiriert hat, Mahler als Suchender eines Naturtons in der Tradition Wagners und als Protokollant apokalyptischer Zeiten. Die Nachricht vom Tode Gustav Mahlers hat zur gleichen Zeit Thomas Mann bewegt und seinen eigenen Bekenntnissen nach dazu geführt, dass der Held der entstehenden Erzählung, Gustav Aschenbach im TOD IN VENEDIG, Züge des Verstorbenen tragen sollte.[161]

Es überrascht die lange Zeit der Beschäftigung mit der ALPENSINFONIE, die kompositorisch ihren Abschluss fand, als sich Strauss mit ARIADNE AUF NAXOS auseinandersetzte und mit den ersten Arbeiten an der FRAU OHNE SCHATTEN. Durchaus finden die Ideen der Märchenoper und des Mysterienspiels der FRAU OHNE SCHATTEN bereits in den Lebensreise-Stationen des Künstlers in der ALPENSINFONIE ein Abbild. Während die Bilderfülle der Sinfonie die Musikwissenschaftler von deren „kinematographischem Charakter"[162] sprechen lässt, schwanken die Analysen der Form und bieten neben einer traditionellen Sonatenform die Form einer viersätzigen Sinfonie oder einer Variationenform an. Auch über die Bedeutung der Bildersprache gibt es durchaus unterschiedliche Auffassungen. Es mag verwundern, dass der Strauss-Freund Max Steinitzer in seiner musikalischen Analyse auf den programmatischen Charakter der Musik kaum eingegangen ist.[163] Wir werden sehen, dass dies durchaus berechtigt sein kann. Über das Programmatische hinausgehend ist die ALPENSINFONIE auch eine Musik über Musik, ein Werk, das sich im motivischen und technischen Zitat auf andere Werke bezieht. Als eine ganz und gar nicht „unreflektierte Musik" bezeichnete der 1935 geborene Nono-Schüler Helmut Lachenmann das Werk, das er als „Abschiedsfeier für ein [...] zur Attrappe gewordenes Weltbild" pries, dessen avancierte musikalische Sprache, ganz in der Tradition von Arnold Schönberg, Alban Berg, Anton Webern oder Charles Ives stehend, sich aus den Trümmern der alten Formen neu definiert. In der von Cluster-Nebeln verhangenen „Stille vor dem Sturm" erkennt er die „Schwüle" vor den Gewittern des Krieges, in dem das musikalische Material zerstückelt wird.[164] Lachenmanns scharfsinnige Analyse der ALPENSINFONIE als ein sich selbst hinterfragendes Werk der „modernen" Musik markiert – nach der Jahrtausendwende! – auf seine Weise einen neuen Umgang mit Strauss, der hier durchaus als „Zeitgenosse" von Künstlern des 21. Jahrhunderts erscheint, als radikaler Klangschöpfer wahrgenommen und ernst genommen wird.

---

[160] Zit. nach: Stephan Köhler: Richard Strauss: Eine Alpensinfonie, op. 64, in: Neue Zeitschrift für Musik 143/II, 1982, S. 42–46.

[161] Siehe Anm. 46.

[161] Dazu: Hans Rudolf Vaget: Die „Maske Mahlers", a.a.O., S. 7ff und Katia Mann: Meine ungeschriebenen Memoiren, a.a.O., S. 73f.

[162] Charles Youmans: Tondichtungen, RSHB, S. 434.

[163] Max Steinitzer: Richard Strauss. Eine Alpensinfonie für großes Orchester, op. 64. Thematische Einführung, Leipzig 1914.

[164] Helmut Lachenmann im Gespräch mit Max Nyffeler. Abdruck im Programmheft zu einem Konzert des Ensemble Modern Orchestra beim Lucerne Festival am 24. August 2005, in dem auf Wunsch Lachenmanns Strauss' „Alpensinfonie" mit seinem eigenen Werk „Ausklang" kombiniert wurde. Im Internet unter: www.beckmesser.info/helmut-lachenmann-und-die-alpensinfonie (1. Februar 2021).

Schon Paul Bekker erkannte diesen Charakter einer Musik über die Musik und beschrieb in der Eröffnung der Sinfonie eine „Nachahmung des RHEINGOLD-Beginns“[165]. Die Musik des „Wasserfalls“ gemahnt an den Feuerzauber, die Herdenglocken an Mahlers Sechste Sinfonie. Auch Liszts BERGSYMPHONIE wird als die Musik beeinflussendes Vorbild aufgezählt.[166] Darüber hinaus bezieht sich der Komponist mit der musikalischen Darstellung eines Sonnenaufgangs und der Thematik der Naturerfahrung und Erkenntnissuche auf einem einsamen Berggipfel natürlich auch auf seinen ZARATHUSTRA und dessen imaginäre Nietzsche-Biographie, in der die Natur den Künstler stimuliert. Strauss früher Hinweis, „Ich will meine Alpensinfonie: den Antichrist nennen“ versteht sich in dieser Tradition stehend und verweist auf eine Sinnsuche und -erfahrung, die über das Christliche hinausgehen will. Als „innere Erlebnisse einer schöpferischen Persönlichkeit“[167] hat schließlich auch Steinitzer die „Künstler“-Sinfonie beschrieben. Noch 1911 beschreibt ein Artikel im Berliner-Börsen-Courier den Menschen im ersten Satz des noch unvollendeten zweisätzigen Werkes als „Bewunderer der Natur“, im zweiten Satz als „Grübler“, der „angesichts dieser gigantischen Naturerscheinung irre wird an Welt und Gott und Religion“.[168]

Sowohl im ZAUBERBERG als auch im DOKTOR FAUSTUS offenbaren sich fortdauernde Aktualität und Popularität dieser Themen. Adrian Leverkühn begegnet dem Leser als ebendieser „Grübler“, zudem als musikalischer Grübler, der – auch hier der Biographie Nietzsches verpflichtet –, an „Welt und Gott“ verzweifelt und irre wird. Hans Castorp erfährt während seines Schneeabenteuers im Hochgebirge die Relativität von Zeit- und Raumerfahrungen, erlebt in einem visionären Raum eine musikalische Landschaft, eine phantastische Imagination jenseits von wortvermitteltem Sinn und Bedeutung. In der kurzen Zeit seiner während des Schneesturms erlebten Orientierungslosigkeit erinnert ihn das Schneechaos an seine Strandspaziergänge, die Erfahrung der Urgewalten des Meeres, denen er in der Höhe wiederbegegnet; ganz so wie es Adrian Leverkühn erging, der seine Reisen in die Höhe und in die Tiefe von Anfang an in einem phantastischen, das Materielle durchaus überwindenden Raum lokalisiert.

Die von Strauss gewählten Überschriften, mit denen die einzelnen Abschnitte charakterisiert werden, beziehen sich auf die frühen Skizzen und konzentrieren sich im Wesentlichen auf die Naturbilder: „Nacht“ – „Sonnenaufgang“ – „Der Aufstieg “ – „Eintritt in den Wald“ – „Wanderung neben dem Bache“ – „Am Wasserfall“ – „Erscheinung“ – „Auf blumigen Wiesen“ – „Auf der Alm“ – „Durch Dickicht und Gestrüpp auf Irrwegen“ – „Auf dem Gletscher“ – „Gefahrvolle Augenblicke“ – „Auf dem Gipfel“ – „Vision“ – „Nebel steigen auf“ – „Die Sonne verdüstert sich allmählich“ – „Elegie“ – „Stille vor dem Sturm“ – „Gewitter und Sturm, Abstieg“ – „Sonnenuntergang“ – „Ausklang“ – „Nacht“
Bleibt die Überschrift des letzten Satzes aus den ersten Skizzen, wo es hieß: „Befreiung durch die Arbeit: das künstlerische Schaffen.“ Das Ergebnis dieses Schaffens ist natürlich die ALPENSINFONIE selbst, deren Musik die (Lebens)erfahrungen des Künstlers reflektiert. Am Ende bringt sie ihn aus der „Höhe“ in das „Flachland“ der sozialen Verantwortung, in die Welt der Arbeit, der sich Hans Castorp durch seinen Aufenthalt auf dem Zauberberg ja entzieht, bis ihn die „Lebenspflicht“ dann doch dorthin zurückberuft. Für Strauss findet darüber hinaus ein weiteres Lebensthema Thomas Manns, das Erfüllen (s)einer sozialen

[165] Paul Bekker: Eine Alpensinfonie: Ein Feldpostbrief, in: Ders.: Kritische Zeitbilder, Berlin 1921, S. 106–117.
[166] Charles Youmans: Tondichtungen, RSHB, S. 436.
[167] Max Steinitzer: Richard Strauss, a.a.O., S. 3f., zit. nach: Charles Youmans, Tondichtungen, RSHB, S. 435.
[168] Charles Youmans: Tondichtungen, RSHB, S. 439.

Pflicht, in der SYMPHONIA DOMESTICA, im INTERMEZZO, auch in der FRAU OHNE SCHATTEN und im FRIEDENSTAG variantenreiche inhaltliche Fortsetzung und Umspielung.
Auch der in der „schneienden Totenstille" (GKFA, d. 5.1, S. 718) des Hochgebirges der „Zeit abhanden gekommene" (GKFA, Bd. 5.1, S. 826) Castorp begegnet sich in der ALPENSINFONIE selbst; Thomas Mann mit seinem frühen bürgerlichen Bekenntnis zur Ehe und seinem späteren zur sozialen Verantwortung des Künstlers auf seine Weise. Erneut zeigt sich über charakterliche Gegensätzlichkeiten hinaus eine künstlerische Beziehung, fast eine „Wahlverwandtschaft" im gemeinsamen Bestreben nach einer bürgerlichen Arbeitserfüllung.

Über die Abschnitte „Elegie" und „Ausklang", die einzigen, die keinen unmittelbaren poetischen Bezug zu einem materiellen Naturbild haben, schreibt Charles Youmans in seiner Werkanalyse: „Als die Regel bestätigende Ausnahmen regen sie zu einer neuen Art von Musikbetrachtung an. Sie begnügt sich mit der Erfahrung einer Welt, die der begrenzten menschlichen Erkenntnis zugänglich ist, und genießt die Schönheit dieser Erfahrung im Hier und Jetzt."[169] Ein Bekennen zu einer Musik, die jenseits von Programmatik ihren Sinn in sich selber sucht. Eine Erfahrung, die uns später auch aus den VIER LETZEN LIEDERN des Agnostikers Richard Strauss herübertönt, Musik aus einer Welt an der Schwelle des Todes, die indessen im Verströmen in der Welt unserer Sinne ihren Höhepunkt findet. Im Bewusstsein, vom Ende einer Zeit zu erzählen, begegnen sich wiederum Strauss und Mann. In der Zeit zwischen 1911 und 1915 umkreisen sie in der ALPENSINFONIE und im TOD IN VENEDIG thematische Komplexe, die bei aller Unterschiedlichkeit wieder einmal nahe beieinander liegen.

Während sich Strauss abschließend mit der ALPENSINFONIE beschäftigt, entstehen Alban Bergs DREI ORCHESTERSTÜCKE op. 6: „Präludium – Reigen – Marsch". Berg schenkt die Reinschrift von „Präludium" und „Marsch" Arnold Schönberg[170] zu dessen 40. Geburtstag am 13. September 1914, sechs Wochen nach dem Ausbruch des Weltkrieges, vom dem er sich, wie viele andere auch, unter ihnen Thomas Mann, eine Katharsis erhoffte. In einem Brief an seine Frau Helene schreibt er: „Vielleicht dämmert dann in diesen Abgründen die Erkenntnis, daß es andere Werte gibt als die, die man bis jetzt für die alleinseligmachenden hielt."[171] Schneller als andere erkannte und erlebte der Soldat Berg die ungeahnten Schrecken dieser Abgründe, von denen auch die Oper WOZZECK (UA 1925) kündet. Das Schauspiel Büchners hatte der Komponist am 14. Mai 1914 zum ersten Mal auf der Bühne erlebt.
Mit Strauss´ ALPENSINFONIE verbindet Bergs Opus 6 die gewaltige Orchesterbesetzung mit vielfach aufgeteilten Stimmen und Klängen, die sich dem Geräuschhaften nähern. Unheilverkündende Signale und explosionshaft zersplitterndes Material nehmen in beiden Werken die unmittelbar bevorstehende Katastrophe vorweg, die nicht nur Karl Kraus in seiner Tragödie DIE LETZTEN TAGE DER MENSCHHEIT vorausgeahnt und erwartet hat. Bergs „Marsch" begleitet die „Welt von gestern" in ihren Untergang, wandelt traumwandlerisch in einer unheimlichen Klangwelt, die Gustav Mahler in seinen Sinfonien erschlossen hatte. Der Hammerschlag in der Sechsten Sinfonie erscheint uns im Nachhinein als vorausahnendes Klangzeichen. Die Klangsprache von Richard Strauss stand all dem durchaus nahe. Erkannt wurde das erstaunlicherweise erst viel später. Als Glenn Gould Richard Strauss in den 1960er Jahren als bedeutenden Meister der Musik des 20. Jahrhunderts pries, wurde er eher

[169] Charles Youmans: Tondichtungen, RSHB, S. 440.
[170] Der von Berg als Lehrer verehrte Schönberg war nur elf Jahre älter als sein Schüler. Der gleiche Altersunterschied wie der zwischen Strauss und Mann.
[171] Alban Berg: Briefe an seine Frau, München, Wien 1965, S. 282.

belächelt. Helmut Lachenmanns Hinweise auf die „Modernität" der ALPENSINFONIE ein halbes Jahrhundert später überraschten auch dadurch, dass sie sich auf ein Werk bezogen, das mittlerweile ja über einhundert Jahre alt war. Als „Avantgardisten" des 20. Jahrhunderts galten in dessen zweiter Hälfte die Vertreter der „Zweiten Wiener Schule", kaum Richard Strauss. Das Klangfeld, das sich zu Beginn der ALPENSINFONIE in den liegenden Klängen der jeweils vierfach geteilten Streicher zu einem Cluster verdichtet, wird in den Eingangstakten von Bergs „Präludium" endgültig zu einem vom Schlagwerk evozierten Geräusch, das von den nacheinander einsetzenden Schlagzeugen der kleinen und großen Tamtams, Becken und Trommeln mit den spieltechnischen Anweisungen „klingen lassen" (Tamtam), „mit Schwammschlegel" (Becken) und „gedämpft" (Trommel) erzeugt wird. Die Dynamik reduziert sich dabei in wenigen Takten vom zweifachen zum vierfachen piano, während die Pauken, die Streicher im Pizzicato, die gedämpften und ungedämpften Hörner und die Flöte mit Flatterzunge dazu treten. Ein Vorbild dieser Klangdramaturgie ist, für Berg wie für Strauss, sicherlich auch die Einleitung zu Mahlers Erster Sinfonie. Das Genre der Tondichtungen mag zu Beginn des Ersten Weltkrieges als ein veraltetes erscheinen. Die musikalischen Mittel, die Strauss benutzt, waren es nicht, erweisen sich heute vielmehr auf Augenhöhe mit den Komponisten und Kompositionen, die später eher der musikalischen Avantgarde zugerechnet wurden als dem „Revolutionär als Sonntagskind". Ihre Uraufführung erlebten die ORCHESTERSTÜCKE erst nach dem Krieg. Unter der musikalischen Leitung von Anton Webern wurden am 5. Juni 1923 „Präludium" und „Reigen" anlässlich der „Österreichischen Musikwoche" in Berlin gespielt. Eine komplette Aufführung erfolgte erst sieben Jahre später in Oldenburg.

Selten wird im Zusammenhang mit der ALPENSINFONIE bedacht, dass das Werk im Bereich der Filmmusik für das Genre des ab den 1920er Jahren populär werdenden Bergfilms von Bedeutung war. Ihm widmeten sich so unterschiedliche Komponisten wie Paul Hindemith, Edmund Meisel oder Willy Schmidt-Gentner. Hindemith komponierte unter dem Pseudonym Paul Moreno die Musik zu dem 1920/21 produzierten Arnold Fanck-Film IM KAMPF MIT DEM BERGE – realisiert wurde nur der erste Teil einer ursprünglich geplanten Trilogie unter dem Titel IN STURM UND EIS –, der den Aufstieg in die Gletscherwelt des Lyskamms thematisiert. Der Untertitel des Films lautet: „Eine Alpensymphonie in Bildern". Edmund Meisel komponierte die Musik zu den Stummfilmen DER HEILIGE BERG (1926) und STÜRME ÜBER DEM MONT BLANC (1930), die ebenfalls von Arnold Fanck inszeniert wurden. Die Dramaturgie der Strauss´schen Tondichtungen, insbesondere seiner ALPENSINFONIE, erwies sich auch hier alles andere als veraltet, eher als Vision zukünftiger Möglichkeiten, die über das Musikalische hinausgehen.

Leiden und Größe

Das Jahr 1933

Das Schicksalsjahr 1933 markiert den wohl bedeutendsten Wendepunkt in der Beziehung zwischen Strauss und Mann. Zu einem gepflegten oder gar herzlichen Verhältnis war es bis zu diesem Zeitpunkt selbst nach einer bald vier Jahrzehnte dauernden doch wohl immerhin künstlerischen Nachbarschaft, von der lokalen gar nicht zu sprechen, nicht gekommen. Die persönliche Gleichgültigkeit – ob vorgetäuscht oder echt sei im Moment dahingestellt – lässt uns zögern, von einem Wendepunkt zu sprechen. 1933 ist Strauss in seinem neunundsechzigsten, Thomas Mann in seinem achtundfünfzigsten Lebensjahr. Obwohl die Theater- und Musikwelt von Strauss kaum mehr revolutionäre Erneuerungen erwartet, der Höhepunkt seines Schaffens vorbei scheint, bleibt er weiterhin kreativ. Werke wie DIE SCHWEIGSAME FRAU, DAPHNE oder CAPRICCIO entfalten einen durchaus spezifischen Reiz, auch wenn Sie in der Publikumsgunst nicht mehr an die Erfolge der Vergangenheit anknüpfen können. Thomas Mann wird mit seinen JOSEPH-Romanen weiterhin auf Erfolgskurs liegen, mehr denn je auch auf internationaler Ebene, selbst im nationalsozialistischen Deutschland noch länger als gedacht. DOKTOR FAUSTUS endlich wird zur Auseinandersetzung mit der Gegenwart, zu seinem eigentlichen „Zeit-Roman“. In einer endgültig letzten schöpferischen Anstrengung zieht Richard Strauss in seinen METAMORPHOSEN die Bilanz eines Lebens im Angesicht der Vernichtung seiner Welt, die ihn in erster Linie als Zerstörung der Theaterlandschaft erschüttert.

Die Ereignisse, die das persönliche Verhältnis von Strauss und Mann radikal verändern, konzentrieren sich auf wenige Wochen. Zur Feier des 50. Todestages von Richard Wagner am 13. Februar 1933 hatte Thomas Mann vom Wagner-Verein Amsterdam eine Einladung zur Teilnahme an einer festlichen Gedenkfeier im Concertgebouw erhalten, die in einem Vortrag Manns ihren Höhepunkt finden sollte. Thomas Mann hatte das Vortragsmanuskript Ende Januar 1933 in Garmisch während eines Winterurlaubs, den er in der von den Gedanken der Lebensreformbewegung animierten vegetarischen Pension „Nirvana“ verbrachte, abgeschlossen.[172] Fast zur gleichen Zeit treffen sich in Garmisch auch Richard Strauss und Stefan Zweig und sprechen über ihr gemeinsames Opernprojekt DIE SCHWEIGSAME FRAU. Am 10. Februar 1933 hielt Thomas Mann seinen Wagner-Vortrag auf Einladung der Münchner Goethe-Gesellschaft im Auditorium Maximum der Münchner Ludwig-Maximilians-Universität als eine Art „Generalprobe“. Klaus Mann schreibt in seinem Tagebuch: „Z's *Wagner*-Vortrag. [...] Nicht sehr voll, aber gutes Publikum.“ (KMTB, 10. Februar 1933) Erfahrungen mit solchen Jubiläen hatten alle Beteiligten ja bereits im Vorjahr gesammelt, wo es um die Ausrichtung der Gedenkfeiern zum 100. Todestag von Johann Wolfgang Goethe am 22. März 1932 ging.
Am Tag nach der Rede in der Münchner Universität reist das Ehepaar Thomas Mann nach Amsterdam. Die ersten Münchner Rezensionen lassen von dem, was kommt, noch nichts ahnen. Am 15. Februar wird der Vortrag in Brüssel auf Einladung des Pen-Clubs und am 18. Februar in Paris in einer von Pierre Bertaux verantworteten französischen Übersetzung gehalten. Thomas Mann trifft bei dieser Gelegenheit auf seinen Bruder Heinrich, der bereits

[172] Dazu: Dirk Heißerer: Im Zaubergarten, a.a.O., S. 244.

aus Deutschland geflohen ist. Die Vossische Zeitung erwähnt die Vortragsreise regelmäßig, berichtet am 14. Februar in ihrer Abendausgabe über die Inhalte der Rede in Amsterdam und verweist in den Ausgaben vom 16. und 19. Februar auf die französischen Ansprachen in Brüssel und Paris. Kritische Stimmen melden sich nach dem Brüsseler Vortrag erstmals aus dem völkischen Lager. Im Völkischen Beobachter wird Thomas Mann unter der Überschrift „Skandal in Brüssel" als „Sozialdemokrat" und „Halbbolschewik" beschimpft, der von der belgischen Presse als „großer Europäer" gefeiert wurde.[173] Probleme zeichnen sich ab. Um den Inhalt scheint es dabei noch nicht zu gehen. Allein die Tatsache, dass Thomas Mann seine Wagner-Rede in Belgien und Frankreich, dazu noch in französischer Sprache gehalten hat, scheint bereits anstößig gewesen zu sein. Politisch wird die Situation noch einmal aufgeladen. Am 20. Februar bekennt sich Thomas Mann nach der Auflösung der Berliner Protestkundgebung „Das freie Wort"[174] in der Vossischen Zeitung in einer Grußbotschaft an den Kongress erneut und mit eindeutigen Worten zur „sozialen Republik":

> Ich will das Bekenntnis erneuern, das ich schon vor zwei Jahren [...] abgelegt habe: das Bekenntnis zur sozialen Republik und zu der Ueberzeugung, daß der geistige Mensch bürgerlicher Herkunft heute auf die Seite des Arbeiters und der sozialen Demokratie gehört. [...] Sozialismus ist nichts anderes, als der pflichtmäßige Entschluß, den Kopf nicht mehr vor den dringendsten Anforderungen der Materie, des gesellschaftlichen kollektiven Lebens in den Sand der himmlischen Dinge zu stecken, sondern sich auf die Seite derer zu schlagen, die der Erde einen Sinn geben wollen, einen Menschensinn.
> In diesem Sinne bin ich Sozialist. Und ich bin Demokrat in dem einfachen und allgemeinen Sinn, daß ich an die Unvergänglichkeit von Ideen glaube [...] der Idee der Freiheit zum Beispiel, die man heute für überwunden erklärt und historisch zum alten Eisen werfen möchte.[175]

Die bisherigen Ereignisse standen natürlich unter dem Eindruck der nationalsozialistischen „Machtergreifung" in Berlin, die durch die Ernennung Adolf Hitlers zum Reichskanzler durch den Reichpräsidenten Paul von Hindenburg am 30. Januar erfolgt war. Verfassungsrechtlich hatte diese Ernennung für Bayern vorerst noch keine unmittelbar die Regierung betreffenden Konsequenzen. Die Nationalsozialisten standen aber auch hier längst in den Startlöchern. Am 9. März 1933 erfolgte auch in Bayern die Machtübernahme der Nationalsozialisten. Dies erklärt, dass Thomas und Katia Mann am 11. Februar ihr Münchner Haus zwar mit Sorgen um die weitere politische Entwicklung in Berlin und Preußen verlassen, wohl aber noch nicht mit so schnellen Veränderungen und, vor allen Dingen, persönlichen Konsequenzen gerechnet haben.

---

[173] Völkischer Beobachter vom 17. Februar 1933, zit. nach: Dietrich Krönke, Richard Strauss und Thomas Mann, a.a.O., S. 122.

[174] Die gegen die Nationalsozialisten und die Aufhebung der Grundrechte der Weimarer Republik gerichtete Protestveranstaltung „Das freie Wort" wurde am 19. Februar 1933 in der Berliner Volksbühne polizeilich aufgelöst. Dagegen richtet sich Manns Protest. Gemeinsam mit seinem Bruder Heinrich und anderen Prominenten hatte er zuvor ein gleichnamiges Manifest unterschrieben. Sein „Bekenntnis zur sozialen Republik" bezeugt noch einmal den demokratischen Wandel des Schriftstellers, der erstmals in seinem Vortrag „Von deutscher Republik" (15. Oktober 1922) deutlich wurde. Der Vortrag entstand unter dem Eindruck der Ermordung von Walther Rathenau am 24. Juni 1922 und der Prozesse gegen die Hauptangeklagten vom 3.– 14. Oktober 1922. Positionen gegen die Nationalsozialisten vertraten auch die Vorträge „Deutsche Ansprache. Ein Appell an die Vernunft" (17. Oktober 1930) oder die „Rede vor Arbeitern in Wien" am 22. Oktober 1932.

[175] Thomas Mann: Bekenntnis zur sozialen Republik, in: Unterhaltungsblatt der Vossischen Zeitung, Nr. 51, Montag, 20. Februar 1933.

Die sich überstürzenden Ereignisse dürften sie ebenso wie die Warnungen von Klaus und Erika, die noch in München waren, überzeugt haben, den der Vortragsreise folgenden Erholungsaufenthalt in der Schweiz, der vom 24. Februar bis zum 17. März geplant war, zu verlängern. Nach dem Reichstagsbrand in der Nacht vom 27. auf den 28. Februar wurde der Weltbühne-Redakteur Carl von Ossietzky verhaftet; eine prominente Verhaftung, die Thomas Mann seine eigene Gefährdung vor Augen gestellt haben dürfte. Auch Ossietzky hat sich anlässlich des 50. Todestages von Richard Wagner zu Wort gemeldet. In einem Artikel in der Weltbühne bezeichnete er Wagner als den „genialsten[n] Verführer, den Deutschland gekannt hat". Kein Künstler habe auf den „geistig-seelischen Habitus des Volkes" einen „verhängnisvolleren" Einfluss genommen. In Wagner verkörpere sich das Verlangen der Deutschen nach einem „Hexenmeister", der alle Kalamitäten beseitige. Wagner wirke fort: „ein tönendes Gespenst, zu Zwecken beschworen, die mit Kunst nichts mehr zu tun haben, ein Opiat zur Vernebelung der Geister. Zum zweitenmal soll aus Deutschland eine Wagner-Oper werden."[176]
Vorerst erklärt Thomas Mann am 14. März seinen Rücktritt vom Vorsitz des Schutzverbandes Deutscher Schriftsteller. Die Berichte Erikas über „wüste Misshandlungen von Juden" (TMTB, 15. März 1933) erschüttern ihn.

Am 19. und am 20. März leitet Richard Strauss in der Berliner Philharmonie zwei Konzerte der Philharmoniker, die ursprünglich Bruno Walter dirigieren sollte.[177] Walter aber war seit dem 15. März aus „rassischen Gründen" mit einem Auftrittsverbot belegt.[178] Bitten des jüdischen Konzertveranstalters, der Agentur Hermann Wolff, das Konzert anstelle Walters zu leiten, haben Strauss anfänglich nicht bewegt. Auch Wilhelm Furtwängler hatte bereits abgelehnt.[179] Erst ‚diskret' gestreute Hinweise, dass er damit der neuen Regierung einen Gefallen erweise, sollen Strauss wohl zur Übernahme bewogen haben. Das Honorar hat Strauss dem Orchesterfonds zur Verfügung gestellt. Wie die Stimmung im Orchester selbst war, wurde bis heute nicht zu rekonstruieren versucht.
Zwei Tage später dirigiert Wilhelm Furtwängler in der Berliner Staatsoper ELEKTRA in Anwesenheit des Komponisten, Adolf Hitlers und Hermann Görings. Am gleichen Tag hatte Heinrich Himmler das neu errichtete Konzentrationslager Dachau eingeweiht und seiner Bestimmung übergeben. In München wurde inzwischen hinter verschlossenen Türen Thomas Manns Ausschluss aus dem Rotary-Club vorbereitet, nachdem Manns Rede am 27. März in der Vossischen Zeitung auszugsweise nachzulesen war.

Seit dem 1. April 1933 war Heinrich Himmler Leiter der Bayerischen Politischen Polizei. Reichsweit war es der erste „Tag des Judenboycotts", der in München bereits am 31. März organisiert worden war. Arier wurden am Besuch von Geschäften jüdischer Inhaber gehindert, es kam zu Sachbeschädigungen, Plünderungen, Anwendung körperlicher Gewalt und zu willkürlichen Verhaftungen. Thomas Manns Schwiegermutter Hedwig Pringsheim

[176] Carl von Ossietzky: Richard Wagner, in: Die Weltbühne, 21. Februar 1933. Wiederabdruck in: Dietrich Mack (Hrsg.): Richard Wagner. Das Betroffensein der Nachwelt. Beiträge zur Wirkungsgeschichte, Darmstadt 1984, S. 163ff.

[177] Programm: Mozart, g-Moll-Sinfonie; Gluck-Arie „Ihr Götter" aus „Alceste"; Weber, Ozeanarie aus „Oberon" und Strauss, „Symphonia domestica". Nach: Franz Trenner: Richard Strauss, a.a.O., S. 536.

[178] Zu den „Beurlaubten" oder „Entlassenen" zählten u.a. die Dirigenten und Generalmusikdirektoren Fritz Stiedry (Berlin), Gustav Brecher (Leipzig), Jascha Horenstein (Düsseldorf). „Dirigierverbot" erhielten u.a. Hermann Scherchen (Berlin), Heinz Unger (Berlin), Joseph Rosenstock (Mannheim). Nach: Fred K. Prieberg: Musik im NS-Staat, a.a.O., S. 44.

[179] Siehe: Fred K. Prieberg: Kraftprobe. Wilhelm Furtwängler im Dritten Reich, Wiesbaden 1986, S. 68.

protokolliert das alles in ihren Tagebüchern.[180] Am 3. April startet der Operndirektor der Bayerischen Staatsoper, Hans Knappertsbusch, seine Aktion gegen die „Verunglimpfung" Richard Wagners im Ausland durch Thomas Mann. Am Tag darauf erfährt Mann offiziell von seinem Ausschluss aus dem Rotary-Club. Eine ausgearbeitete und erweiterte Version von Manns Vortrag wurde am 4. April 1933 in der Neuen Rundschau, der vierteljährlich erscheinenden Literaturzeitschrift des Fischer-Verlages, unter dem Titel LEIDEN UND GRÖSSE RICHARD WAGNERS veröffentlicht. Ob die Unterzeichner des Protestdokuments die Inhalte der verschiedenen Zeitungsartikel und damit der Rede überhaupt kannten?

Während Strauss überlegt, ob er den geplanten Protestbrief Knappertsbuschs unterzeichnen will, gibt es auch in Dresden, wo die Uraufführung seiner Oper ARABELLA unmittelbar bevorsteht, Probleme. Der Intendant der Dresdner Oper, Alfred Reucker, war von den Nationalsozialisten bereits entlassen worden. Auch der Dirigent Fritz Busch, der diese Uraufführung leiten sollte, war am 7. März durch die massiven Störungen eines SA-Pöbels vor Beginn einer Vorstellung aus der Semperoper vertrieben worden.[181] Strauss droht, die Uraufführung abzusagen, ändert aber, wohl auf dringende Bitte des Opernhauses, das zudem auf die Erfüllung eines gültigen Vertrages pocht, seine Meinung. Am 7. April berät er sich in einem Brief an Hans Tietjen über die entstandenen „Vakanzen" und schlägt den mittlerweile bereits entlassenen Mannheimer Generalmusikdirektor Joseph Rosenstock oder Josef Krips aus Karlsruhe als Ersatz für Busch vor. Karl Elmendorff wird von Strauss ausdrücklich abgelehnt. Die im Radio übertragene Uraufführung fand schließlich am 1. Juli 1933

---

[180] Am 31. März 1933 berichtet sie über den „scheußlichen Juden-Boycott [...] wo alle jüdischen Geschäfte zittern". Am 1. April: „[...] alle jüdischen Geschäfte, Rechtsanwälte etc., mit Abzeichen versehen u. von S.A. überwacht, wie im Mittelalter die Pesthäuser. Pfui über Deutschland [...]." In: Hedwig Pringsheim. Tagebücher, hrsg. u. komm. v. Cristina Herbst, Bd. 8 (1929–1934), Göttingen 2019, S. 406f.

[181] Göring selbst bemühte sich gemeinsam mit Heinz Tietjen, dem Generalintendanten der Preußischen Staatstheater, um den prominenten Künstler Fritz Busch, der in Dresden die Uraufführungen der Strauss-Opern „Intermezzo" (1924) und „Die ägyptische Helena" (1928) dirigiert hatte und stellte ihm Perspektiven in Berlin in Aussicht. Busch verzichtete nach Abwägung und Überlegung und verließ Deutschland. Die Tatsache, dass Furtwängler zum Direktor der Berliner Staatsoper berufen wurde, dürfte seine Entscheidung nicht ganz unwesentlich beeinflusst haben. Von 1933 bis 1936 wirkte Busch am Teatro Colón in Buenos Aires, ab Sommer 1934 gemeinsam mit Carl Ebert, dem ehemaligen Intendanten der Charlottenburger Oper, beim Glyndebourne Festival im englischen Sussex auf Einladung von John Christie. Erst anlässlich der Feierlichkeiten zum 450-jährigen Bestehen der Sächsischen Staatskapelle wurde in einer Feierstunde am 22. September 1998 unter maßgeblicher Beteiligung des damaligen Chefdirigenten der Staatskapelle, Giuseppe Sinopoli, an die Vertreibung von Fritz Busch erinnert. Der Historiker Michael H. Kater hat darauf hingewiesen, dass das Südamerika-Gastspiel durchaus mit der Hilfe von Reichsbehörden organisiert und von den Nationalsozialisten wohlwollend begleitet wurde. Die Darstellung der Ereignisse in Fritz Buschs Memoiren bezeichnet er als „carefully composed". Siehe: Michael H. Kater: Culture in Nazi-Germany, New Haven, London 2019, S. 134 u. S. 127. Hitler selbst scheint Busch geschätzt zu haben. Noch im Februar 1942 soll er die Meinung vertreten haben: „Nach Krauss und Furtwängler wäre der Busch der beste deutsche Dirigent geworden". Siehe: Werner Jochmann: Adolf Hitler. Monologe im Führerhauptquartier 1941–1944, München 2000, S. 285. Angesichts des starken Einflusses der Auslandsorganisationen der NSDAP in Südamerika dürfte ein erfolgreiches Gastspiel Buschs in der Tat ohne entsprechende Unterstützung führender nationalsozialistischer Kreise kaum durchführbar gewesen sein. Auch Carl Ebert war mit Unterstützung von Reichsbehörden in Buenos Aires tätig. In einem Brief an Staatskommissar Hans Hinkel schreibt er am 31. Oktober 1933 nach seiner Rückkehr aus Argentinien, „daß ich jede meiner bisherigen Stellung und Leistung würdige Aufgabe in Deutschland mit Freuden vorziehe und nur im äußersten Notfall [...] auf die Arbeit im Ausland zurückgreifen würde". Zit. nach den Anmerkungen von Fred K. Prieberg in: Berta Geissmar: Musik im Schatten der Politik, Zürich 1985, Anm. 59, S. 309. Eine genaue Quellenangabe fehlt an dieser Stelle leider. Zu Buschs Gastspiel in Buenos Aires siehe auch: Fred K. Prieberg: Kraftprobe, a.a.O., S. 110ff.

unter der musikalischen Leitung von Clemens Krauss in der Inszenierung von Josef Gielen statt.[182] Viorica Ursuleac, die Ehefrau von Clemens Krauss, sang die Titelpartie.
Unterdessen hatte Strauss auf das Rundschreiben von Knappertsbusch reagiert und den „Protest der Richard-Wagner-Stadt München" gegen Manns Vortrag gemeinsam mit 45 „Honoratioren" unterschrieben. Am 15. April wurde der „Protest" im Rundfunk bekannt gegeben. Thomas Mann schreibt in seinem Tagebuch: „Schauriger, deprimierender und erregender Eindruck von dem reduzierten, verwilderten und gemeinbedrohlichen Geisteszustand in Deutschland." (TMTB, 16. April 1933)
Ein Abdruck des „Protests" erfolgte in der Osterausgabe der Münchner Neuesten Nachrichten, der größten Zeitung Süddeutschlands, vom 16./17. April. Der Bezug auf die aktuellen politischen Ereignisse wird mit dem ersten Satz in aller Klarheit dargestellt: „Nachdem die nationale Erhebung Deutschlands festes Gefüge angenommen hat, kann es nicht mehr als Ablenkung empfunden werden, wenn wir uns an die Öffentlichkeit wenden, um das Andenken an den großen Meister Richard Wagner vor Verunglimpfung zu schützen."[183]
Dass Richard Strauss mit seiner Unterschrift Thomas Mann in eine überaus heikle, geradezu lebensgefährliche Situation bringen würde, müsste ihm längst klar gewesen sein. Gerade waren in München mit dem Amtsantritt Himmlers und des nationalsozialistischen Oberbürgermeisters Karl Fiehler mehrere Hundert jüdische Geschäftsleute und Nazi-Gegner in „Schutzhaft" genommen worden. Im gesamten Reich hatte es bereits in den ersten Tagen und Wochen nach der Machtübernahme Zehntausende Verhaftungen gegeben, bald die ersten Einweisungen in die Konzentrationslager. Listen von Gegnern wurden abgehakt, das Exil begann über Nacht. Das am 7. April erlassene diskriminierende „Gesetz zur Wiederherstellung des Berufsbeamtentums", das die Entlassung jüdischer Beamter ‚legalisierte', dürfte endgültig die verbrecherischen Absichten des Regimes entlarvt haben. Am 1. Juni 1933 wurden alle jüdischen Mitglieder der Berliner Staatsoper zum Ende der Spielzeit gekündigt. Strauss hat sich darum nicht gekümmert. Knappertsbuschs Rechnung ging vorerst auf, sein Anbiederungsversuch an die neuen Machthaber war erfolgreich und wurde belohnt. Am 20. April dirigierte er in München eine festliche LOHENGRIN-Aufführung anlässlich des Geburtstages von Adolf Hitler am 21. April. Thomas Mann notiert in seinem Tagebuch:

> Klaus und Erika treffen um 4 Uhr ein. [...] drängen auf vollständige Liquidierung der Münchener Verhältnisse [...]. Beim Thee über die Schandtaten der „Revolution", die Mißhandlungen in den Gefangenenlagern und besonders vorher in den S.A.-Kasernen. Die „auf der Flucht Erschossenen" und die Kommunisten, die man in der Zelle erhängt gefunden, wobei lieber nicht auszumalen, was vorhergegangen sein muß. (TMTB, 21. April 1933)

Die Zusammenfassung der politischen und vermeintlich ‚unpolitischen' künstlerischen Ereignisse, die in kurzer Zeitspanne abliefen, verdeutlicht auf erschreckende Weise das Ineinandergreifen der historischen Abläufe. Nicht nur erscheint vieles von langer Hand vorbereitet, die Verhaftungen, politischen Strategien, die Übernahme der Institutionen. Mehr als das finden die Nationalsozialisten im Bürgertum einen willigen Mitläufer und Vollstrecker ihrer Ideologie. Die Unterzeichner[184] des perfiden Protestes der „Richard-

[182] Hedwig Pringsheim hört die Radio-Übertragung der Premiere. Tagebuchnotiz vom 1. Juli 1933.
[183] Nachdruck in: Klaus Schröter (Hrsg.): Thomas Mann im Urteil seiner Zeit, a.a.O., S. 199.
[184] U.a. Staatstheaterdirektor Arthur Bauckner, der Karikaturist Olaf Gulbransson, der Komponist und Präsident der Akademie für Tonkunst Siegmund von Hausegger, der Komponist Hans Pfitzner und Joseph Pschorr, Präsident der Industrie- und Handelskammer und ein Vetter von Richard Strauss sowie der Münchner NS-

Wagner-Stadt" haben vielleicht in Unkenntnis von Inhalten unterschrieben, wohl aber in Kenntnis der aktuellen tagespolitischen Ereignisse. Die Angriffe gegen Thomas Mann und seine baldige Aufnahme in die Liste der unter „Schutzhaft" zu stellenden Gegner wurden nicht nur von überzeugten Nationalsozialisten initiiert, eher von ‚normalen' Bürgern, die sich, wissend oder unwissend, zu einem Werkzeug degradieren ließen, ehe die Werkstatt eröffnet war. Es waren die großbürgerlichen Mitglieder der ‚guten Gesellschaft', zu der sich Thomas Mann zugehörig fühlte oder zu fühlen glaubte. Richard Strauss war einer von ihnen, einer „von allen guten Namen Münchens"[185]. Fortan war er mit einem Makel behaftet, den er nicht mehr loswerden konnte. Es scheint, dass ihm dies nicht einmal zu Bewusstsein gekommen ist. Eines war er nicht: ein Einzelfall.
Dass die Judenpolitik des „Dritten Reiches" als Damoklesschwert über ihm selbst hing, hätte ihm bereits zwei Tage nach der Dresdner ARABELLA-Uraufführung klar werden müssen. Am 3. Juli 1933 erschien in der Wiener Sonn- und Montagszeitung eine Mitteilung über eine angebliche Scheidung seines Sohnes Franz von seiner jüdischen Frau Alice. Dazu kam es zwar nie, aber der Hinweis dürfte eindeutig zu verstehen gewesen sein. Dennoch bleibt Strauss auf seinem Kurs. Im Juli und im August dirigiert er in Bayreuth den PARSIFAL und ersetzt damit Arturo Toscanini, der endgültig abgesagt hat.[186] Hitler hatte sich noch in einem persönlichen Schreiben um den italienischen Stardirigenten bemüht. In Bayreuth finden Treffen von Strauss mit Hitler am 22. Juli – Winifred Wagner vermittelt die Bekanntschaft in der zweiten PARSIFAL-Pause – und mit Goebbels am 23. Juli statt.[187] Zu einer ersten Begegnung mit Hitler dürfte es bereits am 22. März anlässlich der Berliner ELEKTRA-Aufführung gekommen sein. Die Ernennung von Richard Strauss zum Präsidenten der Reichsmusikkammer findet am 15. November 1933 im Rahmen eines feierlichen Staatsakts statt und besiegelt die Zusammenarbeit des Komponisten mit den Nationalsozialisten. Im Dezember erwähnt Alice Strauss in ihrem Tagebuch ein weiteres Treffen zwischen ihrem Schwiegervater und Adolf Hitler: „Papa eine Stunde bei H[itler] [...] Festliches Präludium soll nur für festliche Regierungsanlässe gespielt werden, alle Machtbefugnisse, größtes Vertrauen."[188]

Was Thomas Mann in seinem epochalen Vortrag gesagt hat, haben die wenigsten Unterzeichner gekannt. Dass man sich gerade von Thomas Mann eine „Kritik

---

Bürgermeister Karl Fiehler und der Gauleiter Adolf Wagner, der seit März 1933 unter Ritter von Epp in Bayern kommissarischer Innenminister war. Am 20. April folgten in einer Ergänzung weitere Namen sowie – gefragt oder ungefragt? – das „gesamte Solopersonal der Bayerischen Staatsoper".

[185] Hedwig Pringsheim. Tagebücher, a.a.O., Bd. 8, S. 410f.

[186] Auf Einladung von Siegfried Wagner debütierte Arturo Toscanini 1930 in Bayreuth mit einem „Tannhäuser"-Dirigat. 1931 folgte der „Parsifal", der nach dem in Bayreuth vorstellungsfreien Jahr 1932 im Jahr 1933 fortgesetzt werden sollte. Fritz Busch hatte Toscanini bereits 1925 nach Bayreuth empfohlen. Siegfried Wagner konnte sich damals aber noch nicht gegen den abwehrenden Bayreuth-Dirigenten Karl Muck durchsetzen. 1933 sollte Toscanini in Bayreuth neben dem „Parsifal" auch die „Meistersinger" dirigieren. Nach der Absage Toscaninis wurde Fritz Busch angefragt, ob er in Bayreuth dirigieren wolle. Busch war aber bereits 1924 während seines „Meistersinger"-Dirigats von dem „Nazitreffpunkt" Bayreuth wenig begeistert. Dazu: Oswald Georg Bauer: Die Geschichte der Bayreuther Festspiele, a.a.O., Bd. 1, S. 206, S. 216, S. 448 und S. 410, und: Fritz Busch: Aus dem Leben eines Musikers, a.a.O., S. 206 und S. 216.

[187] Goebbels notiert in seinem Tagebuch: „Gestern: Parsifal. Ganz groß und geschlossen. Ein wirkliches Weihefestspiel. Man verläßt das Theater ganz ergriffen und erschüttert. Strauß dirigiert sehr groß. Ich lerne ihn kennen. Er komponiert besser als er ist." Tagebucheintrag vom 23. Juli 1933. Elke Fröhlich (Hrsg.): Die Tagebücher von Joseph Goebbels. Teil 1: Aufzeichnungen 1923–1941, 14 Bde., München 1997–2006, Bd. 2/II, S. 233.

[188] Zit. nach: Franz Trenner: Richard Strauss, a.a.O. S. 543.

wertbeständiger deutscher Geistesriesen"[189] verbat, hing sicherlich auch damit zusammen, dass er sich in den 1920er Jahren verstärkt den Idealen der Weimarer Republik zuwandte und ein Wagner-Bild verkörperte, das Nietzsche und Frankreich näher stand als dem einst auch von Mann gepriesenen nationalistischen Deutschtum eines Hans Pfitzner. So stellte denn der Vortrag eine Zusammenfassung von Manns wichtigsten und aktuellsten Urteilen, Erkenntnissen und Thesen zum Leben und Werk des von ihm zeit seines Lebens verehrten Komponisten dar. Die Themen, die der Autor in seinem Vortrag skizziert, beschäftigen die Wagner-Forschung bis zum Ende des Jahrhunderts; etwa die These von der Verbindung von Monumentalität und der „Verliebtheit in das ganz Kleine und Minutiöse"[190], von Wagners „mythischer Pathologie"[191], seiner Affinität zu Baudelaire – ein Hinweis, den Mann seiner Nietzsche-Lektüre verdankt –, der Beziehung der TRISTAN-Welt zu Schlegels LUCINDE oder Bernard Shaws Charakterisierung Wagners als „Hanswurst, Lichtgott und anarchistischer Sozialrevolutionär"[192]. Überhaupt sind es die wagnerkritischen Schriften Nietzsches, vornehmlich die Schlagworte aus DER FALL WAGNER, deren Erkenntnisse hier nachvollzogen werden. Sie haben, der „Protest" beweist es einmal mehr, nichts von ihrer Radikalität und Provokationskraft verloren. Die entscheidenden Stellen, die den „Protest" geradezu heraufbeschworen, können als Versuch einer „Rettung" Wagners vor einem weltabgewandten Deutschtum gesehen werden, wie es gerade dabei war, sich zu entwickeln, zu „erwachen".[193] Soweit das Werk nämlich eine „eruptive Offenbarung deutschen Wesens" sei, sei es eben auch eine „schauspielerische Darstellung" davon.[194] Dies führt zum Resümee:

> Dies Deutschtum also, so wahr und mächtig es sei, ist modern gebrochen und zersetzt, dekorativ, analytisch, intellektuell, und seine Faszinationskraft, seine eingeborene Fähigkeit zu kosmopolitischer, zu planetarischer Wirkung kommt daher. Wagners Kunst ist die sensationellste Selbstdarstellung und Selbstkritik deutschen Wesens.[195]

Thomas Mann betont auch hier die „Geistigkeit und Politikfremdheit des Wagnerischen Nationalismus" und sieht in den MEISTERSINGER-Versen „Zerging in Dunst das Heil'ge

[189] „Protest der Richard-Wagner-Stadt München", in: Klaus Schröter (Hrsg.): Thomas Mann im Urteil seiner Zeit, a.a.O., S. 199.
[190] Thomas Mann: Leiden und Größe Richard Wagners, in: Hermann Kurzke (Hrsg.): Ausgewählte Essays, a.a.O., Bd. 3, S. 64
[191] Ebenda, Bd. 3, S. 70.
[192] Ebenda, Bd. 3, S. 99.
[193] In einem offenen Brief an Peter Suhrkamp, den der Mitunterzeichner Siegmund von Hausegger, Präsident der Münchner Akademie der Tonkunst und Mitstreiter von Richard Strauss in der Genossenschaft Deutscher Tonsetzer, am 6. Mai 1933 in den Münchner Neueste Nachrichten veröffentlichen lässt, wird deutlich, was als Provokation gewertet wurde. Von Hausegger verwahrt sich gegen die Verbindung des „Gesund-Natürlichen" mit dem „Perversen", des „Hohen" mit dem „Niederen", gegen Manns Feststellung, dass sich im „Parsifal" „‚Kunst und Religion in einer Geschlechtsoper von größter Gewagtheit verkoppeln'" und gegen die Beschreibung Siegfrieds als Verbindung von „‚Hanswurst, Lichtgott und anarchistische[m] Sozialrevolutionär [...]'". Hausegger beendet seinen offenen Brief an Suhrkamp mit den Worten: „Dies mit aller Klarheit auszusprechen, halte ich angesichts der nationalen Selbstbestimmung, welche das deutsche Volk endlich nach all den Jahren entwürdigendster Verirrung gewonnen, für eine unabweisbare Pflicht." (Zit. nach: Klaus Schröter (Hrsg.): Thomas Mann im Urteil seiner Zeit, a.a.O., S. 200–203.) Da Hausegger auf die Zusendung der von Peter Suhrkamp im Fischer-Verlag herausgegebenen Neuen Rundschau reagiert, in der „Leiden und Größe Richard Wagners" bereits am 4. April erschien, wird zudem klar, dass auch er den genauen Wortlaut des Vortrages zuvor nicht gekannt haben dürfte.
[194] Thomas Mann: Leiden und Größe Richard Wagners, a.a.O., Bd. 3, S. 111.
[195] Ebenda.

Röm´sche Reich, uns bliebe gleich die heil´ge deutsche Kunst" die Kundgabe „anarchischer Gleichgültigkeit gegen das Staatliche".[196]

Den neuen Machthabern im Reich sollten indessen Wagners Opern alles andere als gleichgültig sein. Berechtigterweise stellt sich die Frage, um wessen ‚Politikfremdheit' es hier geht? Um die des Autors des KUNSTWERKS DER ZUKUNFT, der sich in seiner Streitschrift DAS JUDENTUM IN DER MUSIK durchaus politisch exponierte – spätestens mit der Zweitausgabe 1869 –, oder um die des aktuellen Festredners? Thomas Manns langer Weg zum homo politicus wird in der Forschung ja durchaus unterschiedlich dargestellt und bewertet. Während Autoren wie Joachim Fest Thomas und Heinrich Mann „groteske Unkenntnis"[197] des Politischen vorwerfen, verweisen aktuellere Studien auf das sich manifestierende politische Bewusstsein in den 1920er und 1930er Jahren mit besonderem Akzentuieren der Erfahrungen im amerikanischen Exil.[198]

So oder so waren die Mann´schen Interpretationen weder im Sinne der neuen Machthaber des Jahres 1933 noch im Sinne ihrer deutschnationalen großbürgerlichen Steigbügelhalter, unabhängig davon, ob sie sich als ‚liberal' oder ‚konservativ' zu gebärden versuchten. Auch bei einer sich als ‚Kulturbürgertum' gerierenden Klasse, die anscheinend allein schon damit ein Problem hatte, dass Thomas Mann einen Vortrag über Wagner im Ausland und dazu in französischer Sprache gehalten hatte, fand das Gesagte kaum Zuspruch. Vom radikalen Antisemitismus des „Meisters" war dabei auch in Thomas Manns Jahrhundertrede wieder einmal gar nicht die Rede.
Knappertsbuschs Protest bringt das, worum es ging, auf den Punkt: „Wir empfinden Wagner als musikalisch-dramatischen Ausdruck tiefsten deutschen Gefühls, das wir nicht durch ästhetisierenden Snobismus beleidigen lassen wollen."[199]
Zu solchen „Snobismen" zählten die Protestierenden Äußerungen wie diese: „Wagners gesunde Art, krank zu sein, seine morbide Art, heroisch zu sein, ist nur ein Beispiel für das Kontradiktorische und Verschränkte seiner Natur, ihre Doppel- und Mehrdeutigkeit[...]."[200]
Den unmittelbaren Bezug zu Nietzsche und seine kritischen Bemerkungen in seiner Streitschrift DER FALL WAGNER, die die Abkehr Nietzsches von Wagner dokumentiert, erkannten die Kritiker kaum. Die Bemerkung, die den Widerspruch am Heftigsten befeuerte, bezog sich auf den „Dilettantismus" von Wagners Kunst. Auch dabei berief sich Thomas Mann unmittelbar auf Nietzsche, der in seiner VIERTEN UNZEITGEMÄSSEN BETRACHTUNG über die Kindheit und Jugend des noch verehrten Meisters urteilt:

> „Seine Jugend ist die eines vielseitigen Dilettanten, aus dem nichts Rechtes werden will. Ihn schränkte keine strenge erb- und familienhafte Kunstausübung ein. Die Malerei, die Dichtkunst, die Schauspielerei, die Musik kamen ihm so nahe als die gelehrtenhafte Erziehung und Zukunft; wer oberflächlich hinblickte, möchte meinen, er sei zum Dilettantismus geboren."[201]

---

[196] Ebenda, Bd. 3, S. 107.
[197] Joachim Fest: Die unwissenden Magier: Über Thomas und Heinrich Mann, Berlin 1985.
[198] Insbesondere: Hans Rudolf Vaget: Thomas Mann, der Amerikaner. Leben und Werk im amerikanischen Exil 1938–1952, Frankfurt a.M. 2011.
[199] Klaus Schröter (Hrsg.): Thomas Mann im Urteil seiner Zeit, a.a.O., S. 78.
[200] Thomas Mann: Leiden und Größe Richard Wagners, a.a.O., Bd. 3, S. 96.
[201] Ebenda, Bd. 3, S. 74.

Und Thomas Mann ergänzt diese Ausführungen auf, wie seine Gegner feststellen, bedenkliche Weise:

> Tatsächlich und nicht nur oberflächlich sondern mit Leidenschaft und Bewunderung hingeblickt, kann man sagen, auf die Gefahr hin, mißverstanden zu werden, daß Wagners Kunst ein mit höchster Willenskraft und Intelligenz monumentalisierter und ins Geniehafte getriebener Dilettantismus ist.[202]

Und natürlich wurde er „mißverstanden", weil man ihn missverstehen wollte. Wagners „dilettieren" in allen Künsten machte ihn zu einem Gegner des Metiers, da ihn seine dadurch errungenen Kenntnisse und Erfahrungen darüber hinaus führten. Den Protestierenden hat das nicht gefallen. Auch Deutschlands neuer Machthaber hätte bei der Lektüre schon einiges über sich selbst erfahren können. Thomas Mann wird das später noch einmal ausführen und in seinem Essay BRUDER HITLER die vermeintlich künstlerische Sendung des Tribunen analysieren. Während Gustav Mahler an der Wiener Hofoper ein Metier bekämpfte, das in handwerklichem Leerlauf und in Schlamperei zu versinken drohte, fühlte sich Richard Strauss in seiner Verbundenheit mit einem Metier, dessen Handwerklichkeit er als positiven Wert sah, als einer der „letzten" seiner Art. Aber um solche Details ging es nicht. Neben dem Schlagwort vom geniehaften „Dilettantismus" dürften Nietzsches Hinweise auf die Dekadenz der Wagner´schen Helden und auf den pathologischen Charakter seiner Kunst als eine Verbindung zur Psychoanalyse Sigmund Freuds ebenso provoziert haben wie die Verbindung von Krankheit und Gesundheit, die Vorstellung, dass man auf „gesunde Art krank" sein könne und „Kunst und Krankheit als ein und dieselbe Heimsuchung zu begreifen"[203] sei. Die ‚Kranken', das sollten ja fortan die anderen sein, die ‚volksfremden' Elemente, die ‚draußen' bleiben oder interniert werden sollten.

Thomas Mann entschied sich dafür, erst einmal abzuwarten. Die Zeichen der Zeit hatte er noch nicht ganz erkannt. Im Gegensatz zu seinem Bruder Heinrich und seinen Kindern Erika und Klaus und all denen, die zu den Emigranten der ersten Stunde zählten. Das Schicksal, das Carl von Ossietzky am 28. Februar traf, war ihm indessen eine erste Mahnung.
Sehr bald wurden die Jahre der Diktatur sowohl für Mann als auch für Strauss nach dessen erzwungenem Rücktritt als Präsident der Reichsmusikkammer zu einer Zeit, die alles Erreichte in Frage stellte. Während Mann im Exil in der endgültigen Überwindung seiner „unpolitischen" Einstellung zu einer persönlichen „Größe" gelangte, scheiterte Richard Strauss in seinem letzten Lebensabschnitt. Am Ende wurde der sonntagskindliche Bürgerschreck zu einem verschreckten und durch das Judentum seiner Schwiegertochter sogar gefährdeten Bürger, der sich aus den Verstrickungen, in die er sich gebracht hatte, nicht mehr zu lösen verstand. Über die Unterschrift, die Strauss geleistet hat, war Mann offensichtlich doch überrascht. Zu einer persönlichen Begegnung ist es nie wieder gekommen. Auf persönliche Angriffe haben aber beide verzichtet. Soll die Frage gestellt werden, wie das Leben Thomas Manns sich ohne den „Protest" entwickelt hätte? Wäre Thomas Mann nach seinen Ferien in der Schweiz einfach nach München zurückgekehrt? Und was wäre dann geschehen? „Schutzhaft" in Dachau oder Appeasement? Wäre er zum Schicksalsgenossen eines Richard Strauss oder Gerhart Hauptmann geworden?

---

[202] Ebenda.
[203] Ebenda, S. 84.

In ihren Tagebüchern berichtet Hedwig Pringsheim von einer unerwarteten Begegnung mit Hans Knappertsbusch im Dezember 1934 nach der von ihm dirigierten Münchner Erstaufführung von Giuseppe Verdis MACBETH, gut zwanzig Monate nach dem „Protest“:

> ausverkauftes Haus, mit Minister u. Notabilitäten, Knappi mit endlosen Ovationen immer wieder begrüßt, gute Besetzung mit der Ranczak, Rehlemper, Weber; ganz schlechte, oft misverstandene Inscenirung [sic!] unseres Intendanten Walleck [...] Beim Hinausgehen sehr überraschende, sehr herzliche Begrüßung durch Knappi![204]

In einem Brief an Tochter Katia wird das deutlicher ausgeführt:

> Und dann ereignete sich noch etwas recht Sonderbares. Als wir im Fortgehen über den kleinen Hof schritten, kam Knappi grade die Treppe herunter, verschwitzt, aufgelöst und noch sehr erregt, tritt auf uns zu, packt meine Hand, die er fast erdrückt, murmelt ein paar aufgeregte Worte, wendet sich an Fay [Alfred Pringsheim, Anm. d. Verf.] „Sie erkennen mich wol garnicht mehr?“ Und Fay: „O doch, natürlich“, packt auch Fay´s Hand, ruft ganz heiser „Guten Abend, Herr Geheimrat!“ und entschwindet uns mit vorgehaltenem Halstuch. Wir waren beide von der überraschenden Begegnung förmlich vertattert, konnten aber doch nur guten Willen und den Wunsch nach Aussönung darin sehen. Fay, namentlich, der ihn doch *seitdem* förmlich boycottirt hat, war ganz verwirrt.[205]

Ob Hans Knappertsbusch Hedwig und Alfred Pringsheim zufällig begegnet ist? Die Peinlichkeit der Situation und die Verlegenheit des Dirigenten ist kaum zu leugnen.

---

[204] Hedwig Pringsheim. Tagebücher, a.a.O., Bd. 8., S. 542. Oskar Walleck (1890–1976), seit 1932 Mitglied der NSDAP und der SS, war ab September 1934 Generalintendant der Bayerischen Staatstheater. Kompetenzstreitigkeiten mit dem Generalmusikdirektor Hans Knappertsbusch, der zudem als „politisch unzuverlässig“ galt, führten 1935 zu dessen Entlassung. Knappertsbusch setzte seine Karriere in Wien fort. Im August 1944 wurde er in die „Gottbegnadeten-Liste“ aufgenommen. Über seine Stellung im „Dritten Reich“: Hans Rudolf Vaget: „Wehvolles Erbe“. Richard Wagner in Deutschland. Hitler, Knappertsbusch, Mann, Frankfurt a.M. 2017, S. 249–327.

[205] Dirk Heißerer (Hrsg.): Hedwig Pringsheim. Mein Nachrichtendienst. Briefe an Katia Mann 1933–1941, 2 Bde., Göttingen 2013, Bd. 1, S. 190f.

Exil

Am 13. März 1933 steigt Klaus Mann in den Nachtzug nach Paris. Am Ende der täglichen Tagebuch-Notiz zieht er drei Linien. Darüber steht: „Beginn der Emigration". Nicht allen Betroffenen und Gefährdeten dürfte das so klar gewesen sein wie dem 26-jährigen Sohn von Thomas Mann, der bis zu seinem Selbstmord in Cannes am 21. Mai 1949 nicht mehr zur Ruhe kommen sollte. Schon früh finden wir im Tagebuch Hinweise auf die politische Entwicklung und die Gefahren, die ihm selbst und seiner Familie drohten. So lesen wir am 21. November 1931: „Zauberer mittags arg grämlich, wegen allgemeiner Lage und ev. Wegziehen-Müssens." (KMTB) Am 14. Dezember stellt sich die Frage erneut: „Alfred Neumanns zum Abendessen. [...] Gespräch über Geld- und Verlagssachen, dann über Politik. Muss man fort von Deutschland?" (KMTB, 14. Dezember 1931) Noch konkreter werden die Vorstellungen und Ängste im Verlauf des Jahres 1932. „Viel an E[rika] gedacht (ob die Nazis uns in München die Fensterscheiben einschmeissen?)" (KMTB, 21. Januar 1932). „Nazialpträume" plagen Klaus Mann am 7. März. Mit Erikas Freundin Therese Giehse diskutiert er, was geschehen soll, wenn „Hitler durchkommt" (KMTB, 13. März 1933) und resümiert: „(Wenn Eltern im Ausland bleiben, keinen Sinn, dass wir hier sind.)" Nach der Machtergreifung in Berlin wird ihm die Aussichtslosigkeit immer bewusster: „Es geht nicht gut, es geht nicht gut, es geht keinesfalls gut." (KMTB, 6. Februar 1933)

Thomas Mann hielt sich im März 1933 zu einem Erholungsaufenthalt in Arosa auf. Obwohl er kein „Unpolitischer" mehr war, überrascht seine politische Naivität. Ganz anders als Klaus wartet er ab und beobachtet, lässt sich berichten und berät die nächsten Schritte und Möglichkeiten, ohne sich festzulegen. Vielen Leidensgenossen der ersten Stunde dauert das zu lange. Hoffte Mann auf ein Arrangement? Wollte er seinen „deutschen Lesern" die Treue halten, den Absatz seiner Bücher nicht gefährden? Nahm er Rücksichten auf die Zurückgebliebenen? Er war sich all dieser Dinge wohl selber noch nicht recht im Klaren, beklagte den Verlust des normalen und regelmäßigen Tagesablaufs, der für seine künstlerische Produktion so wichtig war. Für viele stellte sich das alles sehr viel schneller ganz anders dar. Der italienische Stardirigent und Anti-Faschist Arturo Toscanini, von Hitler persönlich gebeten, den PARSIFAL zu dirigieren und noch im Februar 1933 zum Ehrenbürger von Bayreuth ernannt, lehnte, empört über die Ausschreitungen gegen Juden und die Entlassung jüdischer Künstler, die Mitwirkung an den Bayreuther Festspielen ab. Auch Bruno Walter war Emigrant der ersten Stunde. Kurt Weill, Bertolt Brecht, Heinrich Mann und Oskar Maria Graf wussten, dass sie auf den Listen der Nationalsozialisten standen. Anton Webern, Karl Amadeus Hartmann und Walter Braunfels entschlossen sich zu einer „inneren Emigration".[206]

---

[206] Der Begriff wurde wesentlich von Frank Thiess geprägt, der in einem am 18. August 1945 in der Münchener Zeitung veröffentlichten offenen Brief an Thomas Mann dem Emigranten vorwarf, die „deutsche Tragödie" aus dem Ausland in „Sicherheit und Luxus" beobachtet zu haben. Er steht im Zusammenhang mit der Auseinandersetzung zwischen dem Schriftsteller Walter von Molo und Thomas Mann. Molo hatte Mann nach seiner am 8. Mai 1945 gesendeten Rundfunkrede „Über die deutsche Schuld" in einem offenen Brief Anfang August 1945 aufgefordert, nach Deutschland zurückzukehren. Thomas Mann hat seine Entscheidung, dies nicht zu tun, in einem Brief an Molo vom 7. September 1945 erläutert. Am 12. Oktober erschien der Brief unter dem Titel „Warum ich nicht nach Deutschland zurückgehe" im Augsburger Anzeiger. Am 20. September 1945 schreibt er über die Diskussion im Tagebuch: „Beunruhigung und Ermüdung durch die deutschen Angriffe dauern an. Nenne die ‚treu' in Deutschland Sitzengebliebenen ‚Ofenhocker des Unglücks'." (TMTB, 20. September 1945) In der „Entstehung des Doktor Faustus" lesen wir über die „Ofenhocker": „Nun war über den Ofenhockern der Ofen zusammengebrochen, und sie rechneten es sich zu großem Verdienste an, ergingen sich in Beleidigungen gegen die, welche sich den Wind der Fremde hatten um die Nase wehen lassen und deren Teil

Zu denjenigen Künstlern, die zu einer Kooperation aus Eitelkeit oder eigennützigen Karrieregründen mit den neuen Machthabern bereit waren, zählten neben Richard Strauss, Gerhart Hauptmann und Manns Schwiegersohn Gustav Gründgens die Dirigenten Karl Böhm und Herbert von Karajan, der als Komponist und Dirigent gleichermaßen gefragte Werner Egk und der Komponist Carl Orff, an prominentester Stelle endlich Wilhelm Furtwängler. In der Endzeit des Krieges wurden sie in die „Gottbegnadeten-Liste" des Regimes aufgenommen. Die Karriere des Schwagers und Kollegen aus gemeinsamen Theaterzeiten hat Klaus Mann im Exil zu seinem Roman MEPHISTO inspiriert, in dem ein zynischer Opportunist als Schauspieler und Intendant Karriere macht. Der Nachdruck des Romans sollte noch im Nachkriegs-Deutschland von höchsten gerichtlichen Stellen hintertrieben werden.[207]

Sprechen wir über das Verhältnis von Thomas Mann zu Richard Strauss, stellt sich auch die Frage, wie er sich denn gegenüber Hauptmann, Gründgens oder Furtwängler verhalten hat. Während er im Falle Strauss immer wieder von „Naivität" spricht, ihm gelegentlich auch sein hohes Alter anrechnet, erweist er sich im Fall Furtwängler zunehmend unnachsichtiger. Seinen durchaus beherzten Einsatz für Hindemith hat er noch gewürdigt. Hauptmann, noch zwei Jahre älter als Richard Strauss, wird kaum angegriffen.
Schließlich war die Situation selbst in der eigenen Familie sehr unterschiedlich: Bruder Viktor Mann hat während des „Dritten Reiches" in Bayern gelebt, ebenso Katias Bruder Heinz. Ihr Zwillingsbruder Klaus arbeitete während dieser Zeit als Hochschullehrer und Dirigent in Tokyo, während Alfred und Hedwig Pringsheim nach einer Reihe von Demütigungen und Schikanen erst in letzter Minute, am 31. Oktober 1939, in die Schweiz emigrierten, lange in dem naiven Glauben – oder in der Überzeugung? –, es könne ihnen nichts passieren. Ob freiwilliges oder erzwungenes, überlebensnotwendiges Exil oder verzweifelte Isolierung, die Nationalsozialisten haben die Deutschen gespalten und das bis über das Ende des „Dritten Reiches" hinaus, wie die Ereignisse nach dem Ende des Krieges offenbart haben.

Anders als bei Sohn Klaus war bei Thomas Mann der Übergang in die Emigration kein Vorgang von drei Strichen im Tagebuch, kein eindeutiger Bruch mit der Vergangenheit, wobei auch Mann klar war, dass ein neuer Lebensabschnitt beginnt. Die Ereignisse, um die es geht, ‚überraschten' das Ehepaar Mann ja auf einer Erholungsreise in der Schweiz, wo man am 24. Februar in Arosa angekommen war und sich im Verlauf der nächsten Wochen entschied, zunächst in der Schweiz zu bleiben, um die Entwicklungen abzuwarten. Das Tagebuch dokumentiert die jeweils aktuellen Befindlichkeiten und Überlegungen. Die Hälfte

---

so vielfach Elend und Untergang gewesen war." (GKFA, Bd. 19.1, S. 511f) Dokumente in: Klaus Schröter (Hrsg.): Thomas Mann im Urteil seiner Zeit, a.a.O., S. 334–343 und S. 516ff.

[207] In dem 1936 im Amsterdamer Exil-Verlag Querido erschienenen Roman wird Gründgens in dem skrupellosen Karrieristen Hendrik Höfgen porträtiert. Nach dem Krieg wurde der Roman 1956 in der DDR im Aufbau-Verlag gedruckt. Eine westdeutsche Publikation verhinderte nach Gründgens Tod 1963 sein Adoptivsohn Peter Gorski. Das Oberlandesgericht Hamburg verbot 1966 der Nymphenburger Verlagsbuchhandlung die Publikation in der Bundesrepublik mit der Begründung, dass die Allgemeinheit kein Interesse daran habe, „ein falsches Bild über die Theaterverhältnisse nach 1933 aus der Sicht eines Emigranten zu erhalten". (Zit. nach: Uwe Naumann: Klaus Mann, Reinbek bei Hamburg 1984, S. 86.) 1971 wurde das skandalöse Urteil vom Bundesverfassungsgericht bestätigt. Nach der erfolgreichen Aufführung einer dramatisierten Fassung des Romans im Pariser Théâtre du Soleil von Ariane Mnouchkine 1979 erschien der Roman 1981 im Rowohlt-Verlag trotz des formal weiterhin bestehenden Verbots. Im gleichen Jahr erfolgte auch die Verfilmung mit Klaus Maria Brandauer in der Hauptrolle (Regie: István Szabó). Zum „Mephisto"-Skandal: Eberhard Spangenberg: Karriere eines Romans. Mephisto, Klaus Mann und Gustaf Gründgens. Ein dokumentarischer Bericht aus Deutschland und dem Exil 1925–1981, München 1982.

der ab 1977 erschienenen zehnbändigen Ausgabe dieser Aufzeichnungen behandelt das Exil. Ob der Verfasser von Anfang an an eine spätere Publikation gedacht hat? Da ein bedeutender Teil der Aufzeichnungen vom Autor selbst noch zu Lebzeiten vernichtet wurde, beginnt der für die Exil-Zeit relevante Band mit Einträgen vom 15. März 1933. Von den „Schmerzen der Trennung" ist die Rede und davon, „daß eine Lebensepoche abgeschlossen" sei, von der „Notwendigkeit", das „Dasein auf eine neue Basis zu stellen" (TMTB, 15. März 1933). Durch die internationalen Zeitungen ist man auch in der Schweiz über die Entwicklung in Deutschland bestens informiert. Am 21. März, dem „Tag von Potsdam", schreibt Mann im Tagebuch:

> Entfernung der Juden aus den Justiz- und ärztlichen Ämtern. Konzentrationslager in München für Kommunisten und Sozialisten. Die Behandlung der in „Schutzhaft" Genommenen sei angemessen [...]. Unwille, daß Strauss das Bruno Walter entzogene Konzert übernommen hat. Furtwängler dirigiert die von der „Regierung" für den heutigen Jubeltag angeordneten „Meistersinger". Lakaien. (TMTB, 21. März 1933)

Bei den Konzerten, die Strauss anstelle Walters dirigierte, handelte es sich um die Berliner Konzerte in der Philharmonie am 19. und 20. März. Die komplexen Hintergründe wird Thomas Mann kaum gekannt haben. Die von der Regierung anstelle einer ursprünglich vorgesehenen ELEKTRA-Aufführung angeordnete Vorstellung der MEISTERSINGER am 21. März in der Berliner Staatsoper war der Abschluss der Feierlichkeiten zur Eröffnung des neu gewählten Reichstages. In einem feierlichen Staatsakt vor und in der Potsdamer Garnisonskirche traf der neue Reichskanzler Adolf Hitler den Reichspräsidenten Paul von Hindenburg. Die Choreographie der nationalsozialistischen Propaganda war perfekt. Die Kunst und die Künstler waren vom ersten Tag an instrumentalisiert. Der Chor der Bayreuther Festspiele umrahmte die Feier in der Garnisonskirche, bei der auch, auf Einladung Hitlers, Winifred und Wieland Wagner teilnahmen.
Erstaunlicherweise wird die „Entfernung der Juden aus der Justiz" und die Eröffnung der Konzentrationslager in München im Tagebucheintrag Thomas Manns vorerst nicht weiter kommentiert. Was er wohl unter einer „angemessene" Behandlung der dort eingelieferten „Kommunisten" und „Sozialisten" verstanden hat? Am 10. April 1933 findet Mann, drei Tage nach der Verabschiedung des „Gesetzes zur Wiederherstellung des Berufsbeamtentums", deutlichere Worte: „Daß die übermütige und vergiftende Nietzsche-Vermauschelung Kerr´s ausgeschlossen ist, ist am Ende kein Unglück; auch die Entjudung der Justiz am Ende nicht. [...] ich fange an zu argwöhnen, daß der Prozeß immerhin von dem Range derer sein könnte, die ihre zwei Seiten haben ..." (TMTB, 10. April 1933).
Auch die Kommentierung der am 31. August erwähnten „Ermordung Th. Lessings in Marienbad" verblüfft. Thomas Mann „graust vor einem solchen Ende, nicht weil es das Ende, sondern weil es so elend ist und einem Lessing anstehen mag, aber nicht mir". (TMTB, 1. September 1933)[208]

[208] Thomas Mann hatte 1910 mit dem jüdischen Publizisten Theodor Lessing (1872–1933) nach dessen bösartigen Angriffen gegen den Mann wohlgesonnenen Literaturkritiker Samuel Lublinski eine heftige Kontroverse geführt. Wie Maximilian Harden verkehrte auch Lessing im Hause Pringsheim, war ein Verehrer von Katia Mann und mit Carla Mann befreundet. Von beiden scheint er intime Kenntnisse über Thomas Manns erotische Befindlichkeiten gehabt zu haben. Der als aggressiver Hindenburg-Kritiker in Erscheinung getretene Lessing floh am 1. März 1933 in die Tschechoslowakei, wo er am 31. August nach einer Hetzkampagne nationalistischer Zeitungen von Nationalsozialisten ermordet wurde. In einem Brief an Sohn Klaus bezeichnet Thomas Mann Lessing am 1. September als einen „falschen Märtyrer". Zit. nach: Hermann Kurzke: Thomas Mann, a.a.O., S. 228. Dass er in seiner Gegnerschaft zum Regime eine Sonderstellung beansprucht, verdeutlicht

Wilhelm Furtwängler scheint die Folgen des „Gesetzes zur Wiederherstellung des Berufsbeamtentums" ebenso nüchtern betrachtet zu haben wie Thomas Mann. In einem überlieferten Manuskript finden sich Notizen zu tagespolitischen Themen und Problemen. Ihrem Verfasser zufolge soll sich der Boycott der Juden „auf das Geschäftsleben" beschränken und „nicht auf die Kunst" ausgeweitet werden. Juden sollen „unbehelligt" bleiben, wo sie für sich selbst eintreten „mit eigenem Sinn und Können, ohne Mittel von Organisationen [...]". Durchaus müsse die „Suggestion der j.[üdischen] Presse [...] gebrochen werden, vor allem durch geistige Mittel", darüber hinaus eine eigene Presse aufgebaut werden, „die man bisher – in Musik jedenfalls – nicht hat". Juden sind „als Solisten zu rechtfertigen. Als Publikum unentbehrlich." Noch in der Schlusspointe entlarvt sich eine auf die eigene berufliche Notwendigkeit beschränkte egoistische Haltung, die in letzter Konsequenz dem Holocaust den Weg bahnt: „Außerdem gehören tendenziöse Juden-Schreiberlinge entfernt, soweit es geht. Aus aller Verwaltung gehören sie heraus, in freien Berufen, soweit ungewöhnliches Können vorliegt, müssen sie geschützt werden. Konzertleben ohne sie ist jedenfalls nicht möglich, eine Operation, die mit dem Tode des Patienten endigen würde."[209] Am Ende überlebte das hier beschworene Konzertleben länger, als seine jüdischen Musiker und sein jüdisches Publikum; unabhängig von „ungewöhnliche[m]" oder nur ‚gewöhnlichem' Können. Furtwänglers Rücktrittsdrohungen für den Fall, dass er seine Forderungen, die sich ja in erster Linie auf jüdische Musiker beziehen, nicht durchsetzen kann, überzeugen ebenso wenig wie die Feststellung seines Biographen, seine „Selektion nach Wohlverhalten" sei „alles andere als rassistisch".[210] Furtwänglers Bestreben, die ersten Willkürmaßnahmen gegen jüdische Deutsche zu relativieren und zu verharmlosen, vereint ihn hier mit Thomas Manns Tagebuch-Äußerungen.

Am 26. September berichtet dieser über ein Treffen mit der Sängerin Sigrid Onégin, die seit 1931 in der Schweiz lebte. Sie erzählt ihm im Haus der Zürcher Familie Reiff

> Anekdoten von R. Strauss und Bayreuth, drastisch und vital, mit klingender Altstimme. Ich war müde und bedrückt. K.[atia] hatte das erste politische Rencontre: mit Penzoldt [Fritz Penzoldt, der deutsche Ehemann von Sigrid Onégin, Anm. d. Verf.], der alberner Weise der Brutalisierung von Künstlern in Deutschland die soziale Großtat entgegenstellte, daß es zwei Millionen Arbeitslose weniger gäbe. [...] Das Denken der Menschen erregt Verzweiflung. (TMTB, 26. September 1933)

Am 10. Oktober trifft Mann, wiederum im gastlichen Haus der Familie Reiff, im Anschluss an ein Konzert den Geiger Adolf Busch, den Bruder von Fritz Busch: „Ein ungewöhnlich

---

Mann in einem Tagebucheintrag vom 1. Mai 1933 und pocht auf seine „mit anderen Schicksalen nicht zu verwechselnde Stellung". Noch am 14. März 1934 bekennt er sich in Arosa zur „innere[n] Ablehnung des Märtyrertums". (TMTB, 14. März 1934)

[209] Manuskript ohne Datum (Juni 1933?). Abdruck in: Fred K. Prieberg: Kraftprobe, a.a.O., S. 106f. Zu den Zeiten von Priebergs Recherche befand sich das Manuskript im Wilhelm-Furtwängler-Archiv Zürich. Furtwänglers Witwe Elisabeth hat den Nachlass im Jahre 2000 der Staatsbibliothek zu Berlin, Preußischer Kulturbesitz im Rahmen einer Schenkung übergeben.

[210] Fred K. Prieberg: Kraftprobe, a.a.O., S. 107. Etwas kritischer bezieht sich Prieberg auf den Begriff „tendenziöse Juden-Schreiberlinge" und stellt sich die Frage, ob Furtwängler „Theodor Wiesengrund(-Adorno)" [sic!] dazu gezählt haben mag. Zurecht verweist Prieberg auf Adornos umstrittene Verdammung von „seichten Operetten" und auf dessen unbedachte Lobpreisungen „tönende[r] Hitler-Huldigungen [...] im Sinne der NS-Ideologie" (Ebenda). Bekanntlich hat Adorno selbst in den 1960er Jahren sein Verkennen der nationalsozialistischen Gefahr im Jahre 1933 beklagt. Siehe: Stefan Müller-Doohm: Adorno. Eine Biographie, Frankfurt a.M. 2003, S. 271.

sympathischer Mensch, in strenger Opposition gegen den Hitler-Unfug [...]" (TMTB, 4. Oktober 1933). Busch verachtet Richard Strauss, dessen Musik „oberflächlicher Mist" sei: „Und Pfitzner? – Um Gottes willen! Dann noch lieber Strauss." Nach dem Essen unterhält sich Mann mit dem Geiger unter vier Augen:

> Ich sprach ihm von dem bedrückenden Charakter meiner Stellung im Lande und zugleich außer ihm. Es ist wohl so, daß das vergewaltigte Innerdeutschtum zwar von denen, an denen es hängt, Charakterbekundung verlangt, daß es sich aber auch wieder verraten fühlen würde, wenn man sich ganz von ihm trennt. Mein Außensein in Verbindung mit der Ermöglichung meiner Bücher in Deutschland stellt vielleicht die Versöhnung dieses Widerspruchs dar. (TMTB, 4. Oktober 1933)

Die beschriebene Situation betrifft nicht nur die aktuellen Verhältnisse. Nach dem Krieg wird nicht allein Thomas Mann, sondern auch vielen anderen Exilanten gerade das „[S]ich ganz"-Trennen zu einem Vorwurf gemacht, zumindest dahingehend, dass man aus der Beobachtungslage in der „gesicherten Position"[211] des Exils die Verhältnisse in Deutschland kaum hätte beurteilen können. Eine beispiellose Perfidie, die die Unfähigkeit zum Bereuen und zum Anerkennen von Schuld entlarvt.

Anlass zur Diskussion gibt natürlich auch Manns Wunsch, dass im Deutschland des Jahres 1933 weiterhin seine Bücher erscheinen können. Ob dies zum Nutzen des deutschen Volkes und seiner „inneren Emigration" geschah, oder zum finanziellen Vorteil des Autors, führte auch in der eigenen Familie zu Kontroversen. Die nationalsozialistische Bücherverbrennung hatte da längst stattgefunden. In einer konzertierten Aktion wurden am 10. Mai 1933 – in München bereits zwei Tage vorher – in über zwanzig deutschen Städten Bücher von missliebigen Autoren verbrannt. Ab dem 6. Mai waren in Vorbereitung der Aktion private und öffentliche Bibliotheken systematisch durchsucht und geplündert worden. An der Bücherverbrennung auf dem Berliner Opernplatz wurden, in symbolischer Nachbarschaft der Staatsoper und der gegenüber liegenden Universität, Bücher von Heinrich Mann, Erich Kästner, Lion Feuchtwanger, Bertolt Brecht, Sigmund Freud und vielen anderen „dem Feuer übergeben". Zehntausende nahmen daran teil. Die Bücher von Thomas Mann wurden zu diesem Zeitpunkt nicht verbrannt. Offensichtlich hatte sich das Regime noch nicht entschieden, wie es mit dem Nobelpreisträger verfahren wollte, in welcher Weise man von seinem internationalen Ruhm profitieren könnte, so wie das bei Richard Strauss, Gerhart Hauptmann und anderen Privilegierten der Fall war. Die diesbezüglichen Überlegungen sollten sich auf beiden Seiten noch hinziehen. Im November 1933 – Deutschland war bereits am 19. Oktober aus dem Völkerbund ausgetreten – äußert Thomas Mann im Tagebuch noch einmal Gedanken an die Möglichkeiten einer Rückkehr:

> Warmer, klarer Herbsttag. Zerstreut, unlustig und unkonzentriert etwas weiter geschrieben. Nervöse Unruhe, die wahrscheinlich mit Gedanken an eine Rückkehr nach Deutschland zusammenhängt. Schließlich brauchte man sich nicht zu benehmen wie Hauptmann und Strauss, sondern könnte eine ernste und jedes Hervortreten ablehnende Isolierung bewahren. Freunde gäbe es genug. Katja´s Krankheit und der Gedanke an die Unruhen und Anstrengungen, die ihr immer weiter bevorstehen, wenn wir hier aufs Neue die Suche nach einer degradierenden Unterkunft aufnehmen müssen, tragen stark zu diesen inneren Erwägungen bei. (TMTB, 20. November 1933)

[211] Frank Thiess in einem Brief an die Münchener Zeitung vom 18. August 1945, in: Klaus Schröter (Hrsg.): Thomas Mann im Urteil seiner Zeit, a.a.O., S. 338.

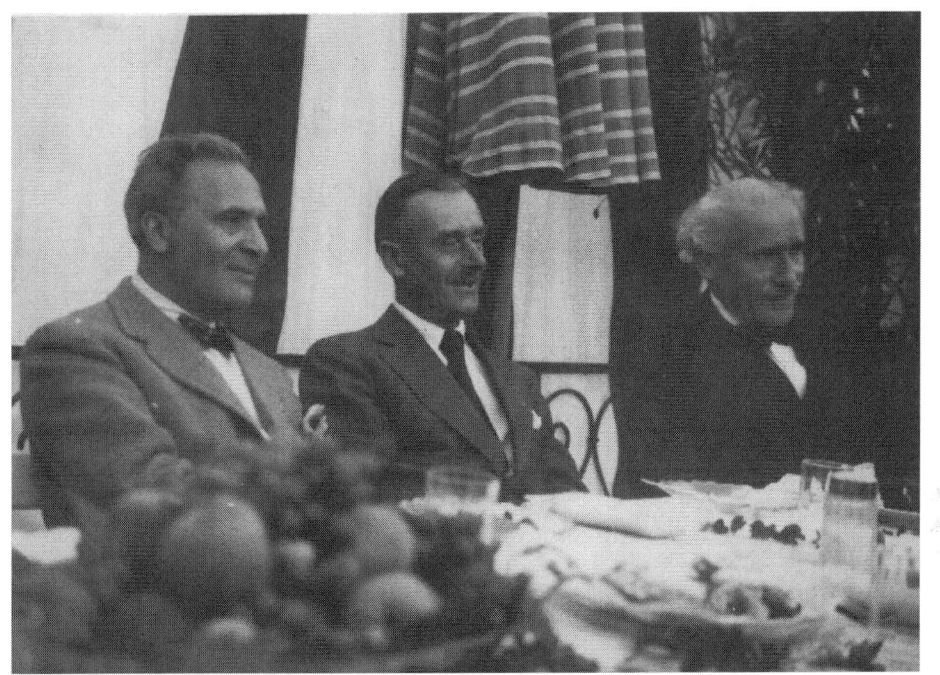

Bruno Walter, Thomas Mann und Arturo Toscanini in Salzburg, August 1935.
Photo: Richard-Strauss-Institut, Garmisch-Partenkirchen

Thomas Mann wird indessen eine Rückkehr kaum ernsthaft erwogen haben. Schon im März 1933 hatte er ja vom Beginn einer neuen „Lebensepoche“[212] gesprochen, über deren Dauer er freilich noch keine rechte Ahnung hatte: „Der Gedanke, daß die Rückkehr nach München für etwa ein Jahr abgeschnitten u. auch garnicht wünschbar ist, muß einverleibt und vertraut werden.“ (TMTB, 30. März 1933). Der „Protest der Richard-Wagner-Stadt München“ verändert die Situation. Mann bezeichnet den Protest der Münchner „Kunstfreunde“[213] als „Akt mörderischer Denunziation“[214], räsoniert am 30. April aber wieder von einem „Hin- und Hergrübeln über unsere Rückkehr, unser Außenbleiben“ (TMTB, 30. April 1933) und berichtet von den Gesprächen mit dem Münchner Rechtsanwalt Valentin Heins, der beim Bayerischen Reichsstatthalter Franz Ritter von Epp die Lage sondieren soll.[215]
Anlass zu weiteren Spekulationen gibt Thomas Mann mit seiner Replik auf einen Artikel Hans Pfitzners, der am 2. Juli 1933 in der Frankfurter Zeitung erschien. Pfitzner, der Thomas Mann ja bereits in einem Schreiben zu dessen 50. Geburtstag 1925 seine „politische Umstellung“ vorgeworfen hatte, rechtfertigt darin seine Unterzeichnung des „Protests“, die ihm u.a. der Kritiker Willi Schuh in der Neuen Zürcher Zeitung vorgeworfen hatte, dahingehend, dass Mann seine Wagner-Kritik „weithintönend in fremdem Lande“[216] vorgetragen habe:

> Wenn Thomas Mann sich mit mir und noch einigen wissenden Leuten zusammensetzt und über Goethe oder Wagner spricht und es laufen Ausdrücke unter wie amusisch und dilettantisch, so ist das eine esoterische Angelegenheit. Da kann jeder der am Gespräch Beteiligten sicher sein, daß er nicht mißverstanden wird. Aber exoterisch, nein, nicht vor Holländern, Schweizern (!) und Franzosen! Das mußte Thomas Mann wissen und eines kräftigen Protestes gewärtig sein.[217]

Thomas Manns Erwiderung auf diesen Brief wird erst 1974 veröffentlicht. Was er „einem sonntagskindlichen Geist wie Richard Strauss in Gottes Namen hingehen zu lassen bereit ist“ will er dem „Dichter und Schriftsteller Hans Pfitzner nicht hingehen lassen“. [218] Am 20. Juli 1933 lesen wir im Tagebuch eine ausführliche Darstellung der schwierigen Situation, in der sich Mann sah:

> Ich habe die Erwiderung auf Pfitzners Artikel abgeschlossen und mehrfach vorgelesen, hier und bei Schickeles. Die Diskussion darüber war vielfältig und verwirrend. Unzufriedenheit Erikas mit der melancholischen Konzilianz des Aufsatzes, – dessen Sprache dennoch der Art ist, daß es fast ein Wunder wäre, wenn er in Deutschland erschiene. Meine Neugier auf die Entscheidung ist sehr groß. Vermutlich zerbricht man sich zu der Vormittagsstunde, in der ich dies schreibe, in Berlin, Bülowstraße [dem Sitz des Fischer-Verlages, Anm. d. Verf.], den Kopf darüber, denn ich habe mich unter Verzicht auf die immer trostlosere Frankf.[urter] Zeitung für die N.[eue] Rundschau entschlossen. Die Frage ist, ob sie ihrerseits sich entschließt. Tut sie´s, so wird im Lande selbst eine erste Kundgebung von mir erscheinen, die den Münchner Strohköpfen meine Ausstoßung, die Schuld an meiner Nicht-Rückkehr zuschiebt, die

[212] TMTB, 15. März 1933
[213] TMTB, 16. April 1933
[214] TMTB, 17. April 1933
[215] Es ging dabei um „Paß-Kalamitäten“, Manns Pass war am 1. April abgelaufen, und um die „Frage der Evakuierung des Münchner Hauses, die wünschenswert aber sehr sichtbar u. entscheidend wäre“. (TMTB, 17. April 1933)
[216] Hans Rudolf Vaget (Hrsg.): Im Schatten Wagners. Thomas Mann über Richard Wagner. Texte und Zeugnisse 1895–1955, Frankfurt a.M. 1999, 2005, S. 244.
[217] Ebenda.
[218] GW, Bd. XIII, S. 78–94.

> amtlichen Übergriffe gegen mein Eigentum kundmacht und damit politisch dem Kommenden vorbaut, auf der anderen Seite aber soviel Resignation u. Milde an den Tag legt, daß meine Rückberufung die Folge sein könnte. Der Widerspruch ist, daß ich ihr nicht zu folgen gedenke. (TMTB, 20. Juli 1933)

Wie sich Thomas Mann seine „Rückberufung" vorgestellt hat, geht aus dem Tagebucheintrag nicht hervor. Auch nicht, von wem das ausgehen sollte. Und wer genau sollte in Berlin sein „Außensein" bedauern? Der Verleger Bermann Fischer, seine Leser oder doch höhere politische Ränge, die, wie von Goebbels bekannt, an einer Rückkehr des Nobelpreisträgers zeitweise durchaus interessiert waren.[219] Immer wieder erweist sich in den Gesprächen mit seiner Tochter Erika die „Schiefheit" und „Unklarheit" seiner Situation, erwägt Thomas Mann seine „Aussichten" und die Gefahr einer „Vermögenskonfiskation" und die Aberkennung der Staatsbürgerschaft. Am Ende dann wieder die Feststellung:

> Die Rückkehr ist ausgeschlossen, unmöglich, absurd, unsinnig und voll wüster Gefahren für Freiheit und Leben, – das ist meiner Vernunft klar, so sehr ich den klaren und *freiwillig* vollzogenen Bruch bisher zu verzögern suchte. (TMTB, 20. Juli 1933)

Bis sich Thomas Mann endgültig und in eindeutiger und unmissverständlicher Form gegen eine Rückkehr nach Deutschland und damit gegen das Regime aussprach, sollte noch eine geraume Zeit vergehen. Erst 1936 stellt Tochter Erika die Gewissensfrage und fordert ein endgültiges Bekenntnis zum Exil.

Im Mai 1933, Erika und Klaus hatten längst vor einer Rückkehr gewarnt, hatte Mann gemeinsam mit seinem Rechtsanwalt Heins den Plan eines Briefes an den Reichsstatthalter von Epp entwickelt, um ihn als Vermittler zur Regierung einzuschalten. Ein entsprechender Brief wurde am 23. Juni abgeschickt, unterstützt und vermittelt von Paul Stengel, dem Adjutanten des Reichsstatthalters, der Mann schon eindringlich vor einer Rückkehr nach Deutschland gewarnt hatte. Längst hatten sich führende Nationalsozialisten in die Angelegenheit eingeschaltet. Reinhard Heydrich, ein enger Mitarbeiter Heinrich Himmlers bei der Bayerischen Politischen Polizei, hatte bereits am 12. Juli 1933 in einem Brief an Epp Thomas Mann als „Gegner der nationalen Bewegung" bezeichnet und auf die Daten polizeilicher Überwachungen und Ermittlungen der 1920er Jahre seitens der Polizeidirektion München verwiesen.[220] Nachdem auch Rechtsanwalt Heins der Familie Mann am 20. August von einer Rückkehr abgeraten hatte, meldet sich Thomas Mann am 28. August beim Münchner Finanzamt ab. Heinrich Mann war zu diesem Zeitpunkt seine deutsche Staatsbürgerschaft bereits aberkannt worden. Spätestens ab dem 20. April 1934, nachdem Heinrich Himmler und Reinhard Heydrich das Kommando über die Preußische Geheime Staatspolizei übertragen worden war, setzte Heydrich seine Bestrebungen, Thomas Mann die deutsche Staatsbürgerschaft abzuerkennen, fort. Erst sein erneuter Antrag im März 1936 sollte erfolgreich sein. Thomas und Katia Mann wurde die deutsche Staatsbürgerschaft nach dem

---

[219] Goebbels hat die „Buddenbrooks" geschätzt. In einem Tagebucheintrag schreibt er über eine nächtliche Lektüre im Schlafwagen: „Ja, gekonnt, trotz mancher Jugendschwächen. Schade um den Mann!" Tagebucheintrag vom 31. Januar 1930. Die Tagebücher von Joseph Goebbels. Teil 1, a.a.O., Bd. 2/I, S. 76. Dagegen bezeichnete er „Königliche Hoheit" als „Geistreiche[n] Kitsch". Tagebucheintragung vom 23. Juli 1924. Die Tagebücher von Joseph Goebbels. Teil 1, a.a.O., Bd. 1/I, S. 176.

[220] Dazu: Paul Egon Hübinger: Thomas Mann und Reinhard Heydrich in den Akten des Reichsstatthalters von Epp, in: Vierteljahreshefte für Zeitgeschichte, Jahrgang 28 (1980), Heft 1, S. 111–143, hier: S. 122. www.ifz-muenchen.de/heftarchiv/1980_1_5_huebinger.pdf

Ende der für das Regime werbewirksam vermarkteten Olympischen Spiele in Berlin aberkannt.

Heydrichs Antrag hatte ja auch deswegen Erfolg, weil sich Thomas Mann im Januar 1936 endlich dazu durchringen konnte, sich ebenso offensichtlich wie endgültig von Deutschland loszusagen, woran seine Tochter Erika maßgeblichen Anteil hatte. Der Hintergrund war ein Artikel in der Exil-Zeitschrift Das Neue Tage-Buch vom 11. Januar 1936, in dem Leopold Schwarzschild Manns Verleger Gottfried Bermann Fischer als „Schutzjuden" des „Dritten Reichs" beschimpft hatte, der seine Geschäfte im „Interesse des Propaganda-ministeriums"[221] führen würde. In einem auch von Hermann Hesse und Annette Kolb unterzeichneten „Protest" in der Neuen Züricher Zeitung beschwerte sich Thomas Mann über diese Verunglimpfung seines Verlegers, die sich im Grunde ja auch auf dessen Autoren bezog. Die Auseinandersetzung führte schließlich zur Teilung des Fischer-Verlages, der in Deutschland unter der Leitung von Peter Suhrkamp weitergeführt wurde, während ein anderer Teil in Stockholm seine Arbeit fortsetzte. Erika Manns Reaktion auf die Sympathie-bekundung ihres Vaters fiel heftiger aus als erwartet. In einem Brief vom 19. Januar 1936 machte sie ihm schwere Vorwürfe. Sie unterstellt Bermann Fischer „ungewöhnlich gut[e]" ja geradezu „vorzügliche" Beziehungen zu Goebbels, da er sonst kaum die Erlaubnis, „mit Maus und Verlag auszuwandern" erhalten hätte. „Sicher ist", so Erika weiter, „daß Bermann feste Zusagen gegeben haben muß, nichts Emigrantenfreundliches draußen zu unternehmen". Insbesondere wirft Erika ihrem Vater vor, dass er sich zum ersten Mal für eine Persönlichkeit einsetze, der, seiner Meinung nach, „Unrecht" widerfahren sei:

> Für niemanden sonst hast Du es bisher getan. Dein Appell für Ossietzky durfte nicht veröffentlicht werden, – Du schwiegst, als Hamsun denselben Ossietzky öffentlich anpöbelte, und als der kleine Kesser den „Henry Quatre" erledigte, schriebst Du einen (wunderbaren) Privatbrief. [...] Als Resumée bleibt: das erste Wort „für" aus Deinem Munde fällt für Doktor Bermann, – das erste Wort „gegen", – Dein erster officieller „Protest" seit Beginn des dritten Reiches richtet sich gegen Schwarzschild und das „Tagebuch" (in der N.Z.Z.!!!)
> Meine persönliche Freundschaft für Schwarzschild ist gleich null. Meine Feindschaft für Bermann ist nicht persönlich. Ich habe für ihn den Haß, der nach meinem Dafürhalten der Rolle gebührt, die er spielt. Er selber ist unbedeutend bis zum Rührenden. Sein Einfluß allein ist bedeutend, – der Einfluß eines gesichtslosen Geschäftsjuden, der gerade schlau genug ist, sich Deine Anhänglichkeit an Deine eigene Vergangenheit [...] zunutze zu machen und Kapital aus ihr zu schlagen, wo er kann und so oft er kann.
> Er bringt es nun zum zweiten Male fertig (das erste Mal anläßlich des „Eröffnungsheftes" der „Sammlung"), daß Du der gesamten Emigration und ihren Bemühungen in den Rücken fällst, – ich kanns nicht anders sagen. [...] Deine Beziehung zu Doktor Bermann und seinem Haus ist unverwüstlich, – Du scheinst bereit, ihr alle Opfer zu bringen. Falls es ein Opfer für Dich bedeutet, daß ich Dir mählich, aber sicher, abhanden komme, –: leg es zu dem übrigen. Für mich ist es traurig und schrecklich.
> Ich bin
> Dein Kind E.[222]

Katia wendet sich gleich zwei Tage später aus Arosa an ihre Tochter und bedauert, dass diese es „nicht unterlassen konnte, so zu schreiben". Sie findet Worte der Entschuldigung und

[221] Leopold Schwarzschild: Offener Brief an Das Neue Tage-Buch vom 11. Januar 1936, Nachdruck in: Klaus Schröter (Hrsg.): Thomas Mann im Urteil seiner Zeit, a.a.O., S. 259.
[222] Tilmann Lahme et al. (Hrsg.): Die Briefe der Manns, a.a.O., S. 133ff.

Rechtfertigung für den „Zauberer", der kaum mit solchen Konsequenzen rechnen konnte, verteidigt auch Bermann Fischer und nennt die Behauptung, er sei ein „Göbbels-Emissär", eine „perfide Andeutung".[223] Auch könne man kaum behaupten, dass der „Zauberer" der Emigration in den Rücken gefallen sei. Auf Erikas „Haß" geht die Mutter nicht ein.
Am 23. Januar schreibt Thomas Mann an Erika: „Leidenschaft ist schön; blinder Haß, vorsätzliche Ungerechtigkeit sind es nicht. *Ich* habe Entschuldigungen auch für diese."
Mann beschreibt den Tage-Buch-Artikel als „nazihaft", betrachtet es als ein „Unglück", dass „Bermann sich nicht entschließen konnte, sofort nach dem Ausbruch des Irrsinns das Land zu verlassen [...]". An seine eigene Situation, dass auch er das Land nach dem „Ausbruch des Irrsinns" nicht gleich verlassen hat, vielmehr erst im Februar 1933 auf eine Lesereise ging und dann Ferien machte, scheint er sich nicht zu erinnern. Er stellt fest, dass Bermann, entgegen den Annahmen Erikas, bei den Machthabern des „Dritten Reichs" keine Protektion genießt und kein „Sonderfall" ist. Die Behauptungen Schwarzschilds bezeichnet er als „leichtfertige Haßphantasien", die jeglicher Grundlage entbehrten; auch verweist Thomas Mann auf Briefe, Erklärungen und Schriften, die er bereits gegen die Machthaber in Deutschland veröffentlicht hat. Ebenso sei Schwarzschild „kein zartes Blümchen", das man schonen müsse, sondern ein „gefährlicher Gegner", der sein Blatt weniger „emigranten-cliquenhaft" und „weltoffener" gestalten könnte. Im Übrigen sieht sich Mann als eine „Reserve" im Kampf gegen den Faschismus, „die eines Tages noch nützlich werden kann".[224] Hinweise auf die Arbeit am JOSEPH lenken zum Schluss hin von dem heiklen Thema ab. In einem weiteren Brief warnt Erika ihren Vater davor, die Emigration zu spalten. Nur unter seiner „Schirmherrschaft" könne sie eine „echte und ganze" werden.[225]

Am gleichen Tag, am 26. Januar, erscheint in der Neuen Zürcher Zeitung ein Artikel des Schweizer Journalisten und Literaturkritikers Eduard Korrodi: „Deutsche Literatur im Emigrantenspiegel". Nach Schwarzschilds Feststellung, dass die deutsche Literatur komplett „nach draußen gerettet werden"[226] konnte, stellt Korrodi in seiner Entgegnung fest, dass man die emigrierten jüdischen Schriftsteller nicht mit der deutschen Literatur gleichsetzen dürfe.[227] Unglücklicherweise bringt er diesen Sachverhalt mit der Tatsache in Verbindung, dass die Werke von Thomas Mann in Deutschland immer noch publiziert und verkauft werden dürften. Nun verlangt auch Klaus Mann Taten von seinem Vater. Gemeinsam mit Fritz Landshoff schickt er umgehend nach seiner Lektüre der Neuen Zürcher Zeitung ein Telegramm, in dem er um eine Erwiderung bittet: „diesmal geht es wirklich um eine Lebensfrage für uns alle."[228] Thomas Mann reagiert und bekennt sich zur Emigration, bestätigt sein Draußen-Sein, besiegelt es endgültig mit einem am 3. Februar in der Neuen Zürcher Zeitung veröffentlichten offenen Brief. Katia fasst das alles in einem Brief an Klaus Mann zusammen:

> Ob die Antwort nun die „Emigration" befriedigen wird, weiß ich nicht; sie richtet sich weniger scharf gegen Korrodi als gegen das Vaterland, mit dem sie wohl den definitiven und totalen

[223] Ebenda, S. 136
[224] Ebenda, S. 139ff
[225] Irmela von der Lühe, Uwe Naumann (Hrsg.): Erika Mann. Mein Vater, der Zauberer, a.a.O., S. 106.
[226] Leopold Schwarzschild: Antwort an Thomas Mann, in: Das Neue Tage-Buch, 25. Januar 1936. Nachdruck in: Klaus Schröter (Hrsg.): Thomas Mann im Urteil seiner Zeit, a.a.O., S. 260–266, hier: S. 261.
[227] Eduard Korrodi: Offener Brief an die Neue Zürcher Zeitung vom 26. Januar 1936. Nachdruck in: Klaus Schröter (Hrsg.): Thomas Mann im Urteil seiner Zeit, a.a.O., S. 266–267, hier: S. 266.
[228] Tilmann Lahme et al. (Hrsg.): Die Briefe der Manns, a.a.O., S. 144.

Bruch bedeutet. Und dieses ist recht aufregend, denn Z.´s Widerstände gegen diesen Schritt waren von Anfang an geradezu krankhaft und sind es immer noch, sodaß ich nicht ohne Besorgnis den weiteren Entwicklungen entgegensehe, zumal er immer wieder das Gefühl haben wird, man habe ihn dazu gedrängt und er habe gegen seine Natur gehandelt. Beri´s [Bermanns, Anm. d. Verf.] Felle schwimmen damit auch wohl endgültig davon, denn bei verbotenem Th. M. ist sein Verlag nicht denkbar [...]. Die Art, wie die jüdischen Krähen der neu hinzukommenden die Augen aushacken, war höchst unerfreulich und, auch ohne Z.´s Protest, ein gefundenes Fressen für das Propaganda-Ministerium. [...] Nein, die hl. Emigration begeht auch Fehler, und Eri´s Aufregung war meiner Ansicht übertrieben und nicht ganz gerecht.[229]

Erikas Reaktion entnehmen wir ihrem Telegramm aus Prag vom 6. Februar 1936:

dank glueckwunsch segenswunsch
kind e.[230]

Einen Monat später schreibt der Geiger Bronislaw Huberman[231], der 1935 das Palestine Orchestra gegründet hatte, einen im Manchester Guardian veröffentlichten offenen Brief an die „deutschen Intellektuellen", in dem er seiner Empörung über die im September 1935 erlassenen Rassengesetze und das Schweigen der deutschen Intellektuellen Ausdruck verleiht:

Seit der Veröffentlichung der Durchführungsbestimmungen zu den Nürnberger Gesetzen, diesem Dokument der Barbarei, warte ich auf ein Wort der Empörung, eine Tat der Befreiung von Ihnen. Müßte doch so mancher von Ihnen zu dem Geschehenen etwas zu bemerken haben, wenn frühere Bekenntnisse von Ihnen bestehen bleiben sollen. Ich warte vergebens. Angesichts dieses Schweigens kann ich nicht länger stumm bleiben. [...] Vor aller Welt klage ich Euch, deutsche Intellektuelle, Euch Nicht-Nazis, als die wahren Schuldigen an allen nazistischen Verbrechen an, an diesem jammervollen, unsere ganze weiße Rasse beschämenden und gefährdenden Niedergang eines hochstehenden Volkes. Denn es ist nicht das erstemal in der Geschichte, daß Instinkte der Gosse nach der Macht greifen, aber es war den deutschen Intellektuellen vorbehalten, ihnen zum Sieg zu verhelfen. Es ist ein wahrhaft erschütterndes Schauspiel, das sich der staunenden Welt bietet: Deutsche Geistesführer von der internationalen Bewegungsfreiheit und Bedeutung eines Richard Strauss, Furtwängler, Gerhart Hauptmann, Werner Krauß, Kolbe, Sauerbruch, Eugen Fischer, Planck, unter anderen noch bis gestern das deutsche Gewissen, den deutschen Genius darstellend, zur Führung des Volkes durch Beispiel und Tat berufen, finden von allem Anfang an keine andere Reaktion auf

[229] Ebenda, S. 147f.
[230] Ebenda, S. 149.
[231] Huberman hatte bereits im Juli 1933 einen Brief an Furtwängler geschrieben, in dem er seine Weigerung, in Nazi-Deutschland zu konzertieren, begründete. Ende August übergab er seine Absage der Einladung an die internationale Presse: „Ich möchte das Musizieren als eine Art künstlerischer Projektion des Besten, Wertvollsten im Menschen bezeichnen. Kann man diesen eine völlige Selbsthingabe voraussetzenden Sublimierungsprozeß von einem Künstler erwarten, der sich in seiner Menschenwürde mit Füßen getreten fühlt und offiziell zu einem Paria degradiert wird: dem von den bestallten Hütern deutscher Kultur [...] rassenmäßig die Fähigkeit zum Verständnis der ‚rein deutschen Musik' abgesprochen wird?" Zit. nach: Berta Geissmar: Musik im Schatten der Politik, Zürich 1985, S. 88. Das 1944 in englischer Sprache unter dem Titel „The Baton and the Jackboot" in London erschienene Werk von Furtwänglers langjähriger Mitarbeiterin Berta Geissmar wurde 1945 in Zürich erstmals in seiner deutschen Originalfassung veröffentlicht. Die 1985 gedruckte vierte Auflage wurde von Fred K. Prieberg mit einem Vorwort und kritischen Anmerkungen ergänzt. Furtwängler musste sich 1934 von seiner jüdischen Mitarbeiterin trennen. In seinem Entnazifizierungverfahren waren ihre Aussagen nach dem Krieg von ausschlaggebender Bedeutung.

> diesen Anschlag gegen die heiligsten Güter der Menschheit als Kokettieren, Paktieren, Kooperieren. Und zum Schluß, als ihnen Usurpation und Halbbildung ihre ureigensten Begriffe aus ihrer geistigen Werkstatt raubt, um dieser Verkörperung von Terror und Feigheit, Unmoral und Geschichtsfälschung, innerer und äußerer Volksaufwiegelung auch noch die Gloriole von Freiheit und Heroismus, Ethik und Wissenschaftlichkeit, Mystizismus und Pazifismus zu verleihen, da treiben sie ihren Verrat auf die Spitze: ducken sich und schweigen![232]

Die Deutlichkeit von Hubermans Sprache, seine eindeutige Positionierung von Anfang an und sein beherzter Protest beschämen das dreijährige Lavieren und Unentschlossen-Sein von Thomas Mann ebenso wie die Bereitschaft der Führer der ‚freien' Nationen, dem Regime anlässlich der Olympischen Spiele, die kurze Zeit später eröffnet werden, ihre Aufwartung zu machen und zu einem Propagandaerfolg zu verhelfen.
1945 wird Thomas Mann in seinem berühmten Brief an Walter von Molo, „Warum ich nicht nach Deutschland zurückgehe", die Worte finden, die Huberman und die Seinen schon 1933 zu ihrer Unterstützung benötigt hätten:

> Wenn damals die deutsche Intelligenz, alles was Namen und Weltnamen hatte, Ärzte, Musiker, Lehrer, Schriftsteller, Künstler, sich wie ein Mann gegen die Schande erhoben, den Generalstreik erklärt, manches hätte anders kommen können, als es kam.[233]

[232] Der Brief Hubermans erschien am 7. März 1936 im Manchester Guardian. Deutsche Fassung zit. nach: Berta Geissmar: Musik im Schatten der Politik, a.a.O., S. 89–91. Fred K. Prieberg bewertet Hubermans Briefe durchaus kritisch. Seine Meinung, dass der Widerstand der „deutschen Geistesführer" diese nur ins Konzentrationslager gebracht hätte, ohne das Regime zu schwächen (Berta Geissmar: Musik im Schatten der Politik, a.a.O., S. 306) ist wenig überzeugend. Der Hinweis, dass Huberman in seiner Berufung auf die beschämte „weiße Rasse" durchaus „rollen- und erziehungsabhängig" argumentiert – vielleicht sogar elitär? –, erscheint uns heute aber durchaus berechtigt.

[233] Offener Brief an Walter von Molo am 7. September 1945, Aufbau II, New York 1945, Nr. 39, GW, Bd. XII, S. 953–962. In den Tagebüchern Manns findet Hubermans Aktion im März 1936 erstaunlicherweise keine Erwähnung, obwohl immer wieder persönliche Treffen nach Konzerten aufgeführt werden.

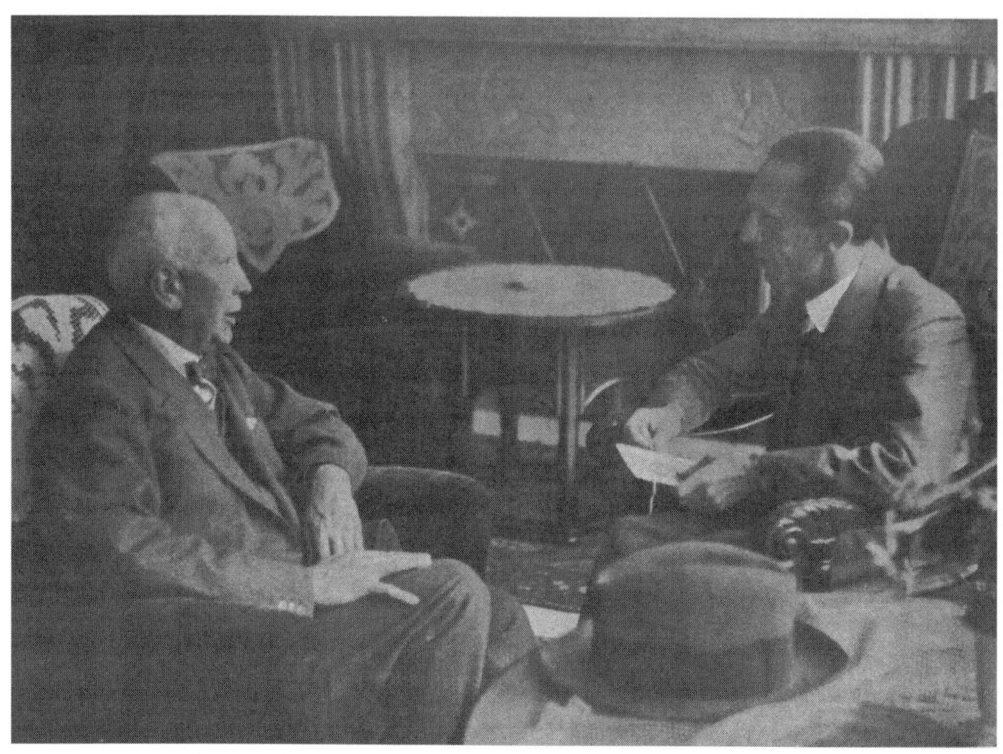

Richard Strauss und Joseph Goebbels im Gespräch während der Reichstheaterwoche in Dresden (Mai/Juni 1934). Das Bild erschien im Juni 1934 in der Münchner Illustrierten Presse. Photo: Richard-Strauss-Institut, Garmisch-Partenkirchen

Richard Strauss und das „Dritte Reich"

Erste Verfehlungen

Nach seiner Tätigkeit als musikalischer Leiter der Wiener Staatsoper von 1919 – 1924 lebte Strauss als freischaffender Komponist und Dirigent in Garmisch. Eine finanziell unabhängige und von Verpflichtungen freie Künstlerexistenz hatte er sich bekanntlich schon weit früher gewünscht. Der Erste Weltkrieg und der Verlust bedeutender – in England angelegter – Vermögenswerte sowie seiner Pensionsansprüche haben dies jedoch verhindert.
Die Wirtschaftskrise der 1920er Jahre hatte schwerwiegende Auswirkungen auf das Musikleben der Weimarer Republik. Viele Musiker wurden durch den Siegeszug des Tonfilms arbeitslos, während ein allgemeiner Publikumsschwund die Einnahmen der Orchester und Theater reduzierte. Selbst das Berliner Philharmonische Orchester erlebte die Inflationszeit als Krise und konnte 1933 nur als „Reichsorchester" vor dem finanziellen Ruin bewahrt werden. Strauss, als Dirigent vor allem eigener Werke immer noch gefragt, fand an die neue Zeit und ihre republikanischen Verhältnisse, anders als Thomas Mann, keinen Anschluss mehr. Die Aufführungsstatistiken der deutschen Opernhäuser sehen ihn – nach Puccini! – immer noch auf den ersten Plätzen, was er in erster Linie seinen Erfolgsopern SALOME, ELEKTRA und dem ROSENKAVALIER verdankt. Die in jüngerer Zeit entstandenen Werke wie DIE FRAU OHNE SCHATTEN, INTERMEZZO oder DIE ÄGYPTISCHE HELENA stehen mit ihren Aufführungszahlen weit zurück. In der Spielzeit 1927/28 erlebte Ernst Kreneks gerade im Februar 1927 in Leipzig uraufgeführte Zeitoper JONNY SPIELT AUF 421 Aufführungen, Erich Wolfgang Korngolds im Oktober 1927 in Hamburg uraufgeführte Oper DAS WUNDER DER HELIANE 80 Aufführungen. Strauss´ ROSENKAVALIER behauptet sich mit 240 Aufführungen, DIE ÄGYPTISCHE HELENA fällt dagegen mit 14 Aufführungen ab, steigert sich aber in der nächsten Spielzeit auf 173 Aufführungen, während Krenek und Korngold schon wieder erheblich weniger gespielt werden.[234] Strauss steht demnach immer noch in hoher Publikumsgunst, erfährt sich aber zunehmend als „unzeitgemäßer" Zeitgenosse. Das Jahr 1933 verändert alles; auch für Richard Strauss.

Nachdem die Nationalsozialisten am 9. März 1933 auch in Bayern die Regierungsgeschäfte übernommen hatten, war Strauss sehr bald in Ereignisse mit bedeutenden politischen Hintergründen involviert. Bis heute stellt sich seinen Biographen und den Historikern die Frage, mit welchem Bewusstsein, welchen Kenntnissen und Absichten er agierte, ob wir sein Verhalten als naiv und gutgläubig oder egoistisch und berechnend betrachten wollen oder müssen. Immerhin war ein gewaltiger Wirkungskreis ausgeschritten, ein bedeutender Lebensabschnitt beendet, der mehr als ein halbes Jahrhundert vielfältiger künstlerischer Produktivität umfasste. Nicht vielen Komponisten war dies vergönnt.
Innerhalb weniger Monate leistet sich Strauss die bedeutendsten Verfehlungen seines Lebens. Dazu zählen die Übernahme von Konzerten von Bruno Walter am 19. und am 20. März in Berlin und die Übernahme der PARSIFAL-Dirigate Arturo Toscaninis in Bayreuth im Juli und August 1933.
Ob man in diesen Fällen durchaus praktische und dispositionelle Gründe anführen will, mit denen bereits verkaufte Veranstaltungen ‚gerettet' werden sollten, bleibt fraglich, da die Gründe, die zur Absage der betroffenen Künstler führten, ausschließlich politisch bedingt

[234] Aufführungsstatistiken nach: Michael Walter: Richard Strauss, a.a.O., S. 351f.

waren. Ein im Theater- und Konzertwesen übliches Einspringen war das nicht unbedingt. Richard Strauss versucht 1935 eine Rechtfertigung in einem Brief an Stefan Zweig: „Wer hat Ihnen denn gesagt, dass ich politisch so weit vorgetreten bin? Weil ich für den schmierigen Lauselumpen Bruno Walter ein Conzert dirigiert habe? Das habe ich dem Orchester zu Liebe – weil ich für [den] anderen ‚Nichtarier' Toscanini eingesprungen bin – das habe ich Bayreuth zu Liebe getan. Das hat mit Politik nichts zu tun."[235]

Gerade die Übernahme des Konzertes von Bruno Walter im März 1933 macht jedoch deutlich, dass es sich dabei nicht um einen persönlichen Gefallen gegenüber den Inhabern der jüdischen Konzertagentur Wolf oder gegenüber Bruno Walter, der Strauss ja ursprünglich vorgeschlagen hatte, ging, sondern um einen Gefallen für die neue Reichsregierung. Die fett gedruckte Überschrift des Völkischen Beobachters vom 19./20. März schlägt in die antisemitische Kerbe: „Richard Strauß statt Schlesinger"[236]. Schlesinger war der ursprüngliche Familienname von Bruno Walter, den er während seiner Breslauer Kapellmeisterjahre abgelegt hatte, um antisemitischen Ressentiments vorzubeugen; erfolglos, wie sich im Verlauf seiner Karriere immer wieder erweisen sollte. Als überzeugter Antisemit ist Richard Strauss, vor allen Dingen im persönlichen Verkehr, nicht unbedingt in Erscheinung getreten. Er war aber bereit, sich einem glühenden Antisemitismus mit der Prominenz seiner Person, seines Amtes und seines Werkes von der ersten Stunde an wissentlich und willentlich zur Verfügung zu stellen. Im Zusammenhang mit der Übernahme des Walter-Konzerts kommen die Chronisten nicht umhin, auch auf die Übernahme der Bayreuther Dirigate von Arturo Toscanini zu verweisen, die im gleichen Jahr stattgefunden haben. Im Vorfeld bestand nach der Machtübernahme für die Bayreuther Planungen Unklarheit über die Absichten Toscaninis. Richard Strauss wurde angefragt, ehe dessen Absage endgültig war. Anders als Busch wurde Toscanini nicht bedroht, sein Vertrag nicht annulliert. Auch eine persönliche Einladung Hitlers änderte nichts an seiner klaren Entscheidung und Absage. Dass Strauss nach der Demissionierung von Furtwängler im Zuge der Ereignisse um den „Fall Hindemith" auch Philharmoniker-Konzerte von Furtwängler übernommen hat, wird durchaus seltener erwähnt.[237]

Noch umstrittener war und ist die gegen Thomas Mann zielende – gedankenlose? – Unterzeichnung des „Protests der Richard-Wagner-Stadt München" Mitte April 1933. Strauss

---

[235] Brief von Richard Strauss an Stefan Zweig vom 17. Juni 1935, zit. nach: Fred K. Prieberg: Musik im NS-Staat, a.a.O., S. 207. Prieberg zitiert nach einer „Abschrift der Gestapo Dresden" aus den Akten der Reichsmusikkammer, die damals noch im Berlin Document Center zugänglich waren, heute im Bundesarchiv Berlin aufbewahrt werden; Signatur: R 9361-V/83527. Kurt Wilhelm zitiert diesen Brief in seiner Bildbiographie 1984 ohne Quellenangabe, schreibt allerdings anstatt vom „Lauselumpen Walter" vom „Lausejungen Walter". Kurt Wilhelm: Richard Strauss persönlich. Eine Bildbiographie, München 1984, S. 328. Der Brief hat seinen Adressaten nie erreicht, da er von der Gestapo abgefangen wurde. Gedankenlos benutzt Strauss den rassischen Jargon der Zeit. Schon Karl Muck bezeichnete Fritz Busch als „gewissenlose[n] Lausejunge[n]". In: Peter Muck: Karl Muck. Ein Dirigentenleben in Briefen und Dokumenten, Tutzing 2003, S. 139. In seiner Ausgabe des Briefwechsels zwischen Richard Strauss und Stefan Zweig verzichtet Willi Schuh auf das vollständige Zitat der bezeichneten Stelle und setzt an ihre Stelle das Auslassungszeichen ([...]). Willi Schuh (Hrsg.): Richard Strauss – Stefan Zweig. Briefwechsel, Frankfurt a.M. 1957, S. 141f. Der Originalbrief in der Handschrift von Richard Strauss wurde am 27. März 1948 in der Zeitung Die Welt im Zusammenhang mit Strauss' Entnazifizierungsverfahren erstmals veröffentlicht und gilt seither als ‚verschollen'. Dazu: Gerhard Splitt: Richard Strauss' Brief vom 17. Juni 1935 an Stefan Zweig, in: Die Musikforschung, 58. Jahrgang, Heft 4 (Okt.-Dez. 2005), S. 406–414.

[236] Zit. nach: Gerhard Splitt: Richard Strauss, a.a.O., S. 47.

[237] Ebenda, S. 49.

scheint das bald bedauert zu haben.[238] Vor allen Dingen den Sachverhalt, dass er da ein Dokument tatsächlich unterschrieben hatte. Mit seiner Ernennung zum Präsidenten der Reichsmusikkammer war seine Positionierung bald in eindeutiger Weise abgeschlossen.

Thomas Manns Bemerkungen über Richard Strauss beziehen sich fortan auf dessen Agieren im „Dritten Reich". Durchaus besucht er gelegentlich Aufführungen seiner Opern im Ausland, hört sie neben den Sinfonischen Dichtungen im Radio und im Konzert. Freilich überwiegend die Werke, die bis in die 1920er Jahre hinein entstanden waren und bei weitem nicht alle.
Die Werke, die im „Dritten Reich" entstehen – DIE SCHWEIGSAME FRAU (UA 1935), FRIEDENSTAG (UA 1938), DAPHNE (UA 1938), CAPRICCIO (UA 1942) und DIE LIEBE DER DANAE (Generalprobe 1944, UA 1952) –, hat Thomas Mann wohl eher nicht gehört. Lediglich ein Aufführungsbesuch der Oper DIE LIEBE DER DANAE ist nach dem Krieg nachgewiesen. Eine spannende, aktuell immer noch offene Frage liegt darin, ob und wie Strauss die Hintergründe der Entstehungszeit dieser Opern dramaturgisch oder musikalisch reflektiert. Durch den Librettisten Stefan Zweig wurde allein DIE SCHWEIGSAME FRAU zu einem Politikum, das letztendlich Strauss als Präsidenten der Reichsmusikkammer für Goebbels unmöglich machte. Die Gründe dafür lagen aber nicht nur an der Personalie Zweig oder an der Oper selbst, sondern auch darin, dass ein Brief des Komponisten an seinen Librettisten von der Geheimen Staatspolizei abgefangen wurde, in dem Strauss kompromittierende Äußerungen zum Nationalsozialismus und zu seiner Rolle als Präsident der Reichsmusikkammer machte.[239] In seinen Lebenserinnerungen beschreibt Stefan Zweig den Brief als „unheimlich freimütigen", das Lavieren des Komponisten als „Kunstegoismus" und kommt in eher verständnisvoll klingenden Worten zu dem vorläufigen Schluss: „In Wirklichkeit bekümmerte ihn im sacro egoismo des Künstlers nur eines: sein Werk in lebendiger Wirksamkeit zu erhalten und vor allem die neue Oper aufgeführt zu sehen, die seinem Herzen besonders nahestand."[240]

---

[238] Katia Mann berichtet in ihren „Ungeschriebenen Memoiren" über den gescheiterten Versuch einer Annäherung: „Wir kannten Strauss ganz gut. Ich hatte ihn schon in meinem Elternhause kennengelernt, und mein Zwillingsbruder verehrte ihn sehr als junger Musiker. Nun, in Zürich wohnten Freunde von uns, die Reiffs [...] Frau Reiff war, glaube ich, die letzte Schülerin von Liszt, und sie war sehr erpicht, alle Musiker, die nach Zürich kamen und dort dirigierten, bei sich im Hause wohnen zu haben. Sie hatte ein großes, schönes Haus, und Strauss wohnte kurz nach der Machtergreifung bei ihr. Es war viel von Thomas Mann die Rede, und da äußerte Strauss: Ach, den würde ich ganz gern mal wiedersehen. Frau Reiff rief bei uns an: Wäre es ihnen recht, morgen mit Strauss bei uns zum Lunch zusammenzukommen? Mein Mann wehrte ab: Ach, lieber nicht. Das gab sie Strauss bekannt: Hören Sie, Thomas Mann möchte nicht gerne. So? Ach. Wegen der dummen Geschicht´ damals? Den ‚Protest' nannte er ‚die dumme Geschicht'! Wir haben ihn dann nicht mehr wiedergesehen." Katia Mann: Meine ungeschriebenen Memoiren, a.a.O., S. 104. Strauss´ Äußerung lässt also den Rückschluss zu, dass man sich vor 1933 durchaus gelegentlich getroffen hat. Anfang Mai 1934 weilte Richard Strauss zu einer anlässlich seines 70. Geburtstages veranstalteten Festaufführung der „Salome" in Zürich. Das Ehepaar Reiff lud die Manns ein, den Komponisten in ihrer Loge zu treffen, was Thomas Mann abgelehnt hat. Ob sich Katias Beschreibung auf das Jahr 1934 bezieht oder ein früheres Datum, bleibt hier ungewiss.
[239] Es handelt sich um den bereits zitiert Brief vom 17. Juni 1935. Strauss reagierte in diesem Brief auf den Wunsch seines Librettisten, die Zusammenarbeit zu beenden, um politische Verwerfungen zu vermeiden.
[240] Stefan Zweig: Die Welt von Gestern. Erinnerungen eines Europäers, Stockholm 1944, Frankfurt a.M. 1970, S. 425.

Präsident der Reichsmusikkammer

Bis heute werden die anderthalb Jahre, die Richard Strauss als Präsident der Reichsmusikkammer fungierte, in Gesamtdarstellungen über den Komponisten und sein Werk eher zurückhaltend beschrieben. Dabei wird oft der Eindruck vermittelt, dass das Engagement von Strauss von ebendieser Qualität und hauptsächlich opportunistisch motiviert war. Auch die Tatsache, dass Strauss ebenso wie Furtwängler kein Mitglied der NSDAP war, wird gerne zu einer ‚Entlastung' angeführt. Albrecht Riethmüller verweist in seinem Beitrag im Strauss-Handbuch[241] auf zwei Autoren, die sich den Fakten intensiver gewidmet haben, auf Michael Kater[242], der Strauss mit „einem gewissen Wohlwollen"[243] behandelt, und auf Gerhard Splitt[244], der ihm „mit kalter Distanz"[245] begegnet. Insbesondere Gerhard Splitt verdanken wir Hinweise auf Dokumente, die die Intensität von Strauss´ Engagement in den Jahren zwischen 1933 bis 1935 dokumentieren. Die im Vorwort zu seiner Arbeit erwähnten Umstände ihrer Entstehung werfen zudem ein bezeichnendes Licht auf die Ende der 1980er Jahre offenbar immer noch bestehenden Versuche, die Erschließung und Auswertung belastender Quellen zu beeinträchtigen.[246]

In den ersten Tagen und Wochen ihrer Herrschaft lassen die Nationalsozialisten keinen Zweifel daran aufkommen, welchen Stellenwert die Kultur einnehmen wird. Der Besuch von Konzerten und Opernaufführungen ist von Anfang an für die Reichsregierung von propagandistischer Bedeutung. In der Gründung der Reichskulturkammer werden alle Ansprüche formuliert und organisiert. Die Eröffnung dieser Kammer, die auch mit der Eröffnung der Reichsmusikkammer zusammenfällt, findet am 15. November 1933 um 12.00 in Anwesenheit des „Führers" und der gesamten Reichsregierung statt. Auch das diplomatische Korps nimmt am Staatsakt teil. Wilhelm Furtwängler und Richard Strauss leiten das musikalische Programm. Der Bariton Heinrich Schlusnus singt Lieder von Schubert und Wolf, als Zugabe Strauss´ „Zueignung". Beethovens EGMONT-Ouvertüre und Strauss´ FESTLICHES PRÄLUDIUM erklingen vor den Ansprachen von Hitler und Goebbels. Der „Wach auf!"-Chor aus den MEISTERSINGERN, längst Bestandteil der Veranstaltungs-Choreographie der politischen Rechten, beschließt den Staatsakt. Strauss wird sich für die in diesem feierlichen Rahmen stattgefundene Ernennung zum Präsidenten der Reichmusikkammer bei Goebbels mit dem Lied „Das Bächlein" bedanken, in dem der „Führer" hymnisch gepriesen wird.

Die Aufgabe und das Ziel der Reichmusikkammer war indessen eine ganz andere als die der vorangegangenen berufsständischen Vereinigungen, mit denen auch Strauss in Leitungsaufgaben verbunden war. Sie diente nicht der Förderung der Musik, sondern der Überwachung und Beeinflussung ihrer Produzenten, profilierte sich als Instrument der Gleichschaltung und des Ausschlusses jüdischer und politisch „unzuverlässiger" Musiker.
Wohlwollende Stimmen haben, durchaus im Wissen um die Verdrängung und Leugnung der politischen Realität, Strauss vorgeworfen, aus ‚Naivität' gehandelt zu haben. Hinweise auf ‚eigennütziges' Verhalten sollen das alles relativieren, werfen freilich ein ebenso bedenk-

[241] Albrecht Riethmüller: Präsident der Reichsmusikkammer, RSHB, S. 48.
[242] Michael H. Kater: Composers of the Nazi Era. Eight Portraits, New York, Oxford 2000.
[243] Albrecht Riethmüller: Präsident der Reichsmusikkammer, RSHB, S. 48.
[244] Gerhard Splitt: Richard Strauss 1933–1935. Ästhetik und Musikpolitik zu Beginn der nationalsozialistischen Herrschaft, Pfaffenweiler 1987.
[245] Albrecht Riethmüller: Präsident der Reichmusikkammer, RSHB, S. 48
[246] Gerhard Splitt: Richard Strauss, a.a.O. S. VIIf.

liches Licht auf den Komponisten wie auf seine Verteidiger. Die Beschäftigung mit der Verbesserung der Urheber- und Tantiemenrechte war bei weitem nicht das einzige Betätigungsfeld von Richard Strauss. Angesichts der erhofften Teilhabe an kulturpolitischen Entscheidungen und der in Aussicht gestellten Möglichkeiten persönlicher Gestaltung und Einflussnahme auf den Musikbetrieb im gesamten Reich verdrängte Strauss den autoritären Charakter der damit verbundenen Organisationsform. Anlässlich der ersten Arbeitstagung der Reichskulturkammer, die Goebbels im Februar 1934 in Berlin anberaumte, schreibt Strauss, der gemeinsam mit seinem Sohn angereist ist, an seine Frau Pauline:

> Bubi und ich sind wohl und vergnügt und in bester Harmonie. Ich erledige hier mündlich tausend Sachen mit bestem Erfolg und absoluter Autorität [...]. Heute abend Filmball, Dienstag bei Funk mit Hitler und Dr. Goebbels in kleinstem Kreis. Göring war begeistert von mir, telefonierte noch an Tietjen: ich sei ‚ganz große Klasse'!
> Er war sehr komisch, will meine neue Oper (mit großem Vertrag!) für Berlin allein haben, was natürlich nicht geht. Aber jedenfalls bin ich hier jetzt bestens aufgehoben und kann erreichen, was ich will.[247]

In einer Rede, die am 13. Februar die erste Arbeitstagung der Reichmusikkammer eröffnet, lobt Strauss die Kulturinitiativen der Nationalsozialisten, fordert eine neue Verbindung zwischen dem „deutschen" (!) Volk und seiner Musik, die in den letzten Jahrzehnten zerbrochen sei. Deutlich wendet sich Strauss damit gegen die musikalischen „Experimente" der Weimarer Republik und zitiert Goebbels, der in der vorangegangenen konstituierenden Sitzung der Reichskulturkammer die Kultur als „Mutterboden des Volkes" bezeichnete, die gleichermaßen an die „Lebensgesetze des Volkes" und an die „sittlichen, sozialen, nationalen und an die moralischen Grundsätze des Staates" gebunden sei.[248]
Dass aufgrund des „Gesetzes zur Wiederherstellung des Berufsbeamtentums" jüdische Musiker längst aus der musikalischen „Volksgemeinschaft" ausgeschlossen waren, jüdische Unternehmen boycottiert und jüdische Deutsche drangsaliert wurden, blieb auch vom Präsidenten Strauss unerwähnt und unbedacht. Ungeachtet all dessen gab er später vor, „Gutes" bewirkt und „Unglück" verhindert zu haben.[249]
Der „Zeitgeist", der in den Gremien und Fachverbänden der Reichmusikkammer von Anfang an herrschte, offenbart sich in einer der ersten Denunziationen des Fachschaftsvorsitzenden Gustav Havemann. Wie für Denunzianten seines Kalibers typisch, wendet er sich an die „Reichsleitung der NSDAP", versucht also, nicht über den üblichen Dienstweg, sondern über die Partei Druck auszuüben, durchaus in dem Wissen, dass alle „Vergehen" dokumentiert werden, um zu gegebener Zeit bewertet und genutzt zu werden.

> Ich erlaube mir offiziell davon Mitteilung zu machen, dass bei der öffentlichen Versammlung der Reichsmusikerschaft in Berlin am 17. Februar sowohl der Präsident der Reichsmusikkammer Herr Dr. Richard Strauss, wie auch sein Stellvertreter, der Preussische Staatsrat Dr. Furtwängler beim Singen des Horst Wessel Liedes den deutschen Gruss (Erheben des rechten Armes) unterliessen. Es führte leider in der Versammlung dazu, dass ältere Nazis durch Protestrufe ‚Konzentrationslager' ihrem Unwillen Ausdruck gaben. Er richtete sich nicht gegen den 70jährigen Richard Strauss, der vielleicht zum ersten Mal dem Absingen des Horst Wessel Liedes beiwohnte, wie gegen den preuss. Staatsrat Dr. Furtwängler, der als solcher

---

247 Brief an Pauline Strauss vom 10. Februar 1934, zit. nach: Gerhard Splitt: Richard Strauss, a.a.O., S. 93.
248 Zit. nach: Gerhard Splitt: Richard Strauss, a.a.O., S. 94.
249 Brief an Stefan Zweig vom 21. Januar 1934, in: Willi Schuh (Hrsg.): Richard Strauss – Stefan Zweig. Briefwechsel, a.a.O., S. 54.

> unbedingt die Verpflichtung wissen müsse den Ehrengruss durch Erheben des rechten Armes auszuführen. [...] Wenn man auf der einen Seite verdienstvolle Beamte wegen ähnlicher Vergehen aus ihren Stellungen entlässt, so müsste zu mindestens dem preuss. Staatsrat klar gemacht werden, dass er sich dem Geist des dritten Reiches einzuordnen hat. [...] Sollten sich ähnliche Vorfälle wiederholen, so könnte es leicht passieren, da der grösste Teil unserer deutschen Musiker nie marxistisch eingestellt war, dass es ev. zu unliebsamen Radauszenen kommen könnte. Heil Hitler! Havemann[250]

Den Aussagen dieses Schreibens ist wohl nicht viel hinzuzufügen. Es koloriert das Umfeld, in dem Strauss glaubte, Fäden ziehen zu können. Dass er den Reichmusikkammer-Präsidenten nicht nur „gemimt" habe, wie er in dem von der Gestapo abgefangenen Brief an Stefan Zweig vorgab, wird aus vielen anderen Dokumenten deutlich. Immer wieder fordert er, die Operette aus den Spielplänen der „großen" Opernhäuser zu entfernen, ausländisches Repertoire zu beschränken und hofft, einen Kanon „wertvoller" Werke durchsetzen zu können.[251] In „Lehár und seine[n] Spießgesellen" sieht er sogar noch 1940 eine „Gefahr", der man „offenen Kampf"[252] ansagen müsse. Dabei wäre es nie unter seiner Würde, „Lumpen und Schädlingen der Kunst"[253] ein paar Ohrfeigen auszuteilen. Dass Strauss zumindest Bruno Walter in dieser Kategorie sah, verdeutlicht bereits sein Brief an Stefan Zweig im Jahre 1935, in dem er Walter bekanntlich als „Lauselumpen" bezeichnete. Letztendlich war sich Strauss bis zu seinem erzwungenen Rücktritt von seinem Amt nicht zu schade, einer Organisation vorzustehen, die einer amtlich verbreiteten „streng vertraulichen" Mitteilung zufolge „Nichtarier [...] grundsätzlich nicht als Träger und Verwalter deutschen Kulturgutes"[254] ansehen konnte. Wie viele andere Dokumente wurde auch dieses Schriftstück im Namen des Präsidenten der Reichsmusikkammer veröffentlicht, nicht aber von Strauss persönlich unterschrieben, sondern von Heinz Ihlert, dem Geschäftsführer der Reichsmusikkammer „im Auftrage" gezeichnet. Ob sich dies durch den technischen Ablauf der Tagesgeschäfte ergab, oder die Unterschrift von Strauss bewusst verweigert wurde? Auch bei anderen Dokumenten scheint er versucht zu haben, eine persönliche Unterschrift zu vermeiden. Dies ist offensichtlich beim „Paragraphen 10 der ersten Durchführungsverordnung zum Reichskulturkammergesetz vom 1. November 1933" der Fall gewesen, der den Ausschluss „nicht-arischer" Künstler gesetzlich regeln sollte. In einem Brief an den Staatskommissar Hans Hinkel beklagt Heinz Ihlert am 22. Mai 1935, dass Strauss die „Satzungen des Berufsstandes deutscher Komponisten" immer noch nicht unterschrieben habe, weil Juden ausgeschlossen waren.[255]

Da Strauss als Präsident der Reichsmusikkammer für die Inhalte ihrer „amtlichen Mitteilungen" verantwortlich war, kann er sich, auch wenn er die anti-jüdischen Maßnahmen der Kammer vielleicht nicht guthieß, seiner politischen Verantwortung kaum

---

[250] Brief vom 24. Februar 1934, zit. nach: Gerhard Splitt: Richard Strauss, a.a.O., S. 110f. Nach den damals im Berlin Document Center verwahrten Akten der Reichmusikkammer (PA Hinkel), die sich heute im Bundesarchiv Berlin befinden.

[251] Brief an seinen Mitarbeiter Bruno von Niessen, zit. nach: Gerhard Splitt: Richard Strauss, a.a.O., S. 132.

[252] Brief an Clemens Krauss vom 21. Januar 1940, in: Günter Brosche (Hrsg.): Richard Strauss und Clemens Krauss. Briefwechsel, Tutzing 1997.

[253] Ebenda.

[254] Siehe: Amtliche Mitteilungen der Reichsmusikkammer, 1. Jg., 1934, Sonderausgabe als Anhang zu Nr. 14 vom 25. April 1934.

[255] Brief zit. nach: Maria Publig: Richard Strauss. Bürger – Künstler – Rebell. Eine historische Annäherung, Graz 1999, S. 229. Dazu auch: Michael Walter: Richard Strauss, a.a.O., S. 82 und S. 378 sowie Michael Kater: Composer of the Nazi Era, a.a.O., S. 211–236.

entziehen. Nicht immer konnte er sich dem Alltagsgeschäft verweigern. Ein neben der oben erwähnten Mitteilung von 1934 veröffentlichter „Fragebogen", der Aufnahme-Ausnahmen in die Reichsmusikkammer begründen sollte, stellte nur Fragen nach der Abstammung der Eltern und Großeltern. Auch die Frage, ob der um Aufnahme in die Reichsmusikkammer bittende Musiker bereits am 1. August 1914 seinen aktuellen Musikerberuf ausgeübt habe, ob er am Ersten Weltkrieg teilgenommen habe oder der Sohn eines im Weltkrieg Gefallenen sei, beziehen sich einzig und allein auf rassistische Hintergründe. In seiner Eigenschaft als Präsident der Reichsmusikkammer hat Richard Strauss die Dokumente, die eine Aufnahme bzw. eine Nichtaufnahme oder einen Ausschluss bestätigten, unterschrieben und musste seine Entscheidungen im Beschwerdefall gegenüber dem Präsidenten der Reichskulturkammer begründen.[256]

Die Hintergründe, die zum Rücktritt von diesem Amt führten, wurden bereits angedeutet. In einem unbekümmerten Brief erläutert Strauss seinem Librettisten Stefan Zweig seine persönlichen Einstellungen zu seinem Amt und sein Verhältnis zur Regierung:

> Lieber Herr Zweig! – Ihr Brief vom 15. bringt mich zur Verzweiflung! Dieser jüdische Eigensinn! Da soll man nicht Antisemit werden! [...] Glauben Sie, daß ich jemals aus dem Gedanken, daß ich Germane (vielleicht, qui le sait) bin, bei irgendeiner Handlung mich habe leiten lassen? Glauben Sie, daß Mozart bewußt ‚arisch' komponiert hat? Für mich gibt es nur zwei Kategorien von Menschen: solche die Talent haben und solche die keins haben, und für mich existiert das Volk nur erst in dem Moment, wo es Publikum wird. Ob dasselbe aus Chinesen, Oberbayern, Neuseeländern oder Berlinern besteht, ist mir ganz gleichgültig, wenn die Leute nur den vollen Kassenpreis bezahlt haben. [...] Daß ich den Präsidenten der RMK [Reichsmusikkammer, Anm. d. Verf.] mime? Um Gutes zu tun und größeres Unglück zu verhüten. Einfach aus künstlerischem Pflichtbewußtsein! Unter jeder Regierung hätte ich dieses ärgerliche Ehrenamt angenommen, aber weder Kaiser Wilhelm noch Herr Rathenau haben es mir angeboten.[257]

Der Brief wurde von der Gestapo abgefangen und am 1. Juli 1935 vom sächsischen Gauleiter Martin Mutschmann direkt an Adolf Hitler geschickt. Strauss war als Präsident der Reichsmusikkammer nicht mehr zu halten. In seinen persönlichen Aufzeichnungen rekapituliert Strauss die Ereignisse. Darüber, dass sein Brief „mit voller Namensnennung des Absenders" von der „sächs.[ischen] Staatspolizei" geöffnet wurde, um ihn in Berlin zu „denuncieren", gibt er sich überrascht:

> Ich habe nicht gewußt, daß ich, noch dazu als Präsident der R.M.K. [Reichsmusikkammer, Anm. d. Verf.] unter direkter Kontrolle der Staatspolizei stehe u. nach einer Lebensarbeit von 80 großen, in der ganzen Welt anerkannten Werken nicht als „guter Deutscher" über jede Kritik erhaben bin. Trotzdem hat sich der unerhörte Vorgang ergeben, daß der Herr Minister

[256] Siehe: Fred K. Prieberg: Musik im NS-Staat, a.a.O., S. 179.

[257] Siehe Anm. 235. Der Dramatiker, Drehbuchautor und Filmproduzent Ronald Harwood (1934–2020) hat die Zusammenarbeit zwischen Strauss und Zweig in seinem 2008 in Chichester uraufgeführten Theaterstück „Collaboration" thematisert. Die deutschsprachige Erstaufführung erfolgte ein Jahr darauf am Hamburger Ernst-Deutsch-Theater. Ronald Harwoods bekannteste Filme sind die Filmbiographie Wilhelm Furtwänglers („Taking Sides – Der Fall Furtwängler" in der Regie von István Szabó, 2001) und „The Pianist" (2002), der das Überleben des jüdischen Pianisten Wladyslaw Szpilman (1911–2000) im Warschauer Getto behandelt.

> Dr Goebbels mich entlassen hat, ohne auch nur eine Erklärung über den beschlagnahmten Brief einzufordern [...].[258]

Schon vor dem abgefangenen Brief an Stefan Zweig wurde jedoch die Amtsführung von Strauss, der seine Lage offensichtlich völlig falsch eingeschätzt und sich selbst erheblich überschätzt hatte, von verschiedenen Seiten bemängelt und kaum als hilfreich im Sinne der Parteiideologie gesehen. Am 19. Oktober 1934 klagt Goebbels nach einem Gespräch mit Furtwängler, „Strauss bekümmert sich zu wenig" um die Reichsmusikkammer und stellt unumwunden fest: „Muß ersetzt werden. Soll komponieren, damit dient er der Kunst mehr."[259] Die in dem Brief an Stefan Zweig nonchalant verkündeten Meinungen haben da nur noch einen äußeren Anlass vermittelt. Wirklich überrascht scheint Goebbels durchaus nicht gewesen zu sein:

> Richard Strauß schreibt einen hundsgemeinen Brief an den Juden Stefan Zweig. Die Stapo fängt ihn auf. Der Brief ist dreist und saudumm. Jetzt muß Strauß weg. Stiller Abschied [...] Diese Künstler sind doch alle politisch charakterlos. Von Goethe bis Strauß. Weg damit.[260]

Auch nach seinem Rücktritt als Präsident der Reichsmusikkammer hat Strauss seinen Namen dem Regime für Propaganda und medienwirksam inszenierte Veranstaltungen zur Verfügung gestellt, wurde vom Regime trotz seiner Verfehlungen hofiert und privilegiert.[261] Nach seinem Auftritt bei den Olympischen Spielen dirigierte er zur Eröffnung einer „Kulturpolitische[n] Kundgebung" im Rahmen der Düsseldorfer Reichsmusiktage[262] am 28. Mai 1938 sein 1913 zur Eröffnung des Wiener Konzerthauses komponiertes und uraufgeführtes FESTLICHES PRÄLUDIUM. Das C-Dur-Jubel Werk erfordert zu seiner Realisation 150 Musiker und erfreute sich im „Dritten Reich" großer Beliebtheit.[263] Anlässlich dieser Düsseldorfer Reichsmusiktage organisierte der Nazi-Funktionär Hans Severus Ziegler (1893–1978), seit 1936 Generalintendant des Deutschen Nationaltheaters in Weimar, die Ausstellung „Entartete Musik", die sich in ihrer hetzerischen Machart an der im Vorjahr durchgeführten

---

[258] Richard Strauss. Späte Aufzeichnungen, a.a.O., S. 280. „Blaues Heft" (Nr. 10) Datierung 10. Juli 1935. In einem wenige Monate zuvor am 13. April 1935 geschriebenen Brief an Zweig bekannte Strauss seine „Mutlosigkeit der Zeit" gegenüber und bat seinen Librettisten: „[...] bleiben Sie mir treu und arbeiten Sie für mich. Das weitere wird sich finden. Es soll Niemand davon erfahren – bei Dr. Goebbels habe ich mir für alle Fälle den Rücken gedeckt. Sind in zwei Jahren die Verhältnisse die gleichen, so bleibt das Werk in der Schublade und wir Beiden haben wenigstens unsere Freude daran gehabt." Willi Schuh (Hrsg.): Richard Strauss – Stefan Zweig. Briefwechsel, a.a.O. S. 106f.

[259] Die Tagebücher von Joseph Goebbels. Teil 1, a.a.O., Bd. 3/I, S. 122.

[260] Die Tagebücher von Joseph Goebbels. Teil 1, a.a.O., Bd. 3/I, S. 257 (5. Juli 1935).

[261] Ein Jahr später bezeichnet Goebbels Strauss als „charakterlos" (Tagebuch vom 22. Juli 1936, Bd. 3/I, S. 972). Noch im März 1944 notiert er: „Der Führer will nicht, daß Richard Strauß Unbill angetan wird. Er hat sich nur sehr über ihn geärgert, daß er sich in der Frage der Aufnahme von Evakuierten so schofel benommen hat. Trotzdem sollen seine Werke ungehindert aufgeführt werden." (Tagebuch vom 4. März 1944) Elke Fröhlich (Hrsg.): Die Tagebücher von Joseph Goebbels. Teil 2: Diktate 1941–1945, 15 Bde., München 1993–1996, Bd. 11, S. 407.

[262] Die Musiktage wurden vom 22. bis 29. Mai 1938 veranstaltet. Die Eröffnung stand programmatisch im Zeichen von Richard Wagners 125. Geburtstag. Auf dem Programm des „Festkonzerts" im Kaisersaal der Tonhalle stand am 28. Mai eine Aufführung von Beethovens Neunter Sinfonie. Das Berliner Philharmonische Orchester wurde dabei von Hermann Abendroth geleitet. Richard Strauss dirigierte am 27. Mai eine Festaufführung seiner „Arabella".

[263] Das Stück erklang zu einer ganzen Reihe von „festlichen" Anlässen. Das Berliner Philharmonische Orchester spielte es auch zum 54. Geburtstag Adolf Hitlers am 18. April 1943 unter der musikalischen Leitung von Hans Knappertsbusch.

Ausstellung „Entartete Kunst" in München orientierte. Die Broschüre der Düsseldorfer Ausstellung, in der Zieglers Eröffnungsrede abgedruckt wurde, zeigt die Darstellung eines farbigen Saxophonspielers mit einem Davidstern, ein eindeutiger Bezug auf Kreneks 1927 in Leipzig uraufgeführte Oper JONNY SPIELT AUF und ihren Protagonisten, der zwar in erster Linie als Geiger auftritt, in seiner Band aber auch das exotische und eindeutig mit Jazz-Musik zu identifizierende Saxophon spielt. Erstmals benutzte Kreneks Verlag, die Wiener Universal Edition, das Motiv auf dem Cover des Klavierauszuges der Oper, natürlich ohne Stern.[264] Die zusätzliche Verwendung des Davidsterns auf dem Titelblatt der Ausstellungsbroschüre ist eindeutig antisemitisch. Sie dokumentiert darüber hinaus die Komplexität rassistischer Verhaltensmuster. Wenige Monate nach der Ausstellung wurde am 17. August 1938 das Gesetz über die jüdischen Zusatznamen verabschiedet, das jüdische Deutsche zwang, mit einem zusätzlichen jüdischen Vornamen ihre Religion deutlich zu machen. Zu der Einführung des „Judensterns", der auf der Programm-Broschüre als Davidstern bereits zu sehen ist, kam es erst am 1. September 1941. Der durch den Schriftzug „Jude" ergänzte Davidstern stigmatisierte zusätzlich und bezeugt die systematische, langjährige und psychologisch geschickte Vorbereitung des Holocaust. Nicht die Trennung von Kunst und Politik und das nach dem Krieg als Entschuldung vorgebrachte Nichts-miteinander-zu-tun-haben bestimmten seine Entwicklung, sondern ein verhängnisvolles Ineinanderspielen und einander Zuspielen in Gedanken und Taten, in Werken und in Veranstaltungen, in denen niemand nur als Statist mitwirken durfte und konnte. Zu den Komponisten, die nun endgültig als „entartet" gebrandmarkt wurden, zählten Arnold Schönberg, Ernst Krenek, Franz Schreker, Paul Hindemith, Alban Berg, Karol Rathaus und viele andere. Als Überraschung galt die Nennung von Igor Strawinsky, dessen Musik bisher nicht auf dem Index stand. ‚Kostproben' der „entarteten" Musik erhielten die Besucher der Ausstellung ausschnittweise über Einspielungen in einer Kabine. Mit den im Folgejahr geplanten zweiten Reichsmusiktagen sollte Düsseldorf als „Musikhauptstadt des Reiches" etabliert werden. Der Ausbruch des Krieges verhinderte indessen eine Fortführung des Musikfestes und die Ausführung der geplanten Neubauten.[265]

---

[264] Betont dickwülstige Lippen, hervorstechende weiße Augen, großkarierte Hosen und eine kleine Melone, die den Kraushaarkopf bedeckt, entlarven rassistische Muster. Auf dem Cover des Textbuches erscheint 1926 ein Photo von Alfred Jerger, dem Interpreten des Jonny, in Kostüm und Maske. Auch hier finden diese Motive eindeutige Darstellung. Ein klein dimensioniertes Saxophon und eine übergroße Blume im Frackrevers wirken schon fast clownesk. Selbst Thomas Mann verfiel zu Beginn des Ersten Weltkrieges solchen Klischeevorstellungen. In der Beantwortung einer Anfrage der schwedischen Zeitung Svenska Dagbladet, wie ein Neuanfang der Beziehungen zwischen den verfeindeten Nationen Europas nach dem Krieg aussehen könnte, beklagte er die „Unerträglichkeit" eines Zeitungsbildes, in dem ein „Senegalneger [...], ein Tier mit Lippen so dick, wie Kissen [...]" deutsche Kriegsgefangene bewacht. Der „patriotische" Beitrag erschien in schwedischer Übersetzung erstmals am 11. Mai 1915, in deutscher Übersetzung in der Juni-Ausgabe der Neuen Rundschau. GW, Bd. XIII, S. 546.

[265] Dazu: Albrecht Dümling (Hrsg.): Das verdächtige Saxophon. „Entartete Musik" im NS-Staat. Dokumentation und Kommentar, Düsseldorf 1988, S. 141. Überarbeitete und erweiterte Auflagen erschien 1993 und 2007 anlässlich der Ausstellung in der Berliner Philharmonie 2007 und der Düsseldorfer Tonhalle 2008.

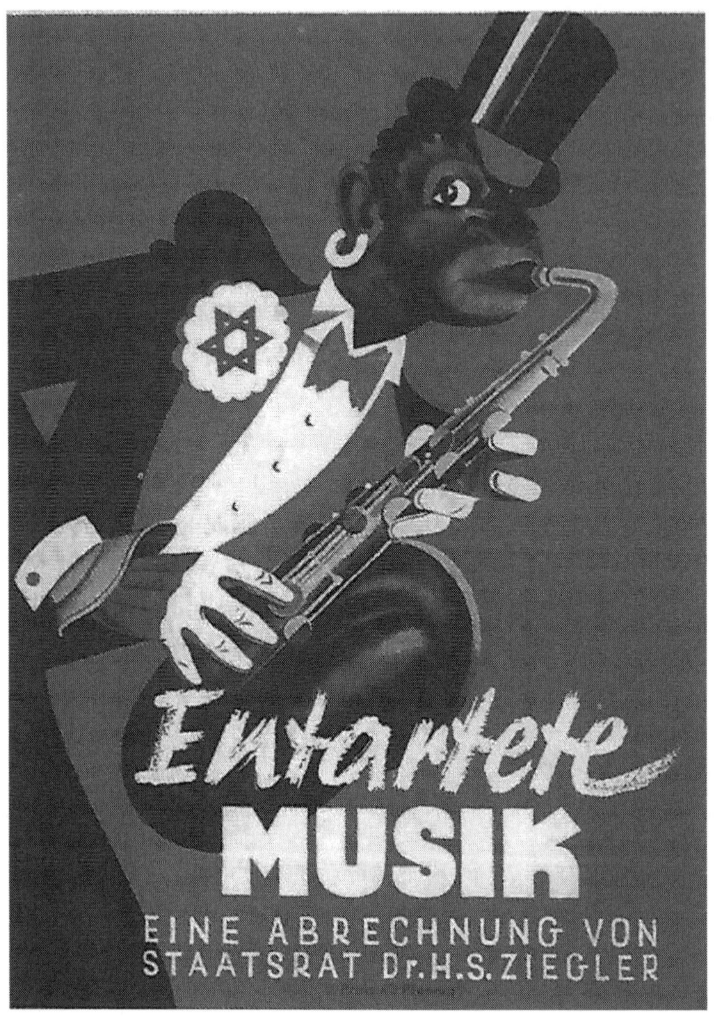

Titelblatt der Ausstellungsbroschüre, in der die Eröffnungsrede des NSDAP-Funktionärs Hans Severus Ziegler veröffentlicht wurde. Ziegler war seit 1936 Generalintendant des Deutschen Nationaltheaters in Weimar. Die Karikatur stammt von Ludwig Tersch.

Der „Fall Hindemith“ und andere

Wie sah das kompositorische Umfeld von Richard Strauss aus? Welche Erfahrungen haben seine Kollegen mit dem NS-Staat gemacht, wie erlebten das die Zeitgenossen und wie sieht das die Nachwelt heute?

Carl Orff (1895–1982) und Werner Egk (1901–1983) zählen neben Paul Hindemith und Hans Pfitzner zu den bekanntesten Komponisten aus der Zeit des Nationalsozialismus. Während der nationalistische, der rechten Ideologie durchaus nahe stehende Pfitzner nach 1933 erstaunlicherweise kaum im Zentrum der Spielplanpolitik stand und erst recht nach 1945 lange auf eine Wiederentdeckung warten musste, verliefen die Karrieren von Carl Orff und Werner Egk ganz anders. Beiden gelang nach dem Untergang des „Dritten Reiches“ eine lange Zeit kaum hinterfragte, gar in Frage gestellte, Fortführung ihrer kompositorischen Tätigkeit. Orffs DIE KLUGE (UA 1943) und CARMINA BURANA (UA 1937) fanden Aufnahme in den Musikunterricht an den westdeutschen Schulen, seine „self proclaimed Bavarianness“[266] unterstützte eine wertkonservative Popularisierung im katholischen Süden. Hindemith hingegen konnte nach dem Krieg, vor allem in der erneuten Konkurrenz zu Arnold Schönberg, kaum mehr als Vertreter der „Moderne“ an seine Erfolge in den 1920er und 1930er Jahren anknüpfen. Eine mangelnde Anerkennung in der DDR, verbunden mit dem Verdacht des „Formalismus“, war indessen beiden Neuerern gemeinsam, während Egks PEER GYNT (UA 1938), DER REVISOR (UA 1957) oder das Ballett ABRAXAS (UA 1948) gespielt wurden und Werke des in der DDR eher umstrittenen Orff zunächst vereinzelt, ab den 1980er Jahren dort aber regelmäßiger aufgeführt wurden.

Dabei fällt es nicht leicht, die Stellung Orffs, Egks und Hindemiths im „Dritten Reich“ eindeutig zu klassifizieren. Ein Tagebucheintrag von Joseph Goebbels aus dem Jahre 1923 scheint dafür bezeichnend zu sein. Goebbels berichtet über einen Konzertbesuch in Mönchengladbach, bei dem auch ein Werk von Paul Hindemith gespielt wurde:

> Gestern abend in M.Gladbach Konzert. H. Wetzler, früher Operndirigent in Cöln, Ouvertüre „Wie es euch gefällt“, brav, gesund, aber nicht übertrieben gekonnt. P. Hindemith Tänze zu Nusch-Nuschi. Wundervoll geistreich instrumentiert, von einer Klangfülle, einer Tonschönheit sondergleichen. Das Gegenteil von Wetzler, gekonnt bis dorthinaus, schmissig, Foxtrott, aber immer interessant und originell. Hindemith wird nochmal etwas zu bedeuten haben. Zum Schluß R. Strauß „Till Eulenspiegel“. Die lustigen Streiche in Musik. Er kann´s doch am besten von den dreien. [...] „Meister“ Gelbke dirigierte brav und redlich. Er machte aus Strauß und Hindemith, was ein guter Staatsbürger daraus machen kann. Um solche Sachen richtig zu dirigieren muß man schon ein Schweinhund [sic!] sein, oder besser noch a Jud sein. (Am besten vielleicht beides zusammen.) Klemperer in Cöln oder Bruno Walter in München, die können´s.[267]

Generell war die Situation der Künste eine äußerst komplexe, zudem immer wieder abhängig und geprägt durch die unterschiedlichen Vorstellungen und Ideen führender Nationalsozialisten. Neben Hitler und Goebbels hatten Rosenberg oder Göring durchaus divergierende Auffassungen, die sehr vielfältig zum Ausdruck kamen und die künstlerische Tagespolitik beeinflussten. Orffs CARMINA BURANA mögen mit ihrer einfachen Tonalität und Formensprache, ihrer zündenden Rhythmik und ihren vitalistischen Klängen, auch in ihrem

---

[266] Nach einer Aussage des amerikanischen Kulturoffiziers John Evarts von 1947, zit. in: Michael H. Kater: Composers of the Nazi Era, a.a.O., S. 271 und S. 282.

[267] Die Tagebücher von Joseph Goebbels. Teil 1, a.a.O., Bd. 1/I, S. 48f (10. Februar 1923).

bewussten Gegensatz zu der komplexen Musiksprache der Weimarer Republik, als „zeittypisch“ gelten. Bei den Nationalsozialisten wurden sie dennoch sehr unterschiedlich bewertet. Hitler scheint das Werk geschätzt zu haben, Rosenberg wegen der Verwendung der lateinischen Sprache weniger. Die Bühnen, die das Werk spielten oder ablehnten, scheinen sich aber weder auf die eine noch auf die andere Haltung berufen zu haben. Joseph Goebbels beurteilt den Komponisten und sein Werk im Tagebuch:

> Bei Karl [sic!] Orff handelt es sich durchaus nicht um eine atonale Begabung; im Gegenteil, seine „Carmina burana“ bieten außerordentliche Schönheiten, und wenn man ihn auch textlich auf die richtige Bahn brächte, so würde seine Musik sicherlich sehr viel versprechen. Ich werde ihn mir bei nächster Gelegenheit einmal kommen lassen.[268]

Orffs Schüler Werner Egk war von 1941 bis 1945 Leiter der Fachschaft der Komponisten an der Reichsmusikkammer. In seiner Oper DIE ZAUBERGEIGE (UA 1935), die auf dem Grimm'schen Märchen vom „Juden im Dorn“ basiert, tritt die Figur Guldensack als Judenkarikatur auf. Anders als im Film[269] wollen aber die nationalsozialistischen Kulturbehörden auf den Opernbühnen des Reiches solche Karikaturen offensichtlich nicht sehen.[270] In seinem drei Jahre später in Berlin uraufgeführten PEER GYNT nach Ibsen wird der nordische Held zu Tango-Klängen von einer rothaarigen Frau verführt. Die Trolle, leitmotivisch mit der avantgardistischsten und „schrägsten“ Musik, gestopften Trompeten und Saxophonklängen bedacht, werden von den Nationalsozialisten als Karikaturen der Regimefeinde, von ihren Gegnern als Karikaturen der Nazis gesehen. Eine Sichtweise, der sich der Komponist nach 1945 mit Überzeugung anschloss.[271] Während einer Aufführung empfängt Hitler den auch von Goebbels als „ganz starkes, originales Talent“[272] geschätzten Komponisten in seiner Loge und gratuliert ihm zu seinem Erfolg. Eine Agitation gegen die Oper ist damit kaum mehr möglich. In der Frankfurter Inszenierung der Oper wird der Trollkönig 1940 zu einem Farbigen, der einen Davidstern trägt, womit ein „expliziter Zusammenhang zum

---

[268] Die Tagebücher von Joseph Goebbels. Teil 2, a.a.O., Bd. 13, S. 466.

[269] Insbesondere nach der Verabschiedung der „Nürnberger Gesetze“ 1935 und der Durchführung der Ausstellungen „Entartete Kunst“ 1937 in München und „Entartete Musik“ 1938 in Düsseldorf änderte sich die Darstellung von Juden im Film. Verstärkt wurden sie nicht mehr als „komische“ Figur gezeigt, sondern unter rassischen Aspekten negativ gezeichnet. Filme wie „Robert und Bertram“ (1939, Regie: Hans H. Zerlett), „Leinen aus Irland“ (1939, Regie: Heinz Helbig), „Die Rothschilds“ (1940, Regie: Erich Waschneck) und „Jud Süß“ (1940, Regie: Veit Harlan) dokumentieren diesen Prozess. „Jud Süß“, eine erste englische Verfilmung bezog sich 1934 noch auf den Roman von Lion Feuchtwanger, oder der Pseudodokumentarfilm „Der ewige Jude“, ebenfalls aus dem Jahre 1940 (Regie: Fritz Hippler), stimmen ihr Publikum auf die „Endlösung der Judenfrage“ ein. „Der ewige Jude“ zeigt mit seinen Originalaufnahmen aus Gettos in den eroberten polnischen Gebieten den Juden endgültig und unmissverständlich als gefährlichen „Untermenschen“. Insbesondere der Ost-Jude wird als „Ungeziefer“ und „Krankheitserreger“ vorgeführt, der assimilierte Jude West-Europas als „Parasit“ und „Ausbeuter“ der „Volksgemeinschaft“.

[270] Dominik Frank: Werner Egk, in: Jürgen Schläder et al.: Wie man wird, was man ist, a.a.O., S. 274.

[271] Ebenda., S. 280.

[272] Goebbels notiert am 1. Februar 1939 in seinem Tagebuch: „Abends [am 31. Januar, Anm. d. Verf.] mit dem Führer in der Staatsoper. Werner Egk ‚Peer Gynt'. Wir gehen beide mit starkem Argwohn hin. Aber der wird bald wegmusiziert. Egk ist ein ganz starkes, originales Talent. Geht eigene und auch eigenwillige Wege. Knüpft an niemanden und nichts an. Aber er kann Musik machen. Ich bin ganz begeistert und der Führer auch. Eine Neuentdeckung für uns beide. Den Namen muß man sich merken.“ Die Tagebücher von Joseph Goebbels. Teil 1, a.a.O., Bd. 6, S. 246.

Broschürentitel der Ausstellung ‚Entartete Musik' hergestellt war"[273] und zu Kreneks Skandaloper JONNY SPIELT AUF.

In seinen Lebenserinnerungen erwähnt Egk den bei Prieberg[274] nachgewiesenen Empfang in der Loge Hitlers nicht und stellt die Ereignisse wie folgt dar:

> Vor der Vorstellung des „Peer Gynt" am 31. Januar 1939 kam hinter der Bühne für Mitwirkende und Technik eine Durchsage: Die Vorstellung wird heute aus technischen Gründen zehn Minuten später beginnen. Als das Haus dunkel wurde, ging ich wie immer ans Pult, bedankte mich für den Auftrittsapplaus und wollte anfangen. Da bedeutete mir der Solocellist mit seinem Bogen, daß im Zuschauerraum hinter mir etwas los war. Ich drehte mich um und sah in der noch matt erleuchteten Mittelloge eine gedrängte Menge brauner Uniformen. War das da nicht der Chef des Protokolls, der lange Kerl? Und war der, welcher sich zuerst setzte, nicht Adolf Hitler? „Jetzt", dachte ich, „ist die Abrechnung fällig". Ich dirigierte, wie besessen von einer kalten Wut; was ich nicht an Text hören lassen wollte, deckte ich mit dem Orchester zu, die „Trollhymne" nahm ich in einem Affentempo, so daß kein Wort vom Text zu verstehen war .
> In der Pause stand ich verloren hinter der Bühne, Tietjen wischte vorbei und schlug mir auf die Schulter, als wollte er mir Mut machen und weg war er. Ich stieg wieder ein und hatte nur den einzigen Gedanken im Kopf: Vielleicht ist er zu dumm, um das Stück zu verstehen, vielleicht blendet ihn sein eigener Größenwahn. Der Schlußapplaus kam gedämpft, die Leute beobachteten die Mittelloge, die sich rasch leerte.[275]

Offensichtlich hat Hitler an der Oper, ganz im Gegensatz zu Hermann Göring, keinen Anstoß genommen, was dem Komponisten nach der hier beschriebenen Vorstellung von Heinz Tietjen bestätigt wurde.[276] Erneut wird deutlich, dass kulturpolitische Entscheidungen von persönlichen, oft konkurrierenden Vorstellungen und Launen abhängig waren, von zufälligen Ereignissen und Begegnungen, führende Nationalsozialisten ganz anders entscheiden konnten als untergeordnete Stellen, Amtsträger oder Behörden. Hitlers Begeisterung für PEER GYNT zeigt, dass es allgemeingültige Regeln kaum gab und das musikalische Interesse des Reichskanzlers sich nicht nur auf Wagner beschränkte.[277]

Wenige Jahre nach Kriegsende provoziert Egks Ballett ABRAXAS, das auf Heinrich Heines Tanzpoem DER DOKTOR FAUST von 1846 basiert, wegen der Darstellung einer Teufelsbeschwörung und eines Hexensabbats auf der Bühne der Bayerischen Staatsoper München einen Skandal. Der bayerische Kultusminister Alois Hundhammer verbietet auf kirchlichen Druck hin eine Wiederaufnahme des Stückes und verschafft dem Komponisten die einmalige

---

[273] Dominik Frank: Werner Egk, in: Jürgen Schläder et al.: Wie man wird, was man ist, a.a.O., S. 280. Die Zeichnung des Protagonisten aus Kreneks Oper, mit der die Universal Editon den Klavierauszug schmückt, verwendet zwar keinen Davidstern, dafür aber eindeutige Klischees, mit denen die Figur auch in den Aufführungen verbunden und kostümiert wurde.

[274] Fred K. Prieberg: Musik im NS-Staat, a.a.O., S. 320.

[275] Werner Egk: Die Zeit wartet nicht. Künstlerisches, Zeitgeschichtliches, Privates aus meinem Leben, Mainz, München 1981, S. 311f.

[276] Erinnert sei an dieser Stelle an das Schicksal Dmitri Schostakowitschs, nachdem Stalin eine von ihm im Moskauer Bolschoi-Theater angeordnete und am 20. Dezember 1935 besuchte Vorstellung der Oper „Lady Macbeth von Mzensk" frühzeitig verlassen hatte. Allein die Spekulationen über Stalins Verhalten führten zu einer Kampagne gegen den Komponisten, die mit dem Prawda-Artikel „Chaos statt Musik" am 28. Januar 1936 initiiert wurde.

[277] Dazu: Michael Walter: Hitler in der Oper. Deutsches Musikleben 1919–1945, Stuttgart, Weimar 1995, S. 175–212.

Chance, sich erneut als „Opfer" einer Zensur zu sehen. Am 24. Dezember 1945 erhält Carl Orff Besuch von dem amerikanischen Offizier und Mitglied der „Information Control Division", Newell Jenkins, der von 1938 bis zum 9. September 1939 sein Schüler war. Jenkins wird beim Entnazifizierungverfahren gegen Orff eine entscheidende Rolle spielen und seinen Lehrer entlasten.[278] Orffs Tochter Godela wird in späteren Gesprächen und in ihrem Buch über ihren Vater Orff als einen ängstlichen Menschen beschreiben, aber auch als einen Mann, der Menschen „benützte, täuschte und wegwarf".[279] Michael Kater fasst die Lebenssituation von Orff zusammen und beschreibt ein Dilemma, das sicherlich nicht nur Orff betraf: „Tragisch aber war für ihn, daß er sich innerhalb der politischen Rahmenbedingungen des ‚Dritten Reiches' etablieren mußte, die er ablehnte, die aber doch sein menschliches Verhalten im privaten und sozialen Bereich zum Negativen geprägt haben."[280] Das Verhältnis zwischen Carl Orff und Richard Strauss war offensichtlich gut. Thomas Mann erwähnt seinen Namen zumindest in den Tagebüchern nicht.

Zu einem der aufsehenerregendsten und folgenreichsten Skandale des nationalsozialistischen Kunstbetriebes kam es mit dem „Fall Hindemith". Wilhelm Furtwängler hatte nach der erfolgreichen Uraufführung der Sinfonie MATHIS DER MALER am 12. März 1934 die Uraufführung der gleichnamigen Oper unter seiner Stabführung in der Berliner Staatsoper für die nachfolgende Spielzeit angekündigt. Die sich danach entwickelnde Kontroverse zeigt erneut, dass die unterschiedlichen Dienststellen vorstehenden Nationalsozialisten durchaus widersprüchliche Vorstellungen davon hatten, was unter „nationalsozialistischer Musik" zu verstehen sein sollte. Wie so oft gab es Meinungsverschiedenheiten zwischen Ämtern und Personen, zwischen Goebbels, Rosenberg und Göring und dem am Ende allein entscheidenden „Führer". Gerade hatten sich für Hindemith, der noch im April 1933 in einem Brief an seinen Verleger für die musikalische Zukunft positive Prognosen verkündete, Perspektiven ergeben, die auf einen Ausgleich mit den neuen Machthabern hindeuteten. Hindemith war im Februar 1934 in den Führerrat der Reichsmusikkammer berufen worden und stand mit der deutschen Arbeitsfront wegen musikpädagogischer Projekte im Gespräch.[281] Nachdem Furtwängler sich in einem Artikel in der Deutschen Allgemeinen Zeitung am 25. November 1934 unter der Überschrift „Der Fall Hindemith" für den Komponisten und gleichzeitig seine eigene künstlerische Freiheit eingesetzt hatte, eskalierte die Situation und führte zu einer Konfrontation mit den NS-Machthabern.
Furtwängler wird für seine offenen Worte in einem Konzert in der Philharmonie am 26. November vom Publikum demonstrativ gefeiert; ebenso am 2. Dezember 1934 im Rahmen einer TRISTAN-Aufführung in der Staatsoper in Anwesenheit von Goebbels und Göring, wo Furtwängler seinen Auftrittsapplaus weit länger als üblich entgegen nimmt. Am nächsten Tag erhält Furtwängler von seinem Dienstherrn Göring, dem er bereits vorher seinen Rücktritt von seinen politischen Ämtern als Preußischer Staatsrat und Vizepräsident der Reichsmusikkammer angeboten hatte, die Mitteilung, dass der Reichskanzler seinen Rücktritt von allen seinen Ämtern erwarte, auch von den künstlerischen. Andernfalls müsste Furtwängler

---

[278] Michal H. Kater: Carl Orff im Dritten Reich, in: Vierteljahrshefte für Zeitgeschichte, Jg. 43, Heft 1. www.lfz-muenchen.de/heftarchiv/1995_ 1_1_kater.pdf S. 24f. (2. September 2021)

[279] Godela Orff: Mein Vater Carl Orff und ich – Erinnerungen an Carl Orff, München 1992, S. 55. Siehe auch: Gespräch mit Godela Orff im Bayerischen Rundfunk vom 15. September 2003 in der Reihe α-forum, www.br-online.de/alpha/forum/vor0309/20030915.shtml (2. September 2021)

[280] Michael H. Kater: Carl Orff, a.a.O., S. 35.

[281] Siehe: Andres Briner, Dieter Rexroth, Giselher Schubert: Paul Hindemith. Leben und Werk in Bild und Text, Mainz 1988, S. 143.

mit seiner Entlassung rechnen. Der entscheidende Hintergrund war wohl, dass Furtwängler den Ausgang seiner unmittelbar bevorstehenden Unterredung mit Hitler durch seine Auftritte in der Philharmonie und in der Staatsoper zu beeinflussen glaubte. Das Gegenteil war der Fall. Furtwänglers unglückliches Agieren und seine Selbstüberschätzung verhinderten eine weitere Positionierung Hindemiths. Furtwängler erklärt daraufhin am 4. Dezember seinen Rücktritt von allen seinen Ämtern. Rosenberg und Goebbels hatten sich endgültig durchgesetzt. Am 6. Dezember bezeichnete der Propagandaminister Hindemith in einer „Großkundgebung der Kulturschaffenden" im Berliner Sportpalast als „atonalen Geräuschemacher"[282] und stellte die Machtverhältnisse und Entscheidungsbefugnisse ein für allemal klar. Zudem wird Furtwängler der Pass entzogen. Ein mögliches Engagement an der Wiener Staatsoper scheitert an den Bedenken der Regierung Schuschnigg, die Berlin nicht provozieren möchte. Mann verfolgt das alles in der Schweiz und kommentiert: „Furtwängler angeblich unter Polizeibewachung, ohne Paß. [...] Ich bedaure ihn weder noch bewundere ich ihn, der neben tollen Hunden wie Streicher im Staatsrat des Henkers Goering sitzen konnte. [...] Die miserabelste Rolle spielt R. Strauss, der dem Goebbels ein begeistertes Glückwunschtelegramm mit ‚Heil Hitler' zur ‚Kulturrede' des Lügenmauls geschickt hat. Wie sieht es in diesen Köpfen aus?" (TMTB, 14. Dezember 1934).[283]

Hindemith stand 1934, Fred K. Prieberg zufolge, an dem Punkt, wo er fast zum „Hauskomponisten des Hitler-Staates" geworden wäre.[284] Ob Hindemith das hingenommen hätte oder überhaupt ersehnt hat? Das Motto des dritten Satzes der Sinfonie MATHIS DER MALER („Versuchung des heiligen Antonius") offenbart die Gedankenwelt des Werkes: „Ubi eras, bone Jhesu / ubi eras, quare affuisti / ut sanares vulnera mea?" (Wo warst du, guter Jesus, wo warst du? Warum bist du nicht dagewesen, um meine Wunden zu heilen?) Im Verlauf des Satzes wird dazu die Sequenz des Fronleichnamsfestes, „Lauda Sion Salvatorem" (Lobe, Zion, den Erlöser), zitiert. Der Name des Jerusalemer Tempelberges stand ja seit den Tagen des Babylonischen Exils als Synonym für den zerstörten Tempel. Die Hoffnung auf seinen Wiederaufbau verband sich mit den Hoffnungen des Judentums auf einen eigenen Staat, die mit dem Zionismus zunehmend zu einem tagespolitischen Thema wurden. Durchaus bewegte sich der Komponist mit seiner Oper in einer Welt, die den aktuellen Machthabern vom Thema der Bauernkriege her willkommen, darüber hinaus aber vielfältig verdächtig war.

Dennoch glaubt auch Ulrich Schreiber in der verhinderten Oper MATHIS DER MALER ein Werk zu erkennen, das zur „Staatsoper" des Reiches hätte werden können.[285] Ihr Schöpfer aber sei den Machthabern einfach „verdächtig" gewesen. Während in seiner „lustigen Oper" NEUES VOM TAGE (UA 1929 in der Berliner Krolloper unter der musikalischen Leitung

---

[282] Ebenda.

[283] Das Telegramm wurde von Franz Strauss verfasst und im Namen seines Vaters abgeschickt. Da Strauss am 6. Dezember in Wien war, konnte er bei der Veranstaltung im Sportpalast nicht persönlich anwesend sein. Der übermittelte Text lautet: „Zur großartigen Kulturrede sende herzlichen Glückwunsch und begeisterte Zustimmung. In treuer Verehrung, Heil Hitler, Richard Strauss". In: Gerhard Splitt: Richard Strauss, a.a.O., S. 160. Michael Walter sieht in dem Telegramm auch einen Schlag gegen Furtwängler, der Strauss, zumindest der Meinung des Komponisten zufolge, zu wenig gespielt hat; ganz im Gegenteil zu Clemens Krauss, der bald zum Nachfolger Furtwänglers an der Berliner Staatsoper ernannt wurde. Michael Walter: Richard Strauss, a.a.O., S. 382.

[284] Fred K. Prieberg: Musik im NS-Staat, a.a.O., S. 64.

[285] Ulrich Schreiber: Opernführer für Fortgeschrittene, a.a.O., S. 561.

von Otto Klemperer) eine nackte Diva[286] in der Badewanne die Vorzüge der Warmwasserversorgung in einer Koloraturarie pries – für die prüden Nationalsozialisten sicherlich ein großes Ärgernis –, setzte MATHIS auf versöhnliche Zeichen: die Verbindung des Künstlers mit transzendentalen Mächten, die einen Rückzug in die „machtgeschützte Innerlichkeit“[287] begleiten, Macht und Kunst feierlich verbinden, indem sie ihre Protagonisten voneinander trennen. Am Ende erscheint der einsam schaffende Künstler Mathis nicht nur in einer Linie mit Pfitzners Palestrina, sondern auch in einem Zusammenhang mit dem Komponisten Max aus Kreneks JONNY SPIELT AUF, der in der Einsamkeit und Zeitlosigkeit des Gletschergebirges die Inspiration für sein Schaffen sucht.[288] Nicht umsonst trägt er den Namen von Carl Maria von Webers Kunstfigur aus dem deutschen (!) Wald. Im Gegensatz zu MATHIS gibt es keinen Zweifel daran, dass Krenek und seine Jazzoper mit der eindeutigen Positionierung ihrer musikalischen Sprache und ihrer Protagonisten schon früh dem Feindbild der Nationalsozialisten entsprachen und zum Paradebeispiel der „entarteten Musik“ wurden, und das, anders als im „Fall Hindemith“, für viele zeitgenössische Opernbesucher.[289]

So blieb Richard Strauss selbst nach seinem Sturz 1935 auf seinem Posten als der „bedeutendste“ Komponist des Reiches; aber eben auch als ein im Grunde überholter, unzeitgemäßer Mann „von gestern“, wie Werner Egk das mit Bezug auf eine Äußerung von Joseph Goebbels überliefert hat.[290] Auch Thomas Mann sah in ihm ja bekanntlich ein

---

[286] Grete Stückgold, die die Partie der Laura in der Uraufführung sang, trug ein Trikot. Zumindest auf der Opernbühne scheinen also die Zeiten seit der Uraufführung der „Salome“ bis zu diesem Zeitpunkt kaum freizügiger geworden zu sein.

[287] Ulrich Schreiber: Opernführer für Fortgeschrittene, a.a.O., S. 561.

[288] Das Motiv des Hochgebirges in Kreneks Oper wurde wesentlich von Kreneks Lektüre von Thomas Manns drei Jahre zuvor veröffentlichtem „Zauberberg“ inspiriert. In beiden Werken steht die zeitlose Welt des Gebirges der gemessenen Zeit des städtischen Lebens im Flachland gegenüber, die bei Krenek durch das Zeichen der Bahnhofsuhr symbolisiert wird. Auch die „Zauberberg“-Kapitel „Strandspaziergang“ und „Schnee“ haben Kreneks Zeit-Dramaturgie beeinflusst. Die Popularität des Genre offenbart sich darüber hinaus im zeitgenössischen Bergfilm. Kreneks zwischen 1942 und 1952 in den Vereinigten Staaten verfassten Lebenserinnerungen tragen den bezeichnenden Titel „Im Atem der Zeit“ und enden mit dem Beginn von Kreneks Emigration 1938. Dazu: Matthias Henke: Neues von den Zauberbergen. Thomas Manns Zeitroman „Der Zauberberg“ und Kreneks Zeitoper „Jonny spielt auf“, in: Matthias Henke (Hrsg.): Schönheit und Verfall. Beziehungen zwischen Thomas Mann und Ernst Krenek. (Mehr als) ein Tagungsbericht, Frankfurt a.M. 2015, S. 13–34. (= Thomas-Mann-Studien, hrsg. vom Thomas-Mann-Archiv der Eidgenössischen Technischen Hochschule Zürich, Bd. 47) Die totalitäre Organisation, Messung und Planung von Zeit erlebt das Zeitalter wenige Jahre später in der Durchführung der Olympischen Spiele eines diktatorischen Regimes, in dem nichts mehr dem Zufall überlassen ist.

[289] Eine skeptische, gar ablehnende Haltung gegegnüber dem Jazz dürfte Strauss und Mann vereint haben. In „Unordnung und frühes Leid“ gipfelt das musikalische Programm der jugendlichen Teilnehmer des Festes in „Shimmys, Foxtrotts und Onesteps [...] wildes [...] Zeug [...] von fremdem Rhythmus [...] mit orchestralem Zierat, Schlagzeug, Geklimper und Schnalzen aufgeputztes Neger-Amüsement“. (GKFA, Bd. 6.1, S. 200)

[290] Werner Egk berichtet in seiner Autobiographie über ein Treffen mit Goebbels, Strauss und ihm in Berlin, wo es um Tantiemenbestimmungen ging und um Einwände von Strauss, die von Goebbels mit offensichtlich einschüchternden und beleidigenden Worten zurückgewiesen wurden. Siehe: Werner Egk: Die Zeit wartet nicht, a.a.O., S. 342f. In den Tagebüchern von Goebbels wird das weniger dramatisch dargestellt. Goebbels schreibt über das Treffen am 28. Februar 1941: „Mit den ernsten Komponisten verhandelt. Richard Strauß erweist sich als maßlos senil und eigensinnig. Werner Egk ist der Vernünftigste. [...] Ich sage Strauß ein paar Liebenswürdigkeiten für seine frechen Briefe. Er kann das Briefeschreiben nicht lassen, und es hat ihm schon soviel Unglück eingebracht. Aber jetzt werde ich ihm beim nächsten Mal schon helfen.“ Die Tagebücher von Joseph Goebbels. Teil 1, a.a.O., Bd. 9, S. 165. Noch am 7. März fügt Goebbels hinzu: „Strauß. Der ist ein richtiger Geschäftemacher. Aber komponieren kann er.“ Ebenda, S. 175.

„Gewächs aus der Kaiserzeit". Die Werke von Orff und Egk, auch ihre persönlichen Profile, waren indessen zu ambivalent, um Strauss von seiner Stelle zu verdrängen und Hindemith war gescheitert.

Die Hintergründe im „Fall Hindemith" bleiben diffus. Unklar ist, ob sich Hitler persönlich gegen Hindemith oder nur gegen die Uraufführung seiner Oper ausgesprochen hat und welches Ergebnis das ursprünglich vorgesehene Gespräch mit Furtwängler haben sollte. Ebenso unklar bleibt, woran man Anstoß nahm. Das Thema der Bauernkriege aus der Zeit der Reformation war ein durchaus beliebtes Thema der Propaganda. Auch die Traumvision, die dem Maler Matthias Grünewald im sechsten Bild die Inspiration zum Altargemälde des Isenheimer Altars gibt, dürfte, ähnlich wie die Inspiration des Künstlers in Pfitzners PALESTRINA, den Machthabern ebenso gefallen haben wie die Vorstellung eines sich am Ende aus dem weltlichen Getümmel zurückziehenden Künstlers, womit eine durchaus konservative Botschaft vermittelt wird. Die Bilder einer Bücherverbrennung im dritten Bild und die Wahl des zerstörten Königshofen als Schauplatz waren da schon problematischer, für die Ablehnung der Oper insgesamt aber wohl kaum ausschlaggebend. Entscheidend war am Ende, dass kein Opernhaus das Wagnis auf sich nahm, die Oper zu projektieren. Die Uraufführung in Zürich 1938 fand indessen mit Erlaubnis von Reichsstellen statt, während das Werk in Deutschland expressis verbis verboten wurde.

Während Furtwängler über sein Engagement für Hindemith stürzt – er muss seine Rücktrittsdrohungen am 4. Dezember 1934 in die Tat umsetzen, um nicht völlig sein Gesicht zu verlieren und von seinen Ämtern als Direktor der Staatsoper, Chef des Berliner Philharmonischen Orchesters und als Vizepräsident der Reichsmusikkammer zurücktreten –, wird der Komponist Hindemith im Februar 1935 mit Wissen der Reichsregierung von seiner Unterrichtstätigkeit an der Berliner Musikhochschule beurlaubt und in die Türkei reisen, um in Ankara beim Aufbau des Konservatoriums in offizieller Funktion mitzuwirken. In einem Brief an Fritz Stein, den Direktor der Berliner Hochschule, weist Hindemith ausdrücklich darauf hin, dass er seinen Auslandsaufenthalt nicht als „eine Handlung gegen Deutschland"[291] missverstanden sehen möchte. Nach seiner Rückkehr berichtet er im Juni 1935 in einem Brief an Gustav Havemann, seinem präsidialen Kollegen in der Reichsmusikkammer, von seinem Einsatz für die deutsche Musik. Havemann leitet das Schreiben an mehrere Minister weiter, auch an Hitler, kann aber keine Sympathie für Hindemith erwecken. Als Lehrkraft der Hochschule gelobt Hindemith am 17. Januar 1936 dem „Führer des Deutschen Reiches und Volkes Adolf Hitler" die Treue.[292] Erst am 22. März 1937 kündigt er seine Stelle in Frankfurt und erst 1938 entschließt er sich zur Emigration in die Schweiz.[293] Im gleichen Jahr werden in Deutschland Richard Strauss´ FRIEDENSTAG und DAPHNE sowie Werner Egks PEER GYNT uraufgeführt, die sich, überaus geschickt gemacht, propagandistischer Verwertung gleichermaßen anbieten wie verweigern. In der „inneren Emigration" beschäftigt sich Karl Amadeus Hartmann mit einem Stoff, der dem Strauss´schen FRIEDENSTAG zumindest zeitlich nahe steht, der 1937 nach einem Text von Gryphius entstandenen Kantate FRIEDE ANNO 48, die die endgültige Einlösung des Friedens fordert,

[291] Brief vom 21. Februar 1935. Abdruck in: Albrecht Dümling: Das verdächtige Saxophon, a.a.O., S. 111.

[292] Ebenda., S. 119.

[293] Eindeutige Worte gegen den Nationalsozialismus findet er im amerikanischen Exil in den 1940er Jahren. In der Erkenntnis seiner persönlichen Verstrickung stellt er sich Fragen, denen sich Richard Strauss ein Leben lang verweigert hat.

der 1648 den Krieg beendete, der am Anfang der deutschen Katastrophe steht. Das Werk ist dem 1935 verstorbenen Alban Berg gewidmet.
Bereits im Februar 1935 hat sich Wilhelm Furtwängler mit den Nationalsozialisten ausgesöhnt und bald wieder seine Arbeit aufgenommen, allerdings ausschließlich als Leiter der Konzerte der Philharmoniker. Thomas Mann kommentiert das im Tagebuch: „Unterwerfung Furtwänglers, der zu Gnaden aufgenommen wird. Auch vom Publikum?" (TMTB, 2. März 1935). Vom „Herrscherglück des Dirigenten" war in kurzer Zeit ebenso wenig übrig geblieben wie von der Illusion, die NS-Machthaber für eigene Zwecke manipulieren zu können. Das Publikum feierte Furtwängler anlässlich der Wiederaufnahme seiner Dirigate am 25. April 1935. Die Ereignisse dürften indessen einen jungen Schriftsteller interessiert haben, der seit Beginn der 1920er Jahre die Massenphänomene der Weimarer Republik erlebte und analysierte: Elias Canetti. 1933 begann er in seinem Londoner Exil ein intensives Quellenstudium über das Thema Masse und Macht und ihre Beziehung zum Individuum. Fast zwanzig Jahre hat Canetti an seinem Buch geschrieben, das sich der Analyse totalitärer Systeme und autoritärer Charaktere widmet und 1960 unter dem Titel MASSE UND MACHT erschien.
Mit seinem UNTERTAN war ihm Heinrich Mann ein Stück weit voraus gegangen.[294] Sicherlich kannte Canetti das „Herrscherglück des Dirigenten", das Hans Castorp im ZAUBERBERG im Kapitel „Fülle des Wohllauts" genießen darf. Canetti seinerseits widmet sich im Kapitel „Aspekte der Macht" im Zusammenhang mit Anmerkungen über „Ruhm" und „Thron" auch dem „Dirigenten", der sich als „Diener an der Musik" geriert, für die „Menge im Saal" jedoch der „Führer" ist.[295] Während der Dirigent steht, sitzen alle anderen: „Die Gesetze werden ihm an die Hand gegeben als Partitur [...] Er ist *allwissend*, denn während die Musiker nur ihre Stimme vor sich liegen haben, hat er die vollständige Partitur im Kopf oder auf dem Pult."[296] Der Dirigent allein wird von allen immer gesehen und steht im Mittelpunkt:

> Die Anwesenheit der Musiker stört niemand, man beachtet sie kaum. Da erscheint der Dirigent. Es wird still. Er stellt sich auf; er räuspert sich; er hebt den Stab: alle verstummen und erstarren. Solange er dirigiert, dürfen sie sich nicht bewegen. Sobald er zu Ende ist, sollen sie klatschen [...] Für die klatschenden Hände verneigt er sich. Für sie kehrt er immer wieder zurück, sooft die Hände es wollen. Ihnen, aber ihnen allein, ist er ausgeliefert, für sie lebt er wirklich. Es ist die alte Akklamation des Siegers, die ihm so zuteil wird.[297]

Canettis Ausführungen sind in mehreren Aspekten aufschlussreich. Zum einen analysieren sie das Berufsbild des Dirigenten, der zu einem Symbol autoritärer Funktionszusammenhänge wird. Zum anderen beschreiben sie die Wirkung eines autoritären Charakters auf sein Umfeld, im Falle des Dirigenten auch dessen Wahrnehmung seitens seines Publikums. Canetti bezieht sich dabei auf die Beschreibung allgemeiner Verhältnisse, nicht auf einzelne Persönlichkeiten. Entsprechende Assoziationen überlässt er seinen Lesern, die in der persönlichen Erinnerung an Auftritte von so unterschiedlichen Dirigentenpersönlichkeiten wie Furtwängler oder Toscanini das Funktionieren der beschriebenen Zusammenhänge sicherlich bestätigt fanden. Eindeutig entsprach Furtwängler Canettis

---

[294] Bezeichnend für die Verhältnisse nach 1945 und bestätigend für die Thesen des Buches erscheint die Tatsache, dass die 1951 von Wolfgang Staudte in der DDR entstandene Verfilmung in der BRD bis 1957 verboten war und erst 1977 in einer ungekürzten Fassung im WDR gesendet wurde.
[295] Elias Canetti: Masse und Macht, Frankfurt a.M. 1980, S. 468–470.
[296] Ebenda, S. 470.
[297] Ebenda, S. 469.

Ausführungen. In der Bewunderung der Masse zeigt sich die Bereitschaft, einen Führer anzuerkennen und zu bejubeln.[298] Der Dirigent Wilhelm Furtwängler gefällt sich durchaus in dieser Rolle, genießt die Verehrung seines Publikums, unterwirft das Orchester seinem Willen und erscheint letztlich als Konkurrent des sich zum „Führer“ berufenen Adolf Hitler. Dass dieser durch Schauspiel- und Sprechunterricht, durch die Kontrolle seiner Erscheinung vor dem Spiegel sich auf das Spielen einer Rolle – seiner Rolle – vorbereitet hat, ist bekannt. „Der Fall Hindemith“ wird zu einer Machtprobe, die Furtwängler verliert. 1936 hat er noch einmal die Gelegenheit, Deutschland zu verlassen. Er erhält ein Angebot aus Amerika, soll als Nachfolger und auf persönlichen Vorschlag Arturo Toscaninis die Leitung der New Yorker Philharmoniker übernehmen, sich dabei allerdings auf die Arbeit in Amerika konzentrieren und keine festen Verpflichtungen in Deutschland eingehen. Da Furtwängler jedoch auch mit der Berliner Staatsoper abschließen will, offensichtlich sogar als deren Leiter, verstärken sich die von Anfang an bestehenden Proteste in New York, die sich weniger auf das Künstlerische beziehen, vielmehr auf die mit einer solchen Position verbundene und noch einmal bestätigte offizielle Funktion in Nazi-Deutschland. Furtwängler bricht am 13. März 1936 die Verhandlungen über die New Yorker Position ab.

Ob der musikbegeisterte Thomas Mann den Dirigenten um das Glück seiner Herrschaft über sein Publikum, um sein Orchester und sein Im-Rampenlicht-Stehen beneidet hat? Gerne sah er sich auf seinen Vortragsreisen in dieser Rolle und genoss diese. Die Beziehung zu Furtwängler blieb fraglos eine belastete. Dass Richard Strauss als Dirigent eine ganz andere Persönlichkeit war, wurde bereits erwähnt. Unter seinen Kollegen war er damit eine Ausnahme. Unabhängig von politischer Ausrichtung agierten die meisten in der von Elias Canetti beschriebenen Rolle, die in der Musikwelt erst viel später hinterfragt wurde.

Als einen „Aspekt der Macht“ analysiert Canetti in einer weiteren Betrachtung „Die Ordnung der Zeit“[299] als „vornehmstes Attribut aller Herrschaft“[300]. Eine neue Macht müsse die Zeit neu ordnen, damit sie nicht vergehe. Die Botschaft erscheint eindeutig. Wer die Zeit ordnet, wer ihren Verlauf bestimmt, hat die Macht. Künstlerische Phantasien, die die Ordnung der Zeit hinterfragen, neu ordnen oder auflösen, hinterfragen damit auch die Legitimität von Herrschaft, treten automatisch in Opposition zu den Mächten und den Mächtigen, die die Zeit ihrer Ordnung unterwerfen wollen. Das ROSENKAVALIER-Thema vom Vergehen der Zeit und das der bürgerlichen Zeit Abhanden-Kommen der ZAUBERBERG-Protagonisten eröffnet unter diesen Aspekten weitreichende Dimensionen; die Strand- und Schneespaziergänge Hans Castorps, sein nächtliches Musikhören und das Anhalten-Wollen der Zeit der Marschallin offenbaren dahingehend einen geradezu revolutionären Willen. Das Sich-Verlieren in der Zeit steht dem Willen der Ordnung ja entgegen.
Spannungen dieser Art dürften die im und für den Nationalsozialismus Tätigen in ihrer künstlerischen Arbeit tagtäglich erlebt haben. Am Ende dieses Kapitels bleibt jedoch festzustellen, wie groß bei den meisten Genannten der Wille war, sich anzupassen. Ein

[298] Peter Raabe, Mitglied des Verwaltungsausschusses der Reichsmusikkammer, hat diese Aspekte bereits bei der ersten Arbeitstagung der Komponisten im Februar 1934 betont: „Ich weiß nicht, ob es Ihnen schon einmal aufgefallen ist, daß kaum eine zweite Vereinigung arbeitender Menschen [...] von jeher so im Sinne nationalsozialistischer Gemeinschaft gewirkt hat wie die Orchester. Hier ist in vollster Reinheit das Führerprinzip durchgeführt, der Leiter hat die unbedingte Autorität [...].“ Peter Raabe: Die Musik im Dritten Reich. Kulturpolitische Reden und Aufsätze, Regensburg 1935, S. 34. Hier zit. nach: Fred K. Prieberg: Musik im NS-Staat, a.a.O., S. 178.
[299] Elias Canetti: Masse und Macht, a.a.O., S. 471–473.
[300] Ebenda, S. 471.

geschicktes Agieren und der Versuch, sich nach vielen Seiten hin abzusichern, kann angesichts einer Politik, die ihre verbrecherischen Ziele von Anfang an klar zum Ausdruck brachte, nur verurteilt werden. Abwarten und Taktieren erwies sich bereits 1933 als falsche Strategie, nicht erst 1945. Dies betrifft Furtwängler ebenso wie Carl Orff oder Werner Egk und Richard Strauss. Die Nähe zur Macht war verführerisch, vielfach aber eine gesuchte. Selbst Thomas Mann hat sich zu spät besonnen und eindeutig zum Exil bekannt. Nur wenige, unter ihnen Klaus Mann, haben den Charakter dieser Macht von Anfang an durchschaut. Die meisten wollten ihn wohl einfach nicht durchschauen und sind damit zu Mitschuldigen geworden. Immer wieder aber zeigt sich in der Abgründigkeit die Komplexität der Verhältnisse und die Kompliziertheit des menschlichen Charakters, manifestiert sich Ambivalenz, wo wir Eindeutigkeit erwarten wollen.

FRIEDENSTAG

Bis heute werden die in den 1930er Jahren entstandenen Strauss-Opern nicht nur kontrovers diskutiert – aus durchaus unterschiedlichen Gründen politischer, musikalischer und allgemein ästhetischer Natur –, sondern auch eher selten gespielt. Zu Bestandteilen des Repertoires wurden allenfalls DAPHNE und CAPRICCIO, wirklich populär wurden sie kaum, erscheinen doch eher als Opern für Kenner oder Strauss-Verehrer. Auch die gelegentliche, gerne im Zusammenhang mit Jubiläen stehende und entsprechend beachtete Beschäftigung mit FRIEDENSTAG[301] oder DIE LIEBE DER DANAE[302] hat diese Werke kaum dem Repertoire zugeführt. Über den Einakter FRIEDENSTAG gibt es komplexe Analysen, mitunter unerwarteten Zuspruch[303], daneben eine strikte Abwertung als nationalsozialistische Propaganda.[304] Einen vermittelnden Gedanken finden wir als Resümee in Michael Heinemanns Richard-Strauss-Buch, wo er im Kapitel über den FRIEDENSTAG die Oper mit Hindemiths MATHIS DER MALER in Beziehung setzt. Beide Werke, so Heinemann, setzen sich mit der „Möglichkeit der Gestaltung von Kunst zu Zeiten der Diktatur" auseinander und „die

[301] Nach der von Rudolf Hartmann inszenierten Uraufführung in München (1938) wurde die Oper bis 1940 in 24 Theatern gespielt. Nach dem Krieg wurde sie, außer einer Neuinszenierung in München, die 1961 wiederum von Rudolf Hartmann betreut wurde und konzertanten Aufführungen u.a. in München (1988), Berlin (1989) und New York (1989) kaum gespielt. Eine viel beachtete Inszenierung wurde von dem Regisseur Peter Konwitschny 1995 in Dresden erarbeitet. Zur Erinnerung an den vor 350 Jahren in den Städten Münster und Osnabrück geschlossenen Westfälischen Frieden gab es dort 1998 halbszenische konzertante Aufführungen. Dazu: Günther Lesnig: Die Aufführungen der Opern von Richard Strauss, a.a.O., S. Bd. 1, 339ff.

[302] Die Aufführungsgeschichte der Oper wurde wesentlich von dem Regisseur Rudolf Hartmann geprägt. Seine Salzburger Uraufführungs-Inszenierung von 1952 wurde im gleichen Jahr auch in Wien gespielt und 1953 als Gastspiel in Paris präsentiert. Seine Münchner Inszenierung (Prinzregententheater 1953) wurde vorab in Zürich und nach der Münchner Aufführung als Gastspiel in London vorgestellt. Daneben kam es in den 1950er Jahren zu Aufführungen in Berlin, Bremen, Mailand und Dresden. 1967 war Rudolf Hartmann wiederum für eine Münchner Neuinszenierung verantwortlich. Einige Aufführungen erfolgten an amerikanischen Colleges und in der Provinz. 1988 widmeten sich der Dirigent Wolfgang Sawallisch und der Regisseur Giancarlo del Monaco dem Werk. 2002 setzten die Salzburger Festspiele in Koproduktion mit der Dresdner Semperoper musikalische Maßstäbe, indem sie die Partie des Jupiter erstmals in ihrer Originalgestalt mit extremer Höhe präsentierten. Aufführungsstatistik nach: Günther Lesnig: Die Aufführungen der Opern von Richard Strauss, a.a.O., Bd. 1, S. 403ff.

[303] Z.B. von dem Opernregisseur Peter Konwitschny. Siehe: Ders.: Rosenkavalier. Friedenstag. Daphne oder: Warum man mit dem Ver-Urteilen vorsichtig umgehen sollte, in: Hanspeter Krellmann (Hrsg.): Wer war Richard Strauss?, a.a.O., S. 260–271.

[304] Siehe: Dominik Franks Beitrag „Der politische Repräsentationsgedanke – Friedenstag", in: Jürgen Schläder et al.: Wie man wird, was man ist, a.a.O., S. 154–159.

Antwort, die Strauss zu suchen gibt, war überzeitlich intendiert, doch konnte sie aktuell konterkariert werden".[305] Eine Darstellung der Inszenierungsgeschichte der Opern von Richard Strauss könnte vielleicht gerade in diesen Zusammenhängen Lücken schließen.

Obwohl Strauss wegen der Kooperation mit Stefan Zweig als Librettist der Oper DIE SCHWEIGSAME FRAU in Schwierigkeiten geriet, beharrte er auf der Fortführung der Kooperation und auf einer weiteren Zusammenarbeit mit Zweig für den FRIEDENSTAG. Es war Stefan Zweig, der sich von dem Projekt zurückzog, das er seit Anfang des Jahres 1934 beratend begleitete. Zudem hatte er Strauss den Hinweis gegeben, dass man von ihm „gerade jetzt" etwas erwarte, das „dem Deutschen in irgendeiner Form verbunden ist".[306]
Im Juni 1934 brachte Zweig noch Grillparzers DIE JÜDIN VON TOLEDO zur Vertonung ins Gespräch, zwei Monate später schickte er den Entwurf einer Handlung, die den Westfälischen Frieden 1648 thematisierte, den späteren FRIEDENSTAG. Während sich Strauss zum FRIEDENSTAG hingezogen fühlt, verweist Zweig auf ein Stück von Robert Faesi, das Drama OPFERSPIEL aus dem Jahre 1925, das den Stoff der BÜRGER VON CALAIS berührt, in dem es um die Belagerung der französischen Stadt Calais durch die Engländer im Jahre 1346 während des 100-jährigen Krieges zwischen England und Frankreich geht und um die Opferbereitschaft der belagerten Bürger, deren freiwilliger Tod durch die Gnade des englischen Königs verhindert wird. Rudolf Wagner-Régeny hat den Stoff vertont. Seine gleichnamige Oper wurde 1939 in Berlin an der Staatsoper unter der musikalischen Leitung von Herbert von Karajan und in der Ausstattung von Caspar Neher, der auch das Libretto verfasst hatte, uraufgeführt.

Die von Stefan Zweig angeregte Ausführung eines deutschen Stoffes findet ihren ersten Ausdruck im vorläufigen Arbeitstitel der Oper FRIEDENSTAG. Dieser benannte das Jahr der Handlung und lautete 24. OKTOBER 1648 oder in verkürzter Form 1648. Der „Westfälische Friede" spielte im nationalsozialistischen Geschichtsbild eine ideologisch wichtige Rolle. Wie der Vertrag von Versailles, der als „Schandfriede" interpretiert wurde, wurde der Friede, der den 30-jährigen Krieg beendete, mit dem „Raub" von „Volksboden" in Verbindung gebracht. Er markierte für das nationalsozialistische Geschichtsverständnis das Ende des „Ersten deutschen Reiches", ein Epochendatum, das mit dem Jahr 1918 korrelieren sollte.[307] Neben Strauss beschäftigten sich auch andere Komponisten mit Stoffen aus dieser Zeit. Karl Amadeus Hartmanns SIMPLICIUS SIMPLICISSIMUS, ein Dokument der „inneren Emigration", entstand zwischen 1934 und 1936, wurde aber erst 1948 uraufgeführt. Seine auf einem Text von Andreas Gryphius basierende Kantate FRIEDE ANNO 48, die sich ebenfalls auf das Thema des Friedens bezieht, entstand 1936/37.[308] Paul Hindemiths MATHIS DER MALER behandelt das Verhältnis des Künstlers zu seiner Epoche mit einem Stoff aus der Zeit der

[305] Michael Heinemann: Richard Strauss. Lebensgeschichte als Musiktheater, Köln 2014, S. 171f.

[306] Willi Schuh (Hrsg.): Richard Strauss – Stefan Zweig. Briefwechsel, a.a.O., S. 58.

[307] Nach den Vorstellungen der nationalsozialistischen Machthaber sollte die Stadt Münster als Ort der Friedensverhandlungen des „Westfälischen Friedens" nach dem endgültigen Sieg über Frankreich zum Schauplatz der neuen Friedensverhandlungen werden.

[308] Noch die Handlung von Webers „Freischütz" spielt nach dem Ende des 30-jährigen Krieges. Die unheimliche Abgründigkeit dieser „deutschen Nationaloper" inspirierte das Regietheater der Nachkriegszeit und seine Auseinandersetzung mit den Traumata des Krieges auf vielfältige Weise. 1985 wurde die wiederaufgebaute Dresdner Semperoper mit einer „Freischütz"-Inszenierung von Joachim Herz eröffnet, die auch an die Zerstörung des Opernhauses erinnern sollte. Die 982. Dresdner Aufführung der Oper war am 31. August 1944 die letzte Vorstellung vor der Zerstörung des Hauses.

Reformation.[309] Ludwig Mauricks „heiter-besinnliches Spiel" SIMPLICIUS SIMPLICISSIMUS erlebte am 23. Mai 1938 seine wenig erfolgreiche Uraufführung im Rahmen der Düsseldorfer Reichsmusiktage. Auch wenn es im FRIEDENSTAG um ein anderes Problem geht, um die Möglichkeit und die Notwendigkeit eines Friedens überhaupt, bestehen ideologische Hintergründe zwischen den Zeilen fort, grundieren eine Opernhandlung, in der es nicht nur darum geht, wie eine Frau die Liebe ihres Mannes zurückgewinnt.

Da es sich bei den Gegnern des in seiner Festung eingeschlossenen Kommandanten um „Holsteiner" handelt, geht es eigentlich um eine innerdeutsche Versöhnung. Der Frieden wird zu einer Grundlage des Aufbaus einer Volksgemeinschaft auf den Ruinen des „Heiligen Römischen Reiches deutscher Nation". Aus heutiger Sicht bleibt festzustellen, dass Richard Strauss und seine Librettisten Stefan Zweig und der später dazu gekommene Joseph Gregor eine Handlung entwickelten, die sieben Jahre nach der Uraufführung zur geschichtlichen Realität der letzten Kriegstage wurde. Die Utopie des Opernschlusses erfüllt sich in der historischen Realität allerdings nicht. Während am Schluss des FRIEDENSTAGS mit der Regieanweisung – „Die Mauern öffnen sich, der Turm versinkt, sonnige Helle dringt ein" – die neue Weltordnung, in der es keine Sieger oder Besiegte zu geben scheint, mit ebenso strahlenden wie banalen C-Dur-Klängen begrüßt wird, werden die Protagonisten in der Realität des zu Ende gehenden Weltkrieges zu Opfern, die von ihrer Geschichte physisch und psychisch überwältigt und vernichtet werden.

Dramaturgisch beachtenswert erscheinen die Bezüge des FRIEDENSTAGS zur Grand opéra Meyerbeers. Musikalisch können wir auf die couleur locale verweisen, die Bedeutung der Chöre, das „Reiterlied" oder das „Lied der Piemonteser" und die Einbeziehung realer Klangwelten wie den Kanonenschuss und das Glockengeläut, die den Frieden verkünden und die Sprengung der belagerten Zitadelle im letzten Moment verhindern. Das Modell, vom Effekt des Schlusses her gesehen ein freilich entgegengesetztes, dürfte Meyerbeers LE PROPHETE gewesen sein, wo die Titelfigur, der gleichermaßen zum politischen Messias gemachte wie sich berufen fühlende Gastwirt Jean, die Stadtfestung in Münster in die Luft sprengt, um sich aus den Verstrickungen seines Lebens zu befreien. Der dritte Akt dieser Oper endete mit einem Coup de théâtre, einem Sonnenaufgang über der Stadt Münster, der zum Zeichen ihrer Erstürmung wurde und als „Propheten-Sonne" in die Theatergeschichte einging. Die Handlung des FRIEDENSTAGS spielt von morgens bis mittags. Ihr Höhepunkt fällt zusammen mit dem höchsten Stand der Sonne. Die politischen Ereignisse überkommen die Protagonisten damit im Rahmen eines natürlichen Verlaufs, der kaum von Menschen gemacht erscheint, eher von Mächten, über die sie keine Gewalt haben.

Dass Meyerbeers Opern-Prophet berufen war, die historischen Ereignisse des 20. Jahrhunderts und die psychischen Befindlichkeiten seiner Protagonisten voraus zu ahnen – nicht von ungefähr führt er sich mit einer „Traumerzählung" ein –, bringt ihn nicht nur in dieser Hinsicht in die Nähe Wagners. Sachverhalte, die selten bedacht und analysiert werden, auch

---

[309] Dem Libretto zufolge spielt die Handlung in den 20er Jahren des 16. Jahrhunderts, „zur Zeit der Bauernkriege". In seiner Ansprache zur „Eröffnung der Ersten Arbeitstagung" der Reichsmusikkammer am 13. Februar 1934 verweist Richard Strauss gerade auf diese Zeit, in der das „deutsche Volk und seine Musik [...] innig" miteinander verbunden waren, ganz anders als „in den ersten Jahrzehnten des Jahrhunderts, in dem wir leben". Die Ausgrenzung der „Neutöner" und „Artfremden", die diese Verbindung störten, oder unterstellterweise gar nicht suchten, ließ nicht lange auf sich warten. Die Ansprache wurde abgedruckt in: Musik im Zeitbewußtsein. Amtliche Zeitschrift des Fachverbandes „Reichsmusikerschaft", zweites Jahr, Nr. 7, Berlin 17. Februar 1934, hier zit. nach: Albrecht Dümling (Hrsg.): Das verdächtige Saxophon, a.a.O., S. 224.

deswegen, weil sich musikwissenschaftliche und biographische Arbeiten immer noch zu selten auf die Perspektiven aktueller Operninszenierungen und Filme beziehen, Meyerbeer zu lange von der Forschung und den Opernmachern kaum beachtet wurde.

Richard Strauss hatte eine gemeinsame Uraufführung der Einakter FRIEDENSTAG und DAPHNE in Dresden für das Jahr 1938 vorgesehen, wobei DAPHNE an erster Stelle gespielt werden sollte. Durch die vorgezogene Uraufführung des FRIEDENSTAGS am 24. Juli 1938 zu den Opernfestspielen in München unter der musikalischen Leitung von Clemens Krauss und in der Regie von Rudolf Hartmann wurde dieser Wunsch vereitelt. Die Rezensionen der Aufführung dokumentieren den offiziell gewünschten und vereinnahmten Stellenwert des Komponisten und seines Werkes in der nationalsozialistischen Propaganda. Von einem „triumphalen Erfolg" schreibt der Kritiker Karl Laux im Berliner Tageblatt (25. Juli 1938). Alexander Berrsche verweist in der Münchner Zeitung auf einen „rauschenden Erfolg", während Alfred Brasch von einem „Ereignis von Weltbedeutung" (Hamburger Nachrichten, 26. Juli 1938) spricht. Die „Huldigungen, die sich in ungemindertem Jubelsturm fortsetzen", werden als „großer und denkwürdiger Tag in der Geschichte der Münchner Oper" (Willy Krienitz, Allgemeine Musikzeitung) gefeiert. Der „Siegeszug" des Werkes (Herbert Gerigk, Die Musik) gilt als gewiss. Auch der Zeitbezug wird in vielen Kritiken unmissverständlich zum Ausdruck gebracht. Am eindringlichsten wohl in der Rezension von Ed. Ebel in seiner Kritik in der Zeitschrift Deutsche Musikkultur:

> Unmittelbare Gegenwart ist dieser „Friedenstag". Denn wie eine vom Feinde belagerte Stadt, aller Mühsal und Entbehrungen zum Trotz, immer noch hält; [...] das ist nicht nur 1648, sondern das ist auch 1918. – Wie aber der Kommandant lieber seine Zitadelle in die Luft sprengen als die Tore dem Feinde eröffnen will, wie er in engster Kameradschaft den Söldnern verbunden [...], das ist heutiges und vergangenes Fühlen zugleich, 1918 und 1938; das ist heldische Gesinnung, die stahlhart kein Nachgeben kennt und ihre Ehre in der Behauptung des übergebenen Postens, in der Erfüllung der übertragenen Aufgabe sieht.[310]

Die Instrumentalisierung der Geschichte, ausgehend vom „Schmachfrieden" des Dreißigjährigen Krieges bis hin zur „Dolchstoßlegende", wird in dieser Kritik ebenso deutlich wie die Instrumentalisierung des Komponisten Richard Strauss und seines Werkes. Eindeutig wird der Kommandant als Ideal einer heroischen, dem Pazifismus überlegenen Lebensauffassung interpretiert. Besondere Beachtung verdient in diesem Zusammenhang das Duett zwischen dem Kommandanten und seiner Frau Maria im Mittelteil der Oper. Während Maria zu Beginn der Szene im Krieg einen „furchtbaren Würger" erkennt, verherrlicht der Kommandant die Gedanken des Kriegs. Zu einer musikalischen Einheit finden die beiden Stimmen erst am Schluss in der Idee eines gemeinsamen Todes, den Maria als „Liebestod", der Kommandant als „Heldentod" versteht.[311] Zwischen „leuchtender Liebe" und „lachendem Tod" offenbaren sich die musikdramaturgischen Traditionen, in denen Strauss steht; Zusammenhänge, die sich der nationalsozialistischen Propaganda angeboten haben, ihre Wirkungsmächtigkeit aber erst in der Bereitschaft zur Annahme entwickeln konnte. Die Premieren-

---

[310] Ed. Ebel: Richard Strauss: Friedenstag. Uraufführung in München, in: Deutsche Musikkultur, 3. Jg., (1938/39), S. 253–254. Wie die vorangegangenen Zeitungskritiken zit. nach: Mathias Lehmann: Der Dreißigjährige Krieg im Musiktheater während der NS-Zeit, Hamburg 2004, S.. 59ff. (= Band 11 der Schriftenreihe „Musik im ‚Dritten Reich' und im Exil", hrsg. v. Hanns Werner Heister und Peter Petersen)

[311] Dazu: Mathias Lehmann: Der Dreißigjährige Krieg, a.a.O., S. 266.

kritik der London Times überrascht den heutigen Leser mit kenntnisreichem Wissen über künstlerische Zusammenhänge und historische Hintergründe:

> To a German audience the Thirty Year´s War still means something more than a mere incident in the history books, and the spectacle of a beleaguered garrison and a starving populace craving for peace has even stronger associations. The opera is, in fact, a protest against the futility of war, and especially of civil war, for a religious or ideological cause, and ends with a great hymn in praise of peace. But, be it noted, the peace is a peace between equals. Neither side is victor or vanquished. Nevertheless, amid so many signs of warlike preparation it is good to hear so influential an appeal to sanity.

Bei aller Sympathie beklagt der englische Korrespondent einen Mangel an Inspiration gerade an den Stellen, wo sie am nötigsten gewesen wäre:

> In the choral hymn in praise of peace, which is a *finale* similar in style to, if not consciously modelled upon, that in *Fidelio* – he has written no more than a competent concerted movement with an undistinguished tune. The end creates no impression of fierce conviction or a poets fire. [...] the visionary quality evidently prescribed by the libretto is absent, as indeed it is from Herr Rudolf Hartmann´s production, which is first-rate in a matter-of-fact style.

Auch das Fehlen eines lyrischen Ausbruchs in der technisch schwierigen Partie der Maria, die letztendlich den Frieden sichert, wird bedauert. Erst im Duett fände die Musik zu leidenschaftlichem Feuer.

> Except in some concerted passages, where the composer has succumbed to his old temptation to thicken the texture the music sounded unusually clear. The reception was very enthusiastic, and the composer after acknowledging the applause from his seat joined the singers on the stage and was given a great ovation. [312]

Erst am 15. Oktober 1938, zwei Wochen nach dem „Münchner Abkommen“, das den aktuellen politischen Hintergrund darstellt, kam es in Dresden unter der musikalischen Leitung von Karl Böhm zur Aufführung der beiden Einakter in der von Strauss gewünschten Form mit dem FRIEDENSTAG am Schluss.
Beide Werke sind ja kürzer als SALOME oder ELEKTRA und konfrontieren die Theaterpraxis mit dem verkaufstechnischen Problem eines zu kurzen Opernabends, wenn sie allein gespielt werden sollen. Von daher ist die Frage von Interesse, welche dramaturgischen Überlegungen Strauss zu der gewünschten Kombination veranlasst haben könnten.

Anders als der FRIEDENSTAG spielt die auf Ovids METAMORPHOSEN basierende „Bukolische Tragödie“ DAPHNE in einer göttlichen Welt. Der Abschluss des Opernabends mit dem FRIEDENSTAG markiert den Übergang in die menschliche Welt, ein Motiv, das Strauss ja auch in seiner nächsten Oper, DIE LIEBE DER DANAE, leitet und bereits für DIE FRAU OHNE SCHATTEN von Bedeutung war. In einem Brief an den Librettisten Gregor, der Strauss in einem ersten Gespräch am 7. Juli 1935 neben einem Entwurf zum FRIEDENSTAG auch Hinweise auf DAPHNE und DANAE präsentiert hatte, schrieb der Komponist am 8. März 1936:

---

[312] From Our Special Correspondence. Strauss´s New Opera. „Friedenstag“ At Munich: The Times, London, 25. Juli 1938, S. 10.

> Ließe sich Daphne nicht dahin deuten, daß sie die menschliche Verkörperung der Natur selbst darstellt, die von den beiden Gottheiten Apollo und Dionysos, den Elementen des Künstlerischen, berührt wird, die sie ahnt, aber nicht begreift und erst durch den Tod zum Symbol des ewigen Kunstwerks, dem vollkommenen Lorbeer wiederauferstehen kann.[313]

Wird DAPHNE somit zum Zeichen eines Künstlertums, das in der Verwandlung seine Vollendung als Vergöttlichung erfährt? Der Schluss der „bukolischen Tragödie" erweist sich als Übergang in die absolute Musik. Der Gesang wird zur Vokalise, Daphne wird eins mit der Natur, indem sie sich in den Lorbeerbaum verwandelt. Zugleich verliert sie sich aber als Mensch. Ganz anders wird das später in der DANAE gelöst. Dort gewinnt und bestätigt die Protagonistin ihr Menschsein in der Absage an das Göttliche, das ihr in der Begegnung mit Jupiter am Schluss als Verheißung erscheint. Daphnes Verwandlung hingegen findet im Mondlicht statt, ihre Stimme wird Teil eines chromatischen Klangfeldes, aus dem sie sich schließlich mit langen Werten und Dreiklangsmotiven löst, um am Ende in berauschendem Fis-Dur in der Oboenstimme ihre Vereinigung mit der Natur als eine Erlösung in innerer Ruhe zu erfahren.

Diese Dramaturgie findet in Teilen ihre Fortsetzung im FRIEDENSTAG. Objekt der Verwandlung ist dort der Kommandant, der sich im Zwischenspiel zum Frieden durchringt, der mit Glockengeläut begrüßt wird. Die Oper endet in vordergründigem C-Dur-Jubel, den selbst die Protagonisten und der Chor des Volkes kaum begreifen können. Auch im FRIEDENSTAG rettet sich die Handlung in die Überwältigung durch die Musik und ihre Vieldeutigkeit, die schon das Finale von Beethovens „Rettungsoper" FIDELIO, das ebenfalls in C-Dur erstrahlte, zu einem Rätsel machte. Strauss wird davon, auch um die damit verbundene Problematik, gewusst haben. In der aufführungstechnischen Verbindung von DAPHNE und FRIEDENSTAG erkennt Ulrich Schreiber ein Charakteristikum des Opernkomponisten Strauss, der ein „Welttheater anstrebte, in dem Krieg und Frieden gleichermaßen bedacht werden".[314] Am Ende aber, so Schreiber, fehlt ihm der ästhetische und politische Mut, sich für eine Seite zu entscheiden. Den „Missbrauch des Begriffes ‚Frieden'" beklagt Klaus Mann einige Jahre später in seinem Tagebuch im Zusammenhang mit der „‚Achse' Moskau-Berlin" (KMTB, 29. September 1939). Sein Hinweis darf aber durchaus mit der Oper von Richard Strauss in Verbindung gebracht werden und mit einer Haltung, deren Ambivalenz das Bemühen ausdrückt, sich nach verschiedenen Seiten hin abzusichern.

Zwischen der Uraufführung der komischen Oper DIE SCHWEIGSAME FRAU und der Uraufführung von DAPHNE und FRIEDENSTAG vollziehen sich eine Reihe von Veränderungen, die das berufliche und private Umfeld von Richard Strauss wesentlich bestimmen. Zum einen muss er auf die bewährte Zusammenarbeit mit Stefan Zweig verzichten, da dieser Jude ist. Die Durchsetzung der Uraufführung der SCHWEIGSAMEN FRAU am 24. Juni 1935 in Dresden war deswegen ja bereits mit Schwierigkeiten verbunden. Schon bevor der berühmte Brief an Zweig am 17. Juni von der Geheimen Staatspolizei abgefangen worden war – Strauss wurde also längst überwacht –, hatte Hitler persönlich eine weitere Mitwirkung von Strauss bei den Bayreuther Festspielen ausgeschlossen. Am 6. Juli folgte der erzwungene Rücktritt als Präsident der Reichmusikkammer. Allein die Tatsache, dass Strauss zu den populärsten und bekanntesten deutschen Komponisten und Dirigenten zählte – immer noch das Wohlwollen

[313] Zit. nach: Joseph Gregor: Richard Strauss. Der Meister der Oper. Mit Briefen des Komponisten, München 1939, S. 55.
[314] Ulrich Schreiber: Opernführer für Fortgeschrittene, a.a.O., S. 235.

Adolf Hitlers genoss, während er bei den übrigen Nationalsozialisten eher als naiver Greis galt, den man propagandistisch durchaus noch gebrauchen konnte – dürften ihn vor weiterreichenden Maßnahmen bewahrt haben. Zudem standen im Sommer 1936 die Olympischen Spiele bevor, die mit der OLYMPISCHEN HYMNE von Strauss eröffnet werden sollten. Strauss hatte die Hymne bereits am 29. März 1935 Hitler in Berlin vorgespielt und ihm das Manuskript geschenkt.

Am 15. September 1935, gerade drei Monate nach der Uraufführung der SCHWEIGSAMEN FRAU, verkünden die „Nürnberger Gesetze" die neuen Rassengesetze. Am 9. November 1938 findet, wenige Wochen nach den Uraufführungen von FRIEDENSTAG und DAPHNE, die „Reichspogromnacht" statt. Die Ausstellungen „Entartete Kunst" und „Entartete Musik" setzen 1937 in München und 1938 in Düsseldorf weitere Zeichen. Der Frieden, der auf den Bühnen des Reiches – zumindest vordergründig – propagiert wurde, war in der Realität schon nicht mehr zu retten. Der „Hymnus an die Versöhnung der Völker" war längst zur Phantasmagorie geworden.

Richard Strauss indessen arrangiert sich mit handwerklichem Geschick mit dem Zeitgeist. Die Frage, was dieser noch aufbieten sollte, um sich als Ungeist zu beweisen, scheint er sich immer noch nicht gestellt zu haben. Umso mehr zeigt sich sein politisches, künstlerisches und soziales Geschick im persönlichen Umgang mit Nazi-Größen einerseits und seinem jüdischen Librettisten andererseits, auf dessen Mitarbeit er beharrt und dann doch verzichtet, um sich trotz allem bei denen in Ungnade zu bringen, denen er doch gefallen will. In seinen Opern besinnt er sich auf die Tradition der Gattung, spielt mit Bildern und Ideologien, historischen und aktuellen Theaterformen und Befindlichkeiten, Träumen und Alpträumen, überführt den Mythos in die Gegenwart. In DAPHNE verstummt das gesungene Wort in der Musik, im Rausch des Klangs, der auch das Schlussbild des FRIEDENSTAGS bestimmt. Dagegen erweist sich DIE SCHWEIGSAME FRAU als eine Oper über die Musik und ihre Möglichkeiten, den Menschen zu verwandeln. Entlarvt sich aber in der Option einer vielfältigen Deutung nicht auch eine Machart, die auf Gefallen setzt und dabei das Gegenwärtige ebenso im Blick hat wie das Zukünftige? Von vielen Dingen kann da die Rede sein, kaum von einem Komponisten, dessen Schaffen wir als „naiv" bezeichnen dürfen. Eine gewisse Unschlüssigkeit umgibt die genannten Werke bis heute. Trotz gelegentlicher Bemühungen um ihren Sinn und Zweck, auch um Aufführungen, haben sie ihren Weg ins Repertoire kaum gefunden. Den Autoren ist es nicht wirklich geglückt, künstlerische Autonomie und moralische Integrität zu beweisen, geschweige denn zu vereinen. Die Tatsache, dass die Nationalsozialisten die Oper FRIEDENSTAG propagandistisch nutzten – etwa während der Reichstheaterwoche im Juni 1939 in Wien – offenbart die Ambivalenz der Handlung und des vordergründigen C-Dur-Schlusses, die Ambivalenz eines fiktiven Friedens, der in der Realität kaum eine Versöhnung mit den bereits Vertriebenen und Geächteten initiiert hätte.

Am 17. Dezember 1938 bittet Strauss den Berliner Generalintendanten Heinz Tietjen, sich bei Hitler und Göring um Sonderschutz für seine „jüdisch versippte" Familie, seine Schwiegertochter und seine beiden Enkelkinder einzusetzen. Während DIE SCHWEIGSAME FRAU vollendet und uraufgeführt wird, komponiert Alban Berg sein Violinkonzert, ein Requiem für die an Kinderlähmung verstorbene Tochter von Alma Mahler-Werfel und Walter Gropius, dessen Klänge über die persönliche Katastrophe hinaus ein Stimmungsbild der Zeit kolorieren. Dmitri Schostakowitsch erlebt mit seiner Oper LADY MACBETH VON MZENSK (UA 1934) eine lebensgefährliche Intrige, nachdem Stalin 1936 eine Moskauer Aufführung vorzeitig verlassen hat. Ein Menetekel auch für den Komponisten des FRIEDENSTAGS.

An internationalen Ehrungen hat es für Richard Strauss in dieser Zeit nicht gefehlt. Am 30. November 1934 erhielt er, damals noch Präsident der Reichsmusikkammer, in Amsterdam das Großkreuz des Oranienordens. Immerhin hatte er nur wenige Monate zuvor am 18. August den „Aufruf der Kulturschaffenden" unterzeichnet, der den Vorschlag unterbreitete, Hitler das Amt des Reichspräsidenten zu übertragen. Klaus Mann erlebt ein anschließendes Konzert unter Strauss´ Leitung im Concertgebouw und beschreibt ihn als einen schlechten und lahmen Dirigenten seiner eigenen Werke, das ZARATHUSTRA-Dirigat als „leer" und „nur effektvoll". Und weiter: „Ich rühre keine Hand – auch aus Voreingenommenheit. Unter Mengelberg: Salome-Schluss. Nicht umzubringen, als erotischer Reisser." (KMTB, 2. Dezember 1934) Im Mai 1934 und im Juni 1936 gab es Strauss-Feierlichkeiten in Zürich. Im November 1936 wurde der Komponist mit der Verleihung der Goldmedaille der Philharmonic Society in London geehrt. Aufführungen seiner Opern fanden auf der ganzen Welt statt. Da er auch immer noch international als Dirigent gefragt war, wäre eine Emigration wahrscheinlich jederzeit möglich gewesen.

Eine Wiener Festaufführung der Oper FRIEDENSTAG aus Anlass von Richard Strauss´ 75. Geburtstag fand in Anwesenheit von Adolf Hitler und Joseph Goebbels am 11. Juni 1939 statt. Der Jubilar wurde mit einem anschließenden Empfang und Abendessen im Hotel Imperial geehrt. Thomas Mann berichtet in seinem Tagebuch am 18. Juni 1939 über das Treffen. Während eines Frühstücks mit Goebbels soll Strauss die Gelegenheit genutzt haben, um sich für die Angehörigen seiner jüdischen Schwiegertochter Alice zu verwenden.[315] Goebbels berichtet über die Ereignisse:

> Abends mit ihm [Hitler, Anm. d. Verf.] zur Staatsoper. „Friedenstag", die neue Oper von Richard Strauss. Großartig gekonnt, herrlich instrumentiert, mit Verve und Schmiß hingelegt. Aber ohne ursprüngliche Erfindungsgabe. Doch mehr ein Alterswerk, er ist eben 75 Jahre alt. Aber seien wir froh, daß wir ihn haben.[316]

Am nächsten Tag fasst Goebbels seine Eindrücke nach einem Frühstück mit dem Komponisten zusammen: „Er ist so unpolitisch wie ein Kind."[317]

---

[315] Die Großmutter von Alice Strauss, Paula Neumann, lebte seit 1941 im Prager Getto und wurde 1942 ins Konzentrationslager Theresienstadt deportiert. Sie hat den Holocaust nicht überlebt. Strauss soll 1942 vor das Lager Theresienstadt gefahren sein, um Paula Neumann zu treffen.

[316] Die Tagebücher von Joseph Goebbels. Teil 1, a.a.O., Bd. 6, S. 374.

[317] Ebenda, Bd. 6, S. 375.

OLYMPISCHE HYMNE und JAPANISCHE FESTMUSIK

Neben dem Opernschaffen stehen eine Reihe von „Gelegenheitskompositionen" im Mittelpunkt des Interesses, das sich mit Richard Strauss und dem „Dritten Reich" beschäftigt. Zu den wichtigsten zählen zwei Werke, mit denen Strauss weltweit im Fokus stand und den Interessen der Machthaber entgegen kam: die OLYMPISCHE HYMNE von 1936 und die JAPANISCHE FESTMUSIK von 1940.

Den offiziellen Auftrag zur Komposition der OLYMPISCHEN HYMNE hatte Strauss am 24. September 1934 von Theodor Lewald erhalten, dem Vorsitzenden des deutschen Organisationskomitees der Spiele. Mit der Neukomposition sollte die Olympiahymne des Amerikaners Walter Bradley-Keeler, die anlässlich der Olympischen Spiele in Los Angeles 1932 komponiert worden war, ersetzt werden. Theodor Lewald, der den Nationalsozialisten als „Halbjude" galt und in Parteikreisen wenig populär war, wollte die Olympischen Spiele, deren neuzeitliche Geschichte 1896 in Athen begonnen hatte, bereits 1916 nach Deutschland holen, was sich infolge des Kriegsausbruchs jedoch nicht realisieren ließ. Die Vergabe der Spiele nach Deutschland stellte ein vertrauensvolles Entgegenkommen an die Weimarer Republik dar. Die Nationalsozialisten nutzen sie zu einer der raffiniertesten Propagandaveranstaltungen der Geschichte, deren Dokumentation in Wort, Bild und Ton mittels Radio, Fernsehen und Film ebenso ästhetische wie propagandistische Maßstäbe setzte. Der Ausgang der live übertragenen Wettkämpfe war natürlich offen, alles andere aber minutiös festgelegt.

Richard Strauss war in keiner Weise an Sport interessiert. Im Dezember 1934 schreibt er an Stefan Zweig:

> Ich vertreibe mir in der Adventslangeweile die Zeit damit, eine Olympiahymne für die Proleten zu componieren, ich der ausgesprochene Feind und Verächter des Sports. Ja: Müßiggang ist aller Laster Anfang.[318]

Am 29. März 1935 spielt er in Berlin Hitler die Hymne in einer Privataudienz vor und schenkt ihm das Manuskript. Ob in dieser privaten Unterredung die Problematik der bevorstehenden Uraufführung der Oper DIE SCHWEIGSAME FRAU angesprochen wird, bleibt ungewiss.

Die OLYMPISCHE HYMNE war für den Komponisten Richard Strauss sicher keine Herzensangelegenheit. Komponiert wurde sie im Auftrag des Olympischen Komitees und nicht im Auftrag von Adolf Hitler. Dennoch war Strauss bewusst, welchen Stellenwert seine Komposition im Rahmen der Eröffnungsfeier der Spiele haben sollte. Zudem erklärte er sich einverstanden, das Werk zu diesem Anlass persönlich im Olympiastadion zu dirigieren. Die Choreographie der Veranstaltung beweist einmal mehr das systematische propagandistische Vorgehen und die große Bedeutung, die das Regime der Kunst, insbesondere der Musik, in diesen Zusammenhängen zuerkannte. Die Zeit der Olympischen Spiele wurde nicht nur als sportliche Leistungsschau genutzt, sondern auch als kulturelle. In den Berliner Opernhäusern, Konzertsälen und Theatern gab es festliche Aufführungen von Werken Wagners, Webers und Pfitzners. Auch im Radio gab es neben den laufenden Sportberichten Opern- und Konzertübertragungen. Mit Strauss´ Dirigat der HYMNE im Olympiastadion wurde

[318] Zit. nach: Fred K. Prieberg: Musik im NS-Staat, a.a.O., S. 206.

zudem seine Stellung als der bedeutendste lebende deutsche Komponist auf internationaler Ebene bestätigt.
Weiterhin bestätigt die Musikliste der Eröffnungsfeier den Charakter der Veranstaltung. Beim Eintreffen Hitlers vor dem Stadion, wo er den Präsidenten des Internationalen Olympischen Komitees begrüßt, erklingt von den Türmen des Marathontores die Olympiafanfare von Paul Winter. Während des Eintretens ins Stadion wird Richard Wagners HULDIGUNGSMARSCH gespielt, der 1864 zum Geburtstag seines Gönners, König Ludwig II. von Bayern, komponiert wurde. Die jeweils erste Strophe des Deutschland- und des Horst-Wessel-Lieds werden intoniert, während Hitler die Führerloge betritt, was als klarer Verstoß gegen die Regeln des Internationalen Olympischen Komitees zu werten ist, da das Horst-Wessel-Lied als Parteihymne galt. Die Olympiafanfare und das Läuten der Olympiaglocke begleiten anschließend das Hissen der Flaggen der teilnehmenden Nationen.
Zum Einmarsch der Sportler spielt das Olympia-Orchester preußische Militärmärsche. Danach eröffnet Hitler die Spiele. Die Olympische Flagge wird unter Salutschüssen und dem Abspielen der Olympiafanfare gehisst, Brieftauben werden in den Himmel entlassen. Danach dirigiert Strauss seine Hymne. Nach dem Entzünden des Olympischen Feuers leisten die Teilnehmer der Spiele den Olympischen Eid. Abschließend erklingt Händels HALLELUJA.

Auf dem neben dem Stadion errichteten Maifeld wird ein Abendprogramm geboten, das Tanz-Festspiel OLYMPISCHE JUGEND in vier Bildern: „Kindliches Spiel", „Anmut der Mädchen", „Jünglinge in Spiel und Ernst", „Heldenkampf und Totenklage". Die Musik des ersten Teils (OLYMPISCHE REIGEN) wurde von Carl Orff komponiert, die des zweiten Teils (OLYMPISCHE FESTMUSIK) von Werner Egk. Zum Abschluss des Eröffnungstages erklang der vierte Satz aus Beethovens Neunter Sinfonie.[319] Eine Aufführung der Neunten erfolgte auch zum Abschluss der Olympischen Spiele. Beethovens Vertonung der Schiller'schen „Ode an die Freude" zählt sicherlich zu den von unterschiedlichsten Regimen propagandistisch am meisten missbrauchten Musikstücken.[320]

Goebbels hatte die musikalischen Proben zur Eröffnungsfeier bereits in der Philharmonie verfolgt und das Programm am 21. Juni im Tagebuch kommentiert:

> Philharmonie Probe der olympischen Hymne von R. Strauß. Sie ist wirklich wunderbar. Komponieren kann der Junge. Das Halleluja von Händel. Welch ein Wurf. Ganz groß. Und eine moderne Totenklage [also die Komposition von Egk, Anm. d. Verf.], die mich sehr einnimmt. Der Kittelsche Chor ist einzigartig. [...] Die Nacht aufgeblieben. Boxkampf Schmeling/Louis. [...] um 3^{h} nachts beginnt der Kampf. In der 12. Runde schlägt Schmeling den Neger k.o. Wunderbar, ein dramatischer, erregender Kampf. Schmeling hat für

---

[319] Hinweise zum Programm des Eröffnungstages: Stefan Jena: Dabeisein ist alles: Die Musik zu den Olympischen Spielen 1936 in Berlin, in: Studien zur Musikwissenschaft, 56. Bd. 2010, S. 265–285, hier: S. 279. Im Internet unter: www.jstor.org/stable/41472912 (20. Oktober 2020) Über das „Tanzspiel" äußert sich Goebbels im Tagebuch: „[...] frei nach Nietzsche, eine schlechte, gemachte und erkünstelte Sache. Ich inhibiere vieles. Das ist alles so intellektuell. Ich mag das nicht. Geht in unserem Gewande daher und hat garnichts mit uns zu tuen." Die Tagebücher von Joseph Goebbels. Teil 1, a.a.O., Bd. 3/II, S. 113 (21. Juni 1936)

[320] Werner Egk schreibt darüber in seiner Autobiographie: „Auf Beethoven verzichtet kein Regime." In: Werner Egk: Die Zeit wartet nicht, a.a.O., S. 319. Schon wenige Daten belegen das deutlich. Stalin befahl 1936 eine Aufführung der Neunten Sinfonie zur Feier seiner „Verfassung", Furtwängler dirigierte sie im Folgejahr anlässlich der Feierlichkeiten zu Hitlers Geburtstag, 1949 umrahmte eine Aufführung die Gründungsfeierlichkeiten der DDR, 1990 die Feier der deutschen Wiedervereinigung. Mauricio Kagel ließ 1970 in seinem zum 200. Geburtstag Beethovens produzierten Film „Ludwig van" den Fernsehjournalisten Werner Höfer in einem fiktiven „Internationalen Frühschoppen" die Frage diskutieren: „Warum wird Beethovens Musik mißbraucht?"

Deutschland gefochten und gesiegt. Der Weiße über den Schwarzen, und der Weiße war ein Deutscher.[321]

Thomas Mann beachtet in Zürich die Olympischen Spiele kaum. Am 2. August notiert er im Tagebuch: „Radio-Meldungen über die Eröffnung der Olympiade in Berlin und Platten-Aufnahmen. 100 000 Menschen-Stadion, Einzug der internationalen Wettkämpfer in Gegenwart des Hitler. Marsch-Musik, Heilrufe." Am nächsten Tag verfolgt er aber die Reportagen des „sensationellen 100 m-Laufs, in dem zwei amerikanische *Neger* siegten. Hübsch! (Ich glaubte Pfiffe zu unterscheiden. Jedenfalls wurde der Dritte, ein Holländer, hörbar, stärker gefeiert.)" Bei den erwähnten „Negern" handelte es sich um die Läufer Jesse Owens und Ralph Metcalfe. Der „Holländer" war Martinus Osendarp.
Dass Mann Bilder von der Eröffnungsfeier auch im Kino gesehen hat, erfahren wir aus einem Tagebucheintrag vom 12. August. Der Wochenschaubericht stand zu Beginn eines Kinobesuches mit Katia. Der Hauptfilm war der „langweilige patriotische deutsche" Film DER SPION DES KAISERS[322] mit Gustav Gründgens in einer „falsch interessanten Rolle" (TMTB, 12. August 1936). Von Richard Strauss ist hier nicht die Rede.
Ein Versuch, die Salzburger MEISTERSINGER unter Toscanini zu hören, scheitert am 14. August aus radiotechnischen Gründen. Dann gelingt zwei Tage später über Beromünster die Übertragung des zweiten Aktes von FIDELIO unter Toscanini „etwas rauh, aber deutlich". Dafür nimmt man dann auch die Schweizer Reportage über die Schlussfeier der Berliner Olympischen Spiele in Kauf. „Großes Theater, Fanfaren, Chöre und Fahnen-Ceremoniell. Eine Stimme von oben rief die Jugend der Welt nach Tokyo. Alle sprachen diesen Namen richtig aus, nur der Oberbürgermeister von Berlin, der natürlich, um es zu sein, danach sein muß, sagte Tock*io*. Er sprach auch vom Frieden der Welt." (TMTB, 16. August 1936)

Zu einem weiteren offiziellen Auftrag für Strauss kommt es vier Jahre später anlässlich des 2600-jährigen Bestehens des japanischen Kaiserreichs. Mit dem 1936 abgeschlossenen Antikominternpakt wurden die Beziehungen zwischen dem nationalsozialistischen Deutschland und Japan intensiviert. Die seit 1861 traditionell guten Beziehungen waren durch den Ersten Weltkrieg belastet, in den 1920er Jahren aber durch ein Kulturabkommen und die Gründung einer Reihe von dem Kulturaustausch verpflichteten Instituten verbessert worden. Als Höhepunkt der freundschaftlichen Verbundenheit wurde am 27. September 1940 der Dreimächtepakt zwischen Deutschland, Japan und Italien unterzeichnet.
Richard Strauss komponierte seine FESTMUSIK ZUR FEIER DES 2600JÄHRIGEN BESTEHENS DES KAISERREICHS JAPAN FÜR GROSSES ORCHESTER im Frühjahr 1940 als Auftragswerk der japanischen Regierung. Joseph Goebbels hatte die an insgesamt sechs Nationen gerichtete Bitte der japanischen Regierung um musikalische Beiträge zur Feier der Staatsgründung und die Entscheidung, Strauss um den deutschen Beitrag zu bitten, befürwortet. Strauss unterbrach während eines Aufenthaltes in Tirol seine Arbeit an der Oper DIE LIEBE DER DANAE, um die Auftragsarbeit umgehend zu komponieren. Immerhin war der Auftrag mit einem Honorar in der Höhe von 10.000 Reichsmark verbunden und galt als offizieller Beitrag des Deutschen Reiches zum japanischen Jubiläum.
Da infolge der angespannten politischen Beziehungen die Amerikaner auf die Teilnahme eines amerikanischen Komponisten verzichtet haben, wurden neben dem Werk von Richard Strauss Kompositionen von Hisato Ohzawa (Sinfonie Nr. 3, SYMPHONY OF THE FOUNDING

[321] Die Tagebücher von Joseph Goebbels. Teil 1, a.a.O., Bd. 3/II, S. 112.
[322] Originaltitel: „Schwarzer Jäger Johanna" (UA 6. September 1934). Bei dem von Thomas Mann genannten Titel handelt es sich um den Schweizer Verleihtitel.

OF JAPAN), Jacques Ibert (OUVERTURE DE FETE POUR CÉLÉBRER LE 26e CENTENAIRE DE LA FONDATION DE L´EMPIRE NIPPON), Ildebrando Pizzetti (SINFONIA IN CELEBRAZIONE DELL XXVIo CENTENARIO DELLA FONDAZIONE DELL´IMPERO GIAPPONESE) und Sándor Veress (HUNGARIAN GREETINGS ON THE 2600th ANNIVERSARY OF THE JAPANESE DYNASTY) eingereicht und aufgeführt. Ein Beitrag von Benjamin Britten, seine SINFONIA DA REQUIEM, wurde wohl aufgrund von Missverständnissen nach Japan geschickt, gleichwohl vom japanischen Außenministerium wegen des zugrundeliegenden lateinischen Textes zurückgewiesen.

Die Tatsache, dass Strauss mit der Komposition des deutschen Beitrages auch mit Unterstützung von offizieller deutscher Seite aus beauftragt wurde, zeigt, dass er trotz seines erzwungenen Rücktritts als Präsident der Reichmusikkammer am 6. Juli 1935 immer noch als der international repräsentativste deutsche Komponist galt. Dass er darüber hinaus die musikalischen Vorstellungen seiner Auftraggeber erfüllen konnte und zu erfüllen bereit war, hatte die OLYMPISCHE HYMNE hinreichend bewiesen. Zudem war er auch in Japan kein Unbekannter. Schallplattenaufnahmen seiner Tondichtungen waren längst auf dem japanischen Markt. Einem breiten japanischen Publikum war er am 30. Oktober 1934 im Rahmen einer festlichen Rundfunkübertragung, die aus Anlass seines 70. Geburtstages zeitgleich in Japan ausgestrahlt und nach Deutschland übertragen wurde, vorgestellt worden.
Am 11. Juni 1940 hat Richard Strauss seine Partitur in der Residenz des Botschafters im Berliner Tiergarten-Viertel dem Botschafter persönlich überreicht. Am 14. Dezember erfolgte die festliche Uraufführung im Kabuki-za (Kabuki-Theater) in der Tokyoter Ginza-Straße unter der musikalischen Leitung des deutschen Dirigenten Hellmut Fellmer.[323] Die Veranstaltung konnte den Bekanntheitsgrad und das Ansehen des mittlerweile 76-jährigen Strauss in Japan nur noch steigern und damit auch die Rezeption seiner Werke, insbesondere die seiner Opern, die nach dem Krieg populär wurden, vertiefen bzw. vorbereiten.[324] Der Blick auf die genannten Kulturereignisse und ihre propagandistische Positionierung zeigt uns das Ausmaß der Veränderungen in den politischen, sozialen und ästhetischen Verhältnissen und verdeutlicht, dass die OLYMPISCHE HYMNE ebenso wie die FESTMUSK für den Komponisten vielleicht handwerkliche „Gelegenheitsarbeiten“ waren, nicht aber für ihre Auftraggeber.
Durchaus spiegelt sich im Ästhetischen die Problematik der Zeit, was umso zwingender zum Ausdruck kommt, wenn wir den kultur- und sozialhistorischen Hintergrund insgesamt beachten und vor allen Dingen den narrativen Charakter der FESTMUSIK in seinem bildlichen Kontext erkennen, der – bewusst oder unbewusst – die Bilder der Propaganda, die uns auch im zeitgenössischen Film begegnen, reflektiert.

---

[323] Hellmut Fellmer (1908–1977) wirkte seit 1938 an der Musikakademie Tokyo, u.a. als Leiter des Orchesters der Hochschule. Seine Vorgänger waren Hans Schwieger und Klaus Pringsheim, der Schwager von Thomas Mann, der ab 1931 in Tokyo lebte. Fellmer war vor seiner Tätigkeit in Tokyo als Solorepetitor in Weimar und ab 1933 als Kapellmeister in Altenburg engagiert. 1947 wurde er von den Amerikanern nach Deutschland repatriiert. Während das Wirken des „jüdisch versippten“ Dirigenten Pringsheim, insbesondere sein Engagement anlässlich der japanischen Feierlichkeiten zu Richard Strauss´ 70. Geburtstag, im Brennpunkt der Kritik der NSDAP-Mitglieder in Japan stand, agierte Fellmer als „entsandte Kraft“. Bei der Aufführung der „Japanischen Festmusik“ drängte Goebbels darauf, dass kein jüdischer Dirigent eingesetzt wurde. Dazu: Ralf Eisinger: Klaus Pringsheim aus Tokyo. Zur Geschichte eines musikalischen Kulturtransfers, München 2020, S. 110.

[324] Eine erste Aufführung des „Rosenkavaliers“ erfolgte mit einer japanischen Besetzung unter der musikalischen Leitung von Manfred Gurlitt in Tokyo 1956. Gurlitt wirkte dort seit 1939. Weitere Aufführungen von Strauss-Opern folgten 1961 („Salome“), 1971 („Ariadne auf Naxos“), 1980 („Arabella“ und „Elektra“) und 1984 („Die Frau ohne Schatten“).

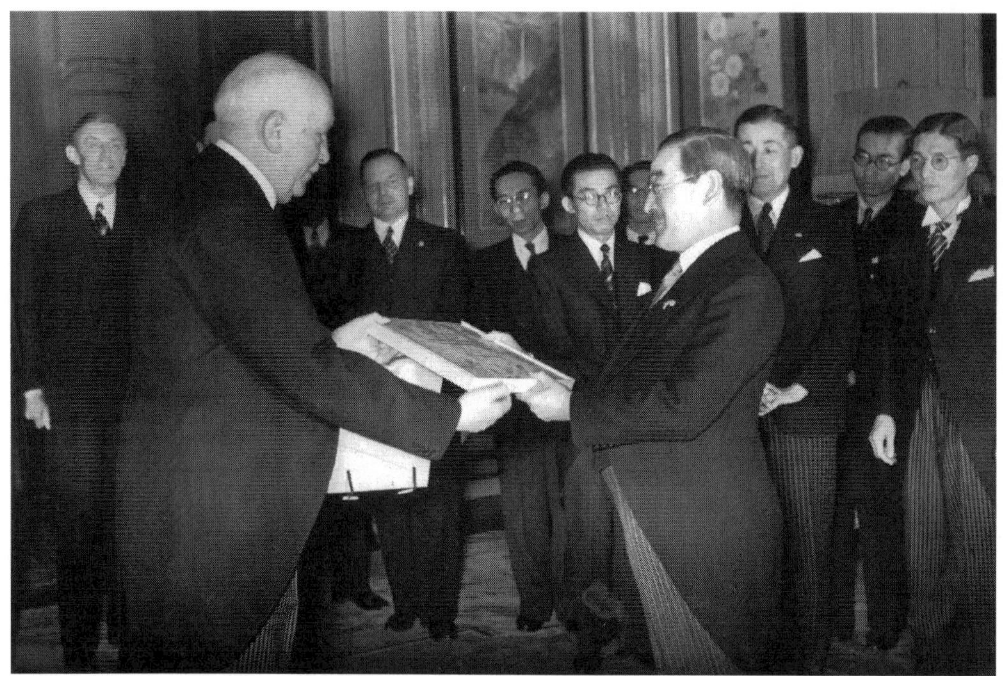

Richard Strauss überreicht am 11. Juni 1940 dem japanischen Botschafter Kuruso Saburo die Partitur der „Japanischen Festmusik" in den Räumlichkeiten der alten Residenz in der Tiergartenstraße 3. Das heutige Gebäude der Botschaft wurde erst 1942 eingeweiht. Die Uraufführung des am 22. April 1940 fertiggestellten Werkes erfolgt am 14. Dezember 1940 im Tokyoter Kabuki-Theater unter der musikalischen Leitung von Helmut Fellmer. © ullstein bild – Süddeutsche Zeitung Photo/Scherl

Der Komponist hat die fünf Abteilungen des kaum fünfzehnminütigen Werkes mit Überschriften bedacht, die der Musik ganz im Sinn einer sinfonischen Dichtung einen erzählerischen Charakter verleihen: „Meerszene", „Kirschblütenfest", „Vulkanausbruch", „Angriff der Samurai", „Loblied auf den Kaiser". Weitaus mehr als die Komponistenkollegen bezieht sich Strauss damit auf ein propagandistisches Programm, das sich zum Teil auf landesspezifisches Kolorit besinnt, etwa die „Meerszene", die Japans Lage als Inselstaat beschreibt, das „Kirschblütenfest", das ebenso wie das Meer ein beliebtes Motiv der in Europa weit verbreiteten Holzschnitte war, oder den „Angriff der Samurai", deren ordensritterlicher Ehrenkodex den Vorstellungen nationalsozialistischer Korporationen entsprochen haben dürfte. Das abschließende „Loblied auf den Kaiser" verherrlicht gleichermaßen japanische und mittelalterlich deutsche Ideale einer autoritären Herrschaft, verbindet die Phantasmagorie eines „Heiligen Römischen Reiches" mit der Gegenwart eines aufzubauenden „Tausendjährigen Reichs" und dem rassischen Herrschaftsanspruch der Machteliten beider Länder. Auch der mit dem Titel „Vulkanausbruch" charakterisierte Abschnitt der Komposition bezieht sich auf eine spezifische Landesnatur, in diesem Fall eine geologische, und vermittelt doch weitaus mehr als nur ein Naturphänomen. Das in der Tradition der Literatur, des Theaters und der Oper stehende Motiv des Vulkanausbruchs illustriert in der Regel dramatische Wendepunkte sozialer Beziehungen, steht im Zusammenhang mit gesellschaftlichen Umbrüchen oder Katastrophen. Das Entfesseln von Naturkräften hat Strauss musikalisch auch nicht zum ersten Mal dargestellt. Erinnert sei hier an die Naturkräfte, die im vierten Akt der FRAU OHNE SCHATTEN die Liebenden trennen oder an das Gewitter in der ALPENSINFONIE.

Dem zeitgenössischen Kinobesucher war dies alles bestens vertraut. Wer 1937 den Film DIE TOCHTER DES SAMURAI des durch seine Bergfilme bekannten Regisseurs Arnold Fanck (1889–1974) im Kino gesehen hat, erkannte einmal mehr die Leitthemen der nationalsozialistischen Propaganda. Der 1936 im Auftrag des japanischen Kulturministeriums als erste deutsch-japanische Gemeinschaftsproduktion in Japan entstandene Film behandelt die Rückkehr eines jungen Japaners, der in Berlin studiert hat, in seine Heimat. Hier soll er nach dem Willen seines Vaters ein Mädchen, die Tochter eines Samurai, heiraten. Verwirrt von den unterschiedlichen kulturellen Einflüssen und der Bekanntschaft mit einer jungen Deutschen während der Rückreise, will er sich den traditionellen Gepflogenheiten nicht mehr beugen und verweigert die Heirat. Daraufhin beschließt die Tochter des Samurai ihren Selbstmord durch den Sturz in einen brodelnden Vulkankrater. In einer dramatischen Filmsequenz rettet der junge Mann das Mädchen kurz vor seiner Tat und besinnt sich, auch in Erkenntnis seiner Liebe zu ihr, auf seine Verantwortung. Das Schlussbild zeigt die junge Familie ein Jahr später nach ihrer Auswanderung in die Mandschurei, wo der junge japanische Agraringenieur „Lebensraum" schafft. In den breiten Furchen eines neu gepflügten Ackers liegt die Frucht ihrer Liebe, ein Baby im Wickelrock, während das junge Glück und seine Aufbauarbeit von einem grimmig wachenden Samurai-Großvater am Grenzzaun bewacht wird.
Arnold Fanck drehte in Japan auf Einladung der japanischen Regierung. Der nach diesem Film auch bei den Nationalsozialisten populäre Fanck war bis zu diesem Zeitpunkt kaum als Anhänger der Nationalsozialisten in Erscheinung getreten, obwohl das von ihm bevorzugte

Genre des dramatischen Bergfilms[325] durchaus deren ästhetischen und propagandistischen Vorstellungen entsprach. Von japanischer Seite aus bekräftigte der am 3. Februar 1937 in Tokyo unter dem bezeichnenden Titel ATARASHIKI TSUCHI (Neue Erde) und am 23. März 1937 im Berliner Capitol-Kino am Zoo uraufgeführte Film den im Vorjahr mit Nazi-Deutschland geschlossenen Antikominternpakt. Von der Reichsfilmkammer erhielt er das Prädikat „Staatspolitisch und künstlerisch wertvoll". Bei einer erneuten Aufführungsserie[326] 1942/43 wurde im Vorspann auf die deutsch-japanische Waffenbrüderschaft verwiesen.

Ob Strauss den Film gesehen hat oder seinen Inhalt kannte, ist ungewiss. Anders als sein Komponistenkollege und Zeitgenosse Schostakowitsch ist er über seine Musik zum ROSENKAVALIER-Film (1926, Regie: Robert Wiene) hinaus kaum als Filmmusikkomponist in Erscheinung getreten. Durchaus können aber seine Tondichtungen – die JAPANISCHE FESTMUSIK zählt durchaus in diese Kategorie – unter bildlich-narrativen und damit eben auch filmischen Aspekten gesehen werden. Auf alle Fälle aber erfüllt Strauss, ob wissentlich oder willentlich wird dabei fast nebensächlich, die propagandistischen Forderungen seiner Auftraggeber. Das ideologische Hinterfragen, gar Systemkritik, war seine Sache auch in dieser Angelegenheit nicht. Von allen der japanischen Regierung eingereichten Kompositionen hat die JAPANISCHE FESTMUSIK den propagandistischen Zweck am sinnfälligsten erfüllt.

Arnold Fanck hat im Anschluss an die Dreharbeiten während eines erweiterten Japan-Aufenthaltes noch eine Reihe von Kurzfilmen gedreht, die sich mit Japan und seinen Menschen beschäftigt haben. Sie kamen in den Folgejahren in die Vorprogramme deutscher Kinos. Titel wie KAISERBAUTEN IN FERNOST, WINTERREISE DURCH SÜDMANDSCHURIEN, FRÜHLING IN JAPAN, JAPANS HEILIGER VULKAN oder BILDER VON JAPANS KÜSTEN erscheinen wie eine Fortsetzung der Programmusik von Richard Strauss.

Die Musik zu Arnold Fancks Film schrieb der japanische Komponist Yamada Kosaku (1886–1965), der in Tokyo bei August Junker[327] studiert hatte, ehe er seine Studien 1910–13 in Berlin bei Max Bruch fortsetzte. Seine 1912 entstandene SINFONIE IN F hat den Titel „Triumph und Frieden". Seine INNO MEIJI (1921) feiert das Kaiserhaus, die 1940 entstandene Oper KUROBUNE (Die schwarzen Schiffe) die Ankunft der ersten Europäer. Aus seiner Berliner Studienzeit dürfte Kosaku das Werk von Richard Strauss bestens gekannt haben.

Bezeichnenderweise kommt es in dem Film nicht zu einer Beziehung oder gar zu einer Eheschließung zwischen dem japanischen Protagonisten und seiner deutschen Freundin, die am Ende des Films natürlich nach Deutschland zurückkehrt. Eheschließungen zwischen Deutschen und Japanern waren von deutscher Seite aus trotz der „Waffenbrüderschaft" aus rassischen Gründen nicht erwünscht.

---

[325] Zu Fancks wichtigsten und populärsten Filmen des Genres zählen u.a.: „Im Kampf mit dem Berge" (1921), „Der Berg des Schicksals" (1924), „Der heilige Berg" (1926), „Die weiße Hölle vom Piz Palü" (1929)," Der weiße Rausch" (1931) und „S.O.S. Eisberg" (1933).

[326] Der Film wurde unter dem neuen Titel „Die Liebe der Mitsu" gespielt.

[327] August Junker (1868-–1944) war Schüler des Geigers Joseph Joachim. Unter Hans von Bülow war er 1890 Konzertmeister des Berliner Philharmonischen Orchesters. Von 1891 bis 1897 spielte er als Bratschist im Chicago Symphony Orchestra. Ab 1899 unterrichtete er an der Musikakademie Tokyo die Streicher. 1912 kehrte er mit seiner japanischen Ehefrau nach Deutschland zurück, wirkte aber ab 1934 erneut in Japan als Leiter des Shochiku Orchesters und als Lehrer an der Musashino Musikschule Tokyo.

Richard Strauss und die Familie Mann-Pringsheim

Eine Geburtstagsfeier für Richard Strauss. Klaus Pringsheim in Japan

Neben der komplexen Beziehung, die Thomas Mann mit Richard Strauss verband, gilt es, die Beziehung der übrigen Familie zu Strauss zu entdecken. Dass sowohl Erika als auch Klaus Mann, insbesondere nach den Ereignissen des Jahres 1933, ein gespanntes Verhältnis zu Strauss hatten, ist bekannt. Erika hat sich vehement gegen die Aufführungen seiner Werke ausgesprochen, selbst zum Unwillen von Bruno Walter. Klaus Mann hat nach dem Krieg als Korrespondent der amerikanischen Armeezeitung The Stars and Stripes über eine Begegnung mit dem Komponisten in Garmisch geschrieben und Strauss als einen uneinsichtigen Nationalsozialisten dargestellt. Thomas Mann hat das öffentlich nicht kommentiert. Ganz anders präsentierte sich dagegen Katias Zwillingsbruder Klaus Pringsheim (1883–1972). Der Sohn des Münchner Mathematikprofessors Alfred Pringsheim, einem der ersten jüdischen Förderer der Bayreuther Festspiele, war bereits als junger Mann durch seine musikalische Begabung aufgefallen und in München als Pianist und Komponist in Erscheinung getreten. Katia selbst verdanken wir die Mitteilung, dass er ihre Eheschließung mit Thomas Mann von Anfang an gefördert hat: „Mein Zwillingsbruder Klaus war außerordentlich für diese Heirat [...] er hat sie von Anfang an sehr begünstigt."[328] 1906 ging der junge Pringsheim nach Wien, wurde Korrepetitor an der Wiener Hofoper und Assistent von Gustav Mahler, als dessen „Schüler" er sich fortan präsentierte.[329] Er hat seinen Eltern, vielleicht auch seinem Schwager, die persönliche Bekanntschaft mit Mahler vermittelt und Thomas Mann 1909 bei seinem einzigen Besuch der Bayreuther Festspiele begleitet.[330] Nach einer durchaus vielfältigen, sich aber kaum fokussierenden Karriere als Dirigent, Regisseur, Dramaturg und Kritiker, die ihn nach Genf, Prag, Bremen und Berlin führte, wo er als musikalischer Leiter der Reinhardt-Bühnen und als Dirigent des ersten Mahler-Zyklus des Berliner Philharmonischen Orchesters[331] prominent wurde, erfolgte 1931 eine Berufung an die Kaiserliche Musikakademie Tokyo als Leiter des Hochschulorchesters und Kompositionslehrer.

---

[328] Katia Mann: Meine ungeschriebenen Memoiren, a.a.O., S. 26.

[329] Mahler hatte eigentlich keine „Schüler". In seinem wohl einzigen Brief an Thomas Mann verwendet Mahler am 6. November 1910 die Bezeichnung aber selbst und bringt damit seine besondere Verbundenheit mit Klaus Pringsheim zum Ausdruck, „denn er war es, wo ich Ihre mir sehr werth gewordenen Bücher nach und nach kennen lernte [...]." Zit.nach: Hans Rudolf Vaget: Gekreuzte Wege, in: Süddeutsche Zeitung Nr. 70, 24./25. März 2018.

[330] Während der Proben zur Münchner Erstaufführung von Mahlers Sechster Sinfonie Anfang November 1906 vermittelte Pringsheim seinen Eltern die Bekanntschaft mit seinem „Lehrer". Dieser schreibt seiner Frau Alma vom Besuch in deren „prachtvollen" Palais, „wo ich [Mahler, Anm. d. Verf.] Thee trank und mich mit den sehr lieben und gebildeten Menschen sehr wol befand". Zit. nach: Gustav Mahler: Ein Glück ohne Ruh'. Die Briefe Gustav Mahlers an Alma. Erste Gesamtausgabe, hrsg. v. Henry-Louis de La Grange und Günther Weiß, Redaktion: Knud Martner, Berlin 1995, S. 298. Aus den Tagebüchern Hedwig Pringsheims geht hervor, dass Thomas Mann an einer Feier im Anschluss an die Münchner Erstaufführung der Siebten Sinfonie im Hotel Vier Jahreszeiten teilgenommen hat. (Hedwig Pringsheim. Tagebücher, hrsg. u. kommentiert von Cristina Herbst, Band 4: 1905–1910, Göttingen 2015, S. 392f.)

[331] Der Zyklus fand zwischen dem 15. September 1923 und dem 22. April 1924 statt. Die Achte und Neunte Sinfonie wurden nicht gespielt. Die Neunte war bereits zwei Jahre zuvor gespielt worden, während die Aufführung der Achten wohl aufgrund mangelnder Nachfrage abgesagt wurde.

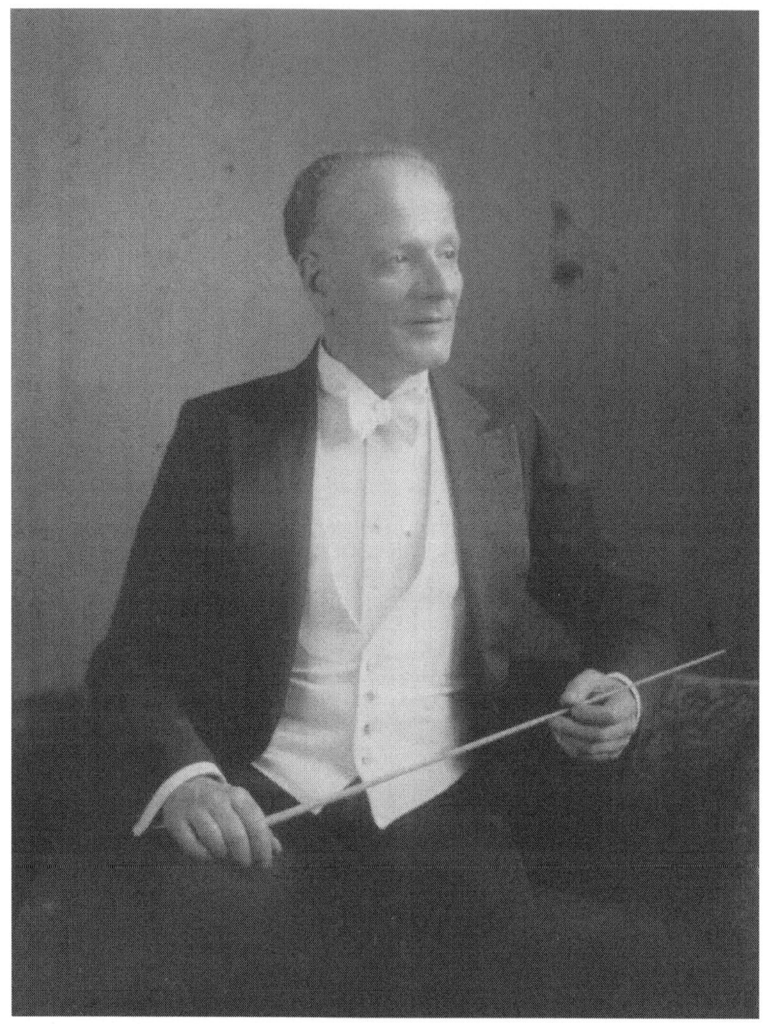

Thomas Manns Schwager Klaus Pringsheim wirkte seit 1931 als Hochschullehrer und Dirigent an der Musikakademie in Tokyo. 1933 war eine Rückkehr nach Deutschland nicht mehr möglich. Nach dem Krieg lebte er in Pacific Palisades, ehe er 1951 nach Japan zurückkehrte und das neu erwachende Musikleben auch als Publizist begleitete. Photo: ETH-Bibliothek Zürich, Thomas-Mann-Archiv/TMA_1435

Klaus Pringsheim kannte Richard Strauss aus seinem Elternhaus, begegnete ihm auch in Berlin, als Strauss noch an der Hofoper wirkte. In Japan, das sich während der Meiji-Zeit dem Westen zuwandte und sich intensiv mit der europäischen Kultur beschäftigte, präsentierte sich Pringsheim als Sachwalter des deutschen Repertoires, dirigierte in seinem viel beachteten Debütkonzert am 5. Dezember 1931 Werke von Beethoven, Bach, Wagner und Brahms. 1932 folgte eine konzertante Aufführung des ersten Aktes von Wagners LOHENGRIN. Im gleichen Jahr eröffnete Mahlers Fünfte Sinfonie eine Aufführungsserie von Mahler-Sinfonien, die sich über die nächsten Jahre erstreckte. 1933 dirigierte Pringsheim Mahlers Zweite Sinfonie, Liszts FAUST-Sinfonie und Beethovens Neunte Sinfonie. Der ursprünglich auf zwei Jahre befristete Vertrag wurde vom japanischen Kultusministerium verlängert.
Erste Schwierigkeiten mit den Nationalsozialisten ergaben sich im Verlauf des Jahres 1934. Klaus Pringsheim und der Geiger Robert Pollak waren vom Städtischen Orchester Shanghai[332] zu einem Konzert mit Brahms Erster Sinfonie und Mozarts A-Dur-Violinkonzert eingeladen worden. Erstmals traten lokale NSDAP-Ortsgruppen in Erscheinung, die auf das Judentum Pollaks und Pringsheims verwiesen.[333] Letzterer war zudem durch seine publizistische Tätigkeit beim sozialdemokratischen Vorwärts bei den Nationalsozialisten kompromittiert und wurde als „Kulturbolschewist" angefeindet. Initiiert wurden diese und die folgenden Aktionen durch Mitglieder der NSDAP-Ortsgruppe, die sich dahingehend vielleicht mit der Auslandsgeschäftsstelle der Partei in Hamburg, anfangs aber eher selten mit offiziellen Dienststellen in Berlin verständigten. Der zunehmende Einfluss der Nationalsozialisten unter den in Japan lebenden Deutschen, in deutschen Firmen und Kultureinrichtungen führte im Juli 1934 zu Pringsheims Austritt aus der Deutschen Gesellschaft für Natur- und Völkerkunde Ostasiens (OAG).
Zur Feier des 70. Geburtstages von Richard Strauss am 11. Juni plante Pringsheim eine attraktive Veranstaltung im Auditorium der Musikakademie. Das Orchester und der Chor der Hochschule sollten mit Werken von Richard Strauss ihr musikalisches Leistungsvermögen präsentieren. Wie viele andere Konzerte unter Pringsheims Leitung sollte auch dieses Festkonzert im japanischen Rundfunk übertragen werden. In der Zusammenarbeit mit der Leitung der Hochschule und den Verantwortlichen des japanischen Rundfunks entwickelte sich die Idee einer Liveübertragung nach Deutschland und der anschließenden Über-tragung einer deutschen Sendung nach Japan. Technisch war dies erst seit 1932 möglich.
Der deutsche Rundfunk und die zuständigen amtlichen Stellen, in diesem Fall das Propagandaministerium, die Deutsche Botschaft und das Auswärtige Amt, waren von diesem Vorschlag durchaus begeistert. Als Hindernis erwies sich indessen Klaus Pringsheim. Wieder war es die NSDAP-Ortsgruppe Tokyo-Yokohama unter ihrem Vorsitzenden Fritz Scharf, die an dieser Personalie aus rassischen Gründen Anstoß nahm. Das diplomatische Hin und Her dauerte unter Beteiligung der Botschaft, des Auswärtigen Amtes und des Propagandaministeriums mehr als vier Monate. Bereits am 28. Juni 1934 zeigte sich aber das Interesse

[332] Das Shanghai Municipal Council Symphony Orchestra war 1879 als Militärblaskapelle gegründet worden. Wesentliche Impulse erhielt es seit 1907 unter seinem deutschen Chefdirigenten Rudolf Buck (1866–1952) und seit 1919 unter der Leitung des Italieners Mario Paci (1878–1946). Im Verlauf der 1920er Jahre gewann er ein chinesisches Publikum, das zuvor vom Besuch der Konzerte ausgeschlossen war. Auch die Musiker des Orchesters waren ursprünglich ausschließlich Europäer. Dazu: Ralf Eisinger: Klaus Pringsheim aus Tokyo, a.a.O., S. 94.

[333] Klaus Pringsheim galt über seine Großeltern als „jüdisch versippt". Die NSDAP-Ortsgruppe Tokyo-Yokohama monierte neben Pringsheims „jüdischer Abstammung" die Tatsache, dass er der „Schwager von den Gebrüdern Mann" sei „und für seine politische sowie völkische Einstellung" die Tatsache kennzeichnend sei, „daß er – nach Riemanns Musiklexikon – seit 1927 Musikkritiker des Vorwärts war". Siehe dazu: Handakten der Deutschen Botschaft Tokyo, Politisches Archiv des Auswärtigen Amts Berlin, PA AA, R 85963.

des Propagandaministeriums am Zustandekommen der Veranstaltung. In einem amtlichen Schreiben heißt es:

> Da vom innenpolitischen Standpunkt aus gesehen keinerlei Bedenken gegen die Übertragung des Festkonzerts des in Japan tätigen deutsch-jüdischen Dirigenten Pringsheim durch den deutschen Rundfunk bestanden haben, es vielleicht nur begrüsst werden kann, wenn im Gegensatz zu den meisten Emigranten auch einmal von deutschen Juden im Ausland in der Richtung unserer Politik gearbeitet wird, ist die Deutsche Botschaft in Tokyo telegrafisch verständigt worden, die dortige Akademie zur Fühlungnahme mit hiesigem Rundfunk zu veranlassen. Im Auftrag gez. Demann[334]

Da am Ende also nicht einmal der Propagandaminister Joseph Goebbels Einwände erhob und der deutsche Botschafter Herbert von Dirksen in einem Schreiben an das Auswärtige Amt in Berlin dringend vor einer Einmischung in innerjapanische Angelegenheiten, in diesem Fall die künstlerische Freiheit der Kaiserlichen Musikakademie, warnte, stand der Durchführung und Parallelübertragung des Konzerts nichts mehr im Wege.

Am 30. Oktober kam es somit zu dem denkwürdigen Festkonzert zum 70. Geburtstag von Richard Strauss, einem historischen Ereignis der Rundfunkgeschichte. Das Konzert begann mit einer Ansprache des Akademiedirektors Norisugi Kazu in deutscher Sprache, in dem auch Klaus Pringsheim als Dirigent des Abends erwähnt wurde. Danach dirigierte Pringsheim ZWEI GESÄNGE FÜR EINEN 16STIMMIGEN CHOR des Jubilars. Seine ursprüngliche Idee, das Hochschulorchester mit einer Aufführung der ALPENSINFONIE zu beteiligen, scheiterte am Verlag Leuckart, der einer Rundfunkübertragung seine Zustimmung verweigerte, da seiner Meinung nach das Notenmaterial der Musikakademie nicht rechtmäßig erworben worden sei.[335] Die Japaner ergänzten das Feierprogramm durch eigene Gedenkveranstaltungen, die vor und nach der Rundfunksendung im Auditorium der Hochschule und in der ein weitaus größeres Publikum fassenden Hibiya-Halle stattfanden. Das Hochschulorchester spielte dabei neben dem bereits im Rundfunk vorgestellten Programm EINE ALPENSINFONIE und ALSO SPRACH ZARATHUSTRA.

Das Konzert aus Japan wurde zwischen 12.00 und 13.00 Uhr in die Berliner Philharmonie übertragen und auf Wachsplatten aufgezeichnet. Der nachfolgende deutsche Beitrag wurde mit einer vorproduzierten Ansprache von Richard Strauss eröffnet. Danach spielten die Berliner Philharmoniker unter der Leitung von Werner Richter-Reichhelm ALSO SPRACH ZARATHUSTRA. Dieser Beitrag wurde live nach Japan gesendet und ebenfalls auf Wachsplatte aufgezeichnet. Im deutschen Rundfunk wurden die am Vormittag produzierten Wachsplatten abends zwischen 23.00 und 01.00 Uhr ausgestrahlt. In den Ansprachen von Rektor Norisugi und Richard Strauss wurde Pringsheim als Dirigent des japanischen Beitrages ausdrücklich genannt und bedankt. In der Ankündigung der Sendung und in den

---

[334] Ebenda.

[335] Die „Internationale Gesellschaft für das Urheberrecht von Autoren, Komponisten und Verlegern" wurde in Japan von dem NSDAP-Mitglied Wilhelm Plage vertreten. Regelmäßig wurden von ihm in Konzerten jüdischer Musiker Aufführungen von urheberrechtlich geschützten Werken verboten oder behindert. Dazu: Ayano Nakamura: Die NSDAP-Ortsgruppen in Japan, in: Thomas Pekar (Hrsg.): Flucht und Rettung. Exil im japanischen Herrschaftsbereich (1933–1945). In der Reihe: Dokumente – Texte – Materialien. Veröffentlicht vom Zentrum für Antisemitismusforschung der Technischen Universität Berlin, Bd. 91, Berlin 2011, S. 59.

Programmhinweisen der deutschen Tageszeitungen wurde auf eine Namensnennung verzichtet, während in den Zeitungskritiken Pringsheim durchaus erwähnt wurde.[336]

Hedwig Pringsheim verfolgt das Konzert am häuslichen Radioapparat und kommentiert in ihrem Tagebuch:

> Abend spät, von 11 bis 12 Austauschkonzert Tokio-Berlin auf Wachsplatten, nicht gut, aber immerhin merkwürdig genug, mit freundlichem Dank vom Direktor Norisugi u. vom gefeierten Richard Strauß (dessen Zarathustra noch bis 1 Ur [sic!] dauert) an den Dirigenten Kl. Pringsheim.[337]

Auch in einem Brief an Katia geht sie auf das Konzert ein und berichtet über den Versuch, den Namen von Klaus Pringsheim zu unterschlagen:

> Der Name des Dirigenten in Tokio war – wol nicht one [sic!] – bei der Ansage und auf dem Programm unterschlagen. Aber was geschah? In einer in putzigstem Deutsch gehaltenen Ansprache des dortigen Akademiedirektors Norisugi nannte dieser den Prof. Klaus Pr. als den Dirigenten; und Strauß dankte in einer kurzen Rede, bevor sein „Zarathustra" von Berlin nach Tokio übertragen wurde, der Akademie dorten und ihrem Leiter Klaus Pr. aufs herzlichste für die ihm dargebrachte Ehrung. Da hatten sie nun ihr Fett![338]

Hedwig Pringsheim merkt noch an, dass die Übertragung mit der Ausstrahlung des Horst-Wessel-Liedes endet. Die Planung und Durchführung des Konzertes war für Pringsheim sicherlich mit vielen persönlichen Erinnerungen verbunden. Richard Strauss war Gast in seinem Münchner Elternhaus, und auch darüber hinaus haben sich beider Lebens- und Arbeitswege häufig gekreuzt. Neben dem Werk Gustav Mahlers war das Werk von Richard Strauss für den Dirigenten Pringsheim von großer Bedeutung. Japanische Quellen berichten, dass er der im Rundfunk übertragenen Grußbotschaft von Strauss intensiv gelauscht habe und offensichtlich enttäuscht war, dass Strauss ihn nicht direkt angesprochen habe. Dies war jedoch kaum möglich, da die Ansprache vorproduziert war und in der Direktübertragung nach Japan nur eingespielt wurde.[339]

Pringsheims offensichtlich immer noch recht positives und scheinbar unbelastetes Interesse an Richard Strauss überrascht. Über die nach seinem Weggang stattgefundenen politischen Entwicklungen war er in Japan sehr gut informiert. Nach dem 30. Januar 1933 war er auch persönlich unmittelbar davon betroffen. Natürlich wusste er, dass Strauss die Präsidentschaft der Reichsmusikkammer übernommen und den Machthabern des „Dritten Reiches" sein internationales Renommee zu deren Repräsentanz überlassen hatte. Auch die umstrittene Übernahme von Dirigaten Bruno Walters in Berlin und Arturo Toscaninis in Bayreuth war Pringsheim bekannt. Zudem hatte sich Strauss mit seiner Unterschrift unter das Hetzpamphlet gegen Thomas Mann, den „Protest der Richard-Wagner-Stadt München", nicht unbedingt als loyaler Familienfreund erwiesen.

---

[336] In den Münchner Neuesten Nachrichten steht am 4. November 1934 unter „Kritik der Woche": „Ein erstaunliches Ereignis, das zur Hochachtung zwingt dem Chor gegenüber und dessen Leiter Prof. Pringsheim." Zit. nach: Dirk Heißerer: Hedwig Pringsheim, a.a.O., Bd. 1, S. 551.

[337] Hedwig Pringsheim. Tagebücher, a.a.O., Bd. 8, S. 531.

[338] Dirk Heißerer: Hedwig Pringsheim, a.a.O., Bd. 1, S. 163.

[339] Dazu: Hayasaki Erina: Ein jüdisch-deutscher Musiker in Japan während des Krieges: Klaus Pringsheim (1883–1972), in: Thomas Pekar (Hrsg.): Flucht und Rettung, a.a.O., S. 259.

Pringsheims berufliches und persönliches Interesse an Strauss offenbart die politische Komplexität und persönliche Kompliziertheit der Situation, die sich nach 1933 ergeben hat, das Hin- und Hergerissensein zwischen Erinnerungen und aktuellen politischen Entwicklungen und Erfahrungen, familiären Loyalitäten und privaten Freundschaften vor dem doppelten Hintergrund der geschichtlichen Entwicklung in Deutschland einerseits und in Japan andererseits, wo es auch darum ging, die politischen und kulturellen Befindlichkeiten seines Gastlandes und Arbeitsgebers, auch die seiner Schülerinnen und Schüler, zu bedenken und zu berücksichtigen.

Richard Strauss bedankte sich in einem Brief für Pringsheims Organisation und Leitung des Geburtstagskonzerts aus Japan und schickte eine Photographie mit der Widmung: „Dem mutigen Vorkämpfer deutscher Musik im alten Kulturland". Pringsheim hat die Karte seiner Mutter geschickt, die sich in einem Brief an ihre Tochter Katia am 9. November 1934 darauf bezieht mit der ironischen Anmerkung: „Wirklich nett vom bösen Richardl."[340] Klaus Pringsheims Vertrag an der Musikakademie war 1933 erstmals verlängert worden. Dass er seine Eltern in den Ferien auch aus politischen Gründen nicht besuchen konnte, war ihm da längst klar geworden. Am 7. Juni 1933 schreibt Hedwig Pringsheim in ihrem Tagebuch: „Langer Brief No 7 vom 19/5 von Klaus, mit der betrüblichen Nachricht, daß er aus triftigen Gründen dieses Jahr nicht kommt!"[341]

Klaus Pringsheims Aufenthalt in Japan hat, von einem kurzen Zwischenspiel in Thailand (1937–1939) abgesehen, bis zum Ende des Krieges gedauert. Von 1946 bis 1951 lebte er in Kalifornien und hatte engen Kontakt zu seiner Schwester und seinem Schwager Thomas Mann. 1951 kehrte Pringsheim auf Initiative ehemaliger Schüler, die auch von Thomas Mann unterstützt wurde[342], nach Japan zurück, wo er wiederum als Lehrer und Dirigent tätig war, darüber hinaus aber das sich neu entwickelnde Musikleben und die Gastspiele ausländischer Ensembles, darunter die ersten Gastspiele der Berliner Philharmoniker (November 1957), der Deutschen Oper Berlin (Oktober 1963) und der Bayreuther Festspiele (April 1967), publizistisch begleitete. Oft spielte er auch bei ihrem Zustandekommen keine unbedeutende Rolle. Klaus Pringsheim wird auch nach dem Krieg Richard Strauss keine Vorwürfe machen, seine Rolle im „Dritten Reich" nicht hinterfragen. In einem Aufsatz zum 100. Geburtstag von Richard Strauss am 11. Juni 1964 erwähnt er dessen Rolle im nationalsozialistischen Deutschland mit keinem Wort. Virtuos beschreibt er seine Bedeutung als Komponist und Dirigent, als „highest-in-demand and widest-travelled guest-conductor all over Europe"[343], preist die Virtuosität seiner orchestralen Imagination. Im Vergleich zur menschlichen Abrechnung seines Neffen Klaus, in der Strauss im WENDEPUNKT als „großer Mann [...] ohne Größe"[344] bezeichnet wird, erweist sich der einst so streitlustige, politisch links eingestellte Vorwärts-Kritiker kaum mehr als zeitgemäß. Während Theodor W. Adorno in seinem im gleichen Jahr erschienenen Essay „Richard Strauss. Zum hundertsten Geburtstag: 11. Juni

[340] Zit. nach: Dirk Heißerer: Hedwig Pringsheim, a.a.O., Bd. 1, S. 167.

[341] Hedwig Pringsheim. Tagebücher, a.a.O., Bd. 8, S. 424.

[342] In seinen Tagebüchern nimmt Thomas Mann am 23. November 1950 darauf Bezug.

[343] Klaus Pringsheim: Richard Strauss´ Anniversary. Date of Historic Significance, Typoskript (7. Juni 1964) für einen Artikel in einer englischsprachigen japanischen Zeitung. Archiv der McMaster-University Hamilton, (Ontario) Kanada, Klaus Pringsheim Fonds, RC 0093. Box 6, Nr. 265.

[344] Klaus Mann: Der Wendepunkt. Ein Lebensbericht. Mit einem Nachwort von Frido Mann, Reinbek bei Hamburg 1981, S. 192.

1964“ die Musik der „Komponiermaschine“[345] Strauss als Abbild bürgerlicher Scheinwelten entlarvt und den Komponisten zu einer Persona non grata macht, feiert ihn Pringsheim als „one of the greatest figures in modern music history“.[346]
In einem Programmheft-Beitrag für das Bayreuther Gastspiel mit den Wieland-Wagner-Inszenierungen von TRISTAN UND ISOLDE und DIE WALKÜRE im Festspielhaus Osaka schreibt er über die Geschichte der Bayreuther Festspiele, erwähnt Wilhelm Furtwängler, Arturo Toscanini und Richard Strauss als Festspieldirigenten, ohne auf die politischen Hintergründe ihrer Dirigate bzw. ihres späteren Fernbleibens (Toscanini!) einzugehen. Das japanische Publikum erhält lediglich eine pauschale Information über das Ende des „Dritten Reiches“: „The total collapse of Hitler´s Germany forced in 1945 the closing down of the Bayreuth Festival for an interim of six years, when at least it was found good enough for presenting Broadway-type musicals to the occupational forces.“[347]

Erika und Klaus Mann hatten zu diesen Themen in der Öffentlichkeit eine ganz andere Meinung vertreten. In Kalifornien wird es bei gemeinsamen Familientreffen mit dem Onkel spannende Diskussionen gegeben haben.

[345] Theodor W. Adorno: Richard Strauss, a.a.O., S. 601.
[346] Klaus Pringsheim: Richard Strauss´ Anniversary. Date of Historic Significance, siehe Anm. 343.
[347] In: Programmheft des Bayreuther Gastspiels bei den Festspielen in Osaka 1967.

Klaus Mann und Richard Strauss. Eine Abrechnung

Am 30. April 1945 wird Garmisch von den vorrückenden amerikanischen Truppen ohne Widerstand eingenommen. Bald erhält auch Richard Strauss Besuch. Sein Haus wird für die Unterkunft von Soldaten requiriert, die aber schon nach wenigen Stunden Richtung Inntal verlegt werden. Abends erscheint ein amerikanischer Offizier, der Musikwissenschaftler Alfred Mann (1917–2006), der Sohn der Hamburger Cembalistin Edith Weiss-Mann (1885–1951), die 1939 Deutschland als Jüdin Richtung New York verlassen hatte. Er war es vielleicht, der das Haus der Familie Strauss „off limits" erklärte. In seinen Lebenserinnerungen berichtet er über sein Treffen mit dem Komponisten:

> When the tall, imposing figure of the eighty-year-old appeared in the door frame, it seemed to me as if a chapter from music history were opening before my eyes. Yet my exchange with this last of the great classic-romantic masters, which extended through the course of several months [...], differed strikingly from one related by a distinguished namesake. Two weeks later, Klaus Mann [...] interviewed Strauss for the American Army newspaper. His report [...] portrays merely the naive egocentric oblivious to the events into which his long life had carried him. There is justification in both approaches, though the conflict of opinions served me as timely warning of the weighty challenges of judgement that lay ahead at the point of victory. [348]

Richard Strauss beschreibt die Ereignisse des Tages, in dessen Verlauf ihn offensichtlich mehrere amerikanische Offiziere aufgesucht haben, von seiner Seite aus wie folgt:

> Am 30. April wurde Garmisch von amerikanischen Truppen besetzt. Nachdem ein Major mein Haus als von Einquartierung frei erklärt hat, kam um 11 Uhr ein Major Kramers, der meinem Sohn befahl, ohne auf eine Erwiderung zu hören, daß wir innerhalb 15 Minuten das Haus zu räumen hätten mit der kranken Mutter. Richard wollte mich nicht herauslassen. „um mich nicht aufzuregen["], ich ging aber an das Auto, sagte dem jungen Major nur meinen Namen als Componist des Rosencavalier u. Salom[e], worauf er sofort artig wurde u. mir die Hand gab u. nach 2 Minuten war Alles in Ordnung, nachher kam ein Major Elliot (Professor der Rechte) u. ein deutschsprach[ig]er Oberleutnant Biebers, der in München studiert hatte [...] Ein in der Diele wartender Soldat (Jude) sprach Alice als Jüdin an, er kannte Stefan Zweig und liebte besonders Till Eulensp[iegel]. Ecco![349]

Klaus Mann war seit Ende 1944 als Kriegskorrespondent für die amerikanische Armeezeitung The Stars and Stripes in Europa unterwegs. Ende 1941 hatte sich der älteste Sohn von Thomas Mann nach dem deutschen Angriff auf die Sowjetunion am 22. Juni und dem japanischen Überfall auf die amerikanische Flotte in Pearl Harbor am 7. Dezember, endgültig wohl unter dem Eindruck der deutschen und italienischen Kriegserklärung an die USA am 11. Dezember, entschlossen, in die US-Armee einzutreten. Mehr als ein Jahr sollte bis zu seiner

---

[348] Alfred Mann: A European at Home Abroad. An Autobiographical Sketch, in: Mary Ann Parker (Hrsg.): Eighteenth-century Music in Theory and Practice. Essays in Honour of Alfred Mann, Stuyvesant (New York) 1994, S. 289–328. Hier zit. nach: Gertrud Maria Rösch: „I thought it wiser not to disclose my identity." Die Begegnung zwischen Klaus Mann und Richard Strauss im Mai 1945, in: Thomas Mann Jahrbuch, Bd. 14, 2001, hrsg. v. Eckhard Heftrich, Thomas Sprecher und Ruprecht Wimmer, Sonderdruck, S. 233–248, hier: S. 241.

[349] Richard Strauss. Späte Aufzeichnungen, a.a.O., S. 311. Datierung der Aufzeichnung im „Grauen Heft" (Nr. 3) nach dem 30. April 1945. Offensichtlich wurde Strauss als „berühmter" Komponist von mehreren amerikanischen Offizieren besucht. Die Ereignisse finden durchaus unterschiedliche Darstellungen. Dazu auch: Kurt Wilhelm: Richard Strauss, a.a.O., S. 398.

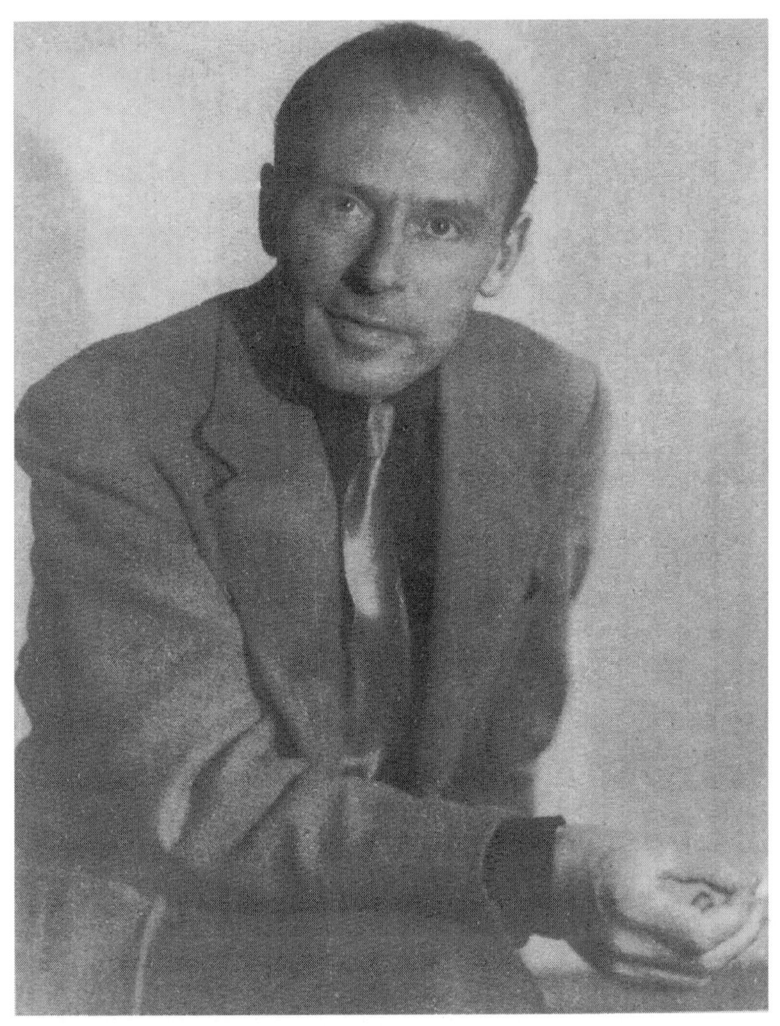

Klaus Mann, Cannes 1949
Photo: ETH-Bibliothek Zürich, Thomas-Mann-Archiv/TMA_1214

Aufnahme und zu seinem Dienstantritt am 4. Januar 1943 vergehen. Auch die amerikanische Staatsbürgerschaft erhielt er erst am 25. September 1943. Die Gründe dafür waren vielfältig. Seit dem Mai 1941 wurde Klaus Mann, wie viele andere Exilanten, vom Federal Bureau of Investigation (FBI) beobachtet, insbesondere der Nähe zu kommunistischen Organisationen verdächtigt. In den umfangreichen Dossiers, die bis heute nur unvollständig und teilweise geschwärzt veröffentlicht wurden[350], wird ausführlich über Klaus Manns finanzielle Verhältnisse berichtet, über sein Sexualleben und seine Gesundheit, auch über eine aktuell bestehende syphilitische Erkrankung. Briefe wurden abgefangen und geöffnet, Nachbarn befragt. Die perfideste Anklage war die eines „premature anti-fascism", eines „voreiligen Anti-Faschismus", ein Vorwurf, mit dem all diejenigen verdächtigt wurden, die vor 1941, also zu Zeiten einer strikten amerikanischen Neutralitätspolitik, als Hitler-Gegner in Erscheinung getreten waren. Klaus Mann hat sich dazu in seinem Tagebuch geäußert:

> Brief von Eugene McCown, recht verklatscht und amüsant – mit einem aufschlußreichen, erschreckenden Satz: „In New York hörte ich, daß die neuesten Begründungen für die Ablehnung einer Einbürgerung oder Anstellung in geheimen Einheiten ‚*Voreiliger Anti-Faschismus*' ist. Ist das nicht zynisch und schockierend? Vielleicht ist das eine neue Klassifizierung ..." Wahrscheinlich ist sie das. „Zynisch und schockierend" ist noch vornehm ausgedrückt ... (KMTB, 17. Juli 1943)[351]

Im Februar 1945 wurde Klaus Mann endlich in die Redaktion der „Mediterranean Edition" der Armeezeitung nach Rom versetzt, das bereits Anfang Juni 1944 von alliierten Truppen befreit worden war. Anfang Mai 1945 kam er gemeinsam mit dem Photographen John Tewksbury über den Brennerpass nach Innsbruck und weiter über Berchtesgaden und Salzburg nach Bayern, wo er am 10. Mai in München das zerstörte Elternhaus in der Poschingerstraße besuchte und durch die Viertel seiner Kindheit und Jugend streifte: „Als wir uns München näherten, erwartete ich eine schwer getroffene, halb zerstörte Stadt vorzufinden. Die Wirklichkeit war weit schlimmer. München ist tot; die Stadt existiert nicht mehr. Was einmal als die schönste Stadt Deutschlands galt, [...] hat sich in einen riesigen Friedhof verwandelt. [...] Es war wie ein böser Traum."[352] Am Tag darauf nimmt er in Augsburg an einer Pressekonferenz teil, in deren Rahmen der kriegsgefangene Hermann Göring präsentiert wird. Am 15. Mai kommt es dann in der Begleitung von Curt Riess (1902-1993) zu der Begegnung mit Richard Strauss im Garten seiner Garmischer Villa.

> Wir ließen uns als zwei amerikanische Reporter melden; der Meister empfing uns mit großer Herzlichkeit, ohne mich zu erkennen, natürlich, und ohne daß ich ihm irgendwelche Aufschlüsse über meine Identität gegeben hätte.[353]

---

[350] Dazu: Alexander Stephan: Im Visier des FBI. Deutsche Exilschriftsteller in den Akten amerikanischer Geheimdienste, Stuttgart, Weimar 1995.

[351] Die Aufzeichnungen in Klaus Manns Tagebüchern werden zwischen dem 28. Januar 1941 und dem 19. März 1942 nicht fortgesetzt. Danach führt Klaus Mann das Tagebuch in englischer Sprache weiter. Die rororo-Ausgabe publiziert die Texte in einer deutschen Übersetzung. Die Manuskripte der Tagebücher sind von der Monacensia im Hildebrandhaus, dem Literaturarchiv der Münchner Stadtbibliothek, online gestellt und im Internet einsehbar: www.monacensia-digital.de/mann/content/titleinfo/13073 (24. August 2021).

[352] Zit. nach: Uwe Neumann, Michael Töteberg (Hrsg.): Auf verlorenem Posten. Aufsätze, Reden, Kritiken 1942–1949, Reinbek bei Hamburg 1994, S. 224 und S. 227.

[353] Klaus Mann: Der Wendepunkt, a.a.O. S. 492. Auch in seinen Berichten für The Stars and Stripes wird Klaus Mann das Verschweigen seiner Identität erläutern: „I thought it wiser not to disclose my identity; our host might have been embarassed or irritated." (The Stars and Stripes, Mediterranean Edition, Rom, 29. Mai 1945, S. 4)

Die Musik von Richard Strauss kannte Klaus Mann seit Kindheit und Jugend. Im Tagebuch erwähnt er am 6. November 1931 und am 5. August 1934 das Hören der SALOME auf Platten. Am 25. November 1934 erlebt er im Radio eine Übertragung der ORCHESTERSUITE AUS DER MUSIK ZUM „BÜRGER ALS EDELMANN" DES MOLIÈRE, beklagt das Werk aber als „leer", dessen Instrumentation als „Selbstzweck" (KMTB, 25. November 1934). Auch das Hören des ROSENKAVALIERS wird im Tagebuch belegt (21. August 1937). Und am 14. August 1938 lesen wir: „Musik als Trost. ‚Rosenkavalier'." Als Abschluss eines von Bruno Walter dirigierten Konzertes im New Yorker Rockefeller Center wird Strauss' TOD UND VERKLÄRUNG gespielt: „Enorme Talentprobe des 22jährigen. [Strauss war 24 Jahre alt, Anm. d. Verf.] Aber wie prätentiös! Wie tief und ehrgeizig und bedeutungsvoll. Wie deutsch!----" (KMTB, 25. März 1939). Durchaus erleben wir Klaus Mann in seinen Tagebüchern als regelmäßigen Konzertbesucher.

Klaus Mann wird seine persönliche Begegnung mit dem Komponisten – ob es die erste war? – in unterschiedlichen Texten darstellen und in einer Reihe von Medien in englischer und deutscher Sprache veröffentlichen. Am 16. Mai 1945 schreibt Klaus Mann einen Brief an seinen Vater, ein Glückwunschschreiben zu dessen 70. Geburtstag, und berichtet erstmals über das Treffen. Da es sich um eine Armeekorrespondenz handelte, musste der Brief in englischer Sprache abgefasst werden.

> Dear Magician-Dad,
> [...] I will send you a little collection of newspaper clippings, including stories about my interview with Hermann Göring (how dreamlike and fantastic all this is!), my meeting with Pastor Niemöller's family [...] and my conversation with Richard Strauss. [...] It was one of the most amazing hours I have ever passed in my life. His selfishness and naiveté are absolutely staggering – and in fact rather disgusting. The astounding part about it is that a man of such extraordinary talent can be of such moral obtuseness and callousness. He does not even have the excuse of senility, for he appears remarkably well-preserved and agile. It's just that he happens to be about the most rotten character one can possibly imagine – ignorant, complacent, greedy, vain, abysmally egoistic, completely lacking in the most fundamental human impulses of shame and decency.[354]

> Lieber Zauberer-Vater,
> [...] ich will Dir eine kleine Sammlung von Zeitungsausschnitten senden, darunter Artikel über mein Interview mit Hermann Göring (wie traumartig und seltsam das alles ist!), meine Begegnung mit Pastor Niemöllers Familie [...] und meine Begegnung mit Richard Strauss. [...] Es war eine der verblüffendsten Stunden, die ich je erlebt habe. Seine Selbstsucht und Naivität sind absolut erschütternd – und in der Tat reichlich abstoßend. Das Erstaunliche daran ist, dass ein Mann von so außergewöhnlichem Talent moralisch derart abgestumpft und empfindungslos sein kann. Er hat noch nicht einmal die Entschuldigung der Senilität, denn er wirkt auffallend gut erhalten und rüstig. Er hat lediglich den niederträchtigsten Charakter, den man sich vorstellen kann – ignorant, selbstgefällig, habgierig, eitel, bodenlos egoistisch und vollkommen bar der fundamentalsten menschlichen Regungen von Scham und Anstand.[355]

Am 29. Mai erschien ein Beitrag unter dem Titel „Strauss still unabashed about ties with the nazis" in der mediterranen Ausgabe der Armeezeitung The Stars and Stripes. Im Januar 1946

---

[354] Tilmann Lahme et al. (Hrsg.): Die Briefe der Manns, a.a.O., S. 303.
[355] Übersetzung von Ragni Maria Gschwend, ebenda, S. 308f.

war die Begegnung auch Bestandteil eines Artikels im New Yorker Magazin Esquire, wo sich Klaus Mann unter dem Titel THREE GERMAN MASTERS neben Strauss auch Emil Jannings und Franz Lehár und ihren Beziehungen zu den Machthabern des „Dritten Reiches“ widmete.[356]
Eine ausführlichere Darstellung der Begegnung erfolgte für die 1949 fertiggestellte und 1952 postum unter dem Titel DER WENDEPUNKT. EIN LEBENSBERICHT veröffentlichte deutsche Ausgabe von THE TURNING POINT, dessen amerikanische Erstveröffentlichung 1942 mit dem Eintritt Klaus Manns in die US-Army endete. Der ursprüngliche Brief an Thomas Mann wird dabei erheblich ergänzt und fiktionalisiert. Die tatsächlichen oder – teilweise erfundenen oder unterstellten? – Aussagen von Richard Strauss liegen somit in recht unterschiedlicher Form vor, vor allen Dingen auch in einer Fassung, die über die ursprünglichen Briefinhalte weit hinausgeht.[357]
Insgesamt erscheint der Text im WENDEPUNKT als eine seltsame Mischung aus Fakten und Phantasien. Michael Kater, der sich intensiv mit der Rolle der Kulturschaffenden im NS-System beschäftigt hat, nennt das darin rekonstruierte „Interview“ eine „character assassination“[358], Gertrud Maria Rösch betont seinen „narrativen“ und „assoziativen“ Charakter[359] und stellt fest: „ein Dritter redet mit“[360], nämlich der Vater Thomas Mann. Schon bei der Erkundung des zerstörten Elternhauses hat Klaus Mann erlebt, wie „fremd“ ihm die eigene Vergangenheit geworden war, wie der „Mordapparat“ in Dachau ihm „den Eindruck des Unwirklichen, Phantastischen oder doch Historisch-Distanzierten“ vermittelte.[361] Ein unvoreingenommener, rational abwägender Journalist war Klaus Mann nicht unbedingt. Wie hätte er das sein können? Müssen wir ihm heute zum Vorwurf machen, dass er seine „Identität“ nicht preisgegeben hat? Eine Identität, die er ja immer wieder suchen und bestimmen musste, oft auch in der Rivalität zum Vater.
Die Texte, die Klaus Mann dem ‚Interviewten' in den Mund legt, entsprechen doch eher den Erwartungen des Fragestellers, bestätigen, was dieser schon immer zu wissen glaubte, sollen Strauss doch eher als Mischung zwischen einem naiven Alten – dessen „rosige Miene“ freilich nichts „Greisenhaftes“[362] an sich hat –, und einem gerissenen Kunstgeschäftemacher darstellen, der bereit war, über Leichen zu gehen. Ein wehleidiger Profiteur, der sich darüber beklagt, dass seine Oper DIE SCHWEIGSAME FRAU abgesetzt, DIE LIEBE DER DANAE nicht gespielt wurde und sein schönes Haus von Einquartierungen nicht befreit werden sollte.

> So einer wurschtelt sich durch, ganz gleich, unter welchem Regime. Haben die Nazis einen sinnlosen und mörderischen Krieg verschuldet? Sind Millionen Unschuldiger in Gaskammern

---

[356] Laut Tagebuch fand das Treffen mit Jannings am 28. Mai 1945 am Wolfgangsee statt, das mit Franz Lehár am gleichen Tag im Bad Ischl. Am 2. Juni 1945 erwähnt Klaus Mann sein Interview mit Winifred Wagner. Die Schwiegertochter Richard Wagners und Festspielleiterin wird sich noch 30 Jahre später in Hans Jürgen Syberbergs Dokumentarfilm „Winifred Wagner und die Geschichte des Hauses Wahnfried 1914 – 1975“ an die Begegnung mit Klaus Mann erinnern, der bekannt haben soll, in Nachkriegsdeutschland nur eine „bekennende Nationalsozialistin“ getroffen zu haben, und diese sei eine „Engländerin“ gewesen. Das im April 1975 aufgezeichnete fünfstündige Interview mit Winifred Wagner schockierte 1976 im Jubiläumsjahr der Bayreuther Festspiele ein internationales Publikum mit freimütigen Bekenntnissen zum Nationalsozialismus.

[357] Die von Erika Mann redaktionell betreute deutsche Fassung des „Wendepunkts“, die eine Reihe von Strichen beinhaltete, wurde 2006 in einer wissenschaftlichen Neuausgabe revidiert.

[358] Michael H. Kater: Richard Strauss Jupiter Compromised, in: Michael H. Kater: Composers of the Nazi Era, a.a.O., S. 262.

[359] Gertrud Maria Rösch: „I thought it wiser“, a.a.O., S. 234.

[360] Ebenda, S. 235.

[361] Klaus Mann: Der Wendepunkt, a.a.O., S. 484 und S. 490.

[362] Ebenda, S. 492.

zugrunde gegangen? Liegt Deutschland in Schutt und Asche? Was kümmert es Richard Strauss?[363]

Der Ort der „Unterhaltung“ vor der „Villa im blühenden Garten“[364] – im englischen Original eine „stately villa“ – wird Klaus Mann im Gegensatz zum zerstörten München wahrgenommen haben, auch im Gegensatz zu den zerstörten Leben von so vielen seiner Freunde, auch der eigenen Familie.

> Scham und Takt sind seine Sache nicht. Die Naivität, mit der er sich zu einem völlig ruchlosen, völlig amoralischen Egoismus bekennt, könnte entwaffnend, fast erheiternd sein, wenn sie nicht als Symptom sittlich-geistigen Tiefstandes so erschreckend wäre. *Erschreckend* ist das Wort. Ein Künstler von solcher Sensitivität – und dabei so stumpf wie der Letzte, wenn es um Fragen der Gesinnung, des Gewissens geht! Ein Talent von solcher Originalität und Kraft, ein Genie beinah – und weiß nicht, wozu seine Gaben ihn verpflichten! Ein großer Mann – so völlig ohne Größe! Ich kann nicht umhin, dies Phänomen erschreckend und auch ein wenig degoutant zu finden.[365]

Indessen soll auch die jüdische Schwiegertochter des Komponisten, Alice Strauss, in Manns „Drehbuch“ eine wenig schmeichelhafte Rolle übernehmen.

> Manche der Nazi-Häuptlinge – sagt Richard Strauss – waren famose Menschen: Hans Frank, zum Beispiel, der Fronherr des Polenlandes (‚Sehr fein! Sehr kultiviert! Er schätzt meine Opern!'), und Baldur von Schirach, der über die ‚Ostmark' (sonst Österreich genannt) zu gebieten hatte. Dank seiner Protektion genoß die Familie Strauss in Wien eine Vorzugsstellung – und dies, obwohl der Sohn des Komponisten eine rassisch nicht einwandfreie Gattin hat! „Ich darf wohl behaupten, daß meine Schwiegertochter die einzige freie Jüdin in Großdeutschland war.“
> „Frei? Nicht doch, Papa! Oder doch nicht so ganz!“ Es war die Frau Strauss ‚junior', geborene Grab, die kokett-wehleidig protestierte. „Meine Freiheit ließ zu wünschen übrig. Du vergißt, was ich auszustehen hatte. Durfte ich etwa jagen gehen? Nein! Sogar das Reiten war mir zeitweise verboten ...“[366]

Sollte Alice Strauss so gesprochen haben? Über zwei Dutzend ihrer Familienangehörigen wurden in Konzentrationslagern ermordet. Vergeblich bemühte sich Richard Strauss – in dieser Angelegenheit durchaus naiv – durch sein persönliches Erscheinen in Theresienstadt Alices Großmutter Paula Neumann vor der Ermordung zu bewahren. Als Jüdin war Alice Strauss ebenso gefährdet wie ihre Kinder, die Enkelkinder von Richard Strauss; lebensbedroht von lokalen Gauleitern bis zum Ende des Krieges.

Ob Klaus Mann bei seinem ersten Besuch im Nachkriegsdeutschland unbefangen und unparteiisch analysierte, ob er Richard Strauss ‚gerecht' wurde, werden konnte oder wollte, sei dahingestellt. Das Erleben einer Realität, die sich als schrecklicher und monströser erwies als geahnt, musste ja verarbeitet und bewältigt werden. Mitunter hat der Leser dieses WENDEPUNKT-Kapitels das Gefühl, einen Film zu erleben, in dem sich die Protagonisten wie in Trance bewegen, sich selbst entfremdete Traumatisierte, die in den Abgrund ihres Lebens blicken, eine Vergangenheit konstruieren, um die Gegenwart zu bewältigen; oft unter der

---

[363] Ebenda, S. 493f.
[364] Ebenda, S. 492.
[365] Ebenda.
[366] Ebenda., S. 494.

Gefahr, gerade damit ihre Zukunft zu verlieren. Klaus Mann schreibt hier nicht über seine Begegnung mit Richard Strauss, sondern mehr als das, über seine Begegnung mit Deutschland. Die, die während der Herrschaft des Hitler-Regimes hier gelebt haben, werden als die analysiert, die das System mitgetragen haben. Klaus Manns Bericht handelt von persönlicher Schuld und Verstrickung und von der Unfähigkeit, diese zu verantworten. Er empört sich zu Recht über Täter, die sich als Opfer zu gerieren versuchen, vereint Gesagtes und Verschwiegenes. Vielleicht geraten dabei Vermutungen auch zu Unterstellungen. Auch wenn wir heute den Wahrheitsgehalt der einen oder anderen Aussage bezweifeln wollen; Klaus Manns Fiktion – eine schmerzhafte Seelenschau – trifft den Nerv der Zeit, die Gemütslage einer „Heimat", die dem Autor „fremd" geworden ist.
Der Wendepunkt im Leben von Klaus Mann war das Exil und der Eintritt in die US-Army als Ausdruck seines aktiven Widerstandes gegen die Nazi-Diktatur. Tragischerweise hat es einen solchen Punkt im Leben von Richard Strauss nicht gegeben. Das trennte ihn nicht nur von Klaus, sondern auch einmal mehr von Thomas Mann, der zeit seines Lebens in Richard Strauss die Gefahr einer nur dem Ästhetischen sich verpflichtet fühlenden Kunst erkannte. Eine Gefahr, der er sich selbst ausgesetzt fühlte und die er erst im Verlauf einer schmerzhaften Verwandlung überwand, an deren Ende er als bedeutendster Künstler des Exils eine neue Lebensaufgabe und -rolle fand. Mit Klaus Mann stand vielleicht auch der Vater vor Richard Strauss und die Frage, ob „große Männer" immer auch „Größe" zeigen müssen, ob das Werk unabhängig von den Stärken und Schwächen eines persönlichen Charakters entsteht und bewertet werden soll oder muss.

Thomas Mann bestätigt am 13. Juni 1945 im Tagebuch das Eintreffen von Klaus' Geburtstagsbrief in New York knapp: „Langer interessanter Brief von Klaus aus Prag." Die darin dargestellten Aussagen hat er öffentlich nie kommentiert.
Als Richard Strauss erfährt, wer der unbekannte „Journalist" war, der ihn da „interviewt" hat, schreibt er in seiner Empörung einen Brief an Thomas Mann, der über den gemeinsamen Freund und Strauss-Biographen Willi Schuh zugestellt werden soll. Der Brief wurde nie abgeschickt. „Einer verhinderten Begegnung folgte eine verhinderte Korrespondenz."[367] Über den Inhalt wissen wir wenig. Lediglich in der Richard Strauss-Biographie von Walter Thomas erhalten wir Hinweise. Strauss soll Mann an ihre letzte Begegnung anlässlich der Feierlichkeiten zum 70. Geburtstag von Gerhart Hauptmann in München am 11. Dezember 1932 erinnert und sich über das Verhalten von Klaus Mann und dessen Vorwürfe beschwert haben.[368]

Zur gleichen Zeit wie Klaus Mann war auch der Hollywood-Regisseur William Wyler (1902–1981) in Deutschland unterwegs. Wyler, dessen Mutter eine Cousine des Universal Studio-Gründers Carl Laemmle war, war bereits in den 1920er Jahren nach Amerika gekommen und hatte als Filmregisseur Karriere gemacht. Nachdem er 1942 in dem Spielfilm MRS. MINIVER die Geschichte eines englischen Dorfes während der Bombardierungen des Zweiten Weltkrieges gezeigt hatte, ging er als Kriegsberichterstatter nach Europa. Im Mai 1945 filmte er das zerstörte München. Weitere Aufnahmen aus Süddeutschland verwendete er später

[367] Gertrud Maria Rösch: „I thought it wiser", a.a.O., S. 248. Zu dem Brief siehe auch Hinweise in: Hans Rudolf Vaget: Seelenzauber, a.a.O., S. 192 und die Anm. 191 und 192 auf S. 435.

[368] Siehe: Walter Thomas: Richard Strauss und seine Zeitgenossen, München 1964, S. 283. Hedwig Pringsheim berichtet in ihrem Tagebuch über die erwähnte Hauptmann-Feier. Strauss wird jedoch nicht genannt. In: Hedwig Pringsheim. Tagebücher, a.a.O., Bd. 8, S. 379. Thomas Mann hielt die Festrede im Münchner Nationaltheater unter dem Titel „An Gerhart Hauptmann".

für seinen Kriegsfilm THUNDERBOLT!. Wahrscheinlich hat er von Klaus Mann persönlich oder nach der Lektüre seines Beitrages in The Stars and Stripes den Hinweis auf Richard Strauss erhalten, der in Garmisch in seinem von Bombenangriffen verschonten Haus lebte. Ende Mai oder Anfang Juni schickte Wyler sein Team nach Garmisch, um Richard Strauss im Garten seines Anwesens zu filmen. Der Komponist, ein freundlicher älterer Herr, betrachtet die Berge der Umgebung, schneidet die Pfingstrosen in seinem Garten und studiert die Partitur der LIEBE DER DANAE. Der Krieg scheint weit entfernt. Die später offensichtlich nicht benutzte Filmrolle wird in den National Archives Washington mit dem Hinweis „Medium shot small hut in the Bavarian Alps – old man picking flowers in foreground – man is Richard Strauss“ aufbewahrt.[369]

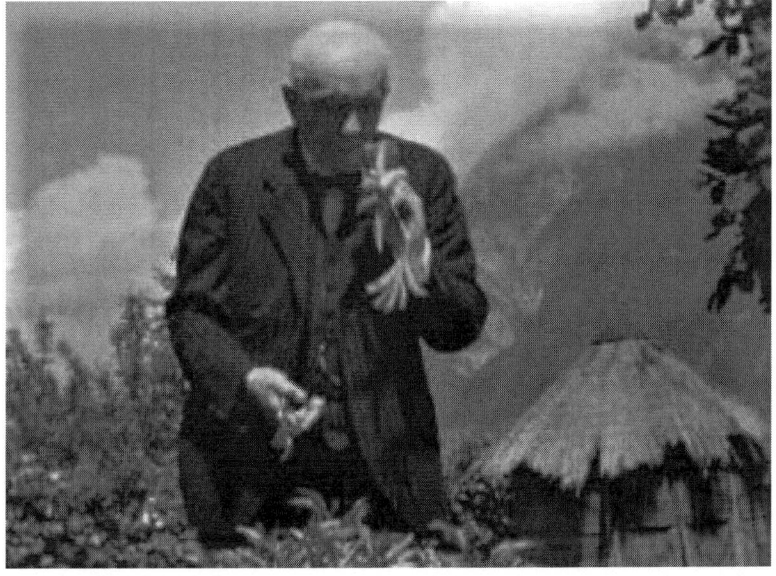

Richard Strauss im Garten seiner Villa in Garmisch, Mai/Juni 1945. Screenshot aus dem Film von William Wyler.

[369] www.zb-media.com/7476 (10. November 2020) und www.eigenleben.jetzt/leben/geschichte/klaus-mann-und-richard-strauss/ (10. November 2020).

Flucht ins Leben. Innenansichten von draußen

Von Anfang an war Erika Manns Kampf gegen die nationalsozialistische Diktatur von großer Leidenschaft geprägt, die sich bald zu unversöhnlichem Hass entwickelte. Darin unterschied sie sich durchaus von ihrem Vater, dessen Analysen bis heute als differenziertere bestehen. Kompromissloser als Thomas Mann fordert sie vom Künstler moralische Integrität, verweigert den Werken von Richard Strauss künstlerische Bedeutung und erwartet selbst von Bruno Walter, dass er diese nicht mehr aufführen sollte. In ESCAPE TO LIFE[370], der gemeinsam mit Bruder Klaus in deutscher Sprache geschriebenen Darstellung der „Deutschen Kultur im Exil", die im April 1939 in Boston in englischer Sprache erscheint, kategorisiert sie in „gut" und „böse", stellt Igor Strawinsky und Arnold Schönberg gegen Richard Strauss, Bruno Walter und Arturo Toscanini gegen Wilhelm Furtwängler. In empörten Leserbriefen und in einer Radiosendung kritisiert Erika 1942 das Spielen von „enemy music" im Radioprogramm des Columbia-Senders. Klaus Mann bezieht sich am 22. März in einem Tagebucheintrag auf die Kontroverse:

> Unter den polemischen Briefen, die Erika als Reaktion auf ihre Radiosendung (German music-affair) erhielt, hoben einige der Absender hervor, sie liebten die europäische Musik außerordentlich, wünschten aber nicht, mit europäischen Problemen belästigt zu werden. Als ob die Musik und die Probleme nicht aus dem selben Stoff entständen! (Amerikanische Isolationisten sollten dazu gezwungen werden, ausschließlich Sousa zu hören...). (KMTB, 22. März 1942)[371]

Als „feindliche Musik" betrachtet Erika vor allem die Werke von Richard Wagner und Richard Strauss. Skeptisch beargwöhnt sie eine Diskussion, in der die Meinung vertreten wird, dass „War or no war, we are told, Beethoven remains Beethoven; Wagner remains Wagner; Strauss remains Strauss."[372] Wieder erinnert Erika an Bruno Walter, der sich trotz seiner persönlichen Abneigung zu der Musik von Richard Strauss bekennt: „‚I detest Strauss as a person and I abhor everything for which he stands', Bruno Walter is reported to have said (as quoted by David Ewen in Decision Magazine, January-February, 1942) when he was asked why he persisted in directing the music of a man who is Hitler´s personal friend. ‚But Strauss is a genius and some of his works are masterpieces. I cannot in all honesty boycott master-pieces because I detest their composers.'"[373]

Erika Mann kann sich mit dieser Haltung kaum abfinden, verabscheut den Gedanken, dass Tantiemen für in Amerika gespielte Musik Richard Strauss nach dem Krieg überwiesen werden, wirft dem Komponisten vor, dass er für die „Winterhilfe" spendete und mit Hitler am Tisch saß: „Yet, at this moment we find ourselves not merely sheepishly listening to his music, but also accumulating good American dollars to be handed over to this true ‚enemy alien' right after the cessation of hostilities."[374]

---

[370] Das Buch erschien in deutscher Sprache erstmals 1991 in der Edition Spangenberg unter Verwendung der deutschen Urschrift, die sich im Klaus Mann-Archiv der Münchner Monacensia-Bibliothek befindet.

[371] Noch zu Weihnachten 1940 hatte Erika ihrem Bruder „die grosse Serie der ‚Rosenkavalier'-Platten" geschenkt. (KMTB, 25. Dezember 1940)

[372] Der Leserbrief Erika Manns erschien am 15. Februar 1942 in der New York Times. Zit. nach: Hans Rudolf Vaget: Seelenzauber, a.a.O., S. 473f.

[373] Ebenda.

[374] Ebenda.

Hinsichtlich der „Winterhilfe" mag man Erika Mann Recht geben, auch die Tatsache, dass sich Strauss mit Hitler getroffen hat, um Vorteile für Komponistenkollegen, für sich selbst und seine Familie zu erhalten, muss kritisch gesehen werden. Ob man Kunstwerke oder deren Präsentation zensieren soll oder muss, kann dagegen durchaus unterschiedlich diskutiert werden. Das Verhalten der amerikanischen Besatzungsbehörden gegenüber Strauss, auch seine baldige Entnazifizierung, dürfte jedoch nicht nur Erika Mann überrascht haben.
In ihrem Leserbrief an die New York Times gipfelt Erika Manns Protest in der Frage, ob man Hitlers Bilder, vorausgesetzt, es wären ebenfalls „masterpieces", in amerikanischen Galerien und Museen ausstellen sollte. Eine hypothetische Frage, die Erika vorsorglich und vorsichtshalber gleich mit „hardly" beantwortet. Der Rundumschlagprotest geht weiter. Wenn sich die Columbia schon nicht dazu entscheiden kann, auf die „Meisterwerke" von Richard Strauss – „you may argue [...] a creative genius, unique and irreplaceable"[375] – in ihrem Programm zu verzichten, soll sie wenigstens den ihrer Meinung nach zu viel berücksichtigten Walter Gieseking ausschließen und statt seiner Pianisten wie Rudolf Serkin, Alfred Cortot, Vladimir Horowitz oder Artur Schnabel spielen: „So, why listen to Hitler´s man?"[376]

Erika Manns Brief scheint von vielen persönlichen Befindlichkeiten und Idiosynkrasien belastet zu sein. Ob sie auch von ihrem Vater verlangt hat, auf das Hören von Strauss-Musik zu verzichten? Wie lange hätte diese Strafmaßnahme dann dauern sollen? Bis zu einem von ihr zu bestimmenden Zeitpunkt in der Nachkriegszeit oder auf ewig? Die emotional und sehr persönlich vorgetragenen Einwände werden die Verhältnisse nach dem Krieg bestimmen. Dabei wird manche berechtigte Frage schneller beantwortet werden, als Erika Mann es forderte und erhoffte und nicht immer in ihrem Sinne und gemäß ihren Erwartungen. Das Verhältnis, das die Besatzungsbehörden nach dem Krieg zu Richard Strauss und vielen anderen gewinnen, wird ihr und ihrem Bruder bald wieder das Gefühl von „Fremdsein" vermitteln, während Richard Strauss nach England eingeladen wird und mit seinen METAMORPHOSEN und den VIER LETZTEN LIEDERN das Lebensgefühl nicht nur seiner deutschen Hörer in musikalisch vollendeter Form als Abschied von der zerstörten „Welt von Gestern" vermittelt.
In einem weiteren Leserbrief an die New Yorker Herald Tribune beklagt Erika am 31. Mai 1947 die begeisterte Aufnahme Wilhelm Furtwänglers – „Hitlers petmaestro and musical propagandist abroad" – und ihres ehemaligen Ehemannes Gustav Gründgens, den sie als „actor, director, Nazi, ‚Staatsrat', Senator and intimate friend of Goering" bezeichnet, anlässlich ihrer ersten Dirigate und Auftritte im Nachkriegsdeutschland.[377]
Klaus Mann hat den vom Publikum bejubelten ersten Auftritt von Gustav Gründgens in Carl Sternheims DER SNOB am 3. Mai 1946 im Deutschen Theater Berlin als Zuschauer miterlebt:

> Aus Berlin wird berichtet, daß Staatsrat Gründgens, gerade aus dem Gefängnis entlassen, demnächst in einer Komödie Carl Sternheims zu sehen sein wird. Ein Witz – wie von Carl Sternheim! Nicht als ob ich etwas gegen Gründgens hätte. Ein ungewöhnlich begabter Komödiant; übrigens ist er einmal mein Schwager gewesen; persönlich bin ich eher für ihn eingenommen. Aber mir scheint doch, diese Busenfreunde Görings sollten es nicht gar so eilig haben. Wenn Gründgens schon wieder salonfähig ist – warum dann nicht gleich Emmy Sonnemann? Vielleicht hat einer der in Auschwitz Vergasten irgendein Bühnenwerk

---

[375] Ebenda.
[376] Ebenda.
[377] Brief aus Zürich vom 31. Mai 1947 an die Herald Tribune. Zit. nach: Hans Rudolf Vaget: Seelenzauber, a.a.O., S. 475f.

hinterlassen, in dem die hohe Frau ihr zweites Début machen könnte. Von Auschwitz hat die Gute sicher nichts gewußt – und übrigens, was hat Kunst mit Politik zu tun?[378]

In einem Beitrag für die Berliner Hefte bedient Gründgens zur gleichen Zeit in schamloser Weise die politische Gemütslage seines Publikums, indem er sein eigenes Verhalten und das seines Publikums verharmlost:

> Der deutsche Schauspieler in seiner Gesamtheit war politisch uninteressiert [...]. Es hat nach 1933 nur wenige kommunistische Schauspieler gegeben, und es hat nach 1933 nicht viele faschistische Schauspieler gegeben. Im Vordergrund hat für den Schauspieler die Kunst gestanden, oder besser gesagt, die gute Rolle, die interessante schauspielerische Aufgabe. Diesen Mangel an politischer Erziehung teilt der deutsche Schauspieler mit dem gesamten deutschen Volk.[379]

Erika Manns Kampf gegen Nazi-Deutschland, ihre Artikel, Bücher, Vorträge und Rundfunksendungen fanden von Anfang an in den Vereinigten Staaten große Resonanz. Sie begleitete nicht nur ihren Vater auf seinen *lecture*-Tourneen, die sie geschickt zu inszenieren verstand, sondern trat selbst als Vortragende in Erscheinung. Am 15. März 1937 verlas sie im New Yorker Madison Square Garden bei der „Peace and Democrazy Rally" ein Grußtelegramm Thomas Manns und sprach vor 23.000 Zuhörern über die Rolle der Frau im „Dritten Reich". Auch bei ihren eigenen Veranstaltungen wurde sie werbewirksam als „daugther of Thomas Mann" angekündigt. Das 1938 in den Vereinigten Staaten in englischer Sprache erschienene „politische Lehrbuch" über die Erziehung der deutschen Jugend, SCHOOL FOR BARBARIANS, wurde in drei Monaten 40.000 mal verkauft. Eine erste deutschsprachige Ausgabe erschien im gleichen Jahr im Amsterdamer Querido-Verlag. In der Bundesrepublik erschien die deutsche Ausgabe erst 1986 unter dem Titel ZEHN MILLIONEN KINDER. DIE ERZIEHUNG DER JUGEND IM DRITTEN REICH. Zwei Jahre später folgte eine Veröffentlichung in der DDR. Soll man den englischen Titel mit „Schule für Barbaren" übersetzen? Werden damit nicht auch alle minderjährigen Schülerinnen und Schüler pauschal zu Tätern gemacht, bevor sie Taten begangen haben? Auch der Titel der deutschsprachigen Ausgabe überzeugt nicht wirklich. Zu Recht weist die Erika Mann-Biographin Irmela von der Lühe auf die Problematik des Standpunktes: „Als zeitgebunden und damit als exiltypischer Deutungsversuch ist hingegen die vor allem im englischen Titel indizierte Gleichsetzung von Nationalsozialismus und Barbarei zu verstehen. Die Charakterisierung wichtiger Nazi-Größen als primitive, ungebildete und in der Regel kriminelle Zwangsneurotiker mit schweren sexuellen Störungen, d.h. Dämonisierung und Pathologisierung des Regimes nicht nur in seinen höheren Chargen, sollte das Barbarische, Antizivilisatorische des Nationalsozialismus unterstreichen. Der nicht nur von Erika Mann nachdrücklich markierte Gegensatz zwischen nationalsozialistischem Terror und demokratischer Humanität, zwischen atavistischem Hass und Vernichtungswillen

---

[378] Klaus Mann: Kunst und Politik, zit. nach: Uwe Naumann, Michael Töteberg (Hrsg.): Klaus Mann. Auf verlorenem Posten. Aufsätze, Reden, Kritiken 1938–1949, Reinbek bei Hamburg 1994, S. 327. Gründgens war nach dem Krieg von den sowjetischen Besatzungsmächten zeitweise inhaftiert. Die Schauspielerin Emmy Sonnemann war seit dem 10. April 1935 die Ehefrau von Hermann Göring. Da Hitler unverheiratet war, galt die Ehefrau des Preußischen Ministerpräsidenten als die „Hohe Frau" des Deutschen Reiches, durchaus in Konkurrenz zu Magda Goebbels. In ihrem Entnazifizierungsverfahren sprach Gustav Gründgens zu ihren Gunsten.

[379] Gustaf Gründgens: Zur Soziologie des deutschen Schauspieler, zit. nach: Rolf Badenhausen, Peter Gründgens Gorski (Hrsg.): Gustaf Gründgens. Briefe, Aufsätze, Reden, Hamburg 1967, S. 56ff.

und moderner Zivilisation und Toleranz gehörte zu den Grundmustern in der Auseinandersetzung der Exilierten mit dem nationalsozialistischen Deutschland."[380]

Im Londoner Daily Telegraph vom 14. April 1939 lobt der Politiker und Schriftsteller Harold Nicolson das Buch als eines der Besten über Nazi-Deutschland. Erstmals ist in seinem Artikel von der „amazing family"[381] die Rede mit der natürlich in erster Linie Thomas Mann, Erika Mann und Klaus Mann gemeint waren.

Die „amazing family" und die Kapellmeister-Familie Strauss

Mit der „amazing family" konnte die Familie Strauss nicht wirklich konkurrieren. Früher als Thomas Mann stand jedoch Richard Strauss im Zentrum eines internationalen Interesses, das er werbewirksam und selbstironisch zu steuern verstand. Dass die Mitglieder seiner Familie aber ebenso das Rampenlicht der Öffentlichkeit im Wettkampf mit dem Vater selbst suchten, wie die der Familie Mann, kann kaum behauptet werden. Zudem war die Strauss-Familie mit einem Kind eher eine Kleinfamilie. Beide Familien fanden Beachtung in der Kunstproduktion der Väter. Strauss komponierte seine SYMPHONIA DOMESTICA und die Oper INTERMEZZO, Thomas Mann schrieb BUDDENBROOKS, WÄLSUNGENBLUT, UNORDNUNG UND FRÜHES LEID. Klaus Mann und Erika ergänzten das mit eigenen Beiträgen zum Gefallen einer an persönlichen Hintergründen – und Klatschgeschichten – interessierten literarischen Öffentlichkeit und stellten sich selbstbewusst neben den Vater, dem das alles nicht immer gefiel. Die Überzeugung, Teil einer Familie zu sein, die von überragender Bedeutung und Wichtigkeit ist, reflektiert Klaus Mann auch in seinen Tagebüchern. Im November 1935 erwähnt er ein Gespräch mit seiner Mutter und seinem Bruder Michael, wo es um einen „Familienroman" ging, „der aus Pringsheims-Manns zu machen wäre". (KMTB, 30. November 1935) Später stellt er fest: „Was für eine sonderbare FAMILIE sind wir! Man wird später Bücher über UNS – nicht nur über einzelne von uns – schreiben." (KMTB, 3. Juli 1936)

Als „Frau Thomas Mann" fand Katia Pringsheim früh ihre Lebensrolle als Organisatorin der Schreibwerkstatt des selbsterklärten Goethe-Nachfolgers. Ob sie jemals die Geduld im Umgang mit diesem Menschen verloren hat? Hat sie an der Bedeutung, die er sich selbst zumaß, gezweifelt? Hat sie jemals opponiert? Wenn die Kinder, früh Erika und Klaus, später Michael und Golo, nach langer Zeit des Selbständigwerdens, sich auf sich selbst beziehen konnten, die Dinge kritischer gesehen haben als ihre Mutter, dann verdanken sie das wohl am ehesten ihrer Großmutter Hedwig Pringsheim. Als eine der wenigen, selbst nicht ganz unerfahren in der taktischen Behandlung selbstbewusster Männer, stand sie über den Dingen, die sie selbst und „ihre" Manns betrafen.

Richard Strauss´ Frau Pauline war als Pauline Strauss bekannt. Sie war Sängerin, die Schülerin ihres Mannes, Generalstochter. Anders als bei den Manns war es nicht die Ehefrau, die das Vermögen in die Familie brachte. Und Richard Strauss musste sich nicht erst eine „Verfassung" geben. Privat war das alles doch eher bieder. Wie Thomas Mann bemühte sich auch

[380] Nachwort zu Erika Mann: Zehn Millionen Kinder. Die Erziehung der Jugend im Dritten Reich, Reinbek bei Hamburg, 1997, 2011, S. 213f.
[381] Harold Nicolson: Books of the Week, in: The Daily Telegraph, London, 14. April 1939.

Richard Strauss um die Beachtung bürgerlicher Normen im „Künstlerleben“. Für Farbe sorgte Pauline Strauss, wenn sie nach ihrem Auftritt als Sängerin ihren Auftritt als des „Helden Gefährtin“ hatte und die kratzbürstige Ehefrau mimte. Anders als im Falle von Alma Mahler-Werfel hat Thomas Mann sich darüber nie geäußert. Offensichtlich hatte er keine Gelegenheit, die Künstlerin in ihrer Glanzrolle zu erleben, dürfte sie auch kaum näher gekannt haben.
Franz Strauss war ein Einzelkind. Er trat nicht in die Fußstapfen des Vaters, fügte sich seiner Entscheidung, dass die Familie, also der Vater selbst, einen Juristen benötige und studierte Jura. Frühjugendliche Ausschweifungen, Drogenmissbrauch, Ehegeschichten und sonstige Skandale, die die „Mann-children“ früh zu ihrem Markenzeichen erhoben, werden in der biographischen Literatur nicht berichtet, Sympathien mit den Nationalsozialisten durchaus.

Stoff für Filme waren indessen beide Familien. Angesichts der dargestellten Charaktere erstaunt es, dass die Familie Strauss in dem grandiosen Film von Ken Russell weitaus bühnentauglicher, besser gesagt filmtauglicher und vor allem komischer erscheint, als die „amazing family“ im Dokumentarfilm von Heinrich Breloer.

Thomas Mann wurde schon früh gebeten, eigene Werke für den Rundfunk oder die Schallplatte aufzunehmen. Der akustische Eindruck, den man bis heute nachvollziehen kann, entspricht dabei dem Eindruck seiner Persönlichkeit, die man bekommt oder zu bekommen glaubt, wenn man sich Bilder von ihm anschaut. Viel Ernsthaftigkeit, hanseatische Steifheit sieht man da. Man merkt eine Art Zwang, etwas darstellen zu müssen. Selbst am häuslichen Schreibtisch sitzt Mann im Anzug und man kommt nicht auf den Gedanken, dass das alles nur gestellt sein könnte. Er erfüllt eine Rolle, die er für sich bestimmt hat. Wir haben keinen Zweifel, dass das immer so war. Gerne referiert er im Smoking oder im Frack bei Anlässen, die für ihn natürlich immer mit öffentlicher „Repräsentation“ verbunden sind. Es wird mehr als einmal deutlich, dass er den Dirigenten um sein „Herrscherglück“ beneidet hat.[382]

Auch Richard Strauss erscheint stets tadellos bürgerlich gekleidet. Das abendliche Im-Rampenlicht-Stehen hatte technische berufliche Gründe. Als Dirigent erscheint er weitaus weniger herrschsüchtig als seine Zeitgenossen Toscanini oder Furtwängler. Ihn prägte handwerkliche Nüchternheit mehr als theatralische Pultgesten. Angst und Schrecken scheint er unter den Musikern ebenfalls nicht verbreitet zu haben. Einen großen Teil seiner Zeit wird er mit Unterwegssein verbracht haben. Mit Reisen zwischen Berlin, Garmisch und den internationalen Musikzentren. Der Tag des Generalmusikdirektors eines so bedeutenden Opernhauses wie der Berliner Hofoper war ausgefüllt. Hinzu kamen die Arbeiten des Komponisten. Für gesellschaftliche Begegnungen war da nicht viel Zeit. Sinn für Publicity hatte Strauss durchaus. Es hat ihn mit allen seinen Kollegen verbunden, auch mit Thomas Mann. In der biographischen Literatur wird gerne über die materiellen Interessen von Strauss berichtet. Auch dies dürfte ihn wiederum ebensosehr mit seinen Kollegen verbunden haben wie mit Thomas Mann. Großverdiener waren sie alle.
Zu den Gemeinsamkeiten hinzu kommt die Inszenierung in der Öffentlichkeit. Beim Dirigenten ist auch das Bestandteil der allabendlichen beruflichen Routine, des beruflichen

[382] Im „Zauberberg“ genießt bekanntlich Hans Castorp im Kapitel „Fülle des Wohllauts“ dieses Glück, indem er die von ihm ausgewählten Musikplatten mitdirigiert. Darüber hinaus gefällt er sich in seiner Stellung als Herrscher über den Musikapparat und seine Benutzung. Über die autoritäre Macht des „allwissenden“ Dirigenten schreibt Elias Canetti in „Masse und Macht“: „Während des Spiels ist der Dirigent für die Menge im Saal ein Führer.“ In: Elias Canetti: Masse und Macht, a.a.O., S. 469.

Zeremoniells. Zu erinnern ist hier auch daran, dass viele Dirigenten bis 1918 ja an einem höfischen Theater angestellt waren, ein Hoforchester leiteten, Teil des höfischen Zeremoniells waren, das in der Form der Durchführung von Veranstaltungen und Konzerten im Frack und Opernaufführungen in den ehemaligen Hoftheatern den Untergang der Monarchien mehr überlebte als in anderen gesellschaftlichen Bereichen. Der Lübecker Patriziersohn Thomas Mann hat an den Formen dieses Zeremoniells durchaus Gefallen gefunden und wohl auch nicht zufällig sein Werben um Katia Pringsheim in seinem Roman KÖNIGLICHE HOHEIT in höfische Kreise verlegt, dabei sich selbst gleich die beste Rolle vorbehalten, eben die der Königlichen Hoheit.

Für Mann und Strauss war wichtig, ihren beruflichen Erfolg als gesellschaftlichen Erfolg darzustellen. Auch darin manifestiert sich ihre bürgerliche Vorstellungswelt. Eine maßgebende Rolle spielte dabei das großbürgerliche Haus, das für Mann zudem als Arbeitsstätte von Bedeutung war. Seine Frau Katia war ja immer darum bemüht, während des Exils die Arbeitszimmer möglichst so zu gestalten, wie das in München der Fall war, so viel Vertrautes zu beschaffen, wie zu bekommen war.

Die Mann-Familie war umfangreich, die Zuneigung des Familienvaters zu seinen Kindern durchaus unterschiedlich. Während Erika und Elisabeth zu Lieblingskindern avancierten, war das Verhältnis zu Klaus, Golo, Monika und Michael eher ambivalent. Auch Mutter Katia hat ihre Sympathien unterschiedlich verteilt. Unproblematisch war das Leben der Familie in keinem Fall. Über Erika und Klaus scheint es so viele Biographien zu geben wie über Thomas Mann. In der Gestaltung eines eigenen Familienlebens hatten sie keinen Erfolg, dazu kamen immer wieder Drogenprobleme. Auch finanzielle Probleme, da sie von ihrer eigenen Arbeit ihr Leben kaum finanzieren konnten. Weitgehend trifft das, mit Ausnahme von Golo, auch auf die anderen Kinder zu. Klaus und vielleicht auch Michael haben schließlich ihrem Leben mit Selbstmord ein Ende gesetzt. Wie übrigens auch ihre Tanten, die beiden Schwestern von Thomas Mann. Mit dem Bruder Heinrich gibt es lebenslang Auseinandersetzungen. Sein literarisches Werk findet ebenso wenig Zustimmung wie seine Ehe mit Nelly Kröger. Wer bestand neben Thomas Mann? Wen hatte er, neben Bruno Walter und Hans Reisiger, als Freund? Dies alles war endlich der Stoff für den Film von Heinrich Breloer, der sich mit der Familie Mann beschäftigen sollte und im Nachhinein ihre Bedeutung über das Literarische hinaus offenbarte. Marcel Reich-Ranicki hat die Familie als „die deutschen Windsors" bezeichnet und damit sicherlich nicht nur auf ihren Bekanntheitsgrad verweisen wollen, sondern auch auf die emotionale Bedeutung dieser Familiengeschichte, deren Protagonisten sich allesamt auch gut zu vermarkten verstanden.

Die Familie von Richard Strauss konnte dahingehend kaum konkurrieren. Das aufregendste Kapitel in der Biographie von Richard Strauss war seine Verstrickung mit den Nationalsozialisten. Nach außen hin der Tatbestand, der ihn in größten Gegensatz zu Thomas Mann brachte. Für Strauss eine Katastrophe, die er altersbedingt nicht mehr korrigieren konnte. Eine Katastrophe, in die er – vielleicht fahrlässig? – geriet, nicht unbedingt naiv, aber auch nicht als überzeugter Nationalsozialist oder gar Antisemit.

Sowohl im Leben von Richard Strauss als auch im Leben von Thomas Mann wird das Jahr 1933 zu einem epochalen Ereignis, das in wenigen Wochen eine aus durchaus vielen und unterschiedlichen Gründen wenig gepflegte Beziehung zu einer unmöglichen Beziehung macht. Gegensätze persönlicher Art, auch Gegensätze in den Werken und der Kunstauffassung haben dazu beigetragen. In der Konzentration auf das Jahr 1933 verkürzt sich aber die Perspektive. Viel entscheidender sind die 1920er Jahre, die den Nationalsozialismus vorbereitet haben. Sie sind geprägt von einem sich zunehmend etablierenden Antisemitismus, dessen Bedeutung auch Thomas Mann zu spät erkannt hat. Sein demokratischer Wandel in den 1920er Jahren kam zu spät, um die Katastrophe zu verhindern. Wie viele andere erkannte auch Thomas Mann den Antisemitismus nicht als den gemeinsamen Nenner, der die antidemokratischen, nationalen Kräfte, auch die bürgerlichen, vereinte und den Nationalsozialisten zuarbeitete. Im Gegenteil spekulierte er bis 1936 mit der Möglichkeit einer Existenz in Deutschland, ohne sich zu exponieren wie Richard Strauss oder Gerhart Hauptmann. Zum letzten Mal zeigte sich darin die bis dahin unpolitische Haltung seiner Klasse und ihre grenzenlose Naivität. Die Ereignisse nach 1933 offenbarten die Fehler, die man nach dem Ende des Ersten Weltkrieges gemacht hatte. Sie wurden zum Lebensthema von Thomas Mann und seiner Familie, auch weil sie darin – mehr als man annehmen wollte und zugeben konnte –, verstrickt waren. Thomas Mann indessen konnte sich zu einer definitiven Verurteilung von Richard Strauss nie durchringen. Vielleicht erkannte er in den Ereignissen, die seine letzten Lebensjahre überschatteten, ein Schicksal, dem er selbst entronnen war.

Judentum. Ein heikles Thema

Klaus und Erika Mann sind sich in ihrer Ablehnung und Verurteilung von Richard Strauss einig. Beide konstruieren das Bild eines Unverbesserlichen und Unbelehrbaren im größtmöglichen Gegensatz zum eigenen Vater. Ein Gegensatz, der in der Zeit des Nationalsozialismus, in der Zeit der Emigration des einen und des In-Deutschland-bleiben des anderen, offen zutage tritt. Es bleibt die auch von Erika und Klaus nicht beantwortete Frage, ob es solche Gegensätze schon vor 1933 gegeben hat. War der Bruch nach dem „Protest" – ein Bruch, der von Strauss, für den es sich ja nur um eine „dumme Geschicht'" handelte, kaum konstatiert wurde –, nicht eine, zumindest von Klaus und Erika, erwartete und lange fällige Konsequenz einer schon immer bestehenden Voreingenommenheit oder sogar Abneigung? In ihrem Aufsatz über die Incognito-Nachkriegsbegegnung zwischen Klaus Mann und Richard Strauss in Garmisch beschreibt Gertrud Maria Rösch den Komponisten – wie so mancher zuvor – als ein „Rätsel", in dem Klaus Mann einem Teil seiner eigenen Familiengeschichte begegnet.[383] Mehr als auf Äußerlichkeiten dürfte sich dies auf psychologische Aspekte beziehen. Das „Rätsel" handelt ja unter anderem davon, wie aus dem Ästhetizismus der Jahrhundertwende die Barbarei der Gegenwart entstehen konnte. Facettenreich bestimmt es das Werk von Richard Strauss und Thomas Mann und spiegelt sich im jeweils eigenen Leben. Klaus Mann verwirft in Richard Strauss das „Genie ohne Charakter", und Erika Mann stellt die Frage, ob das Kunstwerk eines solchen Genies ein Kunstwerk sein kann oder darf, ob wir die Musik von Richard Strauss hören und Wilhelm Furtwänglers Dirigate bewundern dürfen, ohne zu Unterstützern und Mitschuldigen zu werden.

Nicht zufällig geriet Richard Strauss ins Fadenkreuz von Klaus und Erika. Beide Kinder Thomas Manns sahen in ihm einen familiären Gegner. Als Anhänger der vom Vater geschätzten Musik Wagners und Pfitzners sind sie übrigens nie in Erscheinung getreten. Auch eine musikalische Ausbildung oder das Erlernen eines Musikinstrumentes – in den

[383] Gertrud Maria Rösch: „I thought it wiser", a. a. O., S. 247.

großbürgerlichen Kreisen, denen sie sich zugehörig fühlten, eigentlich eine Selbstverständlichkeit –, haben sie offensichtlich nie angestrebt. Ihre Äußerungen gegen Richard Strauss richten sich in der Regel gegen die Person, selten gegen die Machart seiner Musik. Dass man folgerichtig beides voneinander trennen könnte oder sogar müsste, kommt ihnen aber auch nicht in den Sinn, da damit vielleicht eine Aufwertung des Abgewerteten verbunden sein könnte. Beim Schwager Klaus Pringsheim war das ja gerade umgekehrt. Der Musiker Pringsheim beschäftigte sich vorrangig mit den Partituren des von ihm hoch Geschätzten und sah keinen Grund, den Komponisten charakterlicher Verfehlungen wegen zu verdammen, um den Schwager leuchten zu lassen. Selbst als ein in der Weimarer Republik aktiv agierender Sozialdemokrat sah er das alles weitaus nüchterner. Wieso hätte er Richard Strauss hassen sollen? Freilich hatte er es auch dahingehend leichter, dass er Deutschland, in dem er ja selbst als „jüdisch Versippter" und „Kulturbolschewist" gebrandmarkt war, bereits 1931 verlassen hatte und die Entwicklungen aus weiter Ferne beobachten konnte.

Im Falle von Thomas Mann, einem durchaus komplizierten, wie wir gesehen haben, war es die offen und öffentlich erklärte Lieblingstochter Erika, die sein Bekenntnis zum Exil mit der Drohung des Abbruchs ihrer Beziehungen in durchaus erpresserischer Form gefordert hat. Ein Exil, das den bewunderten Vater zum bedeutendsten Schriftsteller der freien Welt macht, zum entschiedensten und entscheidendsten moralischen Gegner eines „barbarischen" Nazi-Deutschlands, das den Ästheten endgültig zum Moralisten werden lässt, der im DOKTOR FAUSTUS die Katastrophe seiner Zeit analysiert und den Deutschnationalen der BETRACHTUNGEN EINES UNPOLITISCHEN endgültig zum weltbürgerlichen Demokraten verwandelt.
Erstaunlich ist dabei, dass Erika Mann in ihrer leidenschaftlichen Gegnerschaft zum Nationalsozialismus ein Leben lang ihr eigenes Judentum, das sich über die Familie der Mutter ergibt, verschweigt oder bagatellisiert.[384] Im Grunde genommen steht sie dahingehend der Mutter zur Seite, die alles „Jüdische", das man mit ihr oder gar mit Thomas Mann in Verbindung bringen wollte als „Unsinn. Absoluten Unsinn!"[385] bezeichnete. Wollen Tochter und Ehefrau damit sich selber schützen? Oder wollen sie Thomas Mann vom Verdacht rassischer ‚Beschmutzung' fernhalten, die einen Makel auf die ‚Reinheit' seines Exil-Grundes werfen könnte, der allein in der moralischen Gegnerschaft zum NS-Regime bestehen darf? Im intimen Familienkreis sah man das gelegentlich anders, begegnete man den eigenen jüdischen Ursprüngen mit Humor und Ironie. Im August 1922 schreibt Katia in einem Brief an Thomas Mann aus Reichenau nach einem Besuch des Internats Salem, wo sie sich nach einem Platz für Klaus erkundigt hatte, über die Hotelübernachtung am Bodensee:

> Originell an dem Hotel ist, daß es durchweg von adeligen baltischen Flüchtlingen geführt und bedient wird, so ist der Hausdiener Herr Beck, ein livländischer General, ebenso das bei Tisch bedienende Frl. Schulz […] von altem Adel […]. Die Kinder sind recht heiter und albern, und der braune Aissi [Klaus, Anm. d. Verf.], die Wogen teilend, wirkt kein bißchen dekadent. Das Publikum ist ziemlich gleichgültig, gänzlich unjüdisch, wir sind ja wohl die einzigen.[386]

---

[384] Dazu: Viola Roggenkamp: Erika Mann. Eine jüdische Tochter. Über Erlesenes und Verleugnetes in der Frauengenealogie der Familie Mann-Pringsheim, Frankfurt a.M. 2008.
[385] Nach einer Behauptung von Elisabeth Mann Borgese, in: Kerstin Holzer: Elisabeth Mann Borgese. Ein Lebensportrait, Frankfurt a.M. 2003, S. 35.
[386] Katia Mann an Thomas Mann, Brief aus Reichenau und München vom 13. Und 17. August 1922, in: Tilman Lahme et al. (Hrsg.): Die Briefe der Manns, a.a.O., S. 27.

Die jüdische Herkunft seiner Frau und vor allem die jüdischen Lebensverhältnisse seiner Schwiegerfamilie waren Thomas Mann durchaus bewusst. Im persönlichen Alltag seiner eigenen Familie hat das ebenso eine Rolle gespielt wie im Verhältnis zu Alfred und Hedwig Pringsheim. Vielfältig hat er sich in seinem Werk und in persönlichen Aufzeichnungen darauf bezogen. Zunächst ist das ein Thema im Briefwechsel mit Bruder Heinrich, wo er sich erstmalig über die Lebensverhältnisse der Familie seiner zukünftigen Frau äußert. So schreibt er im Februar 1904:

> Pringsheims sind ein Erlebnis, das mich ausfüllt. Tiergarten mit echter Kultur. Der Vater Universitätsprofessor mit goldener Cigarettendose, die Mutter eine Lenbach-Schönheit, der jüngste Sohn Musiker, seine Zwillingsschwester Katja (sie heißt Katja) ein Wunder [...].[387]

„Nichts als Kultur“ sei in dieser Familie zu spüren und „kein Gedanke an Judentum“ komme auf „diesen Leuten gegenüber“.[388] Der „Tiergarten“ verweist auf die exklusive Lebenswelt der reichen Berliner Juden. Es wird auch der Wohnort der Familie Aarenhold in der Erzählung WÄLSUNGENBLUT, die Thomas Mann als seine „Judengeschichte“[389] bezeichnen wird. Der eindeutige Bezug auf die Familie Katias und die märchenhafte Welt der Zwillinge erregte bekanntlich den Zorn des Schwiegervaters. Die Aarenholds sind eine assimilierte jüdische Familie. Siegmunds Schwester Sieglinde steht kurz vor der Heirat mit einem christlichen Kaufmann. Im Zentrum der Handlung steht der Besuch einer Aufführung von Wagners WALKÜRE, die die Zwillinge von ihrer Proszeniumsloge aus erleben. Eine Reminiszenz an die Erlebnisse des Autors, der die Familie Pringsheim und ihre stadtbekannten Kinder ebenfalls in der Oper beobachtete und darüber auch berichtet hat. In indirekter Rede wird in WÄLSUNGENBLUT die Handlung der Oper beschrieben. Da ist die Rede von dem „fremdartigen Vater“ des Protagonisten Siegmund und davon, dass ein „Fluch“ auf ihm gelegen habe, „das Brandmal seiner seltsamen Herkunft“ (GKFA, Bd. 2.1, S. 451). Der Vater der Opernhandlung ist natürlich der Gott Wotan. Die Vaterfigur der Erzählung ist Herr Aarenhold, der von seinen Sprösslingen im Grunde verachtet wird. Der Schluss der Erzählung entspricht dem Finale des ersten Aktes der WALKÜRE, wo das Zwillingspaar der Opernhandlung seine Geschwisterschaft entdeckt und mit seinem Inzest den ungeliebten Gatten Hunding betrügt. Psychologisch spannend zeichnet der Autor seinen Protagonisten Siegmund als jungen Mann mit einem außergewöhnlichen Hang zur Pflege seines „mageren“ Knabenkörpers, der freilich „zottig von schwarzem Haar“ (GKFA, Bd. 2.1, S. 445) ist. Von welchem Schmutz oder Makel ihn sein Waschzwang befreien soll, bleibt offen, dürfte sich aber dem aufmerksamen Leser erschließen.
Bei der Verfilmung der Erzählung im Jahre 1964 wirkte Erika Mann bei der Einrichtung des Drehbuches mit. Am Ende geht es im Film weniger um die Problematik einer jüdischen Assimilation als um einen allgemeinen gesellschaftlichen Aufstieg, eindeutig aber um den Versuch, das jüdische Thema an den Rand zu drängen.

Thomas Manns Brautwerbung war darüber hinaus auch Thema seines Romans KÖNIGLICHE HOHEIT. Weitaus dezenter wird hier das Thema Judentum behandelt, steht aber immer

---

[387] Brief an Heinrich Mann vom 27. Februar 1904, in: Hans Wysling (Hrsg.): Thomas Mann – Heinrich Mann: Briefwechsel, a.a.O., S. 98. (GKFA, Bd. 21, S. 270)

[388] Ebenda. In einem Brief an Heinrich schreibt Thomas am 20. Januar 1905 über die Physiognomie der neugeborenen Erika: „Momentweise glaube ich, ein klein bischen Judenthum durchblicken zu sehen“, was ihn sehr erheitere. (GKFA, Bd. 21, S. 333)

[389] Brief von Thomas Mann an Heinrich Mann vom 20. November 1905. (GKFA, Bd. 21, S. 333)

zwischen den Zeilen. Der junge Arzt Doktor Sammet wird vom Großherzog sehr direkt gefragt, ob er Jude sei. Als Landesherr pocht der Regent auf Einhaltung des „paritätischen Prinzips“ (GKFA, Bd. 4.1, S. 33). Toleranz gegenüber dem Judentum ist auch dringend erforderlich, da der amerikanische Milliardär Samuel N. Spoelmann den bankrotten Kleinstaat sanieren soll. Dies wird möglich durch die Liebesbeziehung und schließliche Heirat des Prinzen Klaus Heinrich mit dessen Tochter. Samuel Spoelmann, der „Eisenbahnkönig“ (GKFA, Bd. 4.1, S. 167), hat sein Vermögen geerbt. Sein Vater hat Deutschland als armer Mann verlassen, in Victoria, das wir wohl in den Vereinigten Staaten ansiedeln dürfen, als Goldgräber mit Glück ein Vermögen gemacht, das durch Spekulationen in Bolivia (Südamerika!) märchenhaft vermehrt wurde.

Auch Alfred Pringsheim hatte sein Vermögen geerbt. Katias Großvater Rudolf Pringsheim hat es durch Spekulationen mit Eisenbahnkonzessionen in schlesischen Bergbaugebieten erworben. Der Hinweis auf Südamerika verweist natürlich auf das exotische Element, das Thomas Mann selbst über die brasilianischen Ursprünge seiner mütterlichen Familie einbringen kann. Dass Samuel N. Spoelmann Jude ist, wird im Roman eigentlich nicht erwähnt. Ein augenzwinkerndes, insgeheim zustandekommendes Einverständnis zwischen dem Autor und seinem Leser ergibt sich auch ohne spezifische Beschreibungen. Allein der Vorname reicht dazu aus. Neben dem Namen Samuel dürfte die Abbreviatur N. die Phantasie der Leser auf den Namen Nathan lenken. Der Rest ergibt sich im Rückgriff auf die Muster einer gemeinsamen Phantasie- und Vorstellungswelt. Seine Tochter, Imma Spoelmann, wird aus dieser Sphäre zunehmend herausgeholt. Lediglich die dunklen „braunschwarzen Augen“ – die Augen Katias – geben Hinweise auf eine „südliche Abstammung“ (GKFA, Bd. 4.1, S. 291). Imma selbst verweist auf die Heirat des Großvaters in Bolivia mit einer „Dame mit indianischem Blut!“ (Ebenda). Ihre Erklärungen, warum sie und ihr Vater Amerika verlassen haben, geben wiederum Raum für Spekulationen. Sehr unbestimmt ist die Rede vom „Haß der benachteiligten Menge gegen die aufgehäufte Macht des Geldes“ (GKFA, Bd. 4.1, S. 206f). Dabei ist doch die eigentliche Leidenschaft von Samuel Spoelmann, ganz wie bei Alfred Pringsheim, die aktive Pflege der Musik. Spannende Einblicke in die Seelenlandschaften nicht nur der Romanfiguren. Wenn wir das Werk in Bezug setzen wollen zu Thomas Manns Verhältnis zur Familie Pringsheim und seinem Werben um die Tochter des Hauses, dann sehen wir Thomas Mann natürlich in der Figur des Prinzen Klaus Heinrich, Katia als Imma Spoelmann. Während dem Prinzen das Repräsentieren als eine eher lästige und leere Pflicht erscheint, gefällt sich Thomas Mann in seiner ihm mehr und mehr zufallenden Bedeutung, gefällt sich in einer Repräsentation, die seine Stellung nobilitiert. Wenn Katia, das „fremdartige [...] kleine Judenmädchen“[390] seine „Märchenprinzessin“ werden soll, dann ist er ja auch ein „Märchenprinz“. Die „Königliche Hoheit“ des Romans hat freilich einen Makel, eine Körperbehinderung in der Form eines verkürzten linken Armes infolge einer embryonalen Fehlentwicklung. Dennoch ein „Sonntagskind“ (GKFA, Bd. 4.1, S. 380), wie Klaus Heinrichs Bruder, der regierende Großherzog, meint; ein „Sonntagskind“, dem sich alles wohl zu fügen bestimmt scheint. Ob Thomas Mann auch an sich einen Makel oder ein Handicap gesehen hat?

Der Roman wurde 1953 verfilmt. Nach dem BUDDENBROOKS-Stummfilm von 1923 stand er nach dem Krieg am Beginn einer überaus erfolgreichen Verfilmungsgeschichte von Werken

---

390 Bezeichnung für Katia in den Arbeitsmaterialien zu dem Roman „Königliche Hoheit“. Zit. nach: Peter de Mendelssohn: Der Zauberer. Das Leben des deutschen Schriftstellers Thomas Mann, 3 Bde., Frankfurt a.M. 1975, 1996, Bd. 1, S. 944.

Thomas Manns. Dieter Borsche und Ruth Leuwerik waren das Traumpaar des Films. Erika Mann war an der Entstehung des Drehbuches beteiligt und vertrat konsequent die Rechte ihres Vaters in allen künstlerischen Belangen. Darüber hinaus hat sich die Schauspielerin einen durchaus interessanten Auftritt verschafft. Sie spielt eine Diakonisse, Oberschwester Amalie, im Kinderkrankenhaus der Residenzstadt Grimmburg, das eben der jüdische Arzt leitet, dem Klaus Heinrichs Vater schon begegnet ist und von dem er eine erste Aufklärung über die Behinderung seines neugeborenen Sohnes erhalten hat. Hier kommt es zur ersten Begegnung zwischen Klaus Heinrich und Imma Spoelmann, die von der Diakonissen-Schwester beobachtet wird. Sie darf auch einen Text sprechen. Thomas Mann hat bekanntlich nie einen Hehl daraus gemacht, dass es in dem Roman auch um seine Brautwerbung um Katia ging. Begegnet Erika Mann in dieser Spielszene somit nicht auch ihrem Vater und ihrer Mutter und wird – in der filmischen Phantasie und in ihrer eignen – sogar Zeugin erster Begegnungen und Bekanntschaften? Gerade die Fiktion verleiht allem einen besonderen Reiz.
Das Märchen vom amerikanischen Geld, das einen deutschen Kleinstaat vor dem Bankrott rettet und gleichzeitig eine Liebesheirat stiftet, allem eine „Ordnung“ und eine „Verfassung“ gibt, fand zur Adenauer-Zeit der Entstehung des Films ein begeistertes Publikum. Der Autor Thomas Mann war damit dem deutschen Publikum sicherlich leichter zu vermitteln als mit seinen Reden an die deutschen Hörer. Roman und Film rekonstruierten Verhältnisse von weit vor der Katastrophe. Die Befindlichkeiten, die sie mit verursacht haben, lauerten indessen überall. Romane und Erzählungen von Exilanten fanden, mit Ausnahme von Carl Zuckmayer, bei der Auswahl für die Drehbücher aktuell kaum Beachtung.[391]

Noch im DOKTOR FAUSTUS überrascht die Darstellung des Jüdischen. Seltsamerweise finden wir keine positiv gezeichnete jüdische Figur in einem Roman, der zwei Jahre nach dem Ende des Zweiten Weltkrieges erscheint, ohne einen Hinweis auf die Shoa zu geben. Im Teufelsgespräch des 25. Kapitels gewährt Adrians imaginärer Verhandlungspartner, der „rotes Haar“ hat, ein „käsiges Gesicht“ und eine „schief abgebogene Nasenspitze“, in seinem Pakt Adrian Zeit und Raum zu seiner künstlerischen Vollendung unter der Prämisse, dass er nicht lieben darf: „Dein Leben soll kalt sein – darum darfst du keinen Menschen lieben.“ (GKFA, Bd. 10.1, S. 364) Ein gestreiftes „Trikothemd“ und eine „karierte Jacke mit zu kurzen Ärmeln“, dazu eine „widrig knapp sitzende Hose“ weist das Gegenüber als „Strizzi“ (GKFA, Bd. 10.1., S. 327) aus, eine charakterlich zwiespältige, antibürgerliche Figur. Sehr direkt identifiziert sich Thomas Mann in diesem Kapitel mit dem Komponisten, indem er seinem Verhandlungspartner die Worte in den Mund legt: „Wenn du den Mut hättest, dir zu sagen: ‚Wo ich bin, da ist Kaisersaschern‘, […] so stimmte die Sache […].“ (GKFA, Bd. 10.1, S. 330) Thomas Mann verkündete ja bei seiner Ankunft in den Vereinigten Staaten den auf ihn wartenden Reportern „Wo ich bin, da ist Deutschland!“ und reklamierte damit für sich die Repräsentanz des „guten“ Deutschland. Eindeutig aber erscheint die Teufelsfigur in diesem Kapitel als Parodie – direkter ausgedrückt als Karikatur – eines jüdischen Intellektuellen, in dem einige Biographen sogar Manns Berater Theodor W. Adorno als Vorbild vermuten.
Eine ganz andere Figur wird mit dem Impresario Saul Fitelberg eingeführt, der sich im 37. Kapitel Adrian als Konzertagent und Manager anbiedert. Fitelberg wird als „internationaler Musik-Gewerbemann und Konzert-Unternehmer“ aus Paris vorgestellt. Ein „Weltmann“ in den Augen von Leverkühns Vermieterin, Frau Schweigestill, der französisch spricht. Gebürtig

[391] Dazu: Peter Zander: Thomas Mann im Kino, a.a.O., S. 66.

aus „Ljublin mitten in Polen"[392], wie er sich selber präsentiert. Ein Ost-Jude aus dem Getto also mit „lustigen Mandelaugen voll mittelmeerischen Schmelzes hinter der Hornbrille" (GKFA, Bd. 10.1, S. 578). Wie der Teufel, dem Leverkühn in Palestrina begegnete, trägt auch Fitelberg gelbe Schuhe. Das Gespräch, dem Leverkühns Freund Serenus Zeitblom folgt, findet teils in deutscher, teils in französischer Sprache statt, ganz wie die Begegnung von Hans Castorp und Clawdia Chauchat im ZAUBERBERG. Was sich dort als Opernszene gerierte, wird hier zu einer Parodie, zu einer Kolportage, zu einer komischen Variante des Teufelsgesprächs in Palestrina. In der Tat steht ja auch die Figur des Saul Fitelberg in der Reihe der Teufelsfiguren, denen Adrian im Verlauf seines Lebens begegnet. Von einem Gespräch kann jedoch kaum die Rede sein. Es ist eher ein Monolog, ein „Geplapper", das weder von Adrian noch von Zeitblom unterbrochen wird. Raffinierterweise verzichten damit die Figuren des Romans und ihr Autor auf einen Kommentar der Äußerungen. Auch Fitelberg will Leverkühn auf seinem „Mantel durch die Lüfte [...] führen" (GKFA, Bd. 10.1, S. 579), auf dem Zaubermantel des Mephisto also, verleiten – oder verführen? – zur Teilhabe an der großen Welt, hier der bedeutenden internationalen Musikwelt. Dies lehnt Adrian natürlich ab. Eine Weigerung, die Fitelberg als sehr „deutsch" betrachtet. Eine Ablehnung der Welt aus „Hochmut und Inferioritätsgefühlen", aus „Verachtung und Furcht", die das „ressentiment des Ernstes gegen den Salon der Welt" (GKFA, Bd. 10.1, S. 589) verkörpert. 1945 analysiert Thomas Mann in seiner in der Washingtoner Kongress-Bibliothek gehaltenen Rede über DEUTSCHLAND UND DIE DEUTSCHEN den deutschen „Dünkel" und den ihm „angeborenen Provinzialismus" als Ausdruck seines „völkergesellschaftlichen Minderwertigkeitsbewußtseins".[393] Saul Fitelberg bringt das auf den entscheidenden Punkt. „Wir Juden haben alles zu fürchten vom deutschen Charakter, qui est essentiellement antisémitique, – Grund genug für uns natürlich, uns zur Welt zu halten, der wir Unterhaltungen und Sensationen arrangieren, ohne daß das besagte, daß wir Windbeutel oder auf den Kopf gefallen sind." (GKFA, Bd. 10.1, S. 590) Die These von einem kollektiven antisemitischen Charakter der Deutschen bleibt unkommentiert und steht damit erst einmal im Raum. Während die Juden, so Fitelberg, „international" seien, würden sich die Deutschen auf ihre „Volkstümlichkeit" besinnen, aber „Volkstümlichkeit wäre für uns eine den Pogrom herausfordernde Frechheit. Wir sind international, – aber wir sind pro-deutsch, sind es wie niemand sonst auf der Welt, schon weil wir gar nicht umhinkönnen, die Verwandtschaft der Rolle von Deutschtum und Judentum auf Erden wahrzunehmen. Une analogie frappante." (GKFA, Bd. 10.1, S. 591)

Folgerichtig verweist Franka Marquardt in ihrer Analyse des Fitelberg-Kapitels auf die Konsequenzen dieser Denkungsart.[394] Wenn deutsch sein „volkstümlich" sein bedeutet, die Juden aber durch gleiches Bemühen einen Pogrom „herausfordern", würden sie ja durch ihr „pro-deutsch" sein diesen noch rechtfertigen. Der Wunsch der Deutschen nach Einsamkeit entspräche demnach dem „jüdischen Erwähltheitsdünkel" (GKFA, Bd. 10.1, S. 591). In Saul

---

[392] Die Stadt Ljublin (Lublin) liegt ca. 160 km südöstlich von Warschau. Ab 1795 gehörte sie zum Habsburgerreich, ehe sie 1815 als Bestandteil von Kongresspolen an das Zarenreich fiel. Nach dem Ersten Weltkrieg wurde die Stadt polnisch. Mitte des 19. Jahrhunderts lag der Anteil der jüdischen Bevölkerung bei über 60 %. Im September 1939 wurde die Stadt von deutschen Truppen besetzt. Juden aus Lublin wurden 1940 für den Propaganda-Film „Jud Süß" zwangsverpflichtet. 1941 wurde in der Stadt das Konzentrationslager Majdanek errichtet, ein Jahr später waren die meisten jüdischen Einwohner der Stadt getötet.

[393] Thomas Mann: Deutschland und die Deutschen, in: Hermann Kurzke (Hrsg.): Thomas Mann. Ausgewählte Essays, a.a.O., Bd. 2, S. 282.

[394] Franka Marquardt: Der Manager als Sündenbock. Zur Funktion des jüdischen Impresarios Saul Fitelberg in Thomas Manns „Doktor Faustus", in: Zeitschrift für Germanistik. Neue Folge, Vol. 14, Nr. 3 (2004), S. 564–580. Auch unter: www.jstor.org/stable/23980544. (20. November 2020)

Fitelberg, dem „Manager des Deutschtums“[395], erfahren demnach die deutschen Leser des Romans einen „Freispruch [...] durch ein ‚repräsentatives' Opfer“.[396]
Dazu Marquardt: „Im Verlauf seines buchstäblich pausenlosen ‚Geplappers' wird aus dem Teufel mit dem Zaubermantel ein veritabler Sündenbock, der sich die allerschwerste Last der Deutschen auflädt und damit für immer verschwindet, ganz ohne Empfindlichkeit. [...] weder von Saul Fitelberg noch von dem, was er diesem ‚Roman des Deutschtums' abgenommen hat, muss nach seinem Abschied je wieder ernsthaft die Rede sein.“[397]

Die Deutschen, so Fitelberg zum Abschluss seines wenig erfolgreichen Besuches beim „Maître“, werden sich mit ihrer Weigerung, „sich bei der Welt einführen zu lassen“ ins Unglück bringen, in ein „wahrhaft jüdisches Unglück“ (GKFA, Bd. 10.1, S. 592), womit er noch einmal eine Art von Schicksalsgemeinschaft konstruiert.
Thomas Mann zieht alle Register, vereint die Zeichen jüdischer Physiognomie, bedient sich großzügig im Vorrat gängiger Klischees, die sich immer wieder als Leitmotive seines Werkes gezeigt haben.[398] Sollen wir die umstandslose Verbindung des internationalen Musikbetriebs mit der Pariser Agentur des polnischen Ost-Juden Fitelberg als „antisemitisches“ Vorurteil bezeichnen? Ist das nicht die altbekannte Argumentation Richard Wagners gegen Giacomo Meyerbeer, die Diskussion um die „Wirkung ohne Ursache“, die das Scheitern des deutschen Genies in der kapitalistischen, von „jüdischen“ Musikern, Bankiers und Kritikern beherrschten Metropole Paris erklären will, wo „Kunst“ zur „Ware“ degradiert wird? Dahinter steht konsequenterweise eine Musikauffassung, die Musik, wie im ZAUBERBERG beschworen, als „Seelenzauber“ versteht, der seine Magie verliert, wenn er – mit jüdischer Hilfe – kommerzialisiert wird. Alle zeitgenössischen Musiker, mit denen Thomas Mann zeit seines Lebens Kontakt hatte, waren aber doch mit diesem Betrieb verbunden. Er selbst als Erfolgsautor doch ebenso wie die „Komponiermaschine“ Strauss, dessen „efficiency“[399] noch 1955 nach dem Hören einer DON JUAN-Aufnahme gewürdigt wird. Rätselhaft bleibt die Bedeutung des Fitelberg-Kapitels dennoch. Sollte es ein komisches Zwischenspiel vor dem tragischen Finale sein? Es verdankte seine Wirkung freilich einer aufgesetzten Komik, die im Jahr der Erscheinung des Romans eher verblüfft und als Peinlichkeit erscheint. Warum beharrte der Autor auf dieser Figur? Bezeichnenderweise hält der Ost-Jude Fitelberg einen Monolog. Weder Adrian noch Serenus Zeitblom ergänzen oder kommentieren seine Aussagen, verweigern geradezu ein Gespräch, eine Begegnung auf Augenhöhe. Der „polnische Jude“ ist dem Autor als komische Figur willkommen, wird aber kaum ernstgenommen. Schon Carl von

---

395 Ebenda, S. 580.
396 Ebenda.
397 Ebenda.
398 Von „antisemitische[n] Stereotype[n] bei erklärtermaßen ‚philosemitischer' Gesinnung“ spricht der Germanist Yahya Elsaghe in seinem Buch „Die imaginäre Nation. Thomas Mann und das Deutsche“ (München 2000, S. 13). Zu den klischeehaft dargestellten jüdischen Figuren zählt der Autor u.a. den aus Galizien stammenden Naphta im „Zauberberg“, wie Saul Fitelberg im „Doktor Fautus“ ein „Ost-Jude“, sowie den Kunsthändler Blüthenzweig in „Gladius Dei“. Auch die Familie Hagenström, die am Ruin der Buddenbrooks beteiligt ist, wird klischeehaft beschrieben als nach Lübeck – Manns Vaterstadt (!) – zugezogene Familie, die über die Mutter (!) „jüdisch versippt“ ist. Die Novelle „Wälsungenblut“ bezeichnet Elsaghe als die „aggressivste Attacke gegen das jüdische Wirtschafts- und Bildungsbürgertum“ (Elsaghe, S. 209). Darüber hinaus sieht er in Figuren wie Naphta, Fitelberg oder Julchen Hagenström geradezu eine „Diabolisierung der Juden“ (Elsaghe, S. 201). Auf die abgründige Darstellung des Schächtens in den „Operationes spirituales“ im 6. Kapitel des „Zauberbergs“ hat Franka Marquardt verwiesen: Franka Marquardt: Judentum und Jesuitenorden in Thomas Manns Zauberberg. Zur Funktion der ‚Fehler' in der Darstellung des jüdischen Jesuiten Leib-Leo Naphta, in: Deutsche Vierteljahrsschrift für Literaturwissenschaft und Geistesgeschichte, 81, 2007, S. 257–281.
399 TMTB, 29. Juni 1955.

Ossietzky hat in seinem WELTBÜHNEN-Beitrag zum Wagner-Jubiläum 1933 darauf hingewiesen, dass ihm im Bayreuther Festspielhaus gern „ein Logenplatz“ reserviert war, „wenn er nur zahlungsfähig“[400] war. Kein geringerer als Siegfried Wagner selbst hat dies bestätigt. In einem Brief an den Journalisten August Püringer weigert er sich 1921, die Juden vom Besuch der Festspiele auszuschließen, da sie „zahlreiche Beweise ihrer Freundschaft gegeben haben“. Ihre Hilfe sei „doppelt verdienstlich, weil mein Vater sie in seinen Schriften angegriffen und beleidigt hat.“ Namentlich erwähnt er Ernst Dohm als Förderer der Festspiele und damit den Vater von Hedwig Pringsheim, den Großvater von Katia Mann. Er ergänzt seine Ausführungen mit der verblüffenden Maxime: „Ob ein Mensch Chinese, Neger, Amerikaner, Indianer oder Jude ist, das ist uns völlig gleichgültig.“[401] Ähnlich wird Richard Strauss in späteren Jahren in seinem Brief an Stefan Zweig argumentieren. Ihm waren bekanntlich „Chinesen, Oberbayern, Neuseeländer oder Berliner“ als Publikum gleichermaßen willkommen, „wenn die Leute nur den vollen Kassenpreis bezahlt haben“.[402]
Das geschickte Agieren des Festspielleiters Siegfried Wagner steht dabei ebenso mit dem Erwerb finanzieller Mittel im Zusammenhang wie die gespielte "Wurschtigkeit“ des Komponisten Richard Strauss. Das Fitelberg-Kapitel illustriert mithin einen historischen und persönlichen Zwiespalt, von dem auch der Autor des DOKTOR FAUSTUS betroffen war.[403]

In seiner Thomas Mann-Biographie setzt sich der Germanist Hermann Kurzke im Kapitel „In Acht und Bann“ mit den Verhältnissen zu Beginn des Jahres 1933 auseinander, die Thomas Mann ins Exil führten. Unter der vielsagenden Überschrift „Woher der Haß?“ – gemeint ist damit der Hass der „Deutschen“ gegen Thomas Mann – wird ausgeführt: „Die Haßgefühle gegen Thomas Mann haben viele Quellen. Man nennt ihn jüdisch, marxistisch, intellektualistisch, dekadent, einen Snob, einen kalten Macher. Das Sammelwort dafür ist: undeutsch. Alles, was sie selber waren und doch nicht sein zu sollen glaubten, verfolgten die Deutschen in Thomas Mann. Er war der Sündenbock, der stellvertretend in die Wüste geschickt wurde. Mit diesem ‚Opfer' glaubten sie sich zu reinigen. Sie verbannten einen Teil von sich selbst, den dekadenten, der ihr menschlichster war.“[404]
Nicht zufällig, so Kurzke, steht am Anfang dieser Austreibung der „Protest der Wagner-Stadt München“, der dem „undeutschen Snob Thomas Mann“[405] das Recht streitig macht, Wagner zu kritisieren, den „deutschen Geistesriesen“, so der Wortlaut im „Protest“, mit der Psychoanalyse des Juden Sigmund Freud in Zusammenhang zu bringen. Nicht Kritik war gefragt, sondern Glaube. Auch nicht Glaube an die „Größe“ Richard Wagners, sondern an die vermeintlich eigene Bedeutung. „Thomas Mann wird bekämpft, weil er den Sauberkeitsaposteln ihre Verdrängungen demonstriert. Das aus dem eigenen Ich Verdrängte kehrt wieder als Verbrechen an anderen. So kam es, daß Thomas Mann, indem er ausgetrieben wurde, die Sünde des deutschen Volkes zu tragen hatte.“[406]

---

[400] Carl von Ossietzky: Weltbühne vom 21. Februar 1933.
[401] Siegfried Wagner an August Püringer (1921), zit. nach: Hartmut Zelinsky: Richard Wagner. Ein deutsches Thema. Eine Dokumentation zur Wirkungsgeschichte Richard Wagners, München 1976, Berlin, Wien 1983, S. 165.
[402] Richard Strauss an Stefan Zweig, Brief vom 17. Juni 1935, zit. nach: Willi Schuh (Hrsg.): Richard Strauss – Stefan Zweig. Briefwechsel, Frankfurt 1957, S. 141.
[403] Als ambivalente jüdische Charaktere seien in diesem Zusammenhang noch Detlev Spinell in „Tristan“ und Chaim Breisacher im „Doktor Faustus“ erwähnt. Wie die anderen jüdischen Figuren erscheinen sie als Außenseiter, Emporkömmlinge, exotische Figuren.
[404] Hermann Kurzke: Thomas Mann, a.a.O., S. 403.
[405] Ebenda.
[406] Ebenda, S. 404.

Wäre somit die Figur des „Sündenbocks" Saul Fitelberg nicht auch ein Selbstporträt des Autors? Ein Verweis auf das PARSIFAL-Thema vom „wehvolle[n] Erbe", das ihm in seiner Familie am persönlichsten begegnet.
Richard Strauss hat die geschilderten Hintergründe durchaus erkannt, was auch die gern bemühte These von seiner „Naivität" erneut in Frage stellt. Den anlässlich der „Entarteten Musik" von den Nationalsozialisten zusammengestellten Werkkatalog meinte er ja mit seiner eigenen SALOME ergänzen zu müssen. Eine Erkenntnis, die ebenso ironisch wie zutreffend war.

Das jüdische Erbe der Familie Pringsheim, das Thomas Manns Werk vielfältig illuminiert, ihn selbst ein Leben lang beschäftigt hat, wurde von Erika und Klaus kaum erwähnt. Insbesondere Katia und Erika waren bemüht, den „Zauberer" von jeglichem ‚Makel' frei zu halten. Thomas Mann sollte die Lichtfigur des Exils sein, der Gegenentwurf zu all denen, die sich in Deutschland mit den Nationalsozialisten gemein gemacht hatten. Nicht die jüdischen Ursprünge seiner Ehefrau sollten für das Exil eine Rolle spielen, sondern die leidenschaftliche Gegnerschaft des Goethe-Nachfolgers, des Vertreters des „wahren" Deutschland, zum aktuellen Regime. Thomas Mann selbst hat das bekanntermaßen und bekennenderweise differenzierter gesehen. In der Zeit nach dem Krieg wird dies in der unterschiedlichen Einschätzung von Richard Strauss deutlich. Insbesondere Klaus Manns Bericht über seine Begegnung mit dem Komponisten offenbart sein Bemühen, aus Strauss einen überzeugten Nationalsozialisten zu machen. Nur als solcher kann er dem Vater gegenübergestellt werden. Nur Strauss kann als Projektionsfläche taugen. Alle anderen erkennt Klaus Mann als zu unbedeutend. Wie Erika steht er im Zwang der Selbstinszenierung nicht nur seiner selbst, sondern eben auch der „amazing family". Deren Zeit ist nun gekommen, während die von Strauss abgelaufen ist. Was hatte die Familie Strauss dieser Familie noch entgegenzusetzen?

Bleibt zu erwähnen der Historiker Golo Mann. Anders als Erika und Klaus gelang es ihm erst spät, aus dem Schatten des Vaters hervorzutreten und als Historiker Karriere zu machen. Dann aber erwiesen sich seine Bücher, insbesondere seine DEUTSCHE GESCHICHTE DES 19. UND 20. JAHRHUNDERTS als große Erfolge beim breiten Publikum der 1960er und 1970er Jahre. Richard Strauss findet in dieser Geschichte freilich keine Erwähnung, was uns durchaus überraschen sollte. Wagner sind nur wenige Seiten gewidmet. Der Historiker Golo Mann sah sich wohl weniger als Kulturwissenschaftler. Anders als in seiner WALLENSTEIN-Biographie spielte in der DEUTSCHEN GESCHICHTE die Disziplin der Mentalitätsgeschichte keine große Rolle. Zudem sah er sich, ganz anders als der Vater, kaum berufen, über musikalische Belange zu räsonieren. Auf wenigen Seiten charakterisiert er Wagner als „Demokrat[en] auf seine Art", der es „in der Theorie"[407] blieb. Dies erklärte sich für Golo Mann am Augenscheinlichsten darin, dass in seinem Theater die Logen und Ränge fehlten und keine „kommerzielle Unterhaltung"[408] geboten wurde. „Um des Geldes willen galt es, die Reichen anzulocken [ein Verweis auf die eigenen Großeltern Pringsheim, Anm. d. Verf.], die sich von dem neuartigen Reiz der Sache gern anlocken ließen. Orientalische Potentaten, neudeutsche Milllionäre steuerten bei [...]. Bayreuth wurde nicht zum Mittelpunkt einer geläuterten, vom Fluch des Goldes befreiten Volksgemeinschaft, wie Wagner es sich erträumt hatte. So war die Wirklichkeit der deutschen Geschichte nicht. Viel eher wurde es

[407] Golo Mann: Deutsche Geschichte des 19. und 20. Jahrhunderts, Frankfurt a.M. 1958, S. 470.
[408] Ebenda

zum sensationellen Sommertreffpunkt der europäischen Plutokratie."[409] Über das Bayreuth der 1920er Jahre erfahren wir ebenso wenig wie über Bayreuth im „Dritten Reich". Dieser Aufgabe stellten sich erst die nachfolgenden Historikergenerationen. Gerne hätten wir hier gerade von Golo Mann mehr erfahren. Über die ihm lange unbekannten jüdischen Ursprünge seiner Familie mütterlicherseits äußert er sich knapp: „Ich wußte auch nicht, daß meine Mutter aus einem jüdischen Haus stammte [...] später erzählte sie, daß sie es als Kind auch nicht gewußt habe."[410]
Während die jüdischen Ursprünge der Familie Pringsheim die Kinder der Familie Mann in besonderer Weise mit der Mutter verbinden, entwickeln sich mit der Homosexualität, in erster Linie der von Erika und Klaus, besondere Beziehungen zum Vater. Dies alles wird durchaus benutzt; zur eigenen Positionierung ebenso wie zu der des Vaters, die vor allem Erika als eine für sie wichtige Aufgabe erkannte und beanspruchte. Auch in den Träumen von Klaus spielt das alles eine Rolle. Die Tagebücher protokollieren Träume von der Mutter, die sich vom Zauberer scheiden lassen will, um ihm „Rassenschande" (KMTB, 26. Mai 1934) zu ersparen. Also auch hier die Idee, Thomas Mann von seinen jüdischen Fesseln zu befreien? Wenige Tage vorher berichtet Klaus Mann, er habe über das „heimlich[e] schwuhle Leben" (KMTB, 5. Mai 1934) des Zauberers geträumt.

„Antisemitische Stereotypen" im Werk von Richard Strauss sind in dieser Form kaum nachweisbar. Die in der griechischen Mythologie beheimateten Stoffe der Opern ELEKTRA, ARIADNE, DIE ÄGYPTISCHE HELENA, DAPHNE oder DIE LIEBE DER DANAE geben das ebenso wenig her wie die Libretti zum ROSENKAVALIER, zur SCHWEIGSAMEN FRAU oder zum CAPRICCIO. Das polyphone Durcheinander des „Juden-Quintetts" mit der Betonung der hohen Stimmen (4 Tenöre, 1 Bass) in der SALOME ist sicherlich als Karikatur zu werten. Ist es darüber hinaus ein „antisemitisches Stereotyp"? Wieweit die Hauptfigur in Kreneks JONNY SPIELT AUF heute als „politisch unkorrekte" Figur zu analysieren wäre – bedenken wir allein die kontroverse Diskussion um das „blackfacing", was noch einmal natürlich auch den ROSENKAVLIER ins Spiel bringt –, belegt die Komplexität des Sachverhalts und zeigt, wieweit die Diskussion von den jeweiligen zeitlichen Befindlichkeiten, Empfindlichkeiten, Erkenntnissen und Haltungen beeinflusst ist.
In der Oper ARABELLA, deren Handlung im Wien der 1860er Jahre spielt, befreit die Werbung des reichen Gutsbesitzer Mandryka um Arabella deren Familie aus dem finanziellen Ruin. Um in Wien Brautwerbung auf großem Fuß betreiben zu können, hat Mandryka einen seiner slawonischen Eichenwälder verkauft. Der Ort von Mandrykas Heimat liegt in einer östlichen Provinz der habsburgischen Doppelmonarchie zwischen Ungarn, Serbien und Bosnien-Herzegowina. Der Verkauf des Waldes wird im Gespräch mit dem Rittmeister Waldner, dem Vater Arabellas, ausführlich beschrieben:

> [...] Welko ruf´ ich,
> hol´ mir den Juden, na! Wie heißt der Jud in Sissek,
> der meinen Wald will kaufen? Dort den Eichwald!
> Schnell her mit ihm, und er soll Geld mitbringen,
> denn morgen fahr´ ich in dem Kaiser seine Hauptstadt,
> da kostet Geld ein jeder Atemzug,
> und Hindernisse darf´s nicht geben auf der Brautfahrt

---

[409] Ebenda.
[410] Golo Mann: Erinnerungen und Gedanken, hrsg. von Hans Martin Gauger u. Wolfgang Merz, Frankfurt a.M. 1991, S. 165ff.

(Er zieht ein großes, aber elegantes Portefeuille hervor; es
enthält lose hineingelegt einen dicken Pack Tausendgulden-
noten.)

Das ist der Wald...
Es war ein schöner Wald: Einsiedler waren drin,
Zigeuner waren drin und alte Hirschen,
und Kohlenmeiler haben viele drin geraucht –
Hat sich alles in die paar Fetzen Papier verwandelt![411]

Mandryka beschreibt in wenigen Worten die Verwandlung einer ursprünglichen, magischen Welt in ein Spekulationsobjekt. Der vom Juden mit Bargeld erworbene Eichwald wird wahrscheinlich industriell genutzt, die Eichen als Bauholz verkauft werden. Am Ende ist da kein Platz mehr für die Zigeuner, die in dem Wald wohnten, und für die Juden, die ihn gekauft und der Romantik ein Ende bereitet haben auch nicht; wenige Jahre nach der Uraufführung der Oper erst recht nicht mehr. Als „antisemitisches Stereotyp" wird man die Beschreibung vielleicht nicht bezeichnen können, durchaus aber als jüdisches Stereotyp, da der Jude automatisch mit dem Besitz von Bargeld in Verbindung gebracht wird und als der Einzige erscheint, der einen solchen Handel bewerkstelligen kann. Mehr als das wird deutlich, in welchem Maße Bilder und Vorstellungen, die die Nationalsozialisten nur zu übernehmen und zu entwickeln brauchten, schon vorher vorhanden waren, Phantasien und Bewusstsein geprägt haben.

Die Doppelbödigkeit der Problematik verdeutlicht sich noch einmal in der Oper FRIEDENSTAG. Einer der zivilen Protagonisten, der sich nicht für die heroische Lebensart des Krieges begeistern will, ist der Bürgermeister, ein alter Mann mit „verwirrtem Haar", der sich im „Gespensterchor" seiner Deputation ängstlich dem Kommandanten nähert.[412] Mathias Lehmann verweist in seiner Analyse der Oper auf die „‚jüdischen' Merkmale", mit denen die Figur und mit ihr die städtische Bevölkerung charakterisiert wird und den Konflikt zwischen dem „Heroischen" und dem „Pazifistischen" unterstreichen.[413] Insbesondere den Vergleich der Stadtbevölkerung mit dem Feind und seine Darstellung als „Menschen [...] wie wir"[414] bringt Lehmann mit dem Monolog Shylocks in Shakespeares DER KAUFMANN VON VENEDIG in Beziehung: „Hat nicht ein Jude Augen? Hat nicht ein Jude Hände, Gliedmaßen, Werkzeuge, Sinne, Neigungen, Leidenschaften? Mit derselben Speise genährt, mit denselben Mitteln geheilt, gewärmt und gekältet [...] als ein Christ."[415]
Der Monolog des Shylock zählt gleichermaßen zu den wichtigsten Motiven des nationalsozialistischen Antisemitismus wie zu denen seiner Kritiker. Das gebildete Theaterpublikum der Zeit dürfte die Hintergründe der Rede des Bürgermeisters im FRIEDENSTAG gekannt, sein „pazifistisches" Gedankengut damit als „jüdisches" bewertet haben.[416] Wie das dann zu interpretieren war, blieb dem Einzelnen überlassen.

Im direkten Vergleich mit den Opern von Richard Strauss finden sich in den Romanen und Erzählungen Thomas Manns durchaus mehr mit Juden verbundene Klischeevorstellungen.

[411] Richard Strauss: Arabella, Partitur, nach Ziffer 131.
[412] Richard Strauss: Friedenstag, Partitur, nach Ziffer 36.
[413] Matthias Lehmann: Der Dreißigjährige Krieg, a.a.O., S. 239.
[414] Richard Strauss: Friedenstag, Partitur, nach Ziffer 43.
[415] In der Schlegel-Übersetzung zit. nach: Matthias Lehmann, a.a.O., S. 240.
[416] Ebenda

Insbesondere bei Mann erscheinen dabei die Übergänge zu einer heute als antisemitisch empfundenen Darstellung fließend. Alltägliche Situationen betreffende antisemitische Bewertungen, Äußerungen und Kommentare stehen bei beiden in komplexen Zusammenhängen mit den Traditionen ihrer Zeit, die weder für eine Klasse noch eine Nation ‚typisch' waren, verhängnisvollerweise aber einen Zeitgeist ausdrücken, von dem sich beide lange Zeit nicht restlos und eindeutig distanzieren konnten oder wollten. Wieweit ihnen diese Haltung bewusst war und in welchem Maße sie hinterfragt wurde, bleibt dabei fraglich. Strauss hat sich selbst nach 1945 nicht eindeutig geäußert, Mann noch im DOKTOR FAUSTUS eine klischeebelastete Figur wie den Impresario Fitelberg vorgeführt. Während Mann im Tagebuch 1933 noch der „Entjudung der Justiz" positive Aspekte abgewinnt, hat Strauss die eindeutig antisemitischen Einstellungen von Personen wie seinem Vater oder später Cosima Wagner in Briefen und persönlichen Gesprächen „bedient", sich wohl auch gefühlsmäßig weniger Grenzen gesetzt als der intellektuell versiertere und emotional reserviertere Thomas Mann. Verbale antisemitische Ausfälle oder gar Attacken, auch in schriftlicher Form, hat sich Strauss selbst als Präsident der Reichsmusikkammer nicht geleistet. Darüber hinaus mehrfach Unterschriften unter Dokumente, die die Rechte von jüdischen Musikern beschränken sollten, zu verhindern gewusst. Unabhängig von diesen persönlichen Hintergründen und Falldispositionen müssen wir heute sowohl Thomas Mann als auch Richard Strauss in der Verantwortung von Konsequenzen sehen, die für sie vielleicht lange Zeit ungeahnt und unvorstellbar, dann aber immer dringender und eindeutiger vorhersehbar waren.

Abschied und „letzte Dinge“

Die Inszenierung der letzten Lebensjahre

Mit den „letzten Dingen“ haben sich sowohl Richard Strauss als auch Thomas Mann schon früh auseinandergesetzt. TOD UND VERKLÄRUNG entstand, als der Komponist Mitte zwanzig war, der Roman BUDDENBROOKS, der vom Untergang einer bürgerlichen Familie handelt, vielfältig auch vom Sterben, in der gleichen Lebensspanne des Schriftstellers. Spätestens seit 1933 galt Richard Strauss als Deutschlands bedeutendster Komponist. Das danach entstehende Werk wurde als Alterswerk betrachtet. Thomas Mann dagegen wurde seit 1936 als wichtigster Schriftsteller des Exils, gar als dessen „Oberhaupt“ gesehen. Von internationaler Bedeutung waren beide Künstler gleichermaßen. Ob sie sich jemals selbst als „jung“ gesehen haben? Zur Münchner Bohème, die so viel auf ihre „Jugend“ hielt, werden sie kaum gezählt. Strauss auch deswegen nicht, weil er seine Vaterstadt so früh verlassen hat. Eher scheinen beide früh zum „Klassiker“ bestimmt zu sein und dann zu Meistern der „letzten Dinge“. 1945 wurde Strauss mit den METAMORPHOSEN zum Chronisten des Untergangs. Auch für Thomas Mann, der in diesem Epochenjahr in sein letztes Lebensjahrzehnt trat, neigten sich die Zeiten umfangreicher Produktion ihrem Ende entgegen.

Der Wunsch, Richard Strauss nicht nur zu einem „Meister des Letzten“, sondern auch zu einem letzten Meister zu machen, bestand auf vielen Seiten. Strauss hat sich in seinem „Testament“ in dieser Rolle ebenso gesehen wie seine Mitwelt. Diese war von dem existenziellen Wunsch getragen, eine Klammer zu finden, die eine zu Ende gehende Epoche und eine neu beginnende Zeit über den Punkt der Katastrophe hinaus verbindet. Vielleicht erklärt sich hiermit auch die Popularität des Komponisten über das Kriegsende hinaus. Bereitwillig lieferten und nutzten Richard Strauss und sein Umfeld – Verleger, Intendanten, Regisseure, Interpreten, Publikum und Familie – die künstlerischen und biographischen Vorlagen. Die Entstehung des Werkkanons und die Gestaltung des Repertoires seitens der Verleger und Opernmacher verdeutlichen dies ebenso wie zeitgenössische Filmdokumente und Photographien. Unter der Intendanz von Rudolf Hartmann entwickelt sich die Bayerische Staatsoper München nach dem Krieg zu einem bedeutenden Zentrum der Richard-Strauss-Pflege. Im wiederaufgebauten und 1963 neueröffneten Nationaltheater begrüßt seine Büste das Publikum an prominenter Stelle im Vestibül in unmittelbarer Nachbarschaft zu Mozart und Wagner. Die Nachkriegsspielpläne der deutschen Opernhäuser haben sich darüber hinaus lange Zeit auf ein Repertoire konzentriert, das in seinem Kern ganz wesentlich von den Opern bestimmt wurde, die Strauss in seinem „Testament“ als „Stützen“ des Repertoires vorgeschlagen hat. Nach seiner Rückkehr aus der Schweiz am 10. Mai 1949 überstürzen sich die Ehrungen, bemühen sich die ihn Feiernden, für die Nachwelt einen Mythos zu dokumentieren. Während der Dreharbeiten zu dem Film EIN LEBEN FÜR DIE MUSIK wird Strauss´ 85. Geburtstag gefeiert. Die Sopranistin Gerda Sommerschuh gratuliert mit tränenerstickter Stimme. Zur gleichen Zeit besucht Thomas Mann auf seiner zweiten Europareise England, Schweden, Dänemark, die Schweiz und erstmalig auch Deutschland. In Stockholm erfahren er und Frau Katia vom Selbstmord ihres Sohnes Klaus in Cannes am 21. Mai. An seiner Beerdigung werden sie beide nicht teilnehmen, da die Vortragsreise nicht unterbrochen werden soll. Anders als die Rückkehr von Strauss findet der erste Besuch von Thomas Mann im Nachkriegsdeutschland nicht ungeteilten Zuspruch. Immer noch erinnern sich die Vertreter der „inneren Emigration“ an seine Weigerung, gleich nach dem Kriegsende nach Deutschland zurückzukehren. Nun stößt seine Absicht, seine Festvorträge zum 200. Geburtstag Goethes nicht nur am 25. Juli in der Frankfurter Paulskirche, sondern auch am 1. August im Nationaltheater Weimar zu halten, auf erneute Kritik im auseinandergerissenen Deutschland. Am 27. Juli hält er auch einen Vortrag in München, das er seit seinem Wagner-Vortrag nicht mehr gesehen hat. Emil Preetorius, dessen zwiespältige Haltung zum Nationalsozialismus Thomas Mann in der Person des Sixtus Kridwiß im DOKTOR FAUSTUS thematisierte, war als amtierender Präsident der Bayerischen Akademie der Schönen Künste am Zustandekommen dieses Besuches wesentlich beteiligt. Am 8. September 1949 stirbt Richard Strauss in Garmisch. Während sein Werk weiterhin den unbestrittenen Beifall seines internationalen Publikums findet, wird er einer neuen Generation von Komponisten kaum zum Vorbild. Ein Sachverhalt, der sich erst Jahrzehnte später verändern wird.

Thomas Mann erfährt in Pacific Palisades die Todesnachricht. Seine eigene endgültige Rückkehr nach Europa findet erst 1952 statt. Dafür gibt es eine ganze Reihe von Gründen. Einige hängen sicherlich mit der innenpolitischen Entwicklung im Amerika McCarthys zusammen. Vielleicht spielte auch der Wunsch, nicht in Amerika begraben zu werden, eine Rolle.
Ein Testament hatte Mann bereits im Juni 1944 aufgesetzt. Im Folgejahr feierte er seinen 70. Geburtstag und war sich bewusst, mit dem 1947 veröffentlichten DOKTOR FAUSTUS sein letztes großes Werk vollendet zu haben. Am Vorabend seines 77. Geburtstages versiegelte er ein Paket, das seine bisher geschriebenen Tagebücher beinhaltete. Gedanken über den Tod und das Sterben waren ihm nicht neu. Anders als bei Richard Strauss, von dessen insgesamt fünfzehn Opern nur zwei mit einem tödlichen Ausgang enden, ging es im Werk Thomas Manns häufig um den Tod. Der Thomas-Mann-Biograph Hermann Kurzke formuliert pointiert: „Sterbefälle waren seine Spezialität.“[417] Die frühe Erkenntnis einer im Tod erlebten Zeitlosigkeit durchzieht, auf den Pfaden einer Wagner´schen Nacht-Welt wandelnd, das gesamte Werk. Die an der Schwelle des Todes erfahrene kosmische Einheit verleiht dem Übergang dabei eher etwas Beruhigendes, eine Heiterkeit, die ihn zumindest mit einem der vier letzten Lieder von Richard Strauss verbindet, mit dem den Zyklus abschließenden Eichendorff-Lied „Im Abendrot“. Flötentriller begleiten hier das träumende Aufsteigen zweier Lerchen in den Duft der Nacht. Am Ende zitiert Strauss sich selbst. Zu den Worten „Wie sind wir wandermüde – / Ist dies etwa der Tod?“ erklingt im Englischhorn das Auferstehungsmotiv aus der sechzig Jahre zuvor entstandenen Tondichtung TOD UND VERKLÄRUNG, ein heiter-graziöser Ausklang und Lebensabschied.

Thomas Mann hatte verfügt, nicht in seiner Heimatstadt Lübeck begraben zu werden. Das „stille“ aber „noble“ evangelische Begräbnis sollte keine Heimkehr werden. Organisatorische Regeln hatte seine Voraussicht kaum beachtet. Die Schweizer Behörden mussten vermittelnd eingreifen, um die offiziellen Trauergäste aus der BRD und der DDR protokollgerecht zu platzieren. Eine Konkurrenz um die Größe von Delegationen und die Bedeutung ihrer Teilnehmer aus dem geteilten Deutschland hatte es bei der Beerdigung von Richard Strauss nicht gegeben.

Unabhängig davon hatten beide ihre Anhänger, ihre Hörer und ihre Leser. Thomas Manns Exil und sein angespanntes Verhältnis zum Nachkriegsdeutschland sollten jedoch noch bis in die 1970er Jahren hinein eine positive Annäherung erschweren. Die mit der Publikation der

[417] Hermann Kurzke: Thomas Mann, a.a.O., S. 586.

Tagebücher stattfindende Popularisierung Thomas Manns stand hingegen bald im Gegensatz zu einer zunehmend kritischer werdenden Strauss-Rezeption, die sein Wirken im Nationalsozialismus nicht mehr ausklammerte oder relativierte.
Durchaus im Bewusstsein dieser Befindlichkeiten und Empfindlichkeiten entwickelten sich die Bilder der Nachwelt. Treffender wäre es, von ihrer Konstruktion zu sprechen. Die Entscheidung des Verlegers, letzte Lieder unter dem Titel VIER LETZTE LIEDER zu publizieren, macht den Anfang und betont den Anspruch, im Komponisten selbst einen der letzten Meister zu feiern.
Erika Mann wird das bald übernehmen. Berichte über die letzten Monate des Zauberers erscheinen unter dem Titel DAS LETZTE JAHR[418]. Das Haus in Kilchberg wird als „letzte Adresse" zu einem Ort der Literaturgeschichte. Erika wird zur Hüterin des Vatererbes, überwacht die Kanonisierung eines Werkes, das wohl zum letzten Mal den Anspruch auf universale Repräsentation des deutschen Geistes erheben darf. [419]

Die Inszenierung der nun endgültig „letzten" Lebensjahre von Richard Strauss gilt der Rettung des Komponisten aus dem Abgrund seiner Lebensgeschichte während des „Dritten Reiches". Das geschickte Platzieren von CAPRICCIO als „letztem" Werk, die Zeit des sozialen und ästhetischen Abtauchens, der „Handgelenksübungen", der scheinbar nebenbei entstehenden METAMORPHOSEN und der „Letzten Lieder", die erklärtermaßen vorläufig gar nicht für ein deutsches Publikum geplant waren, bahnen den Weg.
Auf der offiziellen Trauerfeier von Richard Strauss auf dem Münchner Ostfriedhof dirigierte Georg Solti – sicherlich nicht ganz zufällig –, den Trauermarsch aus der „Eroica" und, auf Strauss´ bereits 1938 explizit geäußerten Willen, das Schlussterzett aus dem ROSENKAVALIER. Damit wollte sich Strauss von der Welt verabschiedet wissen. Mit einer Musik, die vom Abschied handelt, nicht aber von den „letzten" Dingen, die in den letzten Jahren eines durch ganz unterschiedliche Zeitalter geprägten Lebens ihre Schatten auf eine am Ende fragwürdig gewordene Existenz und eine vielfach zu hinterfragende Musik geworfen haben. Die Frage, ob dies alles so gekommen wäre, wenn Strauss sechzehn Jahre früher gestorben wäre, bleibt Spekulation. Eine neue Epoche hatte sich – musikalisch zumindest – bereits vorher angekündigt. Die vergangene – unter Ausschluss der jüngsten Ereignisse – mehr zu verklären, als zu bewältigen, dazu verhalf dem deutschen Publikum auch die Musik von Richard Strauss, die frühe – gerade die natürlich! – und die der „letzten" Dinge, in denen es sich noch einmal schwelgen ließ von Liebe und Tod.
Die erste deutsche Schallplattenaufnahme der METAMORPHOSEN erschien 1947 zusammen mit dem DEUTSCHEN REQUIEM von Johannes Brahms. Die Wiener Philharmoniker spielten unter der Leitung von Herbert von Karajan. Mit der Eröffnung des in Originalgestalt wieder aufgebauten Münchner Nationaltheaters mit der FRAU OHNE SCHATTEN am 21. November 1963 war die Musik von Richard Strauss dann endgültig, bruchlos und festlich in der Nachkriegszeit angekommen. Weit über diese historischen Ereignisse hinaus sollte und konnte die Musik von Richard Strauss auf neue Zeiten und Höreinsichten warten. Seine Musik erwies sich letztendlich über ein Zeitenende und die Konstruktion der „letzten Dinge" hinaus auch als ein kulturelles Vermächtnis, als ein Anfang. Der Titel der METAMORPHOSEN bezieht sich in der Tat nicht nur auf die Musik des Komponisten, sondern durchaus auch auf ihn selbst. Nicht im Sinne einer „Verklärung" oder eines persönlich zu nehmenden Prozesses

[418] Erika Mann: Das letzte Jahr. Bericht über meinen Vater, Frankfurt a.M. 1956.
[419] Thomas Mann selbst hat sie in seinem Tagebuch als „Sekretärin, Biografin, Nachlass-Hüterin, Tochter-Adjutantin" bezeichnet (TMTB, 1. Februar 1948).

der Einsicht oder Läuterung, vielmehr im Sinne einer Verwandlung von Lebensschicksal in Musik, die in ihrer Abstraktion zu einer Größe findet, die in der Biographie kaum erreicht wurde. Wieweit persönliche und künstlerische Größe einander bedingen, hat Klaus Mann nach seiner Begegnung mit Richard Strauss zwar kritisch hinterfragt, am Ende aber nicht unbedingt entschieden.

Am 20. November 1945, wenige Wochen nach der Einreise von Richard Strauss in die Schweiz, beginnen im Nürnberger Justizpalast die „Nürnberger Prozesse". Lediglich der erste Prozess gegen die 24 Hauptkriegsverbrecher wird vor dem Internationalen Militärgerichtshof stattfinden. Die bis in den April 1949 dauernden Folgeprozesse werden infolge zunehmender Querelen zwischen den vier Siegermächten nicht mehr international ausgerichtet sein. Auf der Anklagebank der Hauptkriegsverbrecher sitzen neben Hermann Göring auch Rudolf Heß, Baldur von Schirach und Hans Frank. Insbesondere die beiden letztgenannten sind als persönliche Förderer von Richard Strauss in Erscheinung getreten. Der Reichsjugendführer Baldur von Schirach – sein Vater, Carl Baily Norris von Schirach, war von 1909–1918 Intendant des Nationaltheaters Weimar und von 1935 bis 1943 Intendant des damals Nassauischen Landestheaters Wiesbaden – war ab 1940 Gauleiter und Reichsstatthalter in Wien und organisierte in dieser Eigenschaft die Wiener Feierlichkeiten zu Strauss´ 80. Geburtstag im Juni 1944, obwohl führenden Nationalsozialisten seit Januar persönliche Verbindungen zu Richard Strauss, der längst zu einer Persona non grata geworden war, untersagt waren. Hans Frank überwachte als „höchster Jurist" des „Dritten Reiches" die Gleichschaltung der Justiz zunächst in Bayern, später in Deutschland. Ab 1939 verantwortete er als „Generalgouverneur der besetzten polnischen Gebiete" die Errichtung von Konzentrationslagern in Polen, Massaker an der polnischen Zivilbevölkerung, Vertreibungen und Deportationen sowie die Niederschlagung des Aufstandes im Warschauer Getto im Frühjahr 1943. Hans Frank, der „Schlächter von Warschau", hat Richard Strauss am 8. Oktober 1943 als „Opernfreund" besucht und dem Komponisten Beistand gegen die „Willkürmaßnahmen" der NSDAP-Ortsgruppe geleistet. Als kurze Zeit nach diesem Besuch Strauss Räumlichkeiten seiner Villa Ausgebombten zur Verfügung stellen sollte, wandte dieser sich kurzerhand an Frank, dessen persönliche Intervention Strauss am 3. November vor einer solchen Einquartierung bewahrte. Strauss revanchierte sich mit einem ebenso grotesken wie makabren „Lied für eine Singstimme": „Wer tritt herein so fesch und schlank? / Es ist der Freund Minister Frank / Wie Lohengrin von Gott gesandt / Hat Unheil er von uns abgewandt. / Drum ruf ich Lob und besten Dank / Dem lieben Freund Minister Frank."[420]
Baldur von Schirach wurde am 1. Oktober 1946 zu zwanzig Jahren Haft verurteilt, Hans Frank zum Tode durch den Strang. In einem Gespräch mit dem amerikanischen Gefängnispsychologen Gustave Gilbert bekennt der zum katholischen Glauben Übergetretene: „Ja, vieles ist mir in der Einsamkeit dieser Zelle klar geworden. [...] Es ist, als steckten zwei Menschen in mir. Ich, ich selbst, Frank hier – und der andere Frank, der Nazi-Führer. Und manchmal frage ich mich, wie dieser Mensch Frank jene Dinge tun konnte. Der eine Frank sieht den anderen Frank an und sagt: ‚Hm, was bist du doch für eine Laus, Frank! Wie konntest du solche Dinge tun?! Du hast dich sicher von deinen Gefühlen hinreißen lassen, nicht wahr?' [...] Gerade so, als wären zwei verschiedene Menschen in mir. Ich bin hier, ich

[420] TrV 289, Manuskript Privatbesitz Los Angeles (TrV = Franz Trenner: Richard Strauss. Werkverzeichnis, Wien 1999.)

selbst – und dieser andere Frank mit den großartigen Nazi-Reden da drüber vor Gericht. Faszinierend, nicht wahr?“[421]

Wie Stephensons Dr. Jekyll und Mr. Hyde sieht sich Frank als Opfer einer Persönlichkeitsspaltung. Franks Sohn Niklas hat in einem späteren Gespräch die Selbstinszenierung seines Vaters, seine in der Gefangenschaft von der Kirche unterstützte Hinwendung zum Katholizismus und die klägliche Unfähigkeit zur Anerkennung seiner historischen Schuld als „ham actors exercise“ verurteilt und damit auch ein bezeichnendes Licht auf die Entwicklungen der Nachkriegsgesellschaft geworfen.[422]

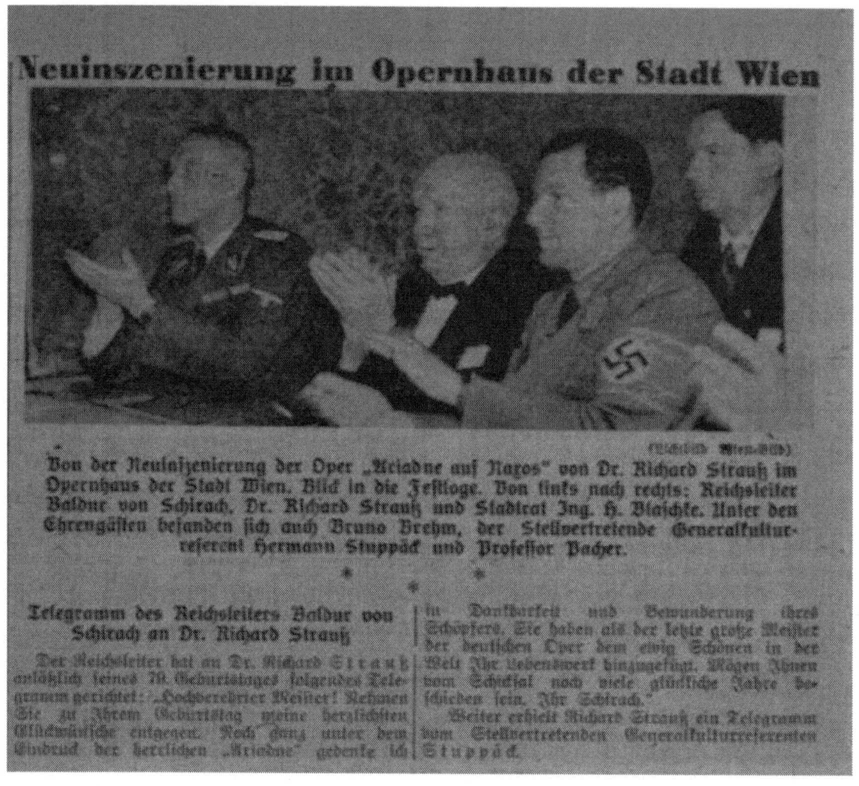

Neuinszenierung im Opernhaus der Stadt Wien

Von der Neuinszenierung der Oper „Ariadne auf Naxos“ von Dr. Richard Strauß im Opernhaus der Stadt Wien. Blick in die Festloge. Von links nach rechts: Reichsleiter Baldur von Schirach, Dr. Richard Strauß und Stadtrat Ing. H. Blaschke. Unter den Ehrengästen befanden sich auch Bruno Brehm, der Stellvertretende Generalkulturreferent Hermann Stuppäck und Professor Bacher.

* * *

Telegramm des Reichsleiters Baldur von Schirach an Dr. Richard Strauß

Der Reichsleiter hat an Dr. Richard Strauß anläßlich seines 79. Geburtstages folgendes Telegramm gerichtet: „Hochverehrter Meister! Nehmen Sie zu Ihrem Geburtstag meine herzlichsten Glückwünsche entgegen. Noch ganz unter dem Eindruck der herrlichen „Ariadne“ gedenke ich in Dankbarkeit und Bewunderung ihres Schöpfers. Sie haben als der letzte große Meister der deutschen Oper dem ewig Schönen in der Welt Ihr Lebenswerk hinzugefügt. Mögen Ihnen vom Schicksal noch viele glückliche Jahre beschieden sein. Ihr Schirach.“

Weiter erhielt Richard Strauß ein Telegramm vom Stellvertretenden Generalkulturreferenten Stuppäck.

Richard Strauss und Baldur von Schirach in einer Wiener Festaufführung der „Ariadne auf Naxos“ anlässlich des 79. Geburtstages des Komponisten am 11. Juni 1943.
Das kleine Blatt, Nr. 161, 12. Juni 1943, S. 3.

---

[421] Gustave M. Gilbert: Nürnberger Tagebuch: Gespräche der Angeklagten mit dem Gerichtspsychologen, Frankfurt a.M. 1962, S. 114f. Die englischsprachige Originalausgabe erschien unter dem Titel „The Nuremberg Diary“ 1947 in New York. Dazu auch: „Die NS-Elite beim Nürnberger Prozess. Lügen, Leugnen, Selbstmitleid“. Sendung im Deutschlandfunk Kultur vom 27. Januar 2021, Autor: Wilfried Sträter. Im Internet unter: deutschlandfunkkultur.de/die-ns-elite-beim-nuernberger-prozess-luegen-leugnen.976.dehtml?dram:article_id=491550 (30. Mai 2021). Papst Pius XII. soll sich für eine Begnadigung des Massenmörders verwandt haben.

[422] Der Film von David Evans: „What Our Fathers Did. A Nazi Legacy“, entstand 2014 im Auftrag der BBC.

CAPRICCIO. Im Spiegelkabinett der Geschichte

Spätestens mit dem Beginn der 1940er Jahre erschienen die entstehenden Werke von Richard Strauss unter den Vorzeichen eines „Altersschaffens", einer künstlerischen Produktion, die als Summe seiner künstlerischen Erfahrung betrachtet wurde, auch als Summe einer Lebenserfahrung, als Werk der Reife, als Abschied vom Leben. Der Komponist selbst, seine künstlerischen Mitarbeiter und sein Publikum schufen im Umfeld der Uraufführungen der Opern CAPRICCIO und DIE LIEBE DER DANAE erstmalig den Mythos der „letzten Dinge".

Die Uraufführung des „Konversationsstücks für Musik in einem Aufzug" fand am 28. Oktober 1942 unter der musikalischen Leitung von Clemens Krauss im Nationaltheater München unter der Schirmherrschaft von Joseph Goebbels statt, der den „alten" Komponisten im Jahr zuvor als „unser[en] größte[n] und wertvollste[n] repräsentativste[n] Musiker" bezeichnet hatte.[423] Das Publikum kam aus einer aus Luftschutzgründen abgedunkelten Stadt – ein großer Angriff war zuletzt in der Nacht vom 19. auf den 20. September erfolgt – in das im Innern festlich illuminierte Haus, um eine glanzvolle Premiere zu erleben.[424] Der 77-jährige Komponist sah mit dem Abschluss der Oper CAPRICCIO sein Lebenswerk als vollendet und publizierte das Werk als letztes mit einer Opus-Zahl. Die letzte Oper von Richard Strauss sollte von seiner Seite aus denn auch die letzte Oper des 20. Jahrhunderts sein. Bewusst hatte er mit der Datierung seiner FEUERSNOT im Schreibkalender auf den 1. Januar 1901 das neue Jahrhundert musikalisch eröffnet.[425] Am 29. Oktober 1942 stand der Komponist, wohl ohne es selbst zu wissen, als Dirigent einer DAPHNE-Aufführung zum letzten Mal im Orchestergraben des Nationaltheaters, ein Jahr vor dessen Zerstörung.

Die Inszenierung der Uraufführung besorgte Rudolf Hartmann, der auch nach dem Krieg als Regisseur und späterer Intendant des Münchner Nationaltheaters ganz wesentlich die Aufführungs- und Rezeptionsgeschichte dieser und anderer Strauss-Opern geprägt und sich selbst als eine Art „Testamentsvollstrecker" gesehen hat.[426]

Wurde bereits in der Oper FRIEDENSTAG von einigen Strauss-Biographen der Nachkriegszeit ein künstlerischer Wille zum Frieden konstatiert, werden auch im Falle von CAPRICCIO Handlung, Spielzeit und -ort gerne als ein Gegenentwurf zu der Ästhetik des „Dritten Reiches" gewertet. Als Autoren des Librettos werden in der Druckfassung von 1942 lediglich Richard Strauss und Clemens Krauss genannt. Die endgültige Fassung des Textes entstand ja eigentlich als eine Kooperation zwischen Stefan Zweig, Richard Strauss und dem Dirigenten der Uraufführung, Clemens Krauss, sowie dem als „Mitarbeiter" genannten Hans Swarowsky auf Grundlage des Szenariums von Stefan Zweig, das wiederum auf einem Libretto von Giovanni Battista Casti, PRIMA LA MUSICA, POI LE PAROLE, basierte, zu dem Antonio Salieri 1786 eine Musik komponiert hatte.

---

[423] Die Tagebücher von Joseph Goebbels. Teil 2, a.a.O., Bd. 2, S. 436 (5. Dezember 1941).

[424] Dazu: Rudolf Hartmann: Richard Strauss. Die Bühnenwerke von der Uraufführung bis heute, München, Zürich 1980, S. 261.

[425] Als konkurrierende Werke der Jahrhundertschwelle seien Puccinis „Tosca" (UA am 14. Januar 1900) und Antonín Dvořáks „Rusalka" (UA am 21. März 1901) genannt. Das sinnfälligste Ereignis der Epochenwende war sicherlich der Tod von Giuseppe Verdi am 27. Januar 1901.

[426] Rudolf Hartmann war am 29. August 1949 einer der letzten Besucher am Krankenbett von Richard Strauss. In ihrem Gespräch ging es um den Wiederaufbau des Opernlebens und um die Rolle, die die Werke des Komponisten dabei spielen sollten. Dazu: Kurt Wilhelm: Richard Strauss, a.a.O., S. 425.

Wie in ARIADNE AUF NAXOS geht es auch in CAPRICCIO um die Auseinandersetzung mit dem Theater. Die Handlung spielt indessen nicht im Haus des „reichsten Mannes von Wien“, sondern in einem aristokratischen Rokoko-Salon in Frankreich. Im Libretto wird das sehr genau beschrieben: „Ein Schloß in der Nähe von Paris zur Zeit, als Gluck dort sein Reformwerk der Oper begann. Etwa um 1775.“[427]
Spätestens seit dem Ersten Weltkrieg galt Frankreich in Deutschland als ein von Dekadenz geprägtes Land. Die höfische Welt des Rokoko fand kaum Eingang in bürgerliche Lebenswelten, die sich geistig eher an der Antike orientierten und im Interieur die Renaissance zitierten. Zu Recht wird in Aufsätzen über CAPRICCIO auf Max Reinhardts Rokoko-Schloss Leopoldskron, das der Prinzipal in der Nähe von Salzburg erworben hatte, als Inspirationsquelle verwiesen. Während der Festspiele war es ein Treffpunkt der internationalen Kulturwelt, die nach dem Anschluss Österreichs an das „Dritte Reich“ ausgeschlossen wurde. Reinhardt und seine Lebenswelten verkörperten sicherlich all das, was die Nationalsozialisten verabscheuten. Auch auf die Parallelen, die die Figur des Theaterdirektors La Roche mit Max Reinhardt verbinden, wird vielfach hingewiesen.[428] Mehr als das hatte sich Joseph Gregor, vor dreißig Jahren einer der Assistenten von Reinhardt, dafür eingesetzt, die Bibliothek des 1938 beschlagnahmen Besitzes in die Wiener Theatersammlung zu transferieren. Sie blieb dann jedoch in Leopoldskron, da die örtlichen Nazi-Dienststellen die dadurch entstehenden Leerräume nicht mit neu zu erwerbenden Büchern füllen wollten. Am Ende war man sogar darum bemüht, den musealen Stil des Hauses zu erhalten und durch Ankäufe in Paris das Mobiliar zu ergänzen.[429] Ob die Festlegung von Spielzeit und -ort der Handlung von den Autoren als bewusster Gegenentwurf zu der Ästhetik der Nationalsozialisten geplant war, als Protest und Widerspruch, bleibt offen.

Den Monolog des Theaterdirektors La Roche, der sich auf die Theatersituation in Paris Ende des 18. Jahrhunderts bezieht, dürfte das Premierenpublikum durchaus als einen Hinweis auf die eigene Zeit interpretiert haben:

> Seht hin auf die niederen Possen,
> an denen unsre Hauptstadt sich ergötzt.
> Die Grimasse ist ihr Wahrzeichen –
> die Parodie ihr Element –
> ihr Inhalt sittenlose Frechheit!
> Tölpisch und rüde sind ihre Späße!
> Die Masken zwar sind gefallen,
> doch Fratzen seht ihr statt Menschenantlitze!
> Auch ihr, ich weiß es, verachtet dies Treiben,
> und doch, ihr duldet es![430]

Auf alle Fälle offenbart sich eine Tendenz zu einer interpretatorischen Mehrdeutigkeit, ein Weg, der von den Beteiligten der Produktion bewusst gewählt und begangen wurde, sich absichernd nach vielen Seiten hin. Der Eindruck, dass damit auch eine Nachkriegsrezeption vorbereitet wurde, erscheint heute nicht ganz abwegig. Fest steht, dass sich die Welt der Oper, des Theaters und der Kunst in den ästhetischen Auseinandersetzungen der Protago-

---

[427] Clemens Krauss und Richard Strauss: Libretto zu „Capriccio“, Mainz 1942, S. 5.
[428] Dazu: Charles Youmans: Tondichtungen, RSHB, S. 305.
[429] Ebenda.
[430] Clemens Krauss und Richard Strauss: Libretto zu „Capriccio“, a.a.O., S. 67

nisten von der Alltagswelt des Premierenpublikums ebenso abhebt wie von politischen Erwägungen. Immerhin ist die CAPRICCIO-Handlung wenige Jahre vor der französischen Revolution angesiedelt, die in der Opernliteratur keine unwesentliche Rolle gespielt hat.
Willi Schuh hat dies bereits 1945 für eine englische Zeitung auf den Punkt gebracht: Strauss „lives in the world of music [...]".[431] Eine Tendenz zur Entpolitisierung und Transzendierung des Komponisten, die wir auch in einem Brief von Rudolf Hartmann an Willi Schuh finden, in dem Hartmann sich an den Eindruck erinnert, den er während einer DANAE-Abschlussprobe in Salzburg 1944 erfuhr, als der Komponist von der Absage der Uraufführung erfuhr:

> Gegen Ende des zweiten Bildes stand Richard Strauss auf und begab sich in die vorderste Parkettreihe. Einsam hob sich die Silhouette des markanten Kopfes von dem hellerleuchteten Orchesterraum ab. Mit unübertrefflicher Klangschönheit spielten die Wiener Philharmoniker die wunderbare Zwischenmusik vor dem letzten Bild – „Jupiters Verzicht" nannte sie Richard Strauss einmal –, unbeweglich, ganz in sich versunken lauschte er selbst dem Erklingen seines herrlichen Werkes. [...] Zutiefst berührt und im Innersten aufgewühlt, glaubte man die Gegenwart unserer Gottheit „Kunst" beinahe körperlich zu fühlen [...]. Augenblicke tiefsten Schweigens vergingen nach dem Verklingen der letzten Töne. Dann, sichtlich unter dem bewegenden Eindruck des soeben Erlebten, umriß Clemens Krauss in einigen Sätzen die Bedeutung dieser letzten Salzburger Tage. Richard Strauss aber trat an die Orchesterbrüstung, hob dankend die Hand und grüßte die Philharmoniker mit tränenerstickter Stimme: „Vielleicht sehen wir uns in einer besseren Welt wieder!"[432]

Die Dramaturgie dieses Schreibens setzt auf die emotionale Überwältigung. Strauss wird selbst zu einem verzichtenden Jupiter, einem Gott der Kunst, der sich von der Welt verabschiedet. Hartmann arbeitet einer Mythisierung vor, die, filmisch dokumentiert, ihren Abschluss in den letzten Lebenswochen des Komponisten findet, vier Jahre nach dem Ende des Krieges, begleitet von den METAMORPHOSEN, den letzten Liedern, die als VIER LETZTE LIEDER erscheinen, dem „letzten Gespräch" mit Rudolf Hartmann. Eine Dramaturgie, die in der ebenfalls für die Nachwelt dokumentierten Choreographie der Beerdigung, die mit dem ROSENKAVALIER-Terzett stimmungsgemäß an einen anderen Bühnenabschied erinnert, konsequent weiter geführt wird und durch die genannten musikalischen Werke darüber hinaus das Verhältnis zwischen dem Meister des Letzten und seinem Publikum über dessen Tod hinaus bestimmt.

Erstaunlich bleibt der internationale Erfolg des CAPRICCIO bis in die 1960er Jahre mit besonderer Beachtung in England und in den USA. Waren es kompositorische Höhepunkte wie die „Mondscheinmusik" oder doch das Thema einer „zivilisierten Kultur", die sich vor den Zumutungen einer barbarischen Welt zu bewahren versucht?
Dörte Schmidt stellt in ihrem Artikel über DANAE und CAPRICCIO im Richard-Strauss-Handbuch fest: „Auch wenn es [das Musiktheater, Anm. d. Verf.] sich dem Regime nicht offen entgegenstellte, eröffnete es doch für den, der es sehen wollte, auch den Blick auf die Grimassen hinter den kulturellen Masken des Regimes."[433]

---

431 Willi Schuh: Strauss During the War Years, in: Tempo, 13 (1945), S. 8–10, hier: Seite 10.
432 Rudolf Hartmann an Willi Schuh, 22. Januar 1945. Roswitha Schlötterer (Hrsg.): Richard Strauss – Rudolf Hartmann. Ein Briefwechsel. Mit Aufsätzen und Regiearbeiten von Rudolf Hartmann, Tutzing 1984, S. 124f.
433 Dörte Schmidt: Die Liebe der Danae – Capriccio. „Schwanengesänge" in Zeiten des Krieges?, RSHB, S. 276–312, hier: S. 309.

Szenisch fand die Beziehung der Oper zur Zeit ihrer Entstehung in einer Inszenierung von Jonathan Miller an der Berliner Staatsoper 1993 Beachtung. Im Garten, der sich hinter dem Rokokosalon erstreckte, erkannten die Zuschauer die Silhouette des zerstörten Berlin. Akustisch wurden Luftschutzsirenen eingespielt, um die Realität der Aufführung, denen das Publikum der Uraufführung ausgesetzt war, zu simulieren.
Der Regisseur der Uraufführung, Rudolf Hartmann, der die Oper später noch insgesamt elf Mal inszenieren sollte[434], betonte in seinem Bericht über dieses Ereignis gerade die Trennung von Kunst und Realität: „[...] wer von den Jüngeren kann sich überhaupt vorstellen, daß eine Großstadt wie München völlig ohne Beleuchtung war, daß durch das Dunkel die Theaterbesucher mit Hilfe kleiner Taschenlampen [...] ihren Weg zum Nationaltheater suchten, um die Uraufführung des *Capriccio* miterleben zu können. Sie riskierten, in einen schweren Luftangriff hineinzugeraten, aber die Sehnsucht nach Musik im innen erleuchteten Opernhaus, nach festlicher Umgebung und nach einer geistigen Welt des Schönen fern von allen Gefahren des Krieges, ließ sie alles überwinden."[435] Dass gerade dieses Ablenken vom aktuellen Zeit- und Kriegsgeschehen den Autoren später zum Vorwurf gemacht wurde, darf nicht verwundern; dass dies alles in der unmittelbaren Nachkriegszeit noch anders gesehen und, vor allen Dingen, gehört wurde, ebenso wenig überraschen.[436]

In der einleitenden Beschreibung des Bühnenbildes lesen wir: „Der vordere Teil des Saales weitet sich rechts und links zu halbrunden geräumigen Nischen, deren Wandarchitektur teilweise mit Spiegeln verkleidet ist."[437] In diesen Spiegeln winkt die Gräfin zum Schluss ihrem eigenen Abbild zu, sehr zur Verwunderung des Haushofmeisters, der ebenfalls auf den Spiegel schaut. In der im Libretto gedruckten Bühnenbildskizze wird deutlich, dass sich auch das Publikum in diesen Spiegeln über den Konsolen erkennen kann, um Teil eines Spiels zu werden, in dessen Auseinandersetzung mit der Operngeschichte der vergangenen 400 Jahre es am Ende auch um die eigene Zeit und ihr Verhältnis zu dieser Kultur geht, deren ideelle und materielle Vernichtung aktuell den Lebensalltag ebendieses Publikums bestimmt.
Der Regisseur Robert Carsen verspiegelt in seiner in den frühen 1940er Jahren angesiedelten Pariser Inszenierung 2004 die gesamte Bühnenrückwand, so dass sich auch das Publikum in diesem Spiegel als Teilnehmer des Spiels erkennt.[438]

In der vorletzten Szene der Oper CAPRICCIO kommt es zum Auftritt einer Person, die im Theater selten die ihr zustehende Beachtung findet. Die Autoren verschaffen dem Souffleur, Monsieur Taupe, Gehör. Die abreisende Theatergesellschaft hat den Eingeschlafenen einfach vergessen, und so überrascht das unvermittelte Erscheinen des Zurückgebliebenen den Haushofmeister der Gräfin. Auf die Frage, wer er sei, gibt er vieldeutige Antworten, selten bewege er sich „auf der Erdoberfläche", verbringe sein Leben eher unsichtbar „unter der Erde", worauf ja sein Name verweist, der im Französischen einen „Maulwurf" bezeichnet. Geheimnisvoll bekennt er: „Ich bin der unsichtbare Herrscher einer magischen Welt." Außer Zweifel steht, dass es sich dabei um die Welt der Bühne handelt.

---

[434] Siehe: Günther Lesnig: Die Aufführungen der Opern von Richard Strauss, a.a.O., Bd. 1, S. 371.
[435] Rudolf Hartmann: Richard Strauss. Die Bühnenwerke von der Uraufführung bis heute, München 1980, S. 261.
[436] Der Regisseur Christian von Götz verlegt die Handlung in seiner Kölner Inszenierung 2007 in das von den deutschen Truppen besetzte Paris. Auf dem Bühnenvorhang sieht der Zuschauer ein Bild vom Einmarsch der deutschen Truppen am 14. Juni 1940. Dazu: Dörte Schmidt: Die Liebe der Danae – Capriccio, RSHB, S. 309.
[437] Clemens Krauss und Richard Strauss: Libretto zu „Capriccio", a.a.O., S. 9.
[438] Ebenda.

> Die tiefen Gedanken unserer Dichter, ich flüstere sie leise vor mich hin – und alles beginnt zu l e b e n. Unheimlich-schattenhaft spiegelt sich vor mir die Wirklichkeit. – Mein eigenes Flüstern schläfert mich ein. *(bedeutungsvoll)* Wenn ich schlafe, werde ich zum Ereignis! Die Schauspieler sprechen nicht weiter – das Publikum erwacht![439]

Seinen Abgang beschreibt die Regieanweisung. Er „steht einen Augenblick allein im Mondlicht, das durch die hohen Türen zur Gartenterrasse hereinfällt, blickt unsicher um sich“ und spricht vor sich hin. „Ist das nun alles ein Traum? – Oder bin ich schon wach? ...“[440] Nach seinem Abgang bleibt die Bühne lange leer, die Terrasse liegt im Mondlicht, im Orchester illuminiert die „Mondscheinmusik“ den endgültigen Abschied von der „Welt von Gestern“, die im Bombenhagel untergegangen ist. In der Figur des von der Bühne abtretenden Monsieur Taupe dürfte Richard Strauss einen Teil seines eigenen Ichs gesehen haben. Die CAPRICCIO-Musik war seiner aktuellen Lebenssituation wohl näher, als allgemein erwartet.

[439] Clemens Krauss und Richard Strauss: Libretto zu „Capriccio“, a.a.O., S. 86.
[440] Ebenda, S. 87.

METAMORPHOSEN

Die Werke, die nach CAPRICCIO komponiert wurden, bezeichnete Strauss in persönlichen Gesprächen und Mitteilungen als „Handgelenksübungen".[441] In ihren Titeln und Untertiteln werden „Werkstatt"- und „Studien"-Charakter betont. Zu diesem instrumentalen Spätwerk zählen: das Zweite Konzert für Horn und Orchester, die FESTMUSIK DER STADT WIEN für Blechblasinstrumente und Pauken, die Sonatine für sechzehn Blasinstrumente mit dem Untertitel „Aus der Werkstatt des Invaliden", MÜNCHEN. EIN GEDÄCHTNISWALZER für großes Orchester, die METAMORPHOSEN als „Studie für dreiundzwanzig Solostreicher", die Zweite Sonatine für sechzehn Blasinstrumente" mit dem Untertitel „Fröhliche Werkstatt", das Konzert für Oboe und kleines Orchester und das Duett-Concertino für Klarinette und Fagott mit Streichorchester und Harfe. Außerhalb dieses Instrumentalwerkes stehen die letzten Lieder, die nach erster Beschäftigung im April 1946 hauptsächlich zwischen Mai und September 1948 entstanden und postum von Strauss´ englischem Verleger Ernst Roth (Boosey & Hawkes) als VIER LETZTE LIEDER publiziert wurden. Die letzte Lied-Komposition von Richard Strauss, „Malven", die im November 1948 abgeschlossen wurde, wurde erst 1982 im Nachlass von Maria Jeritza entdeckt und am 10. Januar 1985 von Kiri Te Kanawa in New York uraufgeführt.

Auch die VIER LETZTEN LIEDER wurden postum am 22. Mai 1950 in London uraufgeführt. Wilhelm Furtwängler dirigierte das Philharmonia Orchestra und es sang Richard Strauss´ Wunschbesetzung: Kirsten Flagstad. Alles entsprach so den Wünschen des Komponisten.

Mehrfach also standen die letzten Lebensjahre von Richard Strauss unter dem sowohl von ihm selbst initiierten als auch von anderen fortgesetzten und inszenierten „Mythos" von den sogenannten „letzten Dingen". Dass sich Strauss explizit als ein „letzter" in einer großen Komponistentradition sah und sich selbst in eine Reihe mit Mozart und Wagner stellte, ist bekannt. An mangelndem Selbstbewusstsein litt er ohnehin nie, und die musikalische Apotheose seiner Person im HELDENLEBEN oder in der SYMPHONIA DOMESTICA fand er durchaus angemessen. Es erscheint also fraglich, ob die nach dem offiziellen Werkabschluss komponierten Werke nur als „Gelegenheitskompositionen" zu bezeichnen sind. Zumindest die METAMORPHOSEN und die VIER LETZTEN LIEDER weisen darüber hinaus, während das Oboenkonzert durchaus eine Gelegenheit zur Komposition umsetzt und in seiner, trotz unterschiedlichen musikalischen Charakters, engen Beziehung zu den METAMORPHOSEN noch einmal die Strauss'sche Meisterschaft der Anpassung vor Augen führt. Reflektiert man den Anlass und die Situation der Komposition und Uraufführung von so unterschiedlichen Werken wie CAPRICCIO, DIE LIEBE DER DANAE, die FESTMUSIK DER STADT WIEN, den GEDÄCHTNISWALZER MÜNCHEN, die METAMORPHOSEN, das Oboenkonzert oder die VIER LETZTEN LIEDER, fällt auf, wie geschickt Strauss einmal mehr die Befindlichkeiten seines Publikums, seiner Auftraggeber und der Konzertveranstalter über eigene Befindlichkeiten hinaus, oder gerade auf sie bezogen, erkennt und bedient, verblüffend geradezu vor dem Hintergrund eines radikalen politischen Systemwechsels, den Strauss politisch, künstlerisch und menschlich in kürzester Zeit zu verarbeiten scheint. Immer wieder fließt das Material, das Strauss scheinbar nur für sich selbst ausführt, in Werke ein, die dann doch, wie im Fall der METAMORPHOSEN, als Kompositionsauftrag zu Ende gebracht werden. Der Komponist

[441] Brief von Richard Strauss an Willi Schuh vom 8. Oktober 1943, in: Willi Schuh (Hrsg.): Richard Strauss, Briefwechsel mit Willi Schuh, a.a.O., S. 50. Richard Strauss schreibt: „Mit Capriccio ist mein Lebenswerk beendet und die Noten, die ich als Handgelenksübungen (wie Hermann Bahr sein tägliches Diktieren nannte) jetzt noch für den Nachlaß zusammenschmiere, haben keinerlei musikgeschichtliche Bedeutung [...]."

arbeitete bereits an einem Streichseptett, einem „Andante für 2 Violinen, 2 Bratschen, 2 Celli, 1 Contrabaß", als ihn der Auftrag Paul Sachers erreichte. Diesen erhielt Richard Strauss durch Vermittlung des Dirigenten Karl Böhm im August 1944. Erste Arbeiten an dem nun für einen größeren Streicherapparat fortgeführten Stück beginnen bereits im September. In der Partitur vermerkt der Komponist den Beginn allerdings unter dem 13. März 1945, einen Tag nach der Zerstörung der Wiener Oper durch einen Luftangriff, den Abschluss des Werkes unter dem 12. April 1945.[442] Solche Datierungen finden sich im Oeuvre selten. Umso bedeutender erscheinen sie im Zusammenhang mit den METAMORPHOSEN als Versuch, die Stimmung der Musik mit dem aktuellen Zeitgeschehen, insbesondere mit der Zerstörung der Opernhäuser in Berlin am 3. Februar[443] und in Dresden am 13. Februar 1945 sowie der Wiener Oper im Folgemonat in Zusammenhang zu bringen. Die Zerstörung des Münchner Nationaltheaters in der Nacht vom 2. auf den 3. Oktober 1943 hatte Strauss bereits zuvor überaus schockiert, da er gerade mit diesem Haus früheste und persönlichste Erinnerungen verband. Aus dem GELEGENHEITSWALZER MÜNCHEN, 1938/39 für einen „München"-Film komponiert, wurde, ebenfalls im Februar 1945, der GEDÄCHTNISWALZER FÜR GROSSES ORCHESTER, der im Finale noch einmal ein unversehrtes Vorkriegs-München imaginiert.

In seinem Schreibheft, das verschiedene Aufzeichnungen, Texte und Tagebucheinträge aufnimmt, beklagt Strauss die kulturelle Katastrophe:

> Abschiedsgruß an das sterbende, von „Menschenhänden" zerstörte Deutschland, die Schöpferin der deutschen Musik, der Vollenderin der Weltkultur.
> 2 Tage nach Rich. Wagners Todestag, am 13. Februar 45 der 62.te kam die Nachricht, daß auch das schöne Dresdner Opernhaus, an dem 9 meiner Opernwerke ihre Uraufführung erlebten, nachdem in ihrer Vorgängerin C. M. von Weber u. Rich Wagner gewirkt, letzterer dort Rienzi, Tannhäuser u. Beethovens 9. Sinfonie zum ersten Mal der Welt geschenkt –! 3 Tage nachher die entsetzlichste Trauerkunde von der Zerstörung des größten Heiligtums der Menschheit Göthes Wohn und Sterbehaus, von der Vernichtung der geweihten Stätte [das Großherzogliche Hoftheater in Weimar, Anm. d. Verf.], wo die größten deutschen Dichtungen, Lohengrin, der Barbier von Bagdad unter Fr. Liszt (u. zuletzt mein bescheidener Guntram) das Licht der Welt entzündeten – sank auch das schöne Dresden u. das heilige Weimar in Schutt u. Asche. Gestern kam die Trauerkunde, daß auch Beethovens Sterbehaus in Wien vom Erdboden getilgt wurde. Es sind die letzten Wunden, die der deutschen Kultur geschlagen wurden, deren Ende am 1. September 1944 zu datieren ist, an welchem Tage sämmtliche deutschen Theater und Conzertsäle geschlossen wurden, nachdem schon etwa 30 deutsche Opernhäuser u. Conzertsäle vorher den Bomben zum Opfer gefallen [...] sind.[444]

[442] Am selben Tag stirbt der amerikanische Präsident Franklin Delano Roosevelt. Im Radio wird Samuel Barbers „Adagio for Strings" als Trauermusik gespielt. Es handelt sich dabei um das 1938 unter Toscanini in New York uraufgeführte Arrangement des 2. Satzes von Barbers Streichquartett op. 11, das 1936 am Wolfgangsee in der Nähe von Salzburg entstand. Wie die „Metamorphosen" bezieht sich das monothematische Werk auf den von den Streichern bestimmten Schluss von Gustav Mahlers Neunter Sinfonie. In einem Nachtrag zu den Aufzeichnungen in seinen „Blauen Heften" benennt Strauss den 8. Mai 1945 als Abschlussdatum der „Metamorphosen" wohl mit dem Wunsch, das Werk mit dem Epochendatum des Kriegsendes und der endgültigen Kapitulation Deutschlands in Verbindung zu bringen. Richard Strauss. Späte Aufzeichnungen, a.a.O., S. 135. „Blaues Heft" (Nr. 4). Das in der Partitur aufgezeichnete Datum wird indessen durch einen Eintrag im „Grauen Heft" (Nr.2) zeitnah bestätigt. Richard Strauss. Späte Aufzeichnungen, a.a.O. S. 304.

[443] Es handelte sich im Falle der Berliner Staatsoper bereits um die zweite Zerstörung des Hauses, das nach einem ersten Luftangriff in der Nacht vom 9. auf den 10. April 1941 nach Reparaturen ab dem 12. Dezember 1942 wieder bespielt werden konnte.

[444] Richard Strauss. Späte Aufzeichnungen, a.a.O., S. 306. Datierung der Aufzeichnung im „Grauen Heft" (Nr. 2) nicht vor dem 15. Februar 1945.

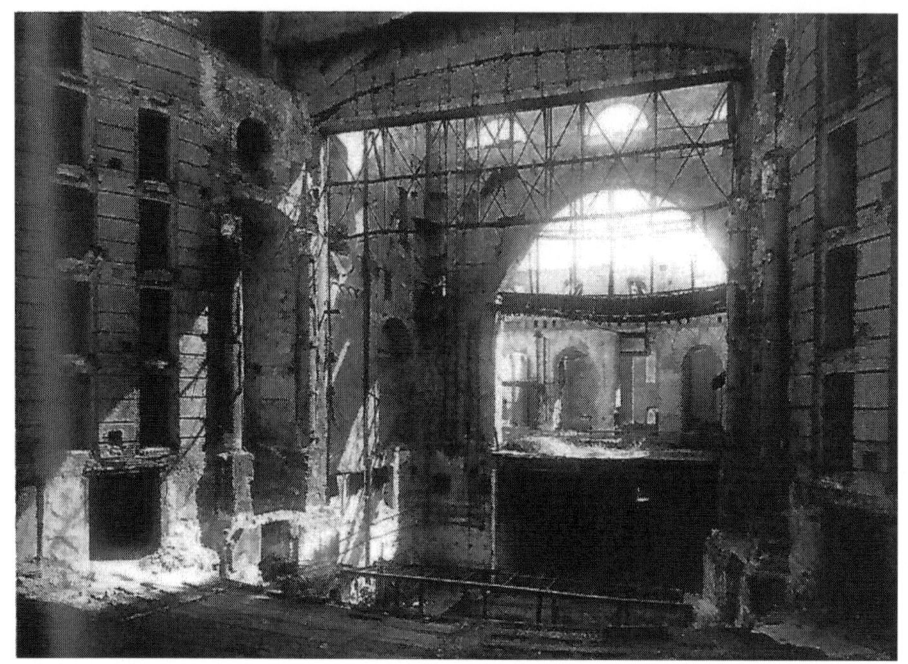

Ruine des zerstörten Münchner Nationaltheaters nach der Bombardierung in der Nacht vom 2. auf den 3. Oktober 1943.

Dass sich Strauss angesichts der Zerstörung und Schließung der Opernhäuser nicht nur der Resignation ergab, beweisen die Einrichtungen der Partituren seiner großen Opern für den Gebrauch im Konzertsaal. Im November 1943 entsteht das Chorwerk AN DEN BAUM DAPHNE , ein Jahr darauf ein Potpourri über Melodien aus dem ROSENKAVALIER („Einleitung und Walzer aus dem Rosenkavalier"), der nach dem in einem Brief an Heinz Tietjen vom 25. November 1944 erklärten Willen des Meisters auch zu seinem „Abschiedsgruß von dieser schönen Welt" werden soll. Nach dem Krieg folgt eine „Symphonische Fantasie" über DIE FRAU OHNE SCHATTEN (1946) und ein „Symphonisches Fragment" über das Ballett JOSEPHS LEGENDE (1947). Zugleich beschäftigt sich Strauss neben der Ideenarbeit zu seinem neuen Werk mit der Abschrift dreier Tondichtungen: TILL EULENSPIEGELS LUSTIGE STREICHE im Oktober 1944, DON JUAN im Dezember 1944 und TOD UND VERKLÄRUNG im Januar 1945; stimmungsmäßig doch recht unterschiedliche Werke, denen er hier in einer persönlichen Rückschau begegnet und von denen wohl nur TOD UND VERKLÄRUNG einen Bezug zu der Gefühlslage der Gegenwart finden kann. Am 12. April werden die METAMORPHOSEN abgeschlossen, zwei Wochen vor dem Einmarsch amerikanischer Soldaten in Garmisch, 18 Tage vor dem Selbstmord Hitlers in Berlin, 26 Tage vor dem Kriegsende. Noch am 27. April 1945 hatte Strauss in einem Brief an Karl Böhm Gedanken über die museale Neuordnung der deutschen Opernhäuser nach dem Krieg als „künstlerisches Vermächtnis" mitgeteilt. In „Musterspielplänen" entwickelte er für ein jeweils „großes" und „kleines Haus" Repertoirepläne, die sich im Wesentlichen auf die Werke von Mozart, Wagner und seine eigenen konzentrierten, immerhin Opern von Meyerbeer, Halévy, Berlioz und Verdi, auch Bizets CARMEN, aufnehmen sollten, während im Bereich der dem „kleinen Haus" vorbehaltenen „heiteren Muse" Werke von Auber oder Boieldieu, Mozarts ENTFÜHRUNG und von Strauss ARIADNE oder CAPRICCIO zur Aufführung gebracht werden sollten. Zeitgenossen wie Puccini, Berg, Schönberg und Strawinsky fehlen im Strauss´schen „Opernmuseum" vollständig.[445]

Das Fortbestehen des eigenen Werkes scheint unproblematisch. Bereits am 25. Januar 1946 werden die METAMORPHOSEN unter der musikalischen Leitung ihres Auftraggebers Paul Sacher in Zürich uraufgeführt. Mit einer Aufführung der Oper ARABELLA am 1. Februar und der Uraufführung des Oboenkonzerts am 6. Februar 1946, ebenfalls in Zürich, geht es für Strauss in die Nachkriegszeit. Auch das Richard-Strauss-Festival in London, das im Oktober 1947 auf Anregung von Sir Thomas Beecham und Ernst Roth vom Verlag Boosey & Hawkes stattfindet, scheint den Komponisten international zu rehabilitieren. Strauss dirigiert in der Royal Albert Hall zum Abschluss des Festivals am 19. Oktober 1947 eigene Werke vor 7.500 Zuhörern und verdient damit auch dringend benötigtes Geld.[446] Ein Zeitereignis, das den englischen Filmemacher Ken Russell wesentlich zu seinem außergewöhnlichen Richard Strauss-Film DANCE OF THE SEVEN VEILS von 1970 animierte. Die offizielle Entlastung des Komponisten fand übrigens erst nach diesen Ehrungen am 7. Juni 1948 durch die Garmischer Spruchkammer statt. In der Konzertkritik der Times wird das Wiedersehen mit einem alten

---

[445] Richard Strauss: Künstlerisches Vermächtnis. An Dr. Karl Böhm, in: Willi Schuh (Hrsg.): Richard Strauss. Betrachtungen und Erinnerungen, a.a.O., S. 69–75.

[446] Strauss konnte darüber hinaus während dieses Aufenthalts auch über die bis zu diesem Zeitpunkt gesperrten Tantiemen verfügen. Eine CD-Erscheinung der Firma Presto Classical hat das Konzert in ihrer Reihe „Testaments" unter dem Titel „The Last Concerts" 2009 veröffentlicht (SBT21441). Das 1945 von Walter Legge gegründete Philharmonia Orchestra spielte unter der Leitung des Komponisten „Don Juan", die „Burleske für Klavier und Orchester d-Moll", die „Symphonia domestica" und eine neu arrangierte Walzerfolge aus dem „Rosenkavalier" als Zugabe. Strauss´ Wunsch, die „Alpensinfonie" zur Aufführung zu bringen, konnte wegen der benötigten Vielzahl an Orchestermusikern nicht erfüllt werden.

Bekannten gefeiert. Weder in der Kritik noch in den Vorberichten zum Konzert wird das Verhältnis von Strauss zu den Nationalsozialisten erwähnt oder an seine Tätigkeit als Präsident der Reichsmusikkammer erinnert[447], dafür an einen Auftritt des Dirigenten vor zwanzig Jahren:

> Dr. Richard Strauss conducted the Philharmonia Orchestra in a concert of his own music at the Albert Hall on Sunday evening, including in his programme *Don Juan*, the Burleske for pianoforte and orchestra, and the Domestic Symphony. The symphony has not been played in London for many years [...]. As a conductor Dr. Strauss has never been of the demonstrative school. His left hand rarely leaves his side, and his right seems to do no more than beat time. But how exact that beat is! How infinite the gradation of expression conveyed by variations in the movement of the stick! At 83 his command of the orchestra and his ability to obtain from it exactly what he wants remain undiminished. If his *Don Juan* was more phlegmatic than it is sometimes made by more excitable conductors, that is how we remember it sounding under Dr. Strauss´s direction 20 year ago. This was a remarkable and memorable evening´s work for a man who was famous before most of his enormous audience was born.[448]

Zählen die unter bedeutenden Zeitumständen entstandenen, uraufgeführten und gespielten METAMORPHOSEN wirklich zu den „Handgelenksübungen" der Zeit nach CAPRICCIO, oder sind sie doch mehr als lediglich eine Gelegenheitskomposition, das „Opus Eins" der Nachkriegszeit? Erklärtermaßen verbindet Strauss mit den aufgeführten Werken, also auch mit den METAMORPHOSEN, nicht den Anspruch von „Abschiedswerken" als Summe von Lebens- und Kompositionserfahrung. Angesichts des biographischen Aufwandes, der um die „letzten Dinge" betrieben wurde, wirkt das etwas merkwürdig und überraschend.
Dabei erscheinen die METAMORPHOSEN, vom Komponisten als „Studie" für 23 Solostreicher bezeichnet, als einfaches und komplexes Werk zugleich. Allgemeiner Überzeugung zufolge erfüllt das Werk nach einer Einleitung mit vier Themen die Bedingungen einer Sonatenhauptsatzform mit Exposition, Durchführung und Reprise. Ein Formschema, das uns ähnlich in der Partitur von TOD UND VERKLÄRUNG begegnet, die Strauss kurz vor Entstehung der METAMORPHOSEN noch einmal intensiv studiert und abgeschrieben hat. Komplex wird die Form zum Schluss hin, wo dem traditionellen Schema der Sonate, mehr als das, ihrer Dramaturgie, Erfüllung verweigert wird. Während in TOD UND VERKLÄRUNG eine Coda in C-Dur die c-Moll-Todesstimmung verklärt, wird in den METAMORHOSEN der in sich kreisende Beginn des Werkes in c-Moll nach einem C-Dur-Teil zitiert. Auf die Haupttonart der „Eroica", Es-Dur, wird darüber hinaus im gesamten Werk ohnehin verzichtet.

Die Raffinesse der METAMORPHOSEN erweist sich über die formalen Aspekte hinaus in der Monochromie des Streichersatzes sowie dem intrikaten Verweben der Stimmen und ihres

[447] Unmittelbar nach seinem Rücktritt vom Amt des Präsidenten der Reichsmusikkammer wurde das kritischer gesehen. Unter der Überschrift „Dr. Strauss and Nazis" wurde vermerkt: „Dr. Strauss did not hesitate to identify himself with the new Germany and received from it many honours, notably when he celebrated his seventieth birthday last year. His choice of a Jewish author, Herr Stefan Zweig, to write the libretto of his latest opera, *Die schweigsame Frau*, led to trouble [...]." The Times, London, 15. September 1935, S. 13.

[448] Richard Strauss Festival. Domestic Symphony, in: The Times, London, 21. Oktober 1947, S. 6. Insbesondere vor dem Ersten Weltkrieg war Strauss als Dirigent häufig in England zu Gast; zuletzt 1936. Komponisten wie Havergal Brian, Arnold Bax, Granville Bantock und Ralph Vaughan Williams waren wesentlich von seinem Kompositionsstil beeinflusst. Ein Gastspiel in der Royal Albert Hall im Jahre 1922 war, zumindest für Londoner Verhältnisse, offensichtlich weniger erfolgreich, das Auditorium nur zur Hälfte gefüllt.

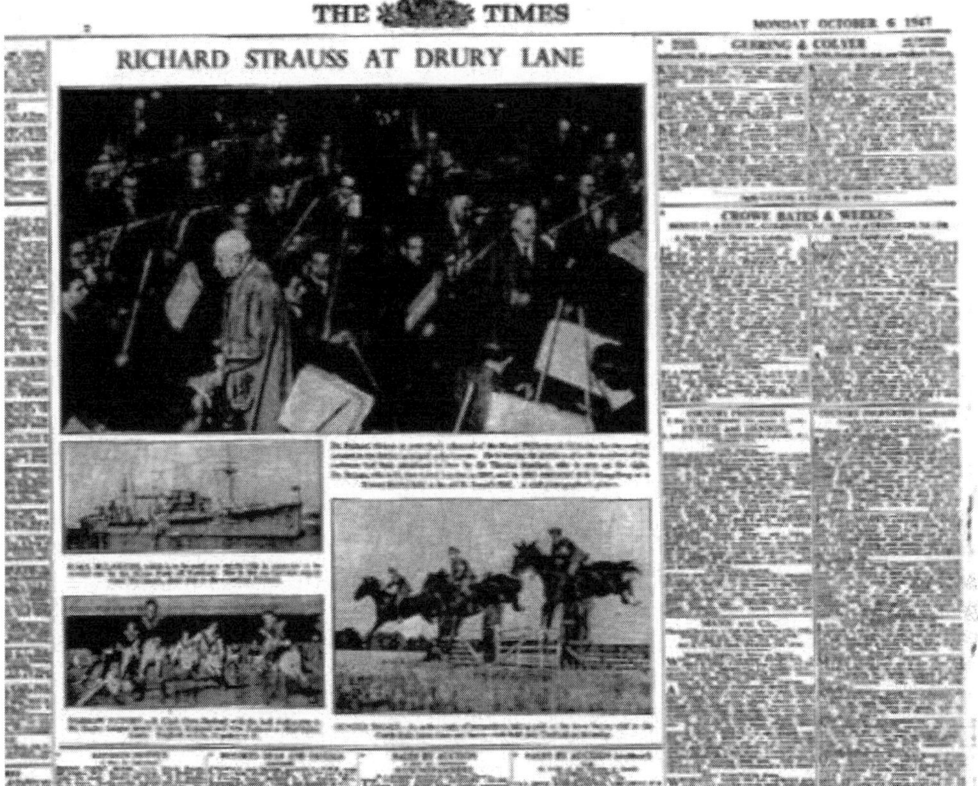

THE TIMES

RICHARD STRAUSS AT DRURY LANE

Richard Strauss und Sir Thomas Beecham in einer Probe mit dem Royal Philharmonic Orchestra im Londoner Drury Lane Theatre. (5. Oktober 1947) The Times, London, 6. Oktober 1947, S. 10.

Themenmaterials, das über die motivisch-thematische Arbeit einer Sonatendurchführung hinausgeht. Jede Stimme steht für sich und erblüht doch nur im Verbund mit den anderen, im ununterbrochenen Austausch von thematischen Zellen. Allein in den ersten beiden Takten der Partitur modulieren die Streicherakkorde von e-Moll nach As-Dur, B-Dur und A-Dur, benutzen damit die zwölf Töne der Skala und erfüllen auf subtile Weise die Voraussetzung einer dodekaphonen Komposition. Als Herzkammer der Verwandlungen und entscheidendes Movens, geradezu als Endpunkt der Partitur, erscheint die mit dem zweiten Thema eng verbundene Melodie, die wenige Takte vor dem Schluss erklingt, das Zitat des Trauermarsches aus Beethovens „Eroica", unter der in der Partitur der enigmatische Zusatz steht: „In Memoriam!"
An wen oder an was soll hier erinnert werden? An Beethoven als Summe der gerade zu Ende gegangenen bildungsbürgerlichen (Musik)kultur, dessen letzte (!) Klaviersonaten und Streichquartette in der Tat als abschließende Höhepunkte ihrer jeweiligen Gattung gehört wurden – erinnert sei an Thomas Manns Analyse der Klaviersonate op. 111 im DOKTOR FAUSTUS als Werk des „Abschieds", als eben „letzte Sonate" (!) –, oder an die Trauermusik eines Helden, dessen Glanz Beethoven in der „Eroica" schon hinterfragt hat?
Da Strauss auf eine Verklärung am Schluss, trotz des Zitats eines entsprechenden Motivs aus TOD UND VERKLÄRUNG, verzichtet, muss auch das Beethoven-Zitat jenseits seines heroischen Charakters gehört werden. Vielleicht als kritischer Reflex auf das Verhältnis von Kunst und Politik überhaupt? Es bleibt die entscheidende Frage, ob sich Strauss am Ende der METAMORPHOSEN über die Stimmung hinaus einem Akt der Trauerarbeit zuwendet oder die Musik nur in diffusen Zeichen des Verlöschens ausklingt? Das rein musikalische Referenzwerk über Beethoven hinaus wäre dann vielleicht das Ende von Gustav Mahlers Neunter Sinfonie, deren klangliches Verlöschen nur von den Streichern getragen wird, darüber hinaus, der langsame Satz (Adagietto) aus seiner Fünften Sinfonie, der ebenfalls nur von den Streichern gespielt wird.
Strauss überzeugt weder in Bezug auf Beethoven noch in Bezug auf Mahler. Die von ihm evozierte Stimmung allgemein gehaltener Trauer kommt über die Wiedergabe persönlicher Befindlichkeiten kaum hinaus und trifft doch gerade damit den blank liegenden Nerv nicht nur der Endkriegszeit, sondern auch der Nachkriegszeit. Verweigern sich aber demnach die METAMORPHOSEN mit ihrem allzu allgemein und unbestimmt gehaltenen Charakter nicht einer eigentlichen Trauerarbeit?
1947 beschrieb der niederländische Komponist und Kritiker Matthijs Vermeulen die METAMORPHOSEN als Elegie für das Nazi-Regime und wollte insbesondere den Hinweis „In memoriam!" dahingehend gedeutet wissen. Die Musikwissenschaft, insbesondere der Strauss-Biograph Willi Schuh, haben dies zurückgewiesen und die abstruse These wurde nicht weiter verfolgt. War sie aber so ganz abwegig? Hätte sie nicht gerade in den 1960er Jahren, als Adornos kritische Strauss-Studie zum 100. Geburtstag des Komponisten die Beziehung bzw. Nicht-Beziehung der deutschen Musikwissenschaft zum Komponisten auf Jahrzehnte bestimmte und Alexander und Margarete Mitscherlichs Buch über „Die Unfähigkeit zu trauern" erschien, den METAMORPHOSEN zu einer neuen Verortung helfen können? Adorno erkannte in seinem Aufsatz das „Unwahre" in den Werken der „Komponiermaschine" Strauss als „Wahrheit über die Epoche", während die Mitscherlichs die melancholische Befindlichkeit der deutschen Nachkriegsgesellschaft analysierten, die sich in der Rolle des „Opfers" über den Abgrund der (Mit)täterschaft psychologisch zu retten

versuchte.[449] Erstaunlicherweise klammert Adorno gerade das mittlere und späte Schaffen des Komponisten als handwerklich misslungenes aus und diagnostiziert das Werk nach dem ROSENKAVALIER als Widerruf seiner eigenen Moderne und als Ausdruck bürgerlichen Scheins, der sich einmal mehr in der Weigerung, Realitäten zu erkennen, offenbare.

Als am 30. April 1945 die Amerikaner in Garmisch einmarschieren, ändert sich für Richard Strauss nichts. Den Offizieren, die sein Haus beschlagnahmen wollen, stellt er sich als der „Komponist des Rosenkavaliers" vor. Das rettet ihn vor der Einquartierung amerikanischer Soldaten. Im „Dritten Reich" verhinderte Strauss drohende Einquartierung von Evakuierten mit Hilfe des im Oktober 1943 zu Besuch weilenden Generalgouverneurs von Polen, Hans Frank, später, im Januar 1944, mit einer direkt an Adolf Hitler gerichteten Bitte, der erstaunlicherweise stattgegeben wurde.
Auch der Besuch des Soldaten John de Lancie am 6. Juli 1945 gilt dem berühmten Komponisten Richard Strauss. Der Oboist de Lancie, vor dem Kriegsdienst Musiker im Pittsburgh Symphony Orchestra, nach dem Krieg im Philadelphia Orchestra, schwärmt über die Oboenmelodien von Strauss und bedauert, dass er kein Konzert für dieses Instrument geschrieben habe. Strauss bedenkt den Hinweis und erfüllt quasi eine Bitte. Das Hauptthema des innovativen Konzerts zeigt im Verlauf der Komposition, insbesondere im Vivace des dritten Satzes, nicht nur seine Verwandtschaft mit dem zweiten „Eroica-Thema" der METAMORPHOSEN, sondern überrascht mit dessen Wendung ins Heiter-Fröhliche im Finale, womit die melancholische Stimmung der METAMORPHOSEN überwunden scheint, ehe eine persönliche und gesellschaftliche Trauerarbeit überhaupt begonnen hat. Was technisch brillant erscheint, erweist sich im Menschlichen einmal mehr als bedenklich. Die Heldenthemen der Strauss´schen Musik lavieren sich weiter durch ihre Zeit. Strauss empfängt in dieser Zeit noch einen weiteren Besucher, dessen wahre Identität er allerdings nicht erfährt: Klaus Mann. Zum Kriegsende notierte Strauss in einer persönlichen Aufzeichnung:

> Am 12. März fiel auch die herrliche Wiener Oper den Bomben zum Opfer. Aber vom 1. Mai ab ging die schreklichste Periode der Menschheit, 12jährige Herrschaft der Bestialität, Ignoranz u. Unbildung unter den größten Verbrechern zu Ende, in der 2000jährige Kulturentwicklung Deutschlands zu Grunde gerichtet u. unersetzliche Bauwerke u. Kunstdenkmalen durch eine verbrecherische Soldateska zerstört wurde. Fluch der Technik![450]

Von menschlichen Verlusten ist hier nicht die Rede. Es wird auch nicht so ganz klar, wen wir hinter der „verbrecherische[n] Soldateska" zu vermuten haben: deutsche oder alliierte Soldaten? Der Weg in die Nachkriegsgesellschaft wird bereitet.

Strauss hat als Titel seiner „Studie" den Begriff Metamorphosen gewählt. Damit ist ein Bezug sowohl zu der klassischen Dichtung Ovids wie auch zu Goethe impliziert. Auf Ovid und die in seinen METAMORPHOSEN berichteten Verwandlungen bezieht sich Strauss mannigfaltig in seinem Werk. In der Oper DAPHNE beschreibt er in Bezug auf Ovids Darstellung die Metamorphose der Nymphe Daphne, die sich auf der Flucht vor den Nachstellungen des Gottes Apollo unter grandioser Tonmalerei in einen Lorbeerbaum verwandelt. In ARIADNE AUF NAXOS spielt das Thema der Verwandlung eine bedeutende Rolle, die Hugo von

[449] Alexander und Margarete Mitscherlich: Die Unfähigkeit zu trauern. Grundlagen kollektiven Verhaltens, München 1967.
[450] Richard Strauss. Späte Aufzeichnungen, a.a.O., S. 310. Datierung der Aufzeichnung im „Grauen Heft" (Nr. 2) nach dem 1. Mai 1945. Hitler beging am 30. April Selbstmord in Berlin, Goebbels am Tag darauf.

Hofmannsthal in einem Brief an seinen Komponisten und Arbeitspartner als Kern des Werkes beschreibt. Auch in der FRAU OHNE SCHATTEN, in der ARABELLA und in der SCHWEIGSAMEN FRAU ist das Thema erkennbar. Die Marschallin reflektiert in ihrem Zeitmonolog die Verwandlung der Persönlichkeit unter dem Aspekt vergehender (Lebens)zeit. Für die Komposition der METAMORPHOSEN scheint indessen der Bezug auf Goethe treffender als der auf Ovid, wo es letzten Endes um eine Vergöttlichung des Menschen in der Verwandlung geht, die in den Strauss´schen METAMORPHOSEN jedoch nur noch verweigert werden kann. Aus den Briefen der Entstehungszeit und anderen Dokumenten, nicht zuletzt aus direkten Hinweisen in den Kompositionsskizzen wird ein Goethe-Bezug überaus deutlich. Goethe zählte zu den intensiven Leseerlebnissen des späten Strauss. Insbesondere der Hinweis auf dessen ZAHME XENIEN, zu denen musikalische Skizzen während der Komposition der METAMORPHOSEN entstanden, erschließt einen Aspekt der aktuellen Lebenserfahrungen: Das Nicht-mehr-verstehen-können der Entwicklungen der Zeit, weit über das „sonderbar Ding" des ROSENKAVALIERS hinaus. So dichtet Johann Wolfgang Goethe in seinem Alterswerk ZAHME XENIEN: „Niemand wird sich selber kennen, / Sich von seinem Selbst-Ich trennen" und fährt fort: „Wie´s aber in der Welt zugeht, / Eigentlich niemand recht versteht".[451] Wer dächte nicht an den „Wahn"-Monolog von Hans Sachs in Richard Wagners MEISTERSINGER? Das Problem der Selbsterkenntnis scheint hier untrennbar mit der Möglichkeit eines Verstehens von Kunst verbunden zu sein.
Goethe hat beim Druck der Gedichte streng darauf geachtet, dass seine satz- und umbruchtechnischen Vorgaben genau erfüllt wurden, um die Korrespondenzen, Abfolgen und Verknüpfungen der einzelnen Gedichte deutlich zu halten. Eine Sorgfalt der Dramaturgie, die uns über das rein musikalische hinaus auch in den METAMORPHOSEN von Richard Strauss auffällt, im Bedacht auf die Bezüge zum eigenen Werk, zu Beethoven und darauf, wann das Werk wo und von wem uraufgeführt und weiter gespielt wird.

Wie weit Strauss die Welt um sich herum nicht mehr versteht oder verstehen will – seine Zeitzeugenschaft damit ja auch in Frage stellt –, wird deutlich, wenn man sich in einem musikhistorischen Zeitexkurs bewusst macht, was um die METAMORPHOSEN herum unter welchen Umständen und an welchen Orten komponiert und aufgeführt wurde. Bereits am 15. Januar 1941 kam es in einem Gefangenenlager in Görlitz zur Uraufführung eines Werkes des Lagerinsassen Olivier Messiaen. Sein QUATUOR POUR LA FIN DU TEMPS wurde von ihm und von Mitgefangenen vor einem Publikum aus Gefangenen, Aufsehern und Lagerleitung, die die Komposition ermöglicht und befördert hatten, gespielt. Das „Quartett über das Ende der Zeit" für Klarinette, Violine, Cello und Klavier, das bereits auf Messiaens Tonsprache nach 1945 verweist, basiert auf der Offenbarung des Johannes (Kapitel 10, Vers 1–7), wo der Engel der Apokalypse das Ende der Zeit verkündet: „Und ich sah einen andern starken Engel vom Himmel herabkommen, mit einer Wolke bekleidet, und der Regenbogen auf seinem Haupt und sein Antlitz wie die Sonne und seine Füße wie Feuersäulen (...) und (...) hob seine rechte Hand auf zum Himmel und schwor (...): Es soll hinfort keine Zeit mehr sein (...)."
Ob das Werk den Hörern der Uraufführung als Ausdruck ihrer eigenen Apokalypse erschien? Der gläubige Katholik Messiaen jedenfalls lässt an dem Hintergrund seiner Komposition in den Überschriften zu deren einzelnen Teilen keine Zweifel. Während Messiaens Publikum die musikalische Aussage unmittelbar als Reflex auf das Zeitgeschehen und seine persönliche

[451] Johann Wolfgang Goethe: Sämtliche Werke nach Epochen seines Schaffens. Münchner Ausgabe, hrsg. v. Karl Richter in Zusammenarbeit mit Herbert G. Göpfert, Norbert Miller, Gerhard Sauder und Edith Zehm, Bd. 18.1, Letzte Jahre 1827–1832, I, hrsg. v. Gisela Heuckmann u. Dorothea Hölscher-Lohmeyer, München 1997, S. 58.

Lebenssituation erfährt, hat Strauss seine METAMORPHOSEN ja explizit nicht für ein zeitgenössisches deutsches Publikum geschrieben, sondern für das einer intendierten Schweizer Uraufführung. Darüber hinaus waren alle nach CAPRICCIO fertiggestellten Werke gar nicht für eine Uraufführung in Deutschland gedacht, zumindest zu Lebzeiten des Komponisten. Die Spiegel-Kritik zur deutschen METAMORPHOSEN-Uraufführung kommentiert das in der eingangs zitierten Ausgabe vom 24. Mai 1949: „‚Nur für das Ausland – nicht für Deutsche!'“ Erstaunlich dann, dass der Rezensent der Aufführung des NDWR-Sinfonieorchesters unter Leitung seines Chefdirigenten Hans Schmidt-Isserstedt, der zwar auf der „Gottbegnadeten-Liste“ der Nazis stand, aber kein Mitglied der NSDAP war, der Meinung ist, dass die METAMORPHOSEN dem Hörer „keinerlei Probleme zu lösen aufgeben“ und stattdessen die „überlegene Altersweisheit“ eines „spätklassizistischen“, „griechischen“ Strauss´ feiert. Über tatsächlich gegebene oder vermeintlich intendierte Zeitbezüge wird in dieser Kritik nicht einmal spekuliert.

Eine „Schicksalsgemeinschaft“, ähnlich wie bei Messiaen, war natürlich auch das Publikum der Uraufführung von Dmitri Schostakowitschs Siebter Sinfonie, der sog. „Leningrader“, in einer legendären, landesweit ausgestrahlten Rundfunkübertragung am 5. März 1942. Mehr noch als die METAMORPHOSEN oder das Quartett Messiaens steht die Sinfonie Schostakowitschs in einer propagandistisch gewollten und inszenierten Beziehung zur Zeitgeschichte. Das zu einem großen Teil während der deutschen Belagerung Leningrads komponierte Werk soll sich im ersten Satz auf die deutsche Invasion beziehen, während im Finale vorab der Endsieg gefeiert wird. Schostakowitsch hat sich während des Krieges zu solchen Inhalten bekannt und damit vor allem die Situation der Uraufführung bedient. Später hat er das eher relativiert, und das Werk selbst hat bekanntlich auch unterschiedliche Kritik und Deutung erfahren. Unverändert bleiben jedoch seine Stellung zur Zeit der Uraufführung und die sowohl von der stalinistischen Sowjetunion als auch von ihren westlichen Verbündeten geforderten und geförderten Propagandawerte. Die auf Mikrofilm in den Westen gelangte Partitur erlebte Aufführungen unter Arturo Toscanini, Leopold Stokowski und Eugene Ormandy, die die Musik zunächst unter ähnlichen Aspekten hörten und spielten wie die russischen Orchester. Die Zwiespältigkeit dieses Unternehmens zeigte sich indessen bald nach dem Krieg, als die Fronten des „Kalten Krieges“ politische und ästhetische Positionen gleichermaßen verrückten. Für den Komponisten selbst erwies sich das Spiel mit politischen Ideen und Idealen als noch prekärer als im Falle von Strauss, musste er sich doch fast lebenslang von den willkürlichen Maßnahmen diktatorischer Herrschaft bedroht fühlen.
Sein Publikum hat diesen Hintergrund seines künstlerischen Schaffens, unabhängig von der erklärten oder nicht erklärten „Bedeutung“ seiner Musik, die Mstislaw Rostropowitsch einmal als eine „Geheimgeschichte“ Russlands bezeichnet hat, immer gespürt.
Neben den fünfzehn Sinfonien zählen bekanntlich fünfzehn Streichquartette zu den herausragendsten Beiträgen Schostakowitschs zur Musik des 20. Jahrhunderts. Gerade die letzten offenbaren in ihrer dramaturgischen Radikalität, ihrer Verbindung von persönlichem Erleben und dessen Abstraktion in der musikalischen Sprache, eine Nähe zur Ästhetik der METAMORPHOSEN, die man im 15. Quartett fast auch im Melodischen gleich zu Beginn nachzuhören vermeint. Ein Jahr vor seinem Tod schreibt Schostakowitsch hier ein Quartett mit sechs Adagio-Sätzen – Elegie, Serenade, Intermezzo, Nocturne, Trauermarsch, Epilog – die zwischen der Melancholie der Strauss´schen Nänie, der eigenen Einsamkeit und Trauer und der Erwartung des Todes am Ende einer apokalyptischen Zeit schwanken. Die sieben Sätze des 11. Quartetts verlöschen alle in einem Pianissimo morendo.

Musikalische Gesten, die das eigene Leben und darüber hinaus die Summe musikalischer Epochen und kompositorischer Erfahrungen auch hier als ein „In memoriam!" abbilden. In der Betonung „innerer Vorgänge" und im Verzicht auf die „autorisierende Identität" von nur auf sich selbst bezogenen Melodien sah Edward Said 1995 im verschlungenen Melodiengewebe der METAMORPHOSEN eine „Denkungsart mit utopischem Einschlag", sofern darunter etwas „Weltliches, Menschenmögliches, Erleb- und Erfahrbares"[452] zu verstehen sein dürfe, durchaus in Opposition zum Denken und zur Strauss-Kritik Adornos. Versucht Said hier eine „Rettung" des Musikers Strauss vor den Ängsten und dem Wahn seiner Zeit in einer Selbstfindung und -bewahrung in der Musik?
In einer „kreativen Utopie", die die Vergangenheit durch die Gegenwart reflektiert, erkannte schließlich auch Luigi Nono eine Bedeutung seines 1980 uraufgeführten Streichquartetts FRAGMENTE. STILLE, AN DIOTIMA, das dem Werk Schostakowitschs sehr offensichtlich, den METAMORPHOSEN von Richard Strauss in eher kryptischer Weise verbunden scheint. Musikalische Räume, in deren Klangphantasien auch das Geschichtliche (mit)tönt, scheinen die Werke gleichermaßen zu öffnen.

Vielleicht blieb es, aus ebenso musikalischen wie persönlichen Gründen, Arnold Schönberg vorbehalten, über das „Utopische" hinaus, die Schrecken einer Zeit zu protokollieren, die er aus der Ferne erlebt hat und die ihm gleichzeitig innerlich so nahe standen. Näher vielleicht als Richard Strauss. Zwischen dem 11. und 23. August 1947 entsteht im Auftrag der Koussevitzky Music-Foundation das Melodram A SURVIVER FROM WARSHAW für Sprecher, Männerchor und Orchester, das am 4. November 1948 in Albuquerque in New Mexico uraufgeführt wird. Das nur wenige Minuten dauernde Werk berichtet in deutscher, englischer und hebräischer Sprache über die Niederschlagung des Warschauer Aufstandes 1943 und zählt zu den beeindruckendsten künstlerischen Auseinandersetzungen mit dem Holocaust nach 1945.

In den letzten Kriegstagen erlebte Karl Amadeus Hartmann, wie ein Trupp von Häftlingen aus dem Konzentrationslager Dachau unter Bewachung von SS-Schergen an seinem Haus vorbeigetrieben wurde. Die Häftlinge sollten ihre Befreiung durch die heranrückenden amerikanischen Truppen nicht mehr erleben. Hartmannn komponierte seine KLAVIERSONATE 27. APRIL 1945, die Ausführende und Hörer in spieltechnische und emotionale Grenzbereiche führt, musikalisch an die INTERNATIONALE und Beethovens Sonate LES ADIEUX erinnert, ein verzweifeltes Aufbegehren, das auch im letzten Moment nur den Weg ins eigene Innere findet. Vorausgegangen waren dem Werk in dieser Haltung das am 2. September 1935 unter Hermann Scherchen noch in Prag uraufgeführte „Poème symphonique" MISERAE mit der handschriftlichen Widmung „Meinen Freunden, die hundertfach sterben mußten, die für die Ewigkeit schlafen – wir vergessen Euch nicht. (Dachau, 1933–34)" und das CONCERTO FUNEBRE, das im Erleben des Überfalls der deutschen Wehrmacht auf Polen entstand und am 29. Februar 1940 in St. Gallen uraufgeführt wurde.

Die aufgeführten Werke von Schönberg, Messiaen, Schostakowitsch und Hartmann stehen mit den METAMORPHOSEN in unmittelbarem zeitlichen Zusammenhang; trotz ihrer so unterschiedlichen musikalischen Sprache auch in einem ästhetischen, der wesentlich durch die historischen Hintergründe der Zeit ihrer Entstehung und Aufführung geprägt erscheint. Die vom Publikum und der Kritik gezogenen Folgerungen sind dabei sehr unterschiedlich,

[452] Edward Said: Der wohltemperierte Satz. Musik, Interpretation und Kritik, München 1995, S. 135f.

was angesichts beachtlicher Divergenzen hinsichtlich ideologischer Hintergründe oder der Zusammensetzung des tatsächlichen oder des intendierten Publikums leicht nachvollziehbar erscheint.

Mehr als die genannten Werke der Zeitgenossen erweisen sich die METAMORPHOSEN als Werk in einem historischen Hohlraum, einem Raum, der seinen Sinn durch die Ausrichtung auf die Vergangenheit einerseits und die Zukunft andererseits erhält. Als ob sich ihr Schöpfer in einem genialen Akt der Verwandlung selbst aus der Zeit gestohlen hätte, in eine Art Warteraum der Geschichte. Könnte sich dann das Zitat aus der „Eroica" nicht letzten Endes auf Richard Strauss selber beziehen, der sich als „letzter" Vollender einer abendländischen Kulturtradition sah, die im aktuellen Geschichtslauf an ihr Ende geraten war? Der Abschluss der METAMORPHOSEN wäre dann das genial inszenierte Ende eines „Heldenlebens" und der Titel verwiese nicht nur auf die Verwandlung musikalischer Themen, sondern auf die des Helden, der virtuos den Wandel der Zeiten mit (s)einer Musik begleitete, die ihn immer wieder genial auf sich selbst verwiesen hat, am Ende aber alles in Frage stellt, auch ihn selbst und sein Werk. Die verblüffende, aber doch nicht ganz unerwartete Eulenspiegel-Kapriole, die Verwandlung des zweiten, am Ende mit dem „Eroica"-Trauermarsch sich vereinenden METAMORPHOSEN-Themas im heiteren Ausklang des Oboenkonzerts verweist auch darauf.

Noch einmal: DEUTSCHLAND UND DIE DEUTSCHEN

Während die METAMORPHOSEN die aktuelle Gemütslage der Deutschen protokollieren und dabei durchaus eine Mentalität unterstützen, in der sich die Überlebenden der Katastrophe als Opfer sehen, will sich Thomas Mann noch einmal schreibend vergewissern, wie es dazu kommen konnte. DEUTSCHLAND UND DIE DEUTSCHEN resümiert dabei die Motive und Thesen des DOKTOR FAUSTUS.

Der am 29. Mai 1945 in Washington gehaltene Vortrag wurde im Oktober 1945 erstmals in der Zeitschrift Die Neue Rundschau gedruckt. Thomas Mann entwirft in diesem Vortrag seine Theorie des Faschismus, als dessen Grundlage er den psychologischen Charakter der Nation analysiert, die Theorie eines Deutschlands, dem sein Bestes durch Teufelslist zum Bösen ausschlug. Manns mentalitätsgeschichtlicher Deutungsversuch besinnt sich auf die Dialektik von deutscher „Weltscheu" und „Weltbedürftigkeit" und entwirft ein von „stiller Dämonie" geprägtes „Seelenbild", dem „Skurril-Spukhaftes"[453] anhaftet.

Schon im Atmosphärischen der Vaterstadt Lübeck, aus der die „Traumwelle des Lebens mich her (nach Amerika, Anm. d. Verf.) verschlug", scheint etwas von der „Hysterie des ausgehenden Mittelalters", von einem „altertümlich-neurotische[n] Untergrund"[454] spürbar zu sein. Als Inkarnation des deutschen Gemüts und seiner Verbindung mit dem Dämonischen erkennt Mann Goethes Faust als eine „sehr deutsche Figur".[455] Dieser Faust aber müsste nach der Überzeugung des Autors mit der Musik in Verbindung gebracht werden, müsste Musiker sein, denn „abstrakt und mystisch, das heißt musikalisch, ist das Verhältnis der Deutschen zur Welt".[456] Die Musik aber erscheint ihm als eine „späte Kunst" und gerade deswegen als eine deutsche Kunst: „Die Deutschen kommen immer zu spät. Sie sind spät wie

[453] Thomas Mann: Deutschland und die Deutschen, in: Hermann Kurzke: Thomas Mann, Ausgewählte Essays, a.a.O., Bd. 2, S. 283.
[454] Ebenda, Bd. 2, S. 284.
[455] Ebenda.
[456] Ebenda, Bd. 2, S. 285.

die Musik, die immer von allen Künsten die letzte ist, einen Weltzustand auszudrücken – wenn dieser Weltzustand schon im Vergehen begriffen ist. Sie sind auch abstrakt und mystisch wie diese ihnen teuerste Kunst – beides bis zum Verbrechen."[457]
Die deutsche „Innerlichkeit" und die romantische „Verführung zum Tode"[458] wird als Geschichte eines „fehlgegangenen" Landes erzählt, dem sein „Bestes" zum „Bösen" ausschlug und es damit dem „deutsch geborenen Geist" unmöglich macht, ebendieses „böse, schuldbeladene Deutschland ganz zu verleugnen".[459]
Auf die Verbrechen, deren Ausmaße zur Zeit der Entstehung dieses Vortrages immer deutlicher ins Bewusstsein der Überlebenden treten, wird eher in dezenter Weise verwiesen: „Ihre Verbrechen, sagte ich, gehörten nicht notwendig zu ihrem verspäteten Ausbeutungsunternehmen; sie waren ein Hinzugekommenes, ein Luxus, den sie sich leisteten aus theoretischer Anlage, zu Ehren einer Ideologie, des Rassenphantasmas. Klänge es nicht wie eine abscheuliche Beschönigung, so möchte man sagen, sie hätten ihre Verbrechen aus weltfremdem Idealismus begangen."[460]
Wir kommen kaum umhin, diesen mentalitätsgeschichtlichen Deutungen doch eine gewisse Abwegigkeit zu unterstellen. Wie im Fitelberg-Kapitel des DOKTOR FAUSTUS endet der Vortrag mit einem Ausblick auf Lebens- und Weltschicksal, das die Deutschen mit den Juden vereinen soll:

> Der Hang zur Selbstkritik, der oft bis zum Selbstekel, zur Selbstverfluchung ging, ist kerndeutsch, und ewig unbegreiflich wird bleiben, wie ein so zur Selbsterkenntnis angelegtes Volk zugleich den Gedanken der Weltherrschaft fassen konnte. Zur Weltherrschaft gehört vor allem Naivität, eine glückliche Beschränktheit und sogar Vorsatzlosigkeit, nicht aber ein extremes Seelenleben wie das deutsche, worin sich der Hochmut mit der Zerknirschung paart. Den Unerbittlichkeiten, die große Deutsche, Hölderlin, Goethe, Nietzsche, über Deutschland geäußert haben, ist nichts an die Seite zu stellen, was je ein Franzose, ein Engländer, auch ein Amerikaner seinem Volk ins Gesicht gesagt hat. Goethe ging, wenigstens in mündlicher Unterhaltung, so weit, die deutsche Diaspora herbeizuwünschen. „Verpflanzt", sagte er, „und zerstreut wie die Juden in alle Welt müssen die Deutschen werden!" Und er fügte hinzu: „ – um die Masse des Guten, die in ihnen liegt, ganz und zum Heile der Nation zu entwickeln."[461]

Es überrascht, wie Thomas Mann die Deutschen und die Juden in einer intimen Symbiose von Täter und Opfer einander gegenüberstellt, um sie als Schicksalsgemeinschaft zu vereinen. Soll das Aufgehen in der Welt durch den Verzicht auf das problematische Eigene ermöglicht werden? Der Begriff von einem jüdischen Deutschtum scheint in den Überlegungen zur Assimilation untergegangen zu sein. Im Mai 1945 hätte Mann durchaus andere Worte finden können. Ob er sie finden wollte?

---

457 Ebenda, Bd. 2, S. 292.
458 Ebenda, Bd. 2, S. 296.
459 Ebenda, Bd. 2, S. 297.
460 Ebenda, Bd. 2, S. 292.
461 Ebenda, Bd. 2, S. 297.

VIER LETZTE LIEDER

Die von Mai bis September 1948 komponierten Lieder stellen dar, was ihr Titel verspricht. Sie sind, neben dem Lied „Malven“, die letzten Kompositionen von Richard Strauss, der im Jahr nach ihrer Vollendung starb. Glaubt man der anekdotischen Überlieferung, entstanden sie eher zufällig auf Anregung des Strauss-Sohnes Franz. Anders als im Falle der METAMORPHOSEN, deren Musik sich auf quälende Weise mit dem Zeitgeschehen des zu Ende gehenden Krieges beschäftigt, erweisen sich die VIER LETZTEN LIEDER als ein persönliches Werk, das sich weniger auf die politischen Zeitläufte, umso mehr aber auf das eigene zu Ende gehende Leben besinnt und auf das der Ehefrau Pauline.
Die vier Orchesterlieder bestechen durch ihre Virtuosität und ihren Klangzauber. Sie gerieren sich nicht als „Weltabschiedswerk“, erscheinen nicht als Fragment oder hoffen als „Unvollendete“ auf philosophischen oder gar religiösen Mehrwert. Fast überrascht uns die Aura des Persönlichen und Privaten. Obwohl Strauss die vermeintlich öffentliche Darstellung des Privaten in Werken wie EIN HELDENLEBEN, der SYMPHONIA DOMESTICA oder der Oper INTERMEZZO in der zeitgenössischen Kritik eher angelastet wurde, erscheint er sowohl in seinem Briefwechsel, durchaus symptomatisch in dem mit Hofmannsthal, als auch in seiner epochalen und wegweisenden Arbeit als Dirigent als durchaus schwer zu durchschauende Persönlichkeit, die in der Arbeit private Gefühle kaum preisgibt.
Der Titel, der die hier behandelten Lieder als Endpunkt, als „letzte“ eben, bezeichnet, stammt ja nicht von Strauss selbst, sondern vom Verleger und den Nachlassverwaltern, die die Lieder nach dem Tod des Komponisten publizierten. An eine Vermarktung im Sinne einer „letzten“ kompositorischen Äußerung dachte Strauss wohl eher nicht. Die Rückkehr zum Lied markiert dennoch das Lebensende, da Strauss sehr bewusst an der Schwelle des Todes stand, und es ist zugleich die Rückkehr zu einer Gattung, die ihm immer wieder wichtig war. Immerhin komponierte er zweihundert Lieder und begleitete oft seine Frau Pauline als Sängerin am Klavier. Mehr als das sah er sich aber auch in der Tradition des deutschen Liedes stehen, und zumindest der Bezug auf ein Gedicht Eichendorffs im letzten Lied, „Im Abendrot“, erinnert an die Romantik und an Robert Schumanns berühmtes Vorbild, den Liederzyklus op. 39 auf Gedichte von Joseph von Eichendorff.

Die Reihenfolge, in der die vier Lieder heute im Konzertsaal erklingen, wurde vom Boosey & Hawkes-Verleger Ernst Roth nach dem Tod des Komponisten nach durchaus nachvollziehbaren dramaturgischen Gesichtspunkten bestimmt. Die Abfolge der Komposition ist dennoch eine andere, was aber nicht gegen die Reihenfolge spricht, die sich bis heute durchgesetzt und etabliert hat. Komponiert wurden alle Lieder in der Schweiz, wohin sich Strauss seit dem Ende des Krieges mit seiner Frau Pauline als nicht unbedingt willkommener Gast zurückgezogen hatte. Trotz finanzieller Sorgen, Vermögen und Konten waren vorläufig beschlagnahmt, lebte das Ehepaar in luxuriösen Hotels in einem großbürgerlichen Ambiente, das in bedeutendem Kontrast zur aktuellen Lebenssituation in Deutschland stand. In seinem „Schweizer Tagebuch“ berichtet Strauss Anfang Oktober 1945 über sein Leben „im Schlaraffenland“:

> Wir schwelgen wieder in Obst: Trauben, Birnen, Bananen, getrocknete Pflaumen. Kurz, für uns traurige, aus Chaos, Elend, Sklaverei und Kohlennot geflüchtete deutsche Kulturmenschen ein Paradies; vertrieben durch die Not unseres armen zerstörten Vaterlandes, von lieben Kindern und Enkeln, aus jahrzehntelangem schönen Besitz, fern von den Ruinen

unserer verbrannten Theater und Culturstätten – können wir in Ruhe und Frieden den Rest unserer Tage verbringen im Kreise guter Menschen und Freunde.[462]

Anfang Januar 1946 wurden in Zürich sowohl die METAMORPHOSEN unter der musikalischen Leitung ihres Auftraggebers Paul Sacher, als auch das Oboenkonzert unter der musikalischen Leitung von Volkmar Andreae uraufgeführt. Nach einem unruhigen Jahr 1947, das Strauss in Baden, in Lugano, in Pontresina und in Montreux und Zürich verbrachte, begann im Jahr 1948 die Ausarbeitung der letzten Lieder.
Das den Zyklus beschließende Eichendorff-Lied „Im Abendrot" entstand als erstes Lied und wurde am 6. Mai 1948 in Montreux beendet. Zur gleichen Zeit orchestrierte Strauss das Lied „Ruhe, meine Seele" aus dem berühmten, Pauline gewidmeten Hochzeitsgruß Opus 27 von 1894. Von ähnlicher Thematik geprägt, kann nur spekuliert werden, ob Strauss es seinem neu entstehenden Zyklus einverleiben wollte. Die Hesse-Lieder entstanden danach in Pontresina, „Frühling", beendet am 13. Juli 1948, „Beim Schlafengehen", beendet am 4. August 1948 und in Montreux, „September", beendet am 20. September 1948. Dem Dichter und Schriftsteller Hermann Hesse, der 1946 auch auf Anregung von Thomas Mann den Nobelpreis erlangt hatte und erstmalig in Deutschland publiziert werden konnte, war Strauss während dieser Zeit persönlich begegnet. Hesse war von der Begegnung offensichtlich nicht begeistert und stand dem schwelgerischen Stil des Komponisten skeptisch gegenüber. Politische Hintergründe, die sich auf Strauss´ Verstrickung in die Politik der Nationalsozialisten bezogen, haben dabei sicherlich auch eine Rolle gespielt. Mit der Vertonung der Hesse-Gedichte wandte sich Strauss einem Autor zu, der in der deutschen Nachkriegsgeneration große Popularität erreichen sollte. Für den gerade dreizehn Jahre jüngeren Schriftsteller, dessen Eltern im protestantischen Missionsdienst tätig waren und dessen Leben immer auch mit einem Ausbruch aus seiner eigenen Herkunft und Erziehung verbunden war, dürfte Strauss nicht nur ein Vertreter der „Welt von gestern", sondern überhaupt einer ganz anderen Welt gewesen sein. Im umgekehrten Fall war das offensichtlich anders.

Ihren persönlichen Charakter erhalten die Lieder auch durch die Auswahl der Gedichte von Hermann Hesse, die sich inhaltlich auf die Lebenssituation von Richard und Pauline Strauss beziehen. Schon die Titel verweisen auf den Kreislauf des Lebens, auf Stimmungen des Abschieds, des Müdewerdens und des Übergangs. Das letzte Lied, „Im Abendrot", zitiert zum Ende hin – zu den Worten „Wie sind wir wandermüde – / Ist dies etwa der Tod?" – im Englischhorn das Auferstehungsthema aus TOD UND VERKLÄRUNG und schwelgt im vorausgehenden D-Dur in der Weltennachtstimmung des TRISTAN, während die Haupttonart des Liedes, Es-Dur, an die Tradition der Ombraszenen gemahnt, an das Totenreich der Gattung Oper schlechthin. Zuvor koloriert ein Flötentriller die synästhetische Himmelfahrt zweier Seelen: „Rings sich die Täler neigen, / Es dunkelt schon die Luft, / Zwei Lerchen nur noch steigen / Nachtträumend in den Duft." Der Leser der JOSEPH-Tetralogie erinnert sich an die letzten Worte Josephs, mit denen er sich in JOSEPH IN ÄGYPTEN im „Gesegnete[n] Bericht von Mont-kaws bescheidenem Sterben" von dem an der Schwelle des Todes stehenden Hausmeier verabschiedet: „Im Lichte und in der Leichtigkeit sehen wir uns beide wieder." (GKFA, Bd. 8.1, S. 1034) Haben Thomas Mann und Richard Strauss nicht ein gemeinsames Vorbild in Isoldes synästhetischem „Liebestod" aus Richard Wagners TRISTAN?

[462] Zit. nach: Kurt Wilhelm: Richard Strauss, a.a.O., S. 406.

Indessen erscheinen die VIER LETZTEN LIEDER nicht nur als ein persönliches Abschiednehmen vom Leben und von seiner Gefährtin Pauline. Zum Zeitpunkt ihrer Niederschrift erweisen sie sich auch als eine Art Abgesang auf die Tonalität. Das reine Es-Dur, in dem sich am Ende die Gesangsstimme verliert, erklingt von seiner musikhistorischen Position her gesehen endgültig zu einem letzten Mal. Und wem wäre es vorbehalten, wenn nicht dem Klangmagier Richard Strauss, der noch einmal demonstriert, was seine Kunst in Fülle zu geben hatte: das Kolorit des Orchesters. Oft genug besinnt sich Strauss in seinen Liedern auf die Werte einer untergegangenen, nicht selten diffamierten Zeit, auf Werte des ausgehenden aristokratischen Zeitalters ebenso wie auf die der großbürgerlichen Gesellschaft; einer Welt, die Stefan Zweig im Exil als „Welt von Gestern" beschreiben wird, auf deren Spurensuche sich Robert Musil im MANN OHNE EIGENSCHAFTEN oder Marcel Proust in seinem Romanzyklus À LA RECHERCHE DU TEMPS PERDU (1913 – 1927) begeben. Die Themen dieser Spätzeit, Abschied, Sterben, Verwandlung, finden sich bei Strauss immer wieder. Dies alles nunmehr gesteigert im Bewusstsein des zu Ende gehenden eigenen Lebens auf sich selbst und seine Frau Pauline zu beziehen, offenbaren Bedeutung und Stellenwert der VIER LETZEN LIEDER, die im Konzertsaal noch einmal das große Publikum suchen und finden.

Auch das ebenso unbeirrte wie virtuose Festhalten an der Tonalität und die bedeutenden stimmlichen Anforderungen, die eine große Opernstimme erfordern, mithin der Bezug des Liedes zur großen dramatischen Form, zur Bühne, ist Bestandteil und Ausdruck der sehr persönlichen musikalischen Sprache dieser Lieder, die zu diesem Zeitpunkt kaum einem anderen zur Disposition stand und auf Anerkennung zu hoffen dachte. Strauss´ Abschied vom eigenen Leben ist auch ein Abschied von dem überlange währenden 19. Jahrhundert. Einmal mehr manifestiert sich darin der bedeutende Kunstcharakter des letzten Werkes über das Persönliche hinaus im musikalischen Rückblick auf eine Epoche.

Trotz der Abschieds- und Todesstimmung zeigt sich auch und gerade in den VIER LETZTEN LIEDERN, dass Richard Strauss kein Komponist des „Leidens" war. Kunst als Verfall ist nicht unbedingt ein Strauss-Thema. Da entdeckte die Musikwelt nach dem Ende des Zweiten Weltkrieges eher die Musik Gustav Mahlers, der für die Nachwelt zum Vorahner der Katastrophe wurde. Ob dies tatsächlich so ist, mag dahingestellt sein. Das Leiden an der Welt und in der Welt ist aber durchaus ein Thema von Mahlers Liedern.

Anders bei Strauss, wo wir in den letzten Liedern in der Annahme des Todes auch eine Annahme des Lebens finden, den Tod als einen Übergang, eine letzte Verwandlung. Noch einmal komprimiert der Komponist seine Liederfahrung, die handwerkliche Perfektion des Orchestersatzes, das Verschmelzen von Singstimme und Orchester, das virtuose Verströmen des Gesangs in hohen Lagen und weiten melismatischen Bögen, in Fülle und aufblühender Sinnlichkeit. Der Bühnenpraktiker Strauss hat in den meisten seiner Lieder auch die Situation des Interpreten auf der Bühne mitbedacht, auch wenn diese nur das Konzertpodium war. Dramaturgie, Gestaltung und Präsentation orientieren sich daran und weisen den Weg zur inneren Klangbühne. Das innere Erleben der Bühnenerfahrung, nicht äußerliches Spiel, ist eine Grundvoraussetzung für die erfolgreiche Aufführung der Lieder. Dem Interpreten muss es dabei in seiner virtuosen Wiedergabe gelingen, schöpferische Energie und Élan vital gleichermaßen auszustrahlen, mehr noch, in Klang zu verwandeln.

Während sich Strauss nach der Katastrophe des „Dritten Reiches" und dem Ende des Krieges ins Private einspinnt, erlebt Deutschland neben dem politischen auch einen künstlerischen Neuanfang. Musikalisch gilt es, die Versäumnisse der letzten Jahre hörend, musizierend und

lesend nachzuholen. Das Werk Arnold Schönbergs kommt aus dem amerikanischen Exil an die Orte seiner Ursprünge zurück. Die Zwölf-Ton-Technik gilt als Avantgarde und bedeutendstes System der Neuen Musik. Auf den 1946 begründeten Darmstädter „Ferienkursen Neuer Musik" erlebt eine junge Generation von Komponisten, unter ihnen Pierre Boulez, Karlheinz Stockhausen, Luigi Nono und Hans Werner Henze ihre Orientierung in der Auseinandersetzung mit Werken ehemals verfemter und „entarteter" Komponisten wie Anton Webern, Alban Berg, Igor Strawinsky oder Béla Bartók. Zu den Lehrern zählen John Cage und Theodor W. Adorno.
Die aktuelle ästhetische Neuorientierung der Nachkriegszeit und die musikalische Sprache der letzten Strauss-Lieder trennen Welten voneinander. Dennoch trifft die Musik eines der „Welt abhanden gekommenen" Klangmeisters den Nerv der Zeit, die Befindlichkeiten einer traumatisierten Gesellschaft als Sehnsucht nach dem Schönen in einer Welt, die gerade darüber diskutiert, ob es das jetzt überhaupt noch geben kann oder darf.
Am 22. Mai 1950 erleben die VIER LETZTEN LIEDER nach dem Tod des Komponisten eine ebenso triumphale wie von der Zeit und vom Ort her gesehen historisch bedeutsame Uraufführung in London unter der musikalischen Leitung von Wilhelm Furtwängler. In den kommenden Jahrzehnten wird sich das Werk von Richard Strauss mit Einschränkungen auf den Bühnen, fast uneingeschränkt im Konzertsaal, erhalten. Waren es Verdikte der Musikwissenschaftler, Historiker und Ästhetiker, allen voran Theodor W. Adorno mit seinem 1964 veröffentlichten Strauss-Essay, oder die eingeschränkte Begeisterung von Regisseuren, Intendanten und Publikum, die die Bühnenwerke nach der FRAU OHNE SCHATTEN für viele Jahrzehnte ins künstlerische Abseits führte? Für die ununterbrochene Aufführungstradition der sinfonischen Dichtungen steht ihre handwerkliche Perfektion, ihre Klangpracht und Popularität bei Musikern und Publikum. Eine auch wissenschaftliche Neubeschäftigung mit Strauss hat es interessanter- aber bezeichnenderweise erst seit den 1980er Jahren gegeben. Die ununterbrochene Publikumsgunst, die die VIER LETZTEN LIEDER seit ihrer Uraufführung genießen, war daher vor dem Hintergrund der ästhetischen und gesellschaftspolitischen Diskussionen zur Zeit ihrer Entstehung und ihrer Präsenz im Konzertsaal alles andere als eine Selbstverständlichkeit.

1948 war Richard Strauss von der Spruchkammer entnazifiziert worden. Am 10. Mai 1949 kehrten er und Pauline in ihr Garmischer Haus zurück. Zu den letzten bedeutenden Ereignissen des Komponistenlebens zählten äußere Ehrungen wie die Ehrenbürgerschaften der Städte Bayreuth (8. Juni 1949) und Garmisch (11. Juni 1949) und letzte Auftritte. Am 10. Juni 1949 dirigiert Strauss zum letzten Mal den Schluss des zweiten Aktes des ROSENKAVALIERS während der Generalprobe der von Georg Solti geleiteten Premiere im Prinzregententheater. Das historische Dirigat wird für den biographischen Strauss-Film EIN LEBEN FÜR DIE MUSIK[463] aufgezeichnet. Am 13. Juli dirigiert der „Meister" im Sendesaal Eins des Münchner Funkhauses für den gleichen Film die „Mondscheinmusik" aus CAPRICCIO, das endgültig letzte Dokument des Abschieds von Welt und Kunst vor dem Tod am 8. September 1949.

[463] Der 16-minütige Dokumentarfilm von Werner Jacobs wurde 1950 unter dem Titel „Richard Strauß – Ein Leben für die Musik" uraufgeführt. Strauss spielte für diesen Film auch den Schluss der Oper „Daphne" auf dem Klavier.

Gedanken über das Fortbestehen des Werkes

Richard Strauss und sein „künstlerisches Vermächtnis"

Am 12. März 1945 wurde die Wiener Oper während eines Luftangriffes zerstört. Einige Wochen später schreibt Richard Strauss am 27. April einen Brief an den Dirigenten Karl Böhm, der das Haus am Ring seit 1943 geleitet hatte. Das Schreiben, in dem Strauss „eine Art Testament" und „künstlerisches Vermächtnis" sieht, beschäftigt sich mit der Bedeutung der Oper und ihrer von Strauss erhofften Zukunft, insbesondere in Wien, das er als „Kulturzentrum Europas!" feiert.[464] Nach Verweisen auf Bach, in dem er den Schöpfer der deutschen Musik feiert und auf Mozart, dessen Melodie die „menschliche Seele" offenbare, erklärt er das von Haydn geschaffene und von Weber, Berlioz und Wagner vollendete Orchester zum „Gipfel und Abschluss einer zweitausendjährigen Kulturentwicklung".[465] Während er das „italienische Barockopernhaus" als allen Opernwerken gerecht werdende Spielstätte anerkennt, mit Ausnahme des dem Bayreuther Festspielhaus vorbehaltenen PARSIFAL, beklagt Strauss einen „geschäftlichen Gesichtspunkten" unterliegenden Betrieb, der der anspruchsvollen Kunstform, „ungeachtet hervorragender Einzelleistungen unter Schuch, Dr. Böhm, Cl. Krauss, Rudolf Hartmann, Gielen, Sievert", nicht gerecht werde. Angesichts seiner ein Leben lang unter Beweis gestellten eigenen Geschäftstüchtigkeit überrascht die aktuelle Haltung. Für die großen Städte skizziert Strauss die Ideallösung von zwei Opernhäusern, die sich unterschiedlichem Repertoire widmen sollen. Die „große Oper" soll 1.800 bis höchstens 3.000 Personen fassen und über ein Orchester von 110 Musikern verfügen. Damit soll eine „permanente Ausstellung der größten Werke der Literatur in erstklassiger Ausführung in immer währender Probenarbeit auf der Höhe gehalten" werden, „ohne daß täglich gespielt wird mit dem besten Künstler- und Orchestermaterial, das nicht durch Belästigung mit minderwertigen Werken zwischendurch immer wieder verdorben ist".[466] Sehr genau wird der Spielplan dieses „Opernmuseums, auf den die gebildete Welt [...] Anspruch hat", aufgelistet. Er umfasst Werke von Gluck, Mozart, Beethoven, Weber, Berlioz und Bizet; von Verdi AIDA, SIMON BOCCANEGRA, FALSTAFF, von Strauss SALOME, ELEKTRA, ROSENKAVALIER, FRAU OHNE SCHATTEN, FRIEDENSTAG, DAPHNE, ÄGYPTISCHE HELENA, LIEBE DER DANAE und JOSEPHS LEGENDE und von Wagner RIENZI bis GÖTTERDÄMMERUNG. Insgesamt umfasst diese Liste 39 Werke, je neun von Wagner und Strauss, die damit fast die Hälfte des empfohlenen Repertoires bestimmen. Unter den neun genannten Komponisten sind nur zwei Franzosen, Berlioz und Bizet, sowie ein Italiener, Verdi, mit bescheidenen sieben Werken vertreten. Puccini wird nicht aufgeführt.

Immerhin werden, „der historischen Wissenschaft halber", Werke wie Meyerbeers PROPHET erwähnt, der dem RIENZI gegenübergestellt werden soll, auch das eine oder andere Werk der „sog[enannten] großen Oper" wie ROBERT DER TEUFEL, HUGENOTTEN, AFRIKANERIN oder Halévys JÜDIN kann „vorübergehend" aufgenommen werden.

Umfangreicher ist die Liste der Opern, die in der „Spieloper", einem der großen Oper angegliederten Haus, gespielt werden sollen. Eine Auswahl, die neben den noch fehlenden Strauss-Opern, inclusive GUNTRAM und FEUERSNOT, u.a. Werke von Adam, d´Albert, Bellini, Boieldieu, Cherubini, Donizetti, Humperdinck, Korngold, Leoncavallo, Schillings, Sommer,

---

[464] Abdruck des Briefes in: Willi Schuh (Hrsg.): Richard Strauss. Betrachtungen und Erinnerungen, a.a.O., S. 69ff.

[465] Ebenda, S. 70.

[466] Ebenda, S. 71f.

Tschaikowsky und Mussorgsky umfassen; von Verdi noch den TROUBADOUR, TRAVIATA, RIGOLETTO und MASKENBALL, während OTELLO als Literaturoper ausdrücklich verworfen wird und Werke wie MACBETH oder SIZILIANISCHE VESPER als Potpourri dargeboten werden sollen. Rossinis GUILLAUME TELL wird als „verunstaltete[s] Libretto" nach einem klassischen Drama explizit abgelehnt.[467] Zeitgenössische Kollegen wie Berg oder Schönberg werden nicht erwähnt. Von Strauss weiterhin favorisierte Werke wie Leo Blechs DAS WAR ICH, Gounods ARZT WIDER WILLEN, Humperdincks HEIRAT WIDER WILLEN oder Alexander Ritters DER FAULE HANS haben indessen kaum den Sprung in das Nachkriegsrepertoire geschafft. In einem dritten Haus soll „Volksoper zu billigen Preisen" geboten werden. Strauss verzichtet auf die Nennung von Titeln und warnt ausdrücklich vor das Personal unnötig „belastenden Novitäten".[468] Welchen Stellenwert die nach dem Krieg entstehenden Werke in diesem „Opernmuseum" einnehmen sollen, wird in den Ausführungen nicht weiter erläutert. Strauss sah sich selbst offensichtlich nicht nur als „Meister des Letzten", sondern auch als einer der „letzten" Meister am Ende einer jahrhundertelangen Opernkulturtradition.

Überschauen wir die Spielpläne der deutschen Opernhäuser in der Nachkriegszeit, stellen wir fest, dass die Vorschläge und Ideen von Strauss, zumindest die, die das Repertoire der „Großen Häuser" betrafen, Umsetzung erfuhren und zwar weit über die unmittelbare Nachkriegszeit hinaus. Neben Karl Böhm avancierte bald Rudolf Hartmann zu einem Verwalter des Strauss-Erbes. Der bereits vor dem Krieg als Oberspielleiter am Münchner Nationaltheater tätige Hartmann, der in dieser Eigenschaft auch die Uraufführungen des FRIEDENSTAGS (1938) und des CAPRICCIO (1942) inszeniert hatte, wurde 1952 zum Intendanten des Nationaltheaters berufen und setzte sich maßgeblich für den originalgetreuen Wiederaufbau des zerstörten Opernhauses ein, das am 21. November 1963 mit einem Festakt und der vom Hausherrn inszenierten Premiere der FRAU OHNE SCHATTEN vor geladenem Publikum eröffnet wurde.
Eine facettenreiche, kritische und intensive Aufarbeitung dieser Vergangenheit wurde erstmals 2017 in WIE MAN WIRD, WAS MAN IST vorgelegt. In der Auswertung der Kritiken zur Eröffnung wird festgestellt, dass die „Schattenseiten" des Komponisten Richard Strauss und seine „Verstrickungen mit dem Dritten Reich" ebenso wenig erwähnt wurden wie die „NS-Vergangenheit des Staatsintendanten". Unter Bezugnahme auf die Kritik in der Frankfurter Allgemeinen Zeitung wird das Publikum als „eine Versammlung der selbsternannten und nach dem Weltkrieg wieder zu Macht und Ansehen gekommenen Elite aus Gesellschaft, Militär, Politik und Kirche" beschrieben.[469]

---

[467] Lediglich der „Barbier von Sevilla" wird in Notizen zu diesem Brief erwähnt. In: Richard Strauss. Späte Aufzeichnungen, a.a.O., S. 315. „Graues Heft" (Nr. 2) Datierung nach dem 27. April 1945.
[468] Ebenda, S. 75.
[469] Jürgen Schläder et al. (Hrsg.): Wie man wird, was man ist, a.a.O., S. 46f.

Die Tagebücher von Thomas Mann

Als persönliches Vermächtnis stellt Thomas Mann selbst seine Tagebücher ins Zentrum der gespannten Aufmerksamkeit der Nachwelt. Der Schriftsteller hat ein Leben lang Tagebuch geschrieben. Aufgezeichnet wurden die technischen Details alltäglicher Abläufe, persönliche Befindlichkeiten, Urteile über Zeitgenossen, intime Bekenntnisse. Nachdem dem Verfasser 1933 klar geworden war, dass er – vorläufig? – nicht in sein Münchner Haus zurückkehren würde, lag ihm sehr daran, diese dort verbliebenen Aufzeichnungen in seine Hände zu bekommen, befürchtete, die Nationalsozialisten könnten Auszüge daraus veröffentlichen oder in sonstiger Form zu seiner Diffamierung oder Erpressung nutzen. Die Aufzeichnungen der Jahre 1919 bis 1932 wurden, nachdem sie erfolgreich aus Deutschland in die Schweiz geschmuggelt worden waren, viele Jahre später im Garten seines kalifornischen Hauses verbrannt. Ob von Anfang an eine Veröffentlichung der restlichen Tagebücher vorgesehen war, bleibt ungewiss. Im August 1950 stellt er sich im Tagebuch die Frage: „Warum schreibe ich dies alles? Um es noch rechtzeitig vor meinem Tode zu vernichten? Oder wünsche, daß die Welt mich *kenne*? Ich glaube, sie weiß, wenigstens unter Kennern, ohnedies mehr von mir, als sie mir zugibt. – – –" (TMTB, 25. August 1950)[470]

Vor seinem Ableben bestimmte Mann testamentarisch die Publikation fünfundzwanzig Jahre nach seinem Tod, eine Frist, die dann noch auf zwanzig Jahre verkürzt wurde. Somit begann nach Ablauf dieser Schutzfrist die Sichtung und Herausgabe der Tagebücher. Der erste Band wurde von Peter de Mendelssohn 1977 publiziert, der Rest der auf zehn Bände projektierten und reich kommentierten Ausgabe folgte bis in die 1990er Jahre hinein, womit auch ein andauerndes Interesse an den Romanen des Verfassers aufrechterhalten wurde.

Die aufwendige Werbekampagne des Fischer-Verlages stellte fest: „Mit dem Erscheinen von Thomas Manns Tagebüchern hat sich unser Bild des Autors und unser Verständnis seines Werkes nachhaltig verändert."[471] Viele Germanisten und Literaturkritiker sahen das ebenso.

Der letzte Band wurde als „Zeugnis vom Ausklang" eines „großen Lebens" angekündigt, der die „Vollendung eines sein Jahrhundert repräsentierenden Schriftstellers, der selber ein Vollendeter war" dokumentiere.[472]

Das Ablaufen der Tagebücherschutzfrist im Jahre 1975 fiel praktischerweise mit den Festlichkeiten zur Feier des 100. Geburtstages des Autors zusammen. Beide Ereignisse erwiesen sich als überaus verkaufsfördernd und animierten gleichermaßen den Buchmarkt wie die akademische Forschung, sicherten fortgesetzte Beachtung auf nationaler und internationaler Ebene insbesondere mit der auf viele Jahre hin angelegten Publikation der Tagebücher. Diese stellten das „Bild" und das „Verständnis" des Autors zwar nicht grundlegend auf den Kopf, boten aber doch die eine oder andere Überraschung. Generell galt es, diese Vielzahl neuer Informationen in Biographien und Interpretationen einzuarbeiten. So kann man Manns Entscheidung, die Tagebücher überhaupt zu veröffentlichen, durchaus als einen genialen Schachzug bezeichnen, einen im Voraus gut bedachten und geplanten PR-

---

[470] In diesem Tagebucheintrag erinnert sich Mann wenige Zeilen zuvor auch an diverse homoerotische Erfahrungen und Begegnungen: „Erinnerungen glimmen an erschaute und geliebte Jugend. O Dio! O Dio! O Dio! Wundes Herz. In vostro fiato son le mie parole. Das will mir nicht aus dem Sinn, Augen, Hermesbeine, la forza d´un bel viso." Und später: „Möchte vielleicht der Junge vom Dolder [der junge Kellner Franz, Anm. d. Verf.] nur einmal schreiben!" (TMTB, 25. August 1950) Eindeutig überlegt der Autor hier, ob er sich mit seinen Tagebüchern „outen" soll.

[471] www.fischerverlage.de/buch/thomas-mann-tagebuecher-1951-1952-9783100481955 (16. Dezember 2020).

[472] www.fischerverlage.de/buch/thomas-mann-tagebuecher-1953-1955-9783100482143 (16. Dezember 2020).

Effekt mit besonderer Wirkung. Es schien, als ob der Autor aus dem Jenseits die Fäden ziehen und seine Leserschaft anleiten wolle.
Thomas Mann war ja in den vorangegangenen 1950er und 1960er Jahren nicht ganz unumstritten. Eine von Marcel Reich-Ranicki in der Frankfurter Allgemeinen Zeitung anlässlich des 100. Geburtstages initiierte Umfrage unter dem Titel „Was halten Sie von Thomas Mann“ verleitete einige Schriftstellerkollegen und Leser zu kritischen Aussagen.[473] Die Tagebücher stellten den Autor neu zur Diskussion, brachten den Namen wieder in die Schlagzeilen der Kulturindustrie. Bis dato hatten dazu ja auch einige Verfilmungen ihren Beitrag in durchaus unterschiedlicher Weise geleistet. Während die Verfilmung von KÖNIGLICHE HOHEIT dem biederen Publikumsgeschmack der Adenauerzeit entsprach, provozierte Luchino Viscontis geniale Verfilmung von TOD IN VENEDIG konservative, sich als Bildungsbürger gerierende Kreise, durch die im Drehbuch erfolgte Gleichsetzung Aschenbachs mit Gustav Mahler – in gewisser Weise auch mit Mann selbst – und eine unverschlüsselte Darstellung einer Homosexualität, die zuvor zwar immer im Raum stand, vielen Lesern aber wohl erst mit den Tagebüchern vom Autor selbst bestätigt wurde.
Ungebrochene Popularität von Werk und Person war nach dem Tode von Künstlern, von Schriftstellern, Musikern und Malern, bis ins 20. Jahrhundert hinein eher eine Ausnahme. Selbst Johann Sebastian Bach hatte das nicht erlebt, verdankte seine musikalische Wiederauferstehung Felix Mendelssohn-Bartholdy, auch Meyerbeer oder Rossini haben ein Andauern ihrer Popularität kaum erwartet. Richard Wagner dagegen hat als einer der ersten seinen Nachruhm mit seiner Festspielidee für die Nachwelt organisiert. Zu Recht hat Marcel Reich-Ranicki in seiner Rede zum 50. Todestag von Thomas Mann 2005 in Lübeck auf diesen Sachverhalt verwiesen und mit einem prominenten Beispiel illustriert.[474] Kein geringerer als Goethe war 1882, als sein 50. Todestag gefeiert wurde, breiteren Kreisen kaum mehr als Autor des FAUST bekannt. Seine Entdeckung als nationaler Autor erfolgte, initiiert durch die Feierlichkeiten zu seinem 100. Todestag 1932, erst in den nachfolgenden 50 Jahren.

Thomas Mann, der in Goethe sein vielbewundertes und nachahmenswertes Vorbild erkannte, dürfte demnach die Veröffentlichung seiner Tagebücher durchaus unter den Aspekten der Kontinuierung seines Nachruhms gesehen haben. Wie Aschenbach, so die weitere Feststellung Reich-Ranickis in seiner Festrede, hat Thomas Mann, ein „Meister der Selbststilisierung und der Selbstinszenierung“, gelernt, seinen „Ruhm zu verwalten“. Das Tagebuch aber, so der Festredner, sei „ein Selbstporträt eines von Unsicherheit und Furcht gequälten Neurotikers und Hypochonders [...] der [...] der Welt nichts mehr vormachen will. [...] Er hatte die Kraft, den Mut und die Größe, die von ihm selber entworfene Legende seiner Existenz rücksichtslos zu demontieren, sich vor unser aller Augen zu entblößen. Die Nachgeborenen sollten wissen, wie er wirklich war, sie sollten sein stets isoliertes Leben begreifen oder zumindest erahnen.“[475]

---

[473] Die Antworten von achtzehn Autoren wurden auch als Buch veröffentlicht: Marcel Reich-Ranicki: Was halten Sie von Thomas Mann? Achtzehn Autoren antworten, Frankfurt a.M. 1986.
[474] Marcel Reich-Ranicki: Deutschlands Glück in Deutschlands Unglück. Was Thomas Mann mir bedeutet. Die in Lübeck gehaltene Festrede zum Gedenken an den Schriftsteller wurde am 15. August 2005 in der Frankfurter Allgemeinen Zeitung abgedruckt (Feuilleton, S. 29 u. 31).
Im Internet unter: www.literaturkritik.de/deutschlands-glueck-in-deutschlands-unglueck-was-thomas-mann-mir-bedeutet-2005,26809html. Der Titel erinnert an die Worte, mit denen Johannes R. Becher, der Kultusminister der DDR, 1965 den 90. Geburtstag Thomas Manns in einem Sonett feierte: „Du Deutschlands Ruhm und Ehre: Thomas Mann“, in: Spektrum, 11,5, 1965, S. 139.
[475] Ebenda.

Ob Thomas Mann nun wirklich „rücksichtslos" die eigene „Legende" im Tagebuch demontiert, sei dahingestellt. Mitunter erscheint er als einer, der glaubt, dass alles, was ihn beträfe, alle interessieren müsste. Als einer, der an seiner „Ichsüchtigkeit" leidet, so Marcel Reich-Ranicki, erscheint er eher nicht. Und natürlich renommiert er mit prominenten Begegnungen, hochkarätigen Einladungen und Ehrungen, die er aus aller Welt erhält, einem Alltag, der geprägt erscheint von Kontakten mit dem „Who is who" der Kultur- und Politikwelt. Wenn das alles so selbstverständlich war, warum wird es dann dem staunenden Leser der Nachwelt immer wieder vor Augen gestellt? Über den Dingen scheint Thomas Mann nicht wirklich gestanden zu haben. Das wird noch einmal deutlich, wenn wir seine Aufzeichnungen mit denen seiner Schwiegermutter Hedwig Pringsheim vergleichen.[476] Bei den für die Ewigkeit gedachten Notizen irritieren die vielen Seitenhiebe auf Zeitgenossen, auch auf Familienmitglieder, über deren Hintergründe der Leser sich nicht immer im Klaren ist. Auf alle Fälle aber hat sich das Thomas-Mann-Bild, das Bild eines Autors, der in den 1970er Jahren von den Älteren „bekämpft", von den Mittleren „verworfen" und von den Jüngeren „ignoriert"[477] wurde, in den 1980er Jahren endgültig gewandelt. Die Tagebücher hatten daran unbestreitbar einen Anteil, entscheidender waren vielleicht einfach ein Generationenwechsel in der Leserschaft und das Verebben der Nachkriegspolemik.

[476] Die ab 2013 veröffentlichten Tagebücher seiner Schwiegermutter Hedwig Pringsheim, ebenfalls auf 10 Bände projektiert, ergänzen das Bild von „Schwieger-Thommy" mit intimen Kenntnissen und ironischem Augenzwinkern. Ob Thomas Mann mit seinen Verfügungen vorausschauend an die Publikation der Tagebücher von Cosima Wagner gedacht hat? Deren erster Band erschien 1976, 46 Jahre nach Cosimas Tod, zur 100-Jahrfeier der Bayreuther Festspiele.

[477] Ebenda.

Popularisierung und Skandal

Thomas Mann und der Film

Thomas Mann war seinen Zeitgenossen als Redner im Rundfunk überaus präsent. Schon früh trug er Erzählungen aus eigener Produktion vor, las erstmals am 13. Juli 1927 in einem Rundfunkstudio in Frankfurt a.M. aus dem noch unveröffentlichten ZAUBERBERG; zwei Jahre später folgten die Veröffentlichung einer ersten kommerziellen Platte mit Worten „An die Jugend" und einem „Neujahrswunsch an die Menschheit"[478] und die Produktion des ersten Tonfilms eines deutschen Autors, in dem Thomas Mann „Worte zum Gedächtnis Lessings" sprach.[479] Weitaus bekannter wurden seine von der BBC produzierten Ansprachen „An deutsche Hörer", mit denen er sich im Exil als politischer Redner gegen die Nationalsozialisten engagierte. Mitte der 1950er Jahre ermöglichte die Einführung der Langspielplatte umfangreiche Lesungen aus eigenen Werken. Die Romane und Novellen des Autors erregten indessen schon bald nach dem Ende des Ersten Weltkrieges die Aufmerksamkeit der Filmproduzenten.[480] Der Schriftsteller betrachtete dies durchaus mit Gefallen, beschrieb die verführerischen Kräfte des Stummfilms bereits im ZAUBERBERG am Ende des Kapitels „Totentanz"[481], erkannte bald die politische Bedeutung und Macht, auch die künstlerischen Möglichkeiten des Mediums und die mit ihm sich abzeichnende Mehrung von Ruhm und Tantiemen. Bis in die Gegenwart hinein führte jedes Filmprojekt auch zu einem vermehrten Absatz seiner Romane, auch der Literatur über Thomas Mann.

Welche Bedeutung die 1949 entstandene Richard-Strauss-Dokumentation EIN LEBEN FÜR DIE MUSIK für das der Nachwelt überlieferte Bild des Komponisten hat sollte, wurde bereits dargestellt. Originalaufnahmen von Strauss als Dirigent, Redner oder Privatmann bereichern auch die später entstandenen Filmdokumentationen RICHARD STRAUSS REMEMBERED (Regie: Peter Adam, BBC 1984) und RICHARD STRAUSS – AT THE END OF THE RAINBOW (Regie: Eric Schulz, 2014) mit Ausschnitten aus einem TILL EULENSPIEGEL-Dirigat (Wien 1944), der Eröffnung der Olympischen Spiele 1936 mit Strauss´ Leitung der von den Berliner Philharmonikern gespielten und von 1.000 Sängern intonierten OLYMPISCHEN HYMNE, einem Strauss-Interview und einer Ansprache.

---

[478] Siehe: Ernst Loewy: Thomas Mann. Ton- und Filmaufnahmen. Ein Verzeichnis, hrsg. vom Deutschen Rundfunkarchiv, Frankfurt a.M. 1974, S. 151.

[479] Es handelte sich dabei um Ausschnitte aus der am 22. Januar 1929 in der Preußischen Akademie der Künste in Berlin gehaltenen Rede zum 200. Geburtstag Gotthold Ephraim Lessings. Ob der von der Ufa oder dem Berliner Tobis-Tonbild-Syndikat produzierte Film gleich nach seiner Entstehung gesendet wurde, ist ungewiss. Das Tobis-Archiv kam aber 1942 in den Besitz der Ufa. Eine Erstausstrahlung erfolgte vermutlich erstmals am 3. Juni 1975, drei Tage vor Manns 100. Geburtstag und neun Wochen vor seinem 20. Todestag in einer Dokumentation des DDR-Fernsehens. Dazu: faz.net/aktuell/feuilleton/buecher/thema/thomas-mann.erster-tonfilm-eines-deutschen-autors-13146283.html (26. Juli 2021).

[480] In den Tagebüchern von Thomas Mann finden wir Hinweise auf Verhandlungen mit amerikanischen Filmfirmen, die von seinem Schwager Klaus Pringsheim geführt wurden. (Einträge vom 26. März 1919, vom 11. Juni 1919 und vom 3. März 1920). Pringsheim war von 1918–1925 Leiter der Schauspielmusik der Berliner Reinhardt-Theater und komponierte 1924 die Musik zu Lupu Picks Kammerspielfilm „Sylvester". Eine frühe Stabsliste zu dem Stummfilm „Buddenbrooks" führt ihn als Komponisten der Filmmusik an. Dazu ist es dann aber doch nicht gekommen. Auch später kommt es immer wieder zu Verhandlungen mit amerikanischen Studios, die im Erfolgsfall große Tantiemeneinnahmen versprachen. Dazu: Peter Zander: Thomas Mann im Kino, a.a.O., S. 49. Darüber hinaus war Pringsheim ab Ende 1928 Vorsitzender der „Gesellschaft der Filmmusikautoren Deutschlands".

[481] Hinweis im Tagebuch am 7. März 1921.

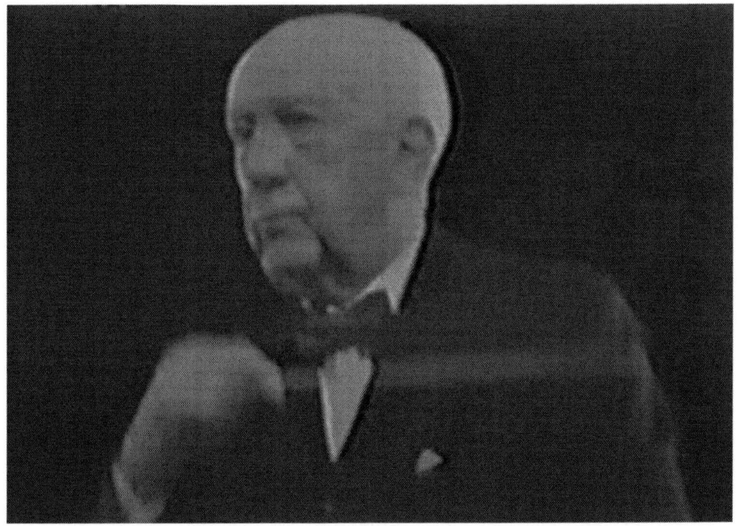

Richard Strauss dirigiert „Till Eulenspiegel" für eine 1944 entstandene Filmproduktion mit den Wiener Philharmonikern. (Screenshot)

Insgesamt dreizehn Romane und Erzählungen Thomas Manns wurden verfilmt, bereichern das Genre der Literaturverfilmung. Bis heute behauptet Luchino Viscontis TOD IN VENEDIG-Verfilmung von 1971 ihre hervorragende Stellung. Über ihren tatsächlichen oder vermeintlichen Kunstwert hinaus sind jedoch alle Filme ein Abbild ihrer Entstehungszeit, auch des Verhältnisses der Zuschauer zum Autor.
Als erste Verfilmung ist der bereits 1923 entstandene Stummfilm BUDDENBROOKS in der Regie von Gerhard Lamprecht zu nennen. Da sich der Tonfilm nach 1927 schnell durchsetzte, war der Film bald vergessen. Mit ähnlichen Schwierigkeiten hatte ja auch die Stummfilmproduktion von Strauss´ ROSENKAVALIER zu kämpfen. Während Strauss in einer glanzvollen Premiere in der Dresdner Semperoper am 10. Januar 1926 das Orchester dirigierte, kam eine für das Folgejahr geplante Tournee durch die Vereinigten Staaten nicht mehr zustande.
Auch die Ankündigung einer Beteiligung des Komponisten konnte den Opernfilm nicht mehr retten.

Auf den ersten Blick mag selbst der Erfolg der BUDDENBROOKS-Verfilmung überraschen. Die BUDDENBROOKS als suggestiver, die Romanhandlung in die Gegenwart verlegender Bilderbogen mit Untertiteln? Ein frühes Experiment, in dem der Untergang und, im Gegensatz zum Roman, die Rettung eines Kaufmannshauses vor dem wirtschaftlichen Ruin thematisiert werden und die Ängste einer inflationsgeschädigten Gesellschaft ihr Abbild finden. Dramaturgisch verweist das schon auf die spätere Arbeit von Visconti, deren Bilderkraft auch durch reduzierte Dialoge gesteigert wird. Weitere Projekte folgten erst nach dem Krieg. Den Anfang machte 1953 die Verfilmung von KÖNIGLICHE HOHEIT. Erika Mann wirkte bei der Erstellung des Drehbuches mit. Über ihre schauspielerische Mitarbeit haben wir bereits berichtet. Sie sollte mit Auftritten als Gouvernante von Miss Twentyman im FELIX KRULL ihre Fortsetzung finden. In der Verfilmung der BUDDENBROOKS hat Erika 1959 noch einem Papagei ihre Stimme verliehen. Zum Erfolg des Films KÖNIGLICHE HOHEIT haben sicher auch Dieter Borsche als Prinz Klaus Heinrich und Ruth Leuwerik als Imma Spoelmann beigetragen.

Borsche war in den 1950er Jahren als Darsteller von Prinzen, Offizieren und Ärzten populär. An Muskelschwund leidend verkörperte er verhaltene Charaktere, die hilfebedürftig wirkten, einen Anstoß benötigten, um in einer Sache voran zu kommen. Als einer der wenigen Schauspieler sprach er über seine Rolle im „Dritten Reich“, wunderte sich über die vielen Kollegen, die in den Theatern der Konzentrationslager vor den Bewachern der Häftlinge gespielt hatten und sich nach dem Krieg in ebenso belanglosen wie verklärenden Memoiren nicht daran erinnern wollten. 1963 verkörperte er in der Berliner Uraufführung von Rolf Hochhuths DER STELLVERTRETER den wegen seiner Haltung gegenüber der Judenpolitik des „Dritten Reichs“ umstrittenen Papst Pius XII. (1876–1958) in der Inszenierung von Erwin Piscator.[482] Ruth Leuwerik wurde als unabhängige, sich emanzipierende Frau besetzt und feierte 1956 als Maria Trapp Kinoerfolge. 1957 stand sie neben Borsche in KÖNIGIN LUISE vor der Kamera und gestaltete ein weiteres Psychogramm der deutschen Nachkriegsjahre. Der Einsatz von Dieter Borsche und Ruth Leuwerik ist ein früher Beleg einer geschickten Besetzungspolitik, die auch andere Projekte auszeichnen wird, bis hin zu Heinrich Breloers Dokudrama DIE MANNS, in dem Armin Mueller-Stahl im Jahre 2001 Thomas Mann verkörpert.
Der Kinoerfolg von KÖNIGLICHE HOHEIT, auch der positive Zuspruch von Thomas Mann, förderte die Verfilmung von FELIX KRULL (1957) mit Horst Buchholz und ein weiteres BUDDENBROOKS-Projekt mit Liselotte Pulver und Hansjörg Felmy in den Hauptrollen im Jahre 1959. Die BUDDENBROOKS wurden mit Abstand am häufigsten verfilmt. 1979 wurde ein 11-Teiler produziert, und 2008 verfilmte Heinrich Breloer den Roman im Anschluss an seinen Dokumentarfilm. Die Premiere dieses Films fand am 16. Dezember 2008 im Essener Lichtburg-Kino in Anwesenheit von Bundespräsident Horst Köhler statt, der die Deutschen der Gegenwart in den BUDDENBROOKS gespiegelt sah.[483] Eine BBC-Produktion gilt aktuell als verschollen.

1964 wurde mit WÄLSUNGENBLUT die Verfilmung eines vor allem in der Familie Mann-Pringsheim umstritteneren Werkes gewagt. Die Erbengemeinschaft Mann achtete darauf, dass das heikle jüdische Thema in den Hintergrund gedrängt wurde. Während im Film aus der jüdischen Familie Aarenhold die gräfliche Familie von Arnstatt wird, entstammt der Bräutigam Beckerath einer großbürgerlichen jüdischen Familie, womit die Romankonstellation gerade umgekehrt wird.[484] In der Reihe weiterer Verfilmungen seien an dieser Stelle lediglich die DEFA-Produktion von LOTTE IN WEIMAR (1975) – pünktlich zum 100. Geburtstag ihres Verfassers – DER ZAUBERBERG (1982) in der Regie von Hans W. Geißendörfer und der im gleichen Jahr entstandene DOKTOR FAUSTUS aufgelistet.

Aus der Reihe der Verfilmungen ragen FELIX KRULL und TOD IN VENEDIG heraus. Der FELIX KRULL in der Regie von Kurt Hoffmann wiederum durch die Besetzung der Titelrolle, die in Horst Buchholz einen kongenialen Interpreten fand. Erika Mann wirkte beim Drehbuch mit, das dem Roman einen Schluss mit neu erdachter Handlung gab, und trat wieder als

[482] Am 29. April 1953 hatte Thomas Mann Pius XII. in Rom besucht. Offensichtlich war ihm an diesem repräsentativen Besuch viel gelegen. Eine *„Spezial-Audienz“* oder gar ein „Allein-Empfang“ war es, entgegen den Aussagen im Tagebuch (TMTB, 1. Mai 1953), eher nicht. Thomas Mann zeigte sich bewegt: „Kniete nicht vor einem Menschen und Politiker, sondern vor einem weißen geistlichen milden Idol, das 2 abendländische Jahrtausende vergegenwärtigte.“ (Ebenda.) Vom politischen Versagen des Papstes ist keine Rede. Dafür erinnert der Geehrte zum Abschluss an das Treffen Goethes mit Napoleon in Erfurt.

[483] Dazu: Schlag ins Kontor, Premierenkritik in der taz (die tageszeitung) vom 20. Dezember 2008, S. 5 und S. 17.

[484] Dazu: Peter Zander: Thomas Mann im Kino, a.a.O., S. 89.

Darstellerin einer Gouvernante in Erscheinung. Der 1933 in Berlin geborene Buchholz wuchs in einer Pflegefamilie auf. 1950 brach er seine Schulausbildung ab, um sich ganz der Schauspielerei zu widmen. Bald wurde er als „deutscher James Dean" vermarktet und war sowohl in Ost- als auch in West-Deutschland eine populäre Ikone der Jugendkultur. Mit seinem Felix Krull wurde er auch international bekannt und filmte nach 1959 in Amerika, Frankreich, Italien und Großbritannien. Erst im Jahre 2000 outete sich der Schauspieler in einem Interview mit einer deutschen Boulevardzeitung als bisexuell. Seine Besetzung als Felix Krull erhält damit rückwirkend einen durchaus besonderen Reiz als facettenreiches „Spiel" mit den Identitäten künstlerischer und menschlicher Existenz, die ihn ebenso spannend mit der von ihm dargestellten Figur wie mit ihrem Schöpfer in Verbindung bringen.

Mit Luchino Visconti beschäftigte sich erstmals ein international renommierter Regisseur mit der Verfilmung eines Werkes von Thomas Mann. Da Erika Mann die Rechte bereits 1963 an den amerikanischen Regisseur und Schauspieler José Ferrer für 18.000 Dollar verkauft hatte, musste Visconti 1970 die Rechte für 72.000 Dollar für seine Produktion zurückerwerben. Viscontis Auseinandersetzung mit Thomas Mann währte ein Leben lang und steht im Kontext seines künstlerischen Schaffens neben der intensiven Beschäftigung mit Richard Wagner, Marcel Proust, Gustav Mahler und Friedrich Nietzsche. Filme wie SENSO, LUDWIG II oder LA CADUTA DEGLI DEI (Götterdämmerung; der Film wurde auf Wunsch der Produktionsfirma unter dem Titel THE DAMNED, in Deutschland unter dem Titel „Die Verdammten", vertrieben) beziehen sich vielfältig auf Themen, die mit den für Visconti so bedeutenden Epochendaten 1866, 1914 und 1933, dem Sieg Preußens gegen Bayern und Österreich-Ungarn, dem Ausbruch des Ersten Weltkrieges und der Machtübernahme der Nationalsozialisten in Deutschland und des Reichstagsbrandes in Berlin in Beziehung stehen. In den 1950er Jahren beschäftigte sich der Regisseur bereits mit MARIO UND DER ZAUBERER, bearbeitete die Erzählung als Grundlage eines Balletts, zu dem sein Schwager Franco Mannino die Musik komponierte. MARIO E IL MAGO wurde 1956 an der Mailänder Scala uraufgeführt. Auch Franco Mannino hat sich 1969 noch einmal mit Thomas Mann befasst und in seiner Oper LUISELLA nach der Erzählung LUISCHEN das Thema einer Entwürdigung behandelt. Nach der Premiere von MARIO E IL MAGO schickt Erika Mann ein Telegramm an Visconti, lobt die Umsetzung der Erzählung und bietet ihm die Regie zu FELIX KRULL an. Dazu ist es nicht gekommen. Auch Viscontis Pläne einer Verfilmung von DER ERWÄHLTE, TONIO KRÖGER oder DER ZAUBERBERG haben leider keine Realisation erfahren.

Mehr als alle vorangegangenen und nachfolgenden Verfilmungen darf Viscontis Film Kultstatus beanspruchen. Er ist zudem die erste internationale Mann-Produktion mit einer internationalen Besetzung mit Dirk Bogarde als Aschenbach. Visconti verfilmt ein Werk, mit dem auch Thomas Mann 1911 die biederen Kulissen der deutschen Provinz hinter sich gelassen hat, ein emotionaler Ausbruch in die verführerisch dekadente Welt des Fin de siècle. Visconti findet nicht nur die geeigneten Bilder – Chiffren, die sich als umso bedeutender erweisen, da auf gesprochene Sprache weitgehend verzichtet wird –, sondern auch eine kongeniale musikalische Umsetzung seiner Ideen mit der Verwendung der Musik von Gustav Mahler. Der Adagietto-Streichersatz aus dessen Fünfter Sinfonie ist unwiderruflich mit der Atmosphäre der Serenissima verbunden als Ausdruck einer „Welt von gestern", die vor ihrem Untergang steht. Thomas Mann hat sich später dahingehend geäußert, dass die Nachrichten über die finale Krankheit Mahlers und sein Tod die Entstehung der Erzählung begleitet haben und, halb bewusst, halb unbewusst, Einfluss auf die physignomische

Gestaltung ihrer Hauptperson genommen haben. Visconti geht darüber hinaus und macht aus dem Schriftsteller Aschenbach einen gescheiterten Komponisten. Der Dirigent, Operndirektor und Komponist Gustav Mahler war nicht unbedingt ein Gescheiterter, aber das Scheitern erscheint durchaus als ein Thema seiner Sinfonien. Der Film beginnt zudem mit einer Mahler´schen Klangkulisse, mit einer Bersaglieri-Truppe, die im Eilschritt und mit Begleitung von Trompetensignalen am Betrachter vorbeihetzt. Aschenbach fährt an Bord des Dampfers „Esmeralda“, musikalisch untermalt mit dem Adagietto aus Mahlers Fünfter Sinfonie, von Brioni aus nach Venedig. Eine Erfindung und Zugabe des Regisseurs, der sich damit auf Manns DOKTOR FAUSTUS bezieht. Esmeralda war der exotische Schmetterling aus Brasilien mit den durchscheinenden Flügeln, auch der Name der Prostituierten, die Adrian Leverkühn in Pressburg aufsucht, um sich in Bestätigung seines Teufelspaktes willentlich mit einer Syphilis zu infizieren, die ihn auf den Höhen künstlerischer Erfüllung ins Verderben führt.

Somit erscheint auch Aschenbachs Überfahrt als der Beginn eines Weges, der in seinen Untergang führt. Die Gondel, die ihn zum Hotel des Bains[485] am Lido bringt, gemahnt an die Trauergondel, die den Sarg des in Venedig verstorbenen Richard Wagner vom Palazzo Vendramin zur Stazione überführte.[486] Aschenbach, der apollinische Gestalter seines Werkes und seiner selbst, verliert sich am Ende im dionysischen Rausch einer homosexuellen Leidenschaft, die dem Knaben Tadzio gilt. Kongenial begleitet die musikalische Dramaturgie und Stückauswahl eine Liebesbeziehung, die in Worten nicht beschrieben wird und über den Blickkontakt nicht hinauskommt. Die melodische Atmosphäre des erwähnten Adagiettos bezieht sich auf das von Mahler vertonte Rückert-Lied „Ich bin der Welt abhanden gekommen“. Auch die bei einer Strandbegegnung von Aschenbach und Tadzio unterlegte Musik aus dem Misterioso aus Mahlers Dritter Sinfonie verschweigt den Text des Altsolos aus Nietzsches ZARATHUSTRA: „O Mensch! Gib acht!“ Bei der ersten Begegnung zwischen Aschenbach und Tadzio erklingt zudem eine anspielungsreiche Melodie aus Franz Lehárs Operette DIE LUSTIGE WITWE. Das Orchester des Hotels intoniert in der Halle den Walzer „Lippen schweigen, ´s flüstern Geigen / Hab´ mich lieb!“ ohne die Gesangsstimme vokal auszuführen. Auch ohne einen expliziten Hinweis seitens des Autors ergibt sich eine Beziehung zur Blickdramaturgie in SALOME durch die beiden Werken gemeinsame Auseinandersetzung mit Beziehungen, deren „Geheimnis“ sich auch, oder eben gerade, im Verschweigen offenbart. Die Wege der Kommunikation öffnen sich in Blicken und in der Musik, die in der Sprachlosigkeit des Films ihren spezifischen Mitteilungscharakter entfaltet. Diese Dramaturgie findet im Film ihre Fortsetzung in zwei Sequenzen, in denen Beethovens Klavierstück „Für Elise“ vorgetragen wird. Einmal von Tadzio, der dabei von Aschenbach beobachtet wird, auf dem Klavier in der Hotelhalle, ein zweites Mal von der Prostituierten Esmeralda während einer flüchtigen Begegnung mit Aschenbach in einem Bordell. Beide Szenen sind Erfindungen Viscontis und haben keine Vorlage in Manns Erzählung. Der Regisseur betont damit einmal mehr die Beziehung seiner Kunstfigur zu Adrian Leverkühn, in der sich die ästhetische und kulturpolitische Problematik der Zeit verdichtet, die für ihn letztendlich auch die Verschmelzung der Biographien von Thomas Mann, Friedrich Nietzsche und Gustav Mahler in seinem Film begründet.

[485] Thomas Mann hat dort 1911 einen Urlaub verbracht, Luchino Visconti im Jahr darauf.

[486] Franz Liszts Klavierstück „La lugubre gondola“ war schon Wochen vor Wagners Tod von dieser Atmosphäre erfüllt.

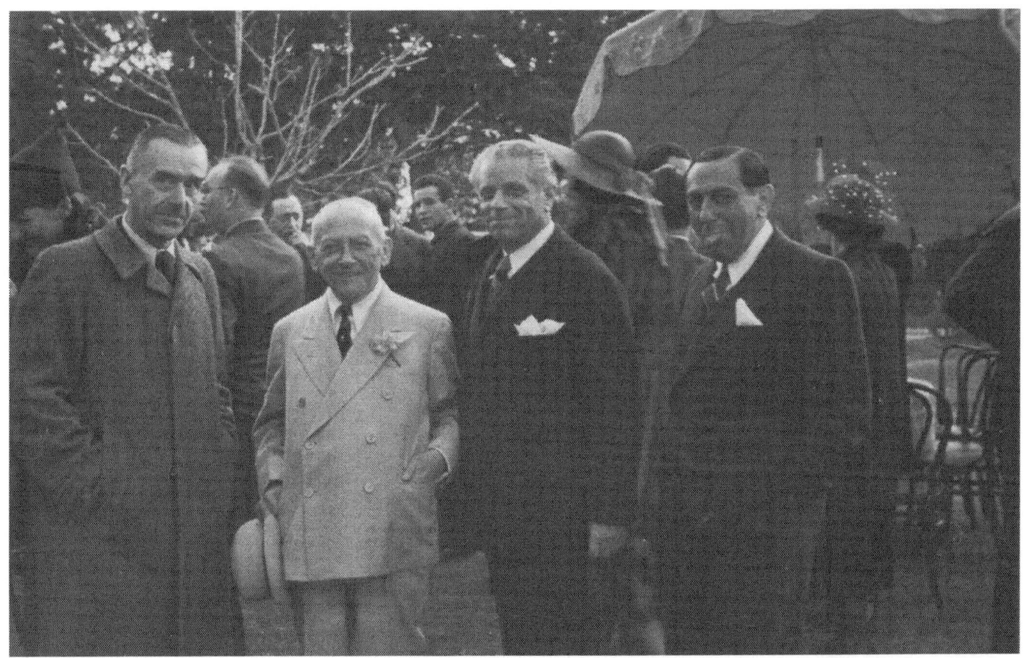

Thomas Mann mit dem Filmproduzenten Carl Laemmle, Max Reinhardt und dem Regisseur Ernst Lubitsch, Beverly Hills, 3. April 1938. Im Tagebuch notiert Mann: „½4 zu Franks, große Garden Party. Erregt durch eine halbe Tablette Eri´s. Hundert Menschen gesprochen, Rheinhardts [sic!], old Lemmle [sic!] […] Erschöpft." (TMTB, 3. April 1938) Filmprojekte gab es mit Hollywood immer wieder. Die „movies" waren vor allem am exotischen „Joseph" interessiert. Zu einem Abschluss ist es aber mit keinem Projekt gekommen.
Photo: ETH-Bibliothek Zürich, Thomas-Mann-Archiv/TMA_0477

Die Bedeutung von Viscontis Verfilmung entwickelt sich auf mehreren Ebenen. Sie begleitet die zunehmende Popularisierung Mahlers in den 1960er und 1970er Jahren – für viele seiner Musik fremd gegenüber Stehende handelte es sich oft sogar um eine Initiation –, verschaffte der Fünften Sinfonie Interesse und Beachtung in neuen Publikumskreisen, brachte aber auch ein Thema mit Thomas Mann in Verbindung, das in seinem Werk immer wieder deutlich geworden war und insbesondere in den ab 1977 publizierten Tagebüchern vielfach von ihm selbst bestätigt wurde: seine eigene Homosexualität. Neu war diese Erkenntnis seinen aufmerksamen Lesern natürlich nicht, auch nicht den Kennern seines Familienlebens, aber Mann hat ihr in den Tagebüchern eine sozusagen offizielle Dimension gegeben.

Viscontis Besetzung von Aschenbach mit Dirk Bogarde war da bereits ein deutliches Zeichen. 1961 hatte Bogarde in dem Film VICTIM von Basil Dearden, der in Deutschland unter dem Verleihtitel „Der Teufelskreis" lief, einen homosexuellen Anwalt gespielt, der einen Erpresser entlarvt. Es soll der erste britische Film gewesen sein, in dem das Wort „homosexual" vorkam. Ob dieser Hintergrund für die Ablehnung der Aschenbach-Rolle durch Schauspieler wie John Gielgud, Burt Lancaster oder Alec Guinness eine Rolle gespielt hat, sei dahingestellt. Während die Produktionsfirma Warner Brothers in den USA ein Verbot des Visconti-Films wegen „Obszönität" befürchtete, fand die Weltpremiere in London am 1. März 1971 in Anwesenheit von Königin Elizabeth II. statt. Einen politischen Akzent hatte dies durchaus. Homosexualität war wenige Jahre zuvor, 1967, in Großbritannien entkriminalisiert worden. In Deutschland hatte der Paragraph 175, der seit der Kaiserzeit Homosexualität unter Strafe stellte, die Weimarer Zeit ebenso überlebt wie das „Dritte Reich" und die Bundesrepublik. Er wurde erst 1994 im wiedervereinten Deutschland endgültig abgeschafft. Thomas Mann hat sich ebenso dezidiert wie erfolglos für die Abschaffung dieses Paragraphen eingesetzt. Interessanterweise war es ja der berühmte Stummfilm ANDERS ALS DIE ANDERN[487], der in der jungen Weimarer Republik das Parlament veranlasste, die gerade verkündete Zensurfreiheit der Kunst 1919 zu widerrufen.
Zu den heftigsten Kritikern des Visconti-Films zählte Thomas Manns Schwager Klaus Pringsheim. In einem von ihm organisierten und von prominenten Kunstschaffenden, unter ihnen Otto Klemperer und Erwin Ratz, der Präsident der Internationalen Mahler-Gesellschaft in Wien, unterzeichneten Protestschreiben an die „Warner-Brüder" (!) – gemeint sind natürlich die Direktoren der Warner Brothers Filmgesellschaft – protestiert er energisch. In einem Schreiben an die Münchner Abendzeitung spricht er von einem „Verbrechen" und einer zweifachen „Verleumdung" gegen Mahler, „dessen verehrungswürdiges Bild erbärmlich entehrt" würde und gegen Thomas Mann, dessen Absichten umgedeutet würden.[488] Offensichtlich war der Gedanke, die Person Mahlers mit dem sich als Homosexuellen outenden und in einem dionysischen Rausch untergehenden Gustav Aschenbach in Verbindung zu bringen, für den Mahler-Verehrer Pringsheim unvorstellbar. Dass er die Musik seines Idols nicht unbedingt mit der Dekadenz einer untergehenden Epoche in Verbindung

[487] Der Film von Richard Oswald entstand unter Mitwirkung des Sexualwissenschaftlers Magnus Hirschfeld.
[488] Die Protestnote wurde im Dezember 1972 in der Österreichischen Musikzeitung (Bd. 27, S. 356) veröffentlicht. Der Protest in der Abendzeitung erschien in der Ausgabe vom 20./21. November 1971 unter dem Titel: „Klaus Pringsheim: Protest gegen ‚Tod in Venedig'. Der Schwager hält nicht viel davon." Ob der reißerische Titel, der durchaus an den „Protest der Richard-Wagner-Stadt München" erinnert, Pringsheims Zustimmung gefunden hat, sei dahingestellt. Pringsheim selbst verstarb am 7. Dezember 1972. Siehe: Peter Zander: Thomas Mann im Kino, a.a.O., S. 96 u. S. 257. Anders als Klaus Pringsheim war Michael Mann von Viscontis Verfilmung begeistert und gratulierte dem Regisseur zu seinem Erfolg, Michael Mann: Der verfilmte „Tod in Venedig". Offener Brief an Luchino Visconti, Süddeutsche Zeitung vom 20. Oktober 1971.

bringen wollte, beweisen seine Mahler-Aufsätze aus den Berliner 1920er Jahren, in denen er die Musik des Komponisten als sozialrevolutionären Aufbruch in eine neue Zeit feierte.[489]
Auch Katia Mann und Alma Mahler haben in Leserbriefen auf Gerüchte reagiert, die von dem Journalisten Hollis Alpert in der Zeitschrift Saturday Review im August 1970 nach einem Interview mit dem Schauspieler Dirk Bogarde in Umlauf gebracht wurden.[490] Bogarde soll dem Journalisten von einer Anekdote erzählt haben, der zufolge Thomas Mann über eine Begegnung mit Gustav Mahler auf seiner letzten Heimreise nach Wien berichtet hat, in deren Verlauf ihm der todkranke Mahler seine Liebe zu einem Jungen gestanden haben soll.[491] Diese Behauptung war völlig unzutreffend, erklärt aber zum Teil die hysterischen Reaktionen auf den Film und den von ihm entfachten Medienrummel, der natürlich auch mit der offenen Darstellung des Themas Homosexualität provozierte.[492]
Visconti wollte bereits in LA CADUTA DEGLI DEI Musik von Gustav Mahler benutzen. Dies fiel offensichtlich auf heftige Ablehnung der Produktionsfirma. Die Bedenken galten wohl einer Verbindung von Mahlers Musik mit der Thematik des Films, die den perversen Teufelspakt einer deutschen Großindustriellenfamilie mit den Nationalsozialisten beschreibt. Die Idee des Regisseurs, einem intriganten SS-Offizier in dem Film ebenfalls den Namen Aschenbach zu geben, verdeutlicht dessen Gedankengänge hinsichtlich des Zusammenhangs von Ästhetizismus und Barbarei. Der 1969 fertiggestellte Film war der erste Beitrag zu Viscontis „Trilogia tedesca", dem 1971 MORTE A VENEZIA und 1973 LUDWIG folgten. Der Regisseur erweist sich als Kenner nicht nur der Mann'schen Romane und Erzählungen, sondern, wie das LUDWIG-Drehbuch beweist, auch als aufmerksamer Leser von dessen Aufsätzen über LEIDEN UND GRÖSSE RICHARD WAGNERS und DEUTSCHLAND UND DIE DEUTSCHEN. Vielfach ist seine Charakterisierung Richard Wagners im Spannungsfeld zwischen einem Genie und einem Spießer Erkenntnissen aus der Lektüre dieser Texte verbunden.

Viscontis TOD IN VENEDIG-Verfilmung markiert in ihrem Entstehungsjahr auch den Anfang einer Neubewertung des Werkes und der Person von Thomas Mann, der noch anlässlich der Feierlichkeiten zum 100. Geburtstag als umstrittene Figur erschien, als Grund für Polemik und Kontroversen. Nicht nur die Tagebücher haben ein anderes Bild vermittelt. Die Neubewertung der Mann'schen Lebensleistung hängt einfach auch mit den sich verändernden politischen Hintergründen zusammen. Die Bedeutung seines Deutschtums, das in seiner Auseinandersetzung mit der deutschen Katastrophe Weltgeltung erlangte, wurde nach wie vor als überaus aktuelle erfahren, durchaus aber weniger emotional behandelt als unmittelbar nach dem Krieg. Die „Thomas-Mann-Industrie", die ja neben den Verfilmungen

---

[489] Siehe: Klaus Pringsheim: Gustav Mahler und die deutsche Gegenwart, in: Blätter der Philharmonie, 1. Jahrgang, Heft 2, 19. September 1923. Dazu: Ralf Eisinger: Klaus Pringsheim aus Tokyo, a.a.O., S. 49f.

[490] Hollis Alpert: Directors at Work: Visconti in Venice, Saturday Review, 8. August 1970, S. 16–18.

[491] Dazu: Ernest M. Wolf: A Case of Slightly Mistaken Identity: Gustav Mahler and Gustav Aschenbach. Twentieth Century Literature, Bd. 19, Nr. 1, Juni 1973, S. 40–52. JSTORE, www-jstor.org/stable/440796, S. 44 (16. April 2021). Dazu auch: Hans Rudolf Vaget: Film and Literature. The Case of „Death in Venice": Luchino Visconti and Thomas Mann, in: The German Quarterly, 53(2), S. 159–175. www.jstor.org/stable/405628 (16.April 2021).

[492] Der britische Filmemacher Ken Russell wird in seinem „Mahler"-Film von 1974 diese letzte Zugfahrt Mahlers, die ja tatsächlich stattgefunden hat, zum Ausgangspunkt seiner Dramaturgie machen, indem sich der Komponist im Verlauf dieser Fahrt an verschiedene Lebensstationen erinnert. Auf einem Zwischenstopp auf einem Bahnhof inszeniert Russell mit bildlichem Bezug auf Viscontis Film eine träumerische Begegnung zwischen dem Film-Mahler (Robert Powell) und den beiden Protagonisten aus Viscontis Film. Lächelnd beobachtet die Kunstfigur Ken Russells die Begegnung zwischen Aschenbach und Tadzio, dessen Darsteller bei Russell Kostüm, Blicke und Gesten der Visconti-Figur aus der Szene imitiert, in der sich Tadzio im Badekostüm verführerisch um die am Strand aufgestellten Zeltstangen windet.

und dem ungebrochenen internationalen akademischen Interesse auch durch die literarische Fruchtbarkeit seiner Familie genährt wurde, sorgte für andauernde Beachtung. Auch gerichtliche Auseinandersetzungen wie im Falle von Klaus Manns MEPHISTO-Roman, später um den Film von István Szabó oder die immer wieder Anlass zu Kontroversen gebende Erzählung WÄLSUNGENBLUT sorgten für Absatz fördernde Schlagzeilen.

Eine vorläufig abschließende Würdigung erfuhr das Leben Thomas Manns in dem 2001 entstandenen Dokudrama von Heinrich Breloer, dessen Spielhandlung durch Interviews mit Elisabeth Mann Borgese und anderen Familienmitgliedern ergänzt wurde, die das bestehende Bild des Schriftstellers vielfach erweiterten und, in durchaus behutsamer Weise, oft eher zwischen den Zeilen, korrigierten.[493] Der in beiden deutschen Staaten und nach seiner Übersiedelung in den Westen auch in Hollywood gleichermaßen erfolgreiche und beliebte Schauspieler Armin Mueller-Stahl übernahm die Darstellung von Thomas Mann. Bezeichnenderweise beginnt die Spielhandlung des Films im Jahre 1923 mit dem sich liberal gebenden Schriftsteller in seinem großbürgerlichen Münchner Heim in der Poschingerstraße, das extra für den Film als Kulisse nachgebaut wurde. Marcel Reich-Ranicki beschrieb den Film in seiner Kritik als ein „nationales Ereignis", als die „endgültige Heimkehr" des Emigranten.[494] 2008 setzte Breloer seine Arbeit mit einer neuen, der insgesamt vierten deutschen Verfilmung der BUDDENBROOKS fort. Armin Mueller-Stahl verkörperte diesmal den Konsul Jean Buddenbrook. Musik von Richard Strauss spielt in den genannten Projekten kaum eine Rolle. Lediglich die französische Verfilmung der Novelle DIE BETROGENE verwendet vielsagend das Lied „Im Abendrot".[495]

DANCE OF THE SEVEN VEILS

Im Falle von Richard Strauss hatten sich die Weichen anders gestellt. Der von Skepsis auf allen Seiten begleiteten Wiederannäherung Thomas Manns an Deutschland, die von der sich abzeichnenden Existenz zweier deutscher Staaten zusätzlich belastet wurde, stand Strauss' unmittelbare Nachkriegspopularität entgegen, die sich über Deutschland hinaus auch auf England erstreckte, wo er bald wieder von einem ebenso breiten und begeisterten Publikum wie in Deutschland gefeiert wurde. Erinnert sei an den bedeutenden Erfolg bei seinem ersten Nachkriegsdirigat in der Londoner Royal Albert Hall im Oktober 1947, wo sich Tausende Konzertbesucher zu seiner Begrüßung applaudierend erhoben. Auch der Dokumentarfilm RICHARD STRAUSS – EIN LEBEN FÜR DIE MUSIK wirkt eindeutig in seinem Bemühen, den Mythos des Komponisten für die Nachwelt zu dokumentieren.

Dies veränderte sich im Verlauf der 1970er Jahre. Während Manns politisches Engagement verstärkt beachtet und positiv gewertet wurde, standen Person und Werk von Richard Strauss zunehmend im Zentrum eines kritischen Diskurses. An der Popularität von Strauss' Musik hat dies indessen kaum etwas geändert, auch wenn diese nicht alle Werke in gleichem Maße betraf. Für die Musikwissenschaft indessen war der Komponist seit Adorno ein schwieriges Feld. Biographische Werke kamen eher aus England, wo das Genre einen traditionell

---

[493] Die Gespräche erschienen auch in Buchform: Heinrich Breloer: Unterwegs zur Familie Mann. Begegnungen, Gespräche, Interviews, Frankfurt a.M. 2001.
[494] Marcel Reich-Ranicki: Ein nationales Ereignis, Frankfurter Allgemeine Zeitung, 10. Dezember 2001.
[495] Jean Claude Guiguets Film „Le Mirage" entstand 1992. Siehe Anm. 138.

hohen Stellenwert einnimmt. Beiträge der deutschen Musikwissenschaft erreichten selten das breite Strauss-Publikum, das im Opern- und Konzertrepertoire zudem immer wieder mit den gleichen Werken unterhalten wurde. DIE ÄGYPTISCHE HELENA, FRIEDENSTAG, DIE LIEBE DER DANAE und CAPRICCIO wurden zwar immer wieder in Neuinszenierungen präsentiert, CAPRICCIO überraschenderweise auch international gar nicht so selten, dauerhafte Bestandteile eines Repertoires wurden sie aber kaum. Selbst die Neubeachtung dieser Werke im Zusammenhang mit den Feierlichkeiten zum 50. Todestag ihres Schöpfers änderte dies nicht grundsätzlich.

Während Viscontis MORTE A VENEZIA die Welt Thomas Manns einem breiten und teilweise auch neuen Publikum erschloss, offenbarte Ken Russells 1970 entstandener Film DANCE OF THE SEVEN VEILS in schonungsloser Satire die Beziehung zwischen Richard Strauss und dem Nationalsozialismus. Der britische Regisseur Ken Russell war seit den 1960er Jahren als Produzent von Dokumentarfilmen über Komponisten bekannt geworden. Nach Filmen über Sergei Prokofiev (1961), Edward Elgar (1962) und Claude Debussy (1965) führt die Erstausstrahlung seines Strauss-Films im BBC-Kunstprogramm „Omnibus" zu einem Skandal und zu einer gerichtlichen Auseinandersetzung mit den Strauss-Erben, die eine Aufführung des Films mit der von Russell ausgewählten Strauss´schen Originalmusik für 50 Jahre verbieten.
In dem Film mit dem Untertitel „A comic strip in 7 episodes on the life of Richard Strauss" erzählt der in einer Garderobe auf seinen Auftritt wartende Komponist, dargestellt von dem Tänzer und Schauspieler Christopher Gable, sein Leben als Rückblende. Bei dem im Film bevorstehenden Auftritt handelt es sich um den Nachkriegsauftritt in der Royal Albert Hall. Strauss spricht dezidiert von seinen „english friends", die dieses „comeback" ermöglicht haben. Der Stein des Anstoßes war vielleicht weniger die Tatsache, dass Strauss´ Verhältnis zu den Nationalsozialisten offen thematisiert wurde, sondern eher die provokante, satirische, offen blasphemische Art, in der dies geschah, auch die Darstellung des Komponisten als eines vulgären, kommerziellen Charakters.[496] Der Film beginnt mit dem Auftritt des Dirigenten, der ein steil aufragendes Pult, das dem Zuschauer fast als ein Berggipfel erscheint, besteigt. Dazu erklingen die Einleitung des ZARATHUSTRA und aus dem Off die Worte: „Alas, the time is coming, when we will give birth to no more stars. The dead end of mankind is approaching." Ken Russell erinnert damit an die Einleitung von Stanley Kubricks 2001: A SPACE ODYSSEY (1968), in der die ZARATHUSTRA-Musik den Sonnenaufgang im Film, in dem es um eine Reise zum Planeten Jupiter geht, untermalt. Zuvor erklingt zu einem schwarz bleibenden Bild drei Minuten lang Musik aus György Ligetis Orchesterwerk ATMOSPHÈRES (1961). Die Beziehung zwischen den ein halbes Jahrhundert auseinanderliegenden Werken ergibt sich über die Bedeutung des Klangs und der Klangfarben, die den beiden Meilensteinen der „Moderne" gemeinsam ist. In der direkten Gegenüberstellung der Werke erscheint der Klangdramaturg Strauss als ein Vorläufer Ligetis. Deutlich wird zudem, welche unterschiedlichen, gar gegensätzlichen Assoziationsräume die Musik erschließen kann. Den religiösen Charakter, der sich im ZARATHUSTRA durch den Einsatz der Orgel zum

[496] Russells Ansichten über den Komponisten werden in einem Bericht über den Film in der Times zitiert: „Strauss [...] was a self advertising, vulgar, commercial man. He may have written very good music – I think he did – but he also wrote some absolute rubbish." (Ken Russell), in: „Film director wanted to shock", The Times, London, 17. Februar 1970, S.8. Siehe auch: The Times, London, 17. Februar 2001, S. 27. Ob Russells Einschätzung der Bedeutung und Einflussmöglichkeiten von Strauss im Jahre 1933 zutreffend ist, sei dahingestellt: „Strauss was one of the most famous people in Germany at that time, and if he had taken a stand against the Nazis this would have had a tremendous effect. I was trying to shock people into a realization of their responsibilities." (Ebenda)

Klanghöhepunkt hin ergibt, nutzen Strauss und Kubrick auf ihre Art. Darüber hinaus stellt das ästhetische Experiment von Kubricks genialem Filmbeginn die Frage, was Musik, hier die Komposition von Ligeti, an einer Stelle leistet, an der die Zuschauer ein Bild erwarten und was sich in der Wahrnehmung des Zuschauers verändert, wenn zu der Musik, wie im Falle der Einspielung der ZARATHUSTRA-Einleitung, ein Bild erscheint. Eine Frage, die sich auch im Zusammenhang mit der Dramaturgie der Tondichtungen von Richard Strauss stellt, deren Musik die bildlichen Phantasien ihrer Zuhörer – angeregt nicht zuletzt durch eine Fülle von Hinweisen von Seiten des Komponisten – animiert. Dabei war als Komponist des Films ursprünglich Carl Orff vorgesehen, der das Projekt wohl aus Altersgründen abgelehnt hat. Kubrick war von Orffs CARMINA BURANA begeistert. Auch die Idee, Teile aus Mahlers Dritter Sinfonie zu nutzen, wurde nicht realisiert. Sowohl die Musik von Richard Strauss als auch die Science-fiction-Ideen von Stanley Kubrick dürften den Filmkomponisten John Williams, der ab 1999 die Musik zu den STAR WARS-Filmen komponierte, zu seiner Musik zu dem SUPERMAN-Film (1978) animiert haben, die unter dem Titel THE PLANET KRYPTON erschien.

Bis zur Ausstrahlung des Russell-Films war die Inszenierungsgeschichte der Opern von Richard Strauss kaum durch politisch oder ästhetisch provokante Produktionen geprägt. Im Falle Richard Wagners war das bekanntlich schon vor dem Bayreuther Jahrhundert-RING Patrice Chereaus in einer ganzen Reihe von kritischen Inszenierungen, die sich auch mit der politischen Wirkungsgeschichte von Werk und Person auseinandersetzten, geschehen.[497] Mit dem überaus kontrovers diskutierten Film von Ken Russell ändert sich dieser Sachverhalt. Durch das Verbot, die Originalmusik von Strauss zu benutzen, wurden weitere Aufführungen nach der Erstausstrahlung im BBC-Fernsehen verhindert, damit auch eine Diskussion in einer breiteren Öffentlichkeit, wie das in den 1970er Jahren bei Wagner der Fall war. Die Arbeit eines Patrice Chereau wurde ja gerade von Wolfgang Wagner, dem Prinzipal des Grünen Hügels, in besonderer Weise ermöglicht, gefördert und später gegen die Kritik der „Fachwelt“ und des Publikums verteidigt.
Dabei erweist sich Ken Russell erneut als Kenner der Musik- und Operngeschichte und ihrer kulturgeschichtlichen Hintergründe und Abgründe, stellt Strauss in die Zusammenhänge, in die er gehört und unter deren Aspekten er gehört werden sollte und müsste. Die Verweigerung gegenüber dem Film wird damit zu einer Verweigerung gegenüber der Geschichte und des Erkennens und Anerkennens ihrer Beweggründe, zu einem Spiegel der Nachkriegszeit, deren Reflexe man doch längst überwunden glaubte.

Die zu Beginn des Films erklingende Eröffnung der Tondichtung ZARATHUSTRA wird von der Stimme im Off – sie ist dem Komponisten zuzuordnen, der im Film sein Leben erzählt –, begleitet, die Zarathustra als „Superman“ vorstellt. Der in ein Bärenfell gekleidete blonde Zarathustra, es handelt sich um den gleichen Darsteller, der auch die Partie des Richard Strauss spielt, verlässt nach Sonnenaufgang seine Höhle, um sich unter die Menschen zu begeben. Die ersten, die er trifft, geißeln sich vor einem Kreuz; kurz darauf begegnet er Nonnen, die in Ekstase vor einem Marienbild tanzen und, wie die Mänaden des Dionysos, an Zarathustras Fell zerren. Die Szene mit den als Verführerinnen auftretenden Nonnen erinnert den opernerfahrenen Zuschauer an das berühmte Nonnenballett in Meyerbeers ROBERT LE DIABLE. Die Nonnen erscheinen später noch einmal; umtanzen dann den auf dem gleichen Podest, das zu Beginn von dem Dirigenten Strauss bestiegen wurde, stehenden Hitler, der sich stumm aber heftig gestikulierend im „Herrscherglück“ des Tribunen sonnt,

[497] Siehe: Dietrich Mack: Theaterarbeit an Wagners Ring, München 1978.

sich als Zarathustra geriert und als neuer Messias feiern lässt, während sich das Kreuz aus der Nonnenszene in ein Hakenkreuz verwandelt, die Nonnen selbst und die Geißler aus der Eingangsszene zu Mitgliedern der Hitler-Jugend mutieren. Symbolträchtige Bilder werden darüber hinaus mit einer sich anschließenden rituellen Schächtung verbunden, die von feierlich in Frack und Zylinder gekleideten Juden und einem Rabbiner vor einem überdimensionierten Davidstern an einer Kuh ausgeführt und von Hitler und den Mitgliedern der HJ- und BDM-Abordnung (Bund Deutscher Mädel) aus der vorangegangenen Szene beobachtet wird. In Großaufnahme wird mit dem leuchtenden Davidstern im Hintergrund ein bluttriefendes Schächtermesser eingeblendet, danach ein Schnitt auf den wieder auf dem Podium stehenden und redenden Adolf Hitler. Über den Inhalt von dessen stummer Agitation kann nunmehr auch kein Zweifel mehr bestehen. Ob die Szene auch ein bewusster Hinweis auf die Darstellung einer Schächtung in dem Propagandafilm DER EWIGE JUDE ist?

Zu den spannendsten Szenen des Films zählt sicherlich die Sequenz, zu der Ausschnitte aus der ALPENSINFONIE erklingen. Der Protagonist ergeht sich mit Frau und Kind in einer idyllischen Voralpenlandschaft, fällt aber bald in einen Alptraum, der sich mit der Musik aus dem „Stille vor dem Sturm" bezeichneten Abschnitt aus der ALPENSINFONIE andeutet. Eine dräuende Stille, in der ein repetiertes dreigestrichenes des in der Oboe (Partitur, Ziffer 105) bevorstehendes Unheil ankündet, ganz so wie das Kontrabass-b in der SALOME vor der Enthauptung des Jochanaan. Dann brechen, begleitet von Windmaschine und einem liegenden Nonenakkord in der Orgel, „Gewitter und Sturm" los. Die Partitur wird zu einem klanglich evozierten und melodisch durchgeführten Schlachtfeld, in dem die zeitgenössischen Hörer den Lärm ihrer Kriegszeit im Konzertsaal vernehmen konnten. Russell bebildert diesen Alptraum mit Szenen einer vorrückenden Soldateska, die das Kind erschlagen und die Frau schänden, während der Protagonist all dies erleben muss, ohne einschreiten zu können. Mit der Beruhigung der Musik erwacht der Träumer vor dem mit „Abstieg" bezeichneten Abschnitt der Partitur, erkennt, dass er das alles nur geträumt hat und erfreut sich an der wiedergekehrten Idylle.
Mit sicherem Gespür inszeniert der englische Regisseur Richard Strauss in einer – seiner! – Alpenlandschaft. Er visualisiert damit auch deren Bedeutung als Hitlers Lieblingslandschaft, die im Panoramafester auf dem Obersalzberg zu einem Bühnenbild[498] und zu einer Schicksalslandschaft wird. Noch einmal wird diese Landschaft Schauplatz einer Szene, in der der Komponist mit Themen aus der SYMPHONIA DOMESTICA Hitler, Goebbels und Göring während ihres Strauss-Familienbesuchs zu einem burlesken Tanz aufspielt. Die Stimme aus dem Off kommentiert zu Beginn der Szene: „I never came to terms with the Nazis, it was they, who came to terms with me."
In einer weiteren entlarvenden Szene montiert Russell einen Ausschnitt aus dem ROSENKAVALIER-Stummfilm in seinen Film ein. Der Darsteller des Komponisten dirigiert das Orchester, das den eingeblendeten Stummfilm begleitet. Im Publikum, das Im Russell-Film den Ausschnitt erlebt, sitzt ein älteres, elegantes Ehepaar im Frack und Abendkleid neben Mitgliedern der Hitler-Jugend. Während der Mann, seiner Frau zugewendet, eine neckische Tanzszene aus dem Stummfilm als „charming" bezeichnet, bittet ihn ein Hitler-Junge um Feuer für eine Zigarette, beschimpft ihn danach als „damned jew" und fängt an, sein Opfer

[498] Das Lieblingszimmer Hitlers auf dem Obersalzberg wurde zum Einheitsbühnenbild in Herbert Wernickes „Ring"-Inszenierung in Brüssel 1991 und Frankfurt a.M. 1994.

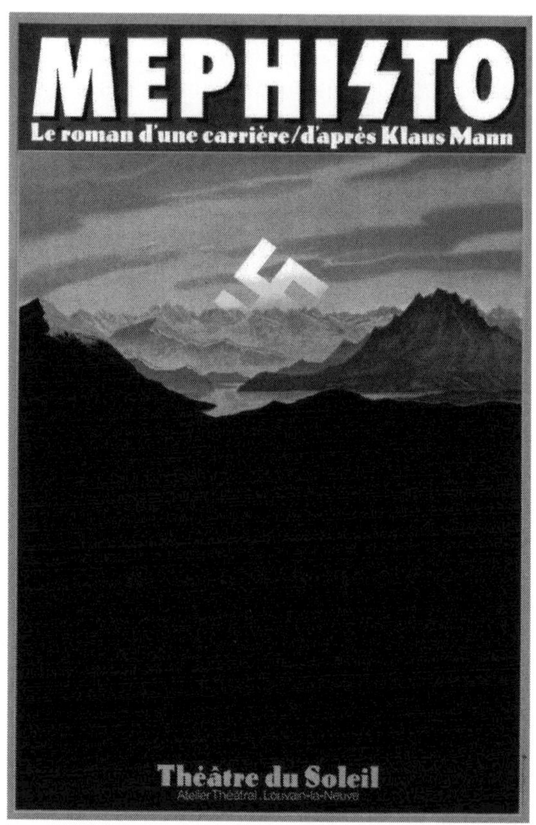

Plakat der „Mephisto"-Aufführung des Pariser Théâtre du Soleil. Die Dramatisierung des 1936 erschienen Romans und die Inszenierung von Ariane Mnouchkine verhalfen dem Werk 1979 zu neuer Popularität. Trotz eines seit den 1960er Jahren bestehenden und 1971 vom Bundesverfassungsgericht bestätigten Verbotes, das der Adoptivsohn von Gustav Gründgens wegen Verletzung von Persönlichkeitsrechten nach dessen Tod erwirkt hatte, konnte 1981 eine Neuauflage im Rowohlt-Verlag erscheinen. Das von Annie Abadie und Catherine Legrand gestaltete Plakat offenbart durch ein als Sonne aufsteigendes Hakenkreuz die alpenländische Landschaft in ihrer Bedeutung für die nationalsozialistische Propaganda. ©Théâtre du Soleil Archives, Paris

zu malträtieren. Am Ende liegt die Ehefrau blutüberströmt auf dem Boden, während ihrem Gatten ein Davidstern als Blutzeichen in die Brust geritzt wird. Der dirigierende Strauss-Darsteller bekommt diese Ausschreitungen hinter seinem Rücken mit, wendet sich aber von der Gewaltszene ab und lässt das Orchester lauter spielen, um die Schmerzensschreie der Opfer zu übertönen. Mit dem Wegschauen des Protagonisten entlarvt der Regisseur nicht nur die Situation, in der sich Richard Strauss befand, sondern die Haltung eines ganzen Volkes.
Bis zu diesem Zeitpunkt wurde Richard Strauss im Film als junger Mann gezeigt. Erst in der Szene, in der Goebbels mit dem von der Gestapo abgefangenen Brief an seinen Librettisten Stefan Zweig den Komponisten unter Druck setzt und Drohungen gegen dessen jüdische Schwiegertochter und Enkelkinder ausstößt, wird dem Schauspieler eine Maske übergestülpt, die ihn zum alten Mann macht. Bald danach sehen wir Strauss durch die Trümmerlandschaft eines zerstörten Opernhauses irren. Dazu erklingt Musik aus den METAMORPHOSEN. Der Schluss des Films spielt wieder im Künstlerzimmer der Royal Albert Hall London, wo Strauss sein letztes Konzert gibt, kurz vor dem Auftritt des „old warhorse", wie er sich selbst bezeichnet. Ein großes Cognacglas schwenkend und ein Zigarillo rauchend dankt er seinem englischen Publikum – „my english friends" – und beklagt sich larmoyant über die letzten Jahre seines Lebens, in denen die Nazis seine Opern nicht gespielt und auch noch die Theater geschlossen hätten, ereifert sich über das entwürdigende Verfahren seiner Entnazifizierung und die unangenehme Geschichte mit dem Walter-Konzert, das er doch nur übernommen habe, um dem Orchester einen Gefallen zu tun. Ein „deutscher Komponist" sei er ohnehin nie gewesen, es gebe nur talentierte und untalentierte Musiker. Dann ertönt das Klingelzeichen, das ihn auf die Bühne ruft: „The old warhorse goes to the battle once more." Der alte Strauss betritt das überdimensional hohe Podium aus der Eingangssequenz, dirigiert seinen ZARATHUSTRA, wird mit der Musik wieder jung und reißt sich die Altersmaske vom Gesicht. Ein biederer Bürger, dem „zwei Seelen" in der Brust ruhen, ein Doktor Jekyll und ein Mr. Hyde, wird zum „Übermenschen", zum Verkünder der „ewigen" Wahrheit. Ken Russell wird die Beschreibungen, die Klaus Mann von seinem Besuch bei Richard Strauss nach dem Ende des Krieges überliefert hat, sicherlich gekannt haben. So oder so belegen sie die filmische Phantasie. Auch der Film von Wyler ergänzt vieles ohne Worte, dokumentiert den Versuch, sich letztmalig in einer Idylle zu inszenieren, die in Russells Darstellung explodiert.

Teile seines Filmes über Richard Strauss verwendete Russell 1989 in seiner „South Bank Show"-Production A BRITISH PICTURE. Da er die Musik von Strauss nicht benutzen durfte, wurden die ausgewählten Clips mit Musik von Johann Strauss eingespielt. Erst im Februar 2020 konnte der Film wieder in seiner ursprünglichen Gestalt aufgeführt werden.

Einmal mehr faszinierte auch Ken Russell der SALOME-Stoff. Unter dem Titel SALOME´S LAST DANCE verfilmte er 1988 Oscar Wildes Drama, verzichtete dabei aber auf die Musik von Richard Strauss. Im Film erlebt Oscar Wilde gemeinsam mit seinem Liebhaber Alfred Lord Douglas eine Aufführung seines Dramas in der Kulisse eines Londoner Bordells.[499] Am Ende der Handlung wird Oscar Wilde von der Polizei verhaftet. Die Filmhandlung spielt im Jahr 1892, also drei Jahre bevor Oscar Wilde selbst wegen Homosexualität verhaftet und angeklagt wurde. Ein historischer Skandal, der das Königreich erschütterte und noch die Pariser Uraufführung des Stückes im Jahre 1896 zu einem epochalen Theaterereignis machte, das die Strauss'sche Vertonung von Anfang an in den Verruch des „Skandalösen"

[499] Diese Idee lag auch Ken Russels Bonner Inszenierung der Oper im Jahre 1993 zugrunde.

brachte. Auch die Ur- und Erstaufführungen der Oper erwiesen sich ja als überaus problematisch. In London musste selbst der Dirigent Thomas Beecham mit dem Premierminister diskutieren und eine Freigabe erbitten, die von Mahler in Wien geplante Aufführung wurde verboten, in Berlin musste bekanntlich der Stern von Bethlehem über dem Finale leuchten, während die New Yorker Aufführungsserie nach der Premiere gestoppt wurde. Ken Russells Auseinandersetzung mit dem Werk traf also durchaus den sensiblen Nerv, der sich nach den Skandalen des Jahrhundertanfangs selbst in den 1970er und 1980er Jahren des 20. Jahrhunderts noch nicht beruhigt hatte.

Resümee

„Mit Ernst aufgenommen" kommentiert Thomas Mann die Nachricht vom Tode Richard Strauss´ am 9. September 1949 im Tagebuch. 38 Jahre zuvor beziehen sich die weitaus beeindruckenderen Schlusszeilen der Novelle DER TOD IN VENEDIG – „Und noch desselben Tages empfing eine respektvoll erschütterte Welt die Nachricht von seinem Tode."[500] –, auf den verstorbenen Protagonisten; in literarischer Reminiszenz auch auf das Ableben von Gustav Mahler am 18. Mai 1911. In der Tat dürfte die Welt im Falle von Richard Strauss kaum Erschütterung empfunden haben. Diese musste anderen aktuellen Erkenntnissen über den Lauf der Welt vorbehalten bleiben. Während der zwei Monate vor seinem 51. Geburtstag gestorbene Mahler als ein zu jung Gestorbener – aber durchaus Vollendeter – in die Annalen der Musikgeschichte eingehen durfte, schien Strauss mit 85 Lebensjahren ein aus seiner Zeit Gefallener zu sein, der die Gipfel schöpferischen Schaffens auf seiner Lebensreise längst hinter sich gelassen hatte. Nüchtern verweist die Times in einer ersten Meldung seines Todes auf die nach 1933 nachlassende Schöpferkraft des „first composer of note" in Deutschland, auf einen Mangel an „nobility in his music", der ihm den höchsten Rang verwehre[501], bekräftigt aber im Nachruf die epochale Bedeutung des Verstorbenen, in dem sie einen der „letzten" der „großen deutschen Komponisten" würdigt:

> R. Strauss was the last of his line – the line of the great German composers. His death marks the end of the German hegemony in music. He has no successor. [...] German music is spent. [...] Mahler was lucky enough to die at 50 before the world he had conquered had dissolved in ruins. [...] And so when the sum is added up to the last of the Germans, product of an representative of his age, his country, and a vanished society, is seen to have won the rarest of all certificates of greatness – universal acceptance the world over in song, symphonic poem, and opera. [502]

Sechs Jahre später wird Thomas Mann im Nachruf der gleichen englischen Zeitung weitaus sachbezogener als „celebrated German novelist" gepriesen: „Thomas Mann held the leading place among German prose writers of this century." Von einem „letzten" in einer großen Tradition ist da nicht unbedingt die Rede. Die Zeit der von „Leiden und Größe" gezeichneten „Meister" scheint endgültig vorbei zu sein. Die englische Literaturkritik muss naturgemäß eingestehen, dass sich Thomas Mann dem englischsprachigen Leser in den vorliegenden Übersetzungen nicht in allen Facetten präsentieren kann. „As a novellist Mann was German, all too German" resümiert der Schreiber des Nachrufs, der eindringlich auf den Wandel des

[500] Thomas Mann: Der Tod in Venedig, GKFA, Bd. 2.1, S. 592.
[501] The Times, London, 9. September 1949, S. 7.
[502] The Times, London, 16. September 1949, S. 7.

Verstorbenen vom unpolitischen zum politischen Autor verweist und auf dessen Engagement gegen die Nationalsozialisten. Am Ende erscheint er politisch als Weltbürger, als Künstler aber sei er ein Deutscher geblieben.[503]

Vieles hat Thomas Mann von Richard Strauss getrennt, einiges vereinte sie. Eine Freundschaft hat sie kaum verbunden. Am Ende waren sie für das deutsche Bildungsbürgertum von gleichmäßiger, wenn auch unterschiedlicher Bedeutung. Diese hatten sie im Kaiserreich begründet, in der Weimarer Republik fortgesetzt und über das „Dritte Reich" hinaus bewahrt. Während Thomas Mann sich im Verlauf der 1920er Jahre zur Weimarer Republik bekannte, scheinen die tiefgreifenden sozialen Veränderungen Richard Strauss überfordert zu haben. Eine frühe internationale Wirkung war beiden gemeinsam. Auch nach dem Ende des Zweiten Weltkrieges hat sich daran nichts geändert. Mehr als das wurden sowohl Mann als auch Strauss, unabhängig von den unterschiedlichen Wertschätzungen in West- und Ost-Deutschland, zu kulturpolitischen Konstanten, die die Entwicklung des kulturellen Nachkriegslebens wesentlich geprägt haben. Während Thomas Mann mit seiner Weigerung, nach Deutschland zurückzukehren, seine deutschen Leser, genauer gesagt die, die in Nazi-Deutschland geblieben waren, polarisierte, wurden die letzten Werke von Richard Strauss als Balsam für die nationale Seele erfahren, als elegische Trauermusik für die, die überlebt hatten, für Täter, die sich als Opfer sahen; als ‚Opfer', die die Bombardierung ihrer Städte als erlittenes Trauma beklagten, sich der Erkenntnis der aufgedeckten KZ-Gräuel aber kollektiv verweigerten.

Während Strauss´ Tondichtungen und sein ROSENKAVALIER vielfach gespielt werden, DIE FRAU OHNE SCHATTEN neben den MEISTERSINGERN zu einer bei feierlichen Anlässen häufig programmierten Festoper wird, kann sich auch Thomas Mann kaum über mangelndes Interesse beklagen. Romane und Erzählungen wie KÖNIGLICHE HOHEIT, FELIX KRULL, TONIO KRÖGER und WÄLSUNGENBLUT werden unter der „Aufsicht" von Erika Mann in den 1950er und 1960er Jahren verfilmt. Einen herausragenden künstlerischen und cineastischen Anspruch kann dabei erstmals Viscontis Verfilmung von TOD IN VENEDIG (1971) beanspruchen. Dass Thomas Mann bei vielen Schriftstellerkollegen durchaus umstritten war, beweisen die Antworten auf eine Umfrage, die der Kritiker Marcel Reich-Ranicki in der FAZ unter dem Titel „Was halten Sie von Thomas Mann" zum 100. Geburtstag veröffentlichte. Die kritischen Reaktionen beziehen sich auf Manns manieristischen Stil, seine als aufgesetzt empfundene Bürgerlichkeit, das Überzeugtsein von der eigenen Bedeutung als Nachfolger Goethes und als „Repräsentant" einer bürgerlichen Gesellschaft, die es nach dem Krieg ja nicht mehr gab, auch auf eine Selbstvergewisserung des bürgerlichen Lesepublikums, das sich in der Thomas-Mann-Lektüre eine Fortführung seiner Lebensformen konstruierte.
1964 hatte Theodor W. Adorno seinen Beitrag zu Strauss´ 100. Geburtstag veröffentlicht. Ein wirkungsmächtiger Essay, der die Musik des Jubilars äußerst kritisch bewertete. Wer danach über Strauss publizierte, konzentrierte sich gerne auf die Analyse der Partituren. Kulturwissenschaftler und Mentalitätsgeschichtler hielten sich zurück. Das „weite Feld" des Lebens überließ man gerne den englischen Biographen. Gleichzeitig erfuhren die Werke des „unzeitgemäßen" Gustav Mahler zunehmende Beachtung, geradezu eine Popularisierung. Luchino Viscontis Verfilmung von TOD IN VENEDIG hat auch dazu einen wesentlichen Beitrag geleistet, Gustav Mahler neue Hörer- und Thomas Mann neue Leserschichten erschlossen. Eine wesentliche Neubeschäftigung mit Strauss, insbesondere mit seiner Haltung gegenüber

[503] The Times, London, 13. August 1955, S. 9.

dem Nationalsozialismus, erfolgte hingegen erst seit den 1990er Jahren, in deren Verlauf auch eine neue Generation von Regisseuren, Dramaturgen, Dirigenten und Theaterleitern sich um neue Ansichten vom gesamten Werk des umstrittenen Komponisten bemühten, auch der ROSENKAVALIER das bis dato bemühte Ambiente des Theresianischen Wien in der Inszenierungsgeschichte endlich hinter sich lassen durfte.

Die geschichtlichen Bedingungen, die das Werk von Thomas Mann und Richard Strauss grundiert haben, sind heutigen Lesern und Hörern weiterhin von Bedeutung, da sie immer noch unsere aktuelle gesellschaftliche Situation vielfältig erläutern und kommentieren. Mehr als eine „Zeitgenossenschaft ohne Brüderlichkeit" scheint das Verhältnis zwischen Strauss und Mann eine Wechselbeziehung zu sein. Thomas Mann dürfte im Leben des Komponisten ein Schicksal gesehen haben, das ihm durch Willenskraft und Anstrengung, durch Besinnung auf Moral und Anständigkeit, erspart blieb. Strauss war am Ende seines Lebens das Symbol einer Welt, in deren Apokalypse der „Zauberer" seine existentielle Bedrohung erlebte. Sein Zeitgenosse indessen – auch er ein „Bruder" im Geiste? – stürzte 1933 in die Abgründe, an deren Rand wandelnd Thomas Mann die Gefährdung des Künstlers an sich selbst auf tragische Weise erfuhr. Ein Zusammenkommen war spätestens ab diesem Zeitpunkt nicht mehr möglich, zuvor aber schon erschwert durch Gegensätze, die sich weniger im Werk, vielmehr in unterschiedlicher psychologischer und wohl auch sozialer Disposition manifestieren. Thomas Mann verdankt seine Innenansichten den schmerzhaften Einsichten und Erkenntnissen als Außenseiter einer Gesellschaft, in der er sich ebenso wie Richard Strauss tief verwurzelt glaubte. Am Ende sind wohl beide, wenn auch auf unterschiedliche Art, als letzte Repräsentanten einer längst „verlorenen" Zeit aus dem Raum ihres Lebens und ihrer Kunst gefallen, die ihnen eine Vollendung bescherte, die das Leben nicht immer gewährte. Ob andere Zeitläufe und -umstände ein „Beisammenkommen" der solitären „Sonntagskinder" doch noch ermöglicht hätten? In seinem Nachruf auf Hugo von Hofmannsthal, mit dem ihn eine wohl ebenso schwierige Beziehung und „Schicksalsverwandtschaft" verbunden hat, resümiert Thomas Mann seine Nähe auf Distanz mit den Worten: „Wären wir beide weniger ‚schwierig' gewesen!"[504] Wollen wir in seinem komplexen, komplizierten und menschlich belasteten Verhältnis zu Richard Strauss das Ausrufezeichen in ein Fragezeichen verwandeln? Persönliche Nähe entwickelte sich wohl am ehesten in der Musik. Thomas Mann hat die Tondichtungen von Richard Strauss ein Leben lang geschätzt und war von der Oper SALOME immer wieder fasziniert. Die „geheimnisvolle Musik", von der die orientalische Prinzessin singt, dürfte vielleicht auch ihm in einsamen Hörstunden eine Brücke zu einem Künstler errichtet haben, der ihm als Mensch in vielen Bereichen ein Rätsel blieb.

[504] Thomas Mann: In Memoriam Hugo von Hofmannsthal, a.a.O., S. 55.

Verzeichnis der verwendeten Siglen

GW Thomas Mann: Gesammelte Werke in 13 Bänden, Frankfurt a.M. 1974.

GKFA Thomas Mann: Große kommentierte Frankfurter Ausgabe. Werke – Briefe – Tagebücher, hrsg. v. Heinrich Detering, Eckhard Heftrich, Hermann Kurzke, Terence J. Reed, Thomas Sprecher, Hans Rudolf Vaget, Ruprecht Wimmer in Zusammenarbeit mit dem Thomas-Mann-Archiv der ETH Zürich, Frankfurt a.M. 2002 ff.

RSHB Walter Werbeck (Hrsg.): Richard Strauss Handbuch, Stuttgart 2014.

TMTB Thomas Mann: Tagebücher, hrsg. v. Peter de Mendelssohn (Bd. 1–5: 1918–1921 und 1933–1943) und Inge Jens (Bd. 6–10: 1944–1955), Frankfurt a.M. 1975–1995.

KMTB Klaus Mann: Tagebücher 1931–1949, hrsg. von Joachim Heimannsberg, Peter Laemmle und Wilfried F. Schoeller unter Mitarbeit von Frederic Kroll und Roger Perret, 6 Bde., Reinbek bei Hamburg 1995.

Bibliographie

Theodor W. Adorno: Richard Strauss. Zum hundertsten Geburtstag: 11. Juni 1964, in: Rolf Tiedemann (Hrsg.) unter Mitwirkung von Gretel Adorno, Susan Buck-Morss und Klaus Schultz: Theodor W. Adorno. Gesammelte Schriften, Bd. 16: Musikalische Schriften, Frankfurt a.M. 1978, 2003.

Rolf Badenhausen, Peter Gründgens-Gorski (Hrsg.): Gustaf Gründgens. Briefe, Aufsätze, Reden, Hamburg 1967.

Oswald Georg Bauer: Die Geschichte der Bayreuther Festspiele, Bd. 1: 1859–1950, Bd. 2: 1951–2000, Berlin, München 2016.

Heinz und Gudrun Becker (Hrsg.): Giacomo Meyerbeer. Ein Leben in Briefen, Wilhelmshaven 1993.

Marion Beyer, Jürgen May, Walter Werbeck (Hrsg.): Richard Strauss. Späte Aufzeichnungen, München 2016. (= Veröffentlichungen der Richard-Strauss-Gesellschaft, hrsg. v. Richard-Strauss-Institut Garmisch-Partenkirchen, begründet v. Franz Trenner, Bd. 21)

Emily D. Bilsky: „Nichts als Kultur“ – Die Pringsheims, München 2007. (= Katalog zur Ausstellung im Jüdischen Museum München 2007)

Herta Blaukopf (Hrsg.): Briefwechsel Strauss – Mahler, München, Zürich 1980.

Heinrich Breloer: Unterwegs zur Familie Mann. Begegnungen, Gespräche, Interviews, Frankfurt a.M. 2001.

Andres Briner, Dieter Rexroth, Giselher Schubert: Paul Hindemith. Leben und Werk in Bild und Text, Mainz 1988.

Hermann Broch: Hofmannsthal und seine Zeit. Eine Studie, München 1964.

Günter Brosche (Hrsg.): Briefwechsel Richard Strauss – Clemens Krauss, Tutzing 1997.

Fritz Busch: Aus dem Leben eines Musikers, Frankfurt a.M. 1982.

Elias Canetti: Masse und Macht, Frankfurt a.M. 1980.

Manfred Dierks, Ruprecht Wimmer (Hrsg.): Thomas Mann und das Judentum, Frankfurt a.M. 2004. (= Thomas-Mann-Studien, hrsg. v. Thomas-Mann-Archiv der ETH Zürich, Bd. 30)

Albrecht Dümling (Hrsg.): Das verdächtige Saxophon. „Entartete Musik“ im NS-Staat. Dokumentation und Kommentar, Berlin, Düsseldorf 1988, 2007.

Werner Egk: Die Zeit wartet nicht, München 1981.

Ralf Eisinger: Klaus Pringsheim aus Tokyo. Zur Geschichte eines musikalischen Kulturtransfers, München 2020.

Yahya Elsaghe: Die imaginäre Nation. Thomas Mann und das Deutsche, München 2000.

Joachim Fest: Die unwissenden Magier: Über Thomas und Heinrich Mann, Berlin 1985.

Elke Fröhlich (Hrsg.): Die Tagebücher von Joseph Goebbels. Teil 1: Aufzeichnungen 1923–1941, 14 Bde., München 1997–2006.

Elke Fröhlich (Hrsg.): Die Tagebücher von Joseph Goebbels. Teil 2: Diktate 1941–1945, 15 Bde., München 1993–1996.

Gustave M. Gilbert: Nürnberger Tagebuch. Gespräche der Angeklagten mit dem Gerichtspsychologen, aus dem Amerikanischen übertragen von Margaret Carroux, Frankfurt a.M. 1962.

Bryan Gilliam: Richard Strauss. Magier der Töne. Eine Biographie. Aus dem Englischen von Ulla Höber, München 2014. (Englische Originalausgabe unter dem Titel: The Life of Richard Strauss, Cambridge 1999)

Rüdiger Görner: Thomas Mann. Der Zauber des Letzten, Düsseldorf, Zürich 2005.

Joseph Gregor: Richard Strauss. Der Meister der Oper. Mit Briefen des Komponisten, München 1939.

Rudolf Hartmann: Richard Strauss. Die Bühnenwerke von der Uraufführung bis heute, München, Zürich 1980.

Dirk Heißerer (Hrsg.): Thomas Mann in München. Vortragsreihe, München 2004.

Dirk Heißerer: Im Zaubergarten. Thomas Mann in Bayern, München 2005.

Dirk Heißerer (Hrsg.): Hedwig Pringsheim. Mein Nachrichtendienst. Briefe an Katia Mann 1933–1941, 2 Bde., Göttingen 2013.

Cristina Herbst (Hrsg.): Hedwig Pringsheim: Tagebücher 1885–1941, 10 Bde., Göttingen 2013 ff.

Kerstin Holzer: Elisabeth Mann Borgese. Ein Lebensportrait, Frankfurt a.M. 2003.

Michael H. Kater: Culture in Nazi-Germany, New Haven, London 2019.

Michael H. Kater: Composers of the Nazi Era: Eight Portraits, New York, Oxford 2000.

Jürgen Kesting: Die großen Sänger, 3 Bde., Düsseldorf 1986.

Michael Kennedy: Richard Strauss. Man, Musician, Enigma, Cambridge 1999.

Jürgen Kolbe: Heller Zauber. Thomas Mann in München 1894–1933, Berlin 1987, Niedernhausen/Ts. 2001.

Hanspeter Krellmann (Hrsg.): Wer war Richard Strauss? Neunzehn Antworten, Frankfurt a.M., Leipzig 1999.

Ernst Krenek: Im Atem der Zeit. Erinnerungen an die Moderne, Hamburg 1998.

Marianne Krüll: Im Netz der Zauberer. Eine andere Geschichte der Familie Mann, Frankfurt a.M. 1991.

Hermann Kurzke, Michael Mann (Hrsg.): Thomas Mann. Ausgewählte Essays in 3 Bänden, Frankfurt a.M. 1978.

Hermann Kurzke: Mondwanderungen. Wegweiser durch Thomas Manns Joseph-Roman, Frankfurt a.M. 1993.

Hermann Kurzke: Thomas Mann. Das Leben als Kunstwerk. Eine Biographie, München 1999.

Tilman Lahme, Holger Pils, Kerstin Klein (Hrsg.): Die Briefe der Manns. Ein Familienporträt, Frankfurt a.M. 2016.

Günther Lesnig: Die Aufführungen der Opern von Richard Strauss im 20. Jahrhundert. Daten, Inszenierungen, Besetzungen, 2 Bde., Tutzing 2008 und 2010.

Irmela von der Lühe, Uwe Naumann (Hrsg.): Erika Mann. Mein Vater, der Zauberer, Reinbek bei Hamburg 1996.

Laurenz Lütteken: Richard Strauss. Die Opern. Ein musikalischer Werkführer, München 2013.

Dietrich Mack (Hrsg.): Richard Wagner. Das Betroffensein der Nachwelt. Beiträge zur Wirkungsgeschichte, Darmstadt 1984.

Erika Mann: Das letzte Jahr. Bericht über meinen Vater, Frankfurt a.M. 1956.

Erika Mann (Hrsg.): Thomas Mann. Eine Auslese, Wien 1969.

Erika Mann (Hrsg.): Thomas Mann. Briefe, 3 Bde., Frankfurt a.M. 1961, 1995.

Erika Mann: Zehn Millionen Kinder. Die Erziehung der Jugend im Dritten Reich. Mit einem Geleitwort von Thomas Mann, Reinbek bei Hamburg 1997.

Erika und Klaus Mann: Escape to Life. Deutsche Kultur im Exil, hrsg. u. mit einem Nachwort von Heribert Hoven, Reinbek bei Hamburg 1996.

Golo Mann: Deutsche Geschichte des 19. und 20. Jahrhunderts, Frankfurt a.M. 1958.

Golo Mann: Erinnerungen und Gedanken, hrsg. v. Hans Martin Gauger und Wolfgang Merz, Frankfurt a.M. 1991.

Katia Mann: Meine ungeschriebenen Memoiren, hrsg. v. Elisabeth Plessen und Michael Mann, Frankfurt a.M. 1974.

Klaus Mann: Tagebücher 1931–1949, 6. Bde., hrsg. von Joachim Heimannsberg, Peter Laemmle und Wilfried F. Schoeller unter Mitarbeit von Frederic Kroll und Roger Perret, Reinbek bei Hamburg 1995.

Klaus Mann: Der Wendepunkt. Ein Lebensbericht. Mit einem Nachwort von Frido Mann, Reinbek bei Hamburg 1984.

Klaus Mann: Auf verlorenem Posten. Aufsätze, Reden, Kritiken 1942–1949, hrsg. von Uwe Naumann und Michael Töteberg, Reinbek bei Hamburg 1994.

Peter de Mendelssohn: Der Zauberer. Das Leben des deutschen Schriftstellers Thomas Mann, 3 Bde., Frankfurt a.M. 1975, 1996.

Alexander und Margarete Mitscherlich: Die Unfähigkeit zu trauern. Grundlagen kollektiven Verhaltens, München 1967, 1977.

Peter Muck: Karl Muck. Ein Dirigentenleben in Briefen und Dokumenten, Tutzing 2003.

Uwe Naumann: Klaus Mann, Reinbek bei Hamburg 1984.

Uwe Naumann, Michael Töteberg (Hrsg.): Klaus Mann. Auf verlorenem Posten. Aufsätze, Reden, Kritiken 1938–1949, Reinbek bei Hamburg 1994.

Uwe Naumann (Hrsg.): „Ruhe gibt es nicht, bis zum Schluss." Klaus Mann (1906–1949). Bilder und Dokumente, Reinbek bei Hamburg 1999, 2001.

Ernest Newman: Richard Strauss, London 1908.

Fred K. Prieberg: Musik im NS-Staat, Frankfurt a.M. 1982.

Fred K. Prieberg: Kraftprobe. Wilhelm Furtwängler im Dritten Reich, Wiesbaden 1986.

Hedwig Pringsheim: Meine Manns. Briefe an Maximilian Harden, Berlin 2008.

Marcel Reich-Ranicki: Was halten Sie von Thomas Mann? Achtzehn Autoren antworten, Frankfurt a.M. 1986.

Gertrud Maria Rösch: „I thought it wiser not to disclose my identity." Die Begegnung zwischen Klaus Mann und Richard Strauss im Mai 1945, in: Thomas Mann Jahrbuch, Bd. 14, 2001.

Viola Roggenkamp: Erika Mann. Eine jüdische Tochter. Über Erlesenes und Verleugnetes in der Frauengenealogie der Familie Mann-Pringsheim, Frankfurt a.M. 2008.

Edward Said: Der wohltemperierte Satz. Musik, Interpretation und Kritik, München 1995.

Laurence Schifano: Luchino Visconti, Paris 1987.

Jürgen Schläder, Rasmus Cromme, Dominik Frank, Katrin Frühinsfeld, in Zusammenarbeit mit der Dramaturgie der Bayerischen Staatsoper: Rainer Karlitschek und Benedikt Stampfli: Wie man wird, was man ist. Die Bayerische Staatsoper vor und nach 1945, Leipzig 2017.

Roswitha Schlötterer (Hrsg.): Richard Strauss – Rudolf Hartmann. Ein Briefwechsel. Mit Aufsätzen und Regiearbeiten von Rudolf Hartmann, Tutzing 1984.

Ulrich Schreiber: Opernführer für Fortgeschrittene. Die Geschichte des Musiktheaters. Das 20. Jahrhundert I: Von Verdi und Wagner bis zum Faschismus, Kassel, Frankfurt a.M. 2000.

Klaus Schröter (Hrsg.): Thomas Mann im Urteil seiner Zeit. Dokumente 1891–1955. Frankfurt a.M. 2000. (= Thomas-Mann-Studien, hrsg. v. Thomas-Mann-Archiv der ETH Zürich, 22. Band)

Willi Schuh (Hrsg.): Richard Strauss: Briefe an die Eltern 1882–1906, Zürich 1954.

Willi Schuh (Hrsg.): Richard Strauss – Stefan Zweig. Briefwechsel, Frankfurt 1957.

Willi Schuh (Hrsg.): Briefwechsel mit Richard Strauss, Zürich 1969.

Willi Schuh: Richard Strauss. Jugend und frühe Meisterjahre. Lebenschronik 1864–1898, Zürich 1976.

Willi Schuh (Hrsg.): Richard Strauss – Hugo von Hofmannsthal. Briefwechsel, Zürich 1952, München 1978.

Willi Schuh (Hrsg.): Richard Strauss. Betrachtungen und Erinnerungen, Zürich 1949, München 1989.

Eberhard Spangenberg: Karriere eines Romans. Mephisto, Klaus Mann und Gustaf Gründgens. Ein dokumentarischer Bericht aus Deutschland und dem Exil 1925–1981, München 1982.

Gerhard Splitt: Richard Strauss 1933–1935. Ästhetik und Musikpolitik zu Beginn der nationalsozialistischen Herrschaft, Pfaffenweiler 1987.

Alexander Stephan: Im Visier des FBI. Deutsche Exilschriftsteller in den Akten amerikanischer Geheimdienste, Stuttgart, Weimar 1995.

Walter Thomas: Richard Strauss und seine Zeitgenossen, München 1964.

Franz Trenner: Richard Strauss. Chronik zu Leben und Werk, hrsg. v. Florian Trenner, Wien 2003.

Hans Rudolf Vaget (Hrsg.): Im Schatten Wagners. Thomas Mann über Richard Wagner. Texte und Zeugnisse 1895–1955, Frankfurt a.M. 1999, 2005.

Hans Rudolf Vaget: Seelenzauber. Thomas Mann und die Musik, Frankfurt a.M. 2006.

Hans Rudolf Vaget: Thomas Mann, der Amerikaner. Leben und Werk im amerikanischen Exil 1938–1952, Frankfurt a.M. 2011.

Hans Rudolf Vaget: „Wehvolles Erbe“. Richard Wagner in Deutschland. Hitler, Knappertsbusch, Mann, Frankfurt a.M. 2017.

Hans Rudolf Vaget: Die „Maske Mahlers“. Thomas Mann und Gustav Mahler im Lichte neuer Quellen, in: Nachrichten zur Mahler-Forschung, hrsg. v. d. Internationalen Gustav Mahler Gesellschaft Wien, Nr. 73, Wien 2019.

Bruno Walter: Thema und Variationen. Erinnerungen und Gedanken, Stockholm 1947.

Michael Walter: Hitler in der Oper. Deutsches Musikleben 1919–1945, Stuttgart, Weimar 1995.

Michael Walter: Richard Strauss und seine Zeit, Laaber 2000.

Kurt Wilhelm: Richard Strauss persönlich. Eine Bildbiographie, München 1984.

Hans Wysling, Yvonne Schmidlin (Hrsg.): Thomas Mann. Ein Leben in Bildern, Zürich 1994.

Hans Wysling (Hrsg.): Thomas Mann – Heinrich Mann. Briefwechsel 1900–1949. Frankfurt a.M. 1995.

Hans Wysling (Hrsg.): Thomas Mann / Bruno Walter: Briefwechsel. Aus den Beständen des Thomas-Mann-Archivs der ETH Zürich. (= Blätter der Thomas-Mann-Gesellschaft Zürich 9, 1969)

Charles Youmans: The Cambridge Companion to Richard Strauss, Cambridge 2010.

Peter Zander: Thomas Mann im Kino, Berlin 2005.

Hartmut Zelinsky: Richard Wagner. Ein deutsches Thema. Eine Dokumentation zur Wirkungsgeschichte Richard Wagners, München 1976, Berlin, Wien 1983.

Arnold Zweig: Bilanz der deutschen Judenheit. Ein Versuch, Amsterdam 1934.

Stefan Zweig: Die Welt von Gestern, Frankfurt 1970.

Bildnachweise und Danksagung

Die Nachweise für die freundlicherweise vom Thomas-Mann-Archiv der ETH Zürich und dem Richard-Strauss-Institut in Garmisch-Partenkirchen zur Verfügung gestellten Bilder befinden sich direkt unter dem jeweiligen Bild. Für die großzügige Unterstützung und Hilfe dankt der Autor Dominik Sedivý und Teresa Ramming vom Richard-Strauss-Institut. Wie immer war auch die Kooperation mit dem Thomas-Mann-Archiv vorbildlich. Rolf Bolt sei an dieser Stelle für die Bereitstellung des auf den Seiten 43 und 44 veröffentlichten Strauss-Briefes herzlich gedankt.
Das mit Genehmigung des Verlages benutzte Spiegel-Titelbild auf Seite 13 findet sich im Internet unter www.spiegel.de/spiegel/print/index-1947-21.html (10. November 2021).
Der Abdruck des Photos auf Seite 47 erfolgt mit Genehmigung und Unterstützung von Tom Belton von den Western Libraries der Western Universities in London, Ontario, Canada. Das Photo befindet sich dort in der Gustav Mahler – Alfred Rosé Collection in unmittelbarer Nachbarschaft des Nachlasses von Klaus Pringsheim, der im Archiv der McMaster-University in Hamilton aufbewahrt wird.
Das Plakat „Entartete Kunst" auf Seite 120 entstammt der Dokumentation von Albrecht Dümling: Das verdächtige Saxophon. „Entartete Musik" im NS-Staat, Düsseldorf 2007, S. 14.
Bei der Beschaffung des Photos auf Seite 190 half Pia Frendeborg vom Stadtarchiv München.
Franck Pendino vom Théâtre du Soleil genehmigte den Abdruck des Mephisto-Plakates auf Seite 222.
Der Screenshot auf Seite 159 stammt aus einem Film von William Wyler. Die originale Filmrolle wird in den National Archives Washington archiviert (Can 9224-1). Zusätzliche Angaben finden sich in der betreffenden Anmerkung.
Der Ausschnitt aus der Londoner Times auf Seite 193 findet sich im Internet unter: www.go-1gale-1com-188vnm98b0395.erf.sbb.spk-berlin.de (8. November 2021). GALE/CS168117574

Weitere Angaben und Nachweise zu den Bildern finden sich auch in den jeweiligen Bildunterschriften.

Personenregister

F

G

H

Die kursiv gesetzten Zahlen beziehen sich auf die Erwähnung der Namen in Anmerkungen oder Bildunterschriften. Bei japanischen Namen steht der Familienname grundsätzlich an erster Stelle und wird daher nicht mit einem Komma abgesetzt. Auf das Setzen der japanischen Längenzeichen wurde verzichtet.

RALF EISINGER
MIURA TAMAKI

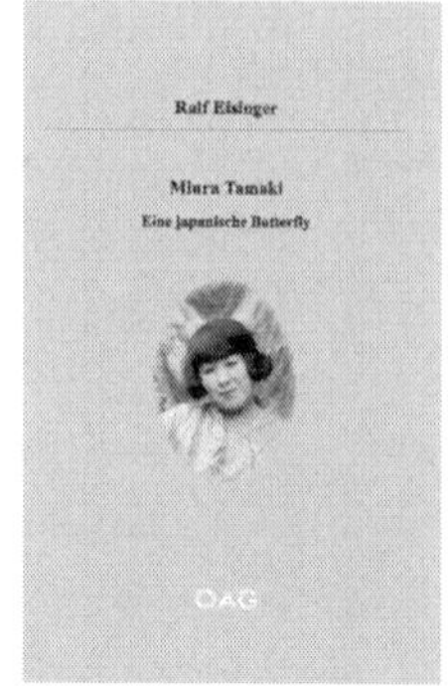

Eine japanische Butterfly

OAG Taschenbuch Nr. 104. Eine Publikation der OAG Deutsche Gesellschaft für Natur- und Völkerkunde Ostasiens, Tokyo

2020, 102 Seiten, kt., 9,— EUR
ISBN: 978-3-86205-669-9

Miura Tamakis Karriere, die von ihrem ersten Bühnenauftritt 1903 bis zu ihren letzten Rezitals und Rundfunkaufnahmen 1946 die erste Hälfte des 20. Jahrhunderts umfasst, beschreibt in bedeutender Weise die Verflechtungen von Kunst und Politik und ihre Auswirkungen auf Karriere und Leben der Künstlerin, die als Primadonna und Diva immer auch ein Objekt der öffentlichen Wahrnehmung war. Dabei gilt es zu entdecken, was ihre Interpretation der Madama Butterfly, eine Partie, die sie eigenen Angaben zufolge nahezu 2.000 Mal verkörpert hat, sowohl im Ausland als auch in ihrer Heimat bewirkte, wofür sie gefeiert und wofür sie angefeindet wurde. Ihre Suche nach künstlerischer Vollendung und internationaler Anerkennung war begleitet von der Problematik des Rassismus, der Assimilation und der Emanzipation, ihre Karriere darüber hinaus verbunden mit dem Aufstieg Japans zu einer sich gleichberechtigt fühlenden Weltmacht, mit deren Abstieg in wüsten Militarismus, der Niederlage und dem gesellschaftlichen Neuanfang.

INHALT

Anhang

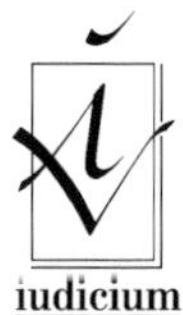

IUDICIUM Verlag GmbH
Dauthendeystr. 2 · D-81377 München
Tel. +49 (0)89 718747 · Fax +49 (0)89 7142039 · info@iudicium.de
Bestellungen richten Sie bitte an Ihre Buchhandlung oder an den Verlag.
Das Gesamtverzeichnis finden Sie im Internet unter www.iudicium.de

RALF EISINGER

KLAUS PRINGSHEIM AUS TOKYO

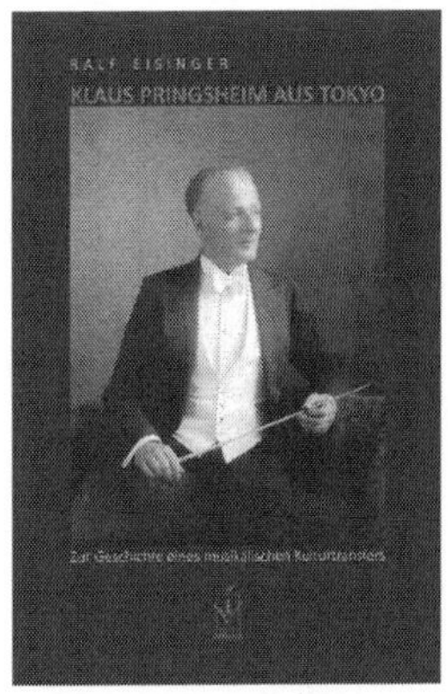

Zur Geschichte eines musikalischen Kulturtransfers

2020, 203 Seiten, 40 Abb., kt., 28,— EUR
ISBN: 978-3-86205-532-6

Als Sohn einer begüterten Familie jüdischen Ursprungs wächst der Musiker Klaus Pringsheim gemeinsam mit seiner Zwillingsschwester Katia, der späteren „Frau Thomas Mann“, in großbürgerlichen Verhältnissen in München auf. Schon als junger Mann tritt er als Pianist und Komponist in Erscheinung, ehe er 1906 Schüler Gustav Mahlers in Wien wird. Bald reüssiert Pringsheim als Dirigent, arbeitet als Opernregisseur, Dramaturg und Kritiker in Prag und Bremen und erlebt das pulsierende Berliner Kulturleben der 1920er Jahre, dem er neben seiner Tätigkeit als Leiter der Bühnenmusik der Reinhardt-Theater auch als Dirigent des ersten Mahler-Zyklus des Berliner Philharmonischen Orchesters entscheidende Impulse zu geben vermag. Ein neues Leben beginnt 1931 mit der Berufung als Kompositionslehrer und Leiter des Orchesters der Kaiserlichen Musikakademie in Tokyo. Pringsheim findet in Japan einen fruchtbaren Boden für seine mannigfaltigen beruflichen Erfahrungen und tritt insbesondere als Dirigent vieler Mahler-Erstaufführungen prominent in Erscheinung. Was anfangs vielleicht noch als Abenteuer auf Zeit gedacht war, entwickelt sich durch die geschichtlichen Ereignisse – die Machtergreifung der Nationalsozialisten in Deutschland im Jahre 1933 – zu einer Endstation. Pringsheims Leben wird fortan durch die Erfahrungen des Exils geprägt, da eine Rückkehr nach Deutschland nicht möglich ist. Er lebt während des Krieges in Japan, danach einige Jahre in Kalifornien, kehrt aber 1951 auf Einladung seiner ehemaligen Schüler endgültig nach Tokyo zurück. In Deutschland tritt er nur noch als Gastdirigent auf. Die Zeitungen begrüßen ihn als „Klaus Pringsheim aus Tokyo“. Die Frage, wie er dorthin kam und warum er dort blieb, wird selten gestellt.

INHALT

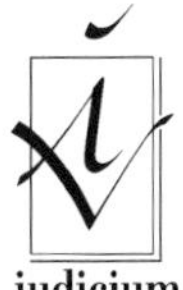